Springer-Lehrbuch
Allgemeine Psychologie für Bachelor

Reihe »Allgemeine Psychologie für Bachelor«

Band »Wahrnehmung und Aufmerksamkeit«

Band »Denken – Urteilen, Entscheiden, Problemlösen«

Band »Lernen und Gedächtnis«

Band »Motivation und Emotion«

Herbert Hagendorf
Joseph Krummenacher
Hermann-Josef Müller
Torsten Schubert

Wahrnehmung und Aufmerksamkeit

Allgemeine Psychologie für Bachelor

Mit 91 Abbildungen und 7 Tabellen

Dr. Herbert Hagendorf
Humboldt-Universität zu Berlin
Institut für Psychologie
Wolfgang Köhler-Haus
Rudower Chaussee 18
12489 Berlin

Prof. Dr. Joseph Krummenacher
Universität Fribourg
Departement für Psychologie
Rue P.A. de Faucigny 2
1700 Fribourg, Schweiz

Prof. Dr. Hermann-Josef Müller
Ludwig-Maximilians-Universität München
Institut für Psychologie
Leopoldstr. 13
80802 München

Prof. Dr. Torsten Schubert
Ludwig-Maximilians-Universität München
Fakultät für Psychologie und Pädagogik
Allg. und Experimentelle Psychologie
Leopoldstr. 13
80802 München

ISBN 978-3-642-12709-0 Springer-Verlag Berlin Heidelberg New York

Bibliografische Information der Deutschen Nationalbibliothek
Die Deutsche Nationalbibliothek verzeichnet diese Publikation in der Deutschen Nationalbibliografie; detaillierte bibliografische Daten sind im Internet über http://dnb.d-nb.de abrufbar.

Springer Medizin
Springer-Verlag GmbH
ein Unternehmen von Springer Science+Business Media
springer.de

Planung: Joachim Coch
Projektmanagement: Michael Barton
Lektorat: Dr. Christiane Grosser, Viernheim
Layout und Umschlaggestaltung: deblik Berlin
Fotonachweis der vorderen Umschlagseite: © Yuri A./PantherMedia.net
Satz und Digitalisierung der Abbildungen: Fotosatz-Service Köhler GmbH – Reinhold Schöberl, Würzburg

SPIN: 11363651

Gedruckt auf säurefreiem Papier 2126 – 5 4 3 2 1 0

Vorwort

Warum eigentlich noch ein Psychologiebuch über die Wahrnehmung, wo es doch mittlerweile hervorragende englischsprachige Bücher bzw. deren Übersetzungen in die deutsche Sprache gibt? Ein Grund ist, dass die meisten dieser Bücher für eine Einführungsphase in die Psychologie wegen des theoretischen Anspruchs und des Umfangs häufig nicht gut geeignet sind. Zum anderen wird auf die Aufmerksamkeit und ihre Kontrolle, wenn überhaupt, nur sehr oberflächlich eingegangen. Wir haben daher innerhalb der Lehrbuch-Reihe des Springer-Verlags zur Allgemeinen Psychologie die Konzeption für ein Buch entwickelt, das drei Leitlinien folgt:

1. Das Buch soll von der Wahrnehmung als einem aktiven und konstruktiven Vorgang ausgehen, in dem Parameter und Informationen zur Steuerung und Kontrolle von Handlungen bereitgestellt werden. Im Vordergrund steht dabei nicht die Darstellung einer Sammlung von Einzelergebnissen, sondern die Vermittlung von grundlegenden Prinzipien der Verarbeitung.
2. Eine solche Auffassung kann sich nicht nur mit den klassischen Gegenständen der Wahrnehmungspsychologie auseinandersetzen. Um den Bezug zwischen der Wahrnehmung und der Handlung herzustellen, müssen die Prozesse der Aufmerksamkeit und der Aufmerksamkeitskontrolle behandelt werden. Es ist die Aufmerksamkeit, durch die das Informationsangebot auf das handlungsrelevante Maß eingeschränkt wird. Daher enthält das Buch auch umfangreiche Kapitel zur Aufmerksamkeit und zur Aufmerksamkeitskontrolle. Das Buch folgt damit einem Trend, wie er auch in der Umbenennung der Zeitschrift »Perception & Psychophysics« im Jahre 2009 in »Attention, Perception, & Psychophysics« zum Ausdruck gekommen ist.
3. Eine moderne Einführung in die Psychologie der Wahrnehmung und der Aufmerksamkeit ist nicht möglich, ohne ein Verständnis der neurobiologischen Grundlagen zu vermitteln. Hier mussten wir eine Ebene finden, die noch verständlich ist, ohne ein Lehrbuch der Neurobiologie zu Rate ziehen zu müssen. Deshalb orientiert sich unsere Darstellung daran, die psychologische Phänomenebene möglichst durch einfache Beispiele der kognitiven Neurowissenschaften zu illustrieren oder zu ergänzen.

Neben dem Lehrtext sind ein Reihe verschiedener didaktischer Mittel eingesetzt worden: Trailer, wichtige Definitionen, beispielhafte Anwendungen und eine Randspalte, in der die wichtigsten Inhalte kurz zusammengefasst sind. Das alles soll einen einfachen Einstieg in die Problematik erleichtern, der insbesondere für »beginners« das Interesse an den Phänomenen der Allgemeinen Psychologie wecken soll, das dann bei Bedarf durch weiterführende Literatur ergänzt werden kann.

Eine begleitende Website bietet zusätzliche Lernmaterialien für Studierende (Lernkarten, Verständnisfragen+Antworten) und Dozenten (Abbildungen, Tabellen) zur kostenlosen Nutzung bzw. zum Download.

Die Entstehung des Buches hat einer besonderen Anstrengung vieler Personen bedurft. Wir bedanken uns beim Springer-Verlag, insbesondere bei Herrn Coch, Herrn Barton und der Lektorin Frau Dr. Grosser für die Geduld und die Unterstützung.

Für inhaltliche Fehler in dem Buch sind wir als Autoren zuständig. Entsprechende Hinweise auf notwendige Korrekturen sollten an uns geschickt werden.

Wir hoffen, dass wir mit diesem Buch eine gewinnbringende Lektüre für Studierende in der Eingangsphase der Psychologie als auch für alle, die sich für die Wahrnehmung interessieren, vorlegen konnten.

Berlin, Fribourg und München, Januar 2011

Herbert Hagendorf
Joseph Krummenacher
Hermann-Josef Müller
Torsten Schubert

Inhaltsverzeichnis

Anhang

Hagendorf, Krummenacher, Müller, Schubert: Wahrnehmung und Aufmerksamkeit Der Wegweiser zu diesem Lehrbuch

Griffregister: zur schnellen Orientierung.

Was erwartet mich? **Lernziele** zeigen, worauf es im Folgenden ankommt.

Verständlich: Anschauliches Wissen dank zahlreicher **Beispiele**.

Wenn Sie es genau wissen wollen: **Exkurse** vertiefen das Wissen.

Lernen auf der Überholspur: kompakte Zusammenfassungen in der **fast-track-Randspalte** ermöglichen schnelles Erfassen der wichtigsten Inhalte.

Anschaulich: mit **91 Abbildungen** und **7 Tabellen**.

2 **Kapitel 1** · Wahrnehmung und Aufmerksamkeit: Gemeinsam zum Ziel

1

Lernziele

- Warum sollten Sie sich für Wahrnehmungs- und Aufmerksamkeitspsychologie interessieren?
- Wie würden Sie Wahrnehmung nach der Alltagserfahrung charakterisieren?
- Wie würden Sie die Funktion der Aufmerksamkeit im Alltagshandeln charakterisieren?
- Worin besteht eine grundlegende Schwierigkeit der Untersuchung der Wahrnehmung als Prozess?
- Warum ist zwischen Erkennen und Handeln zu unterscheiden?
- Wie ist der Zusammenhang zwischen Wahrnehmung und Aufmerksamkeit?
- Worin bestehen die grundlegenden Aufgaben der Wahrnehmung?

Einschränkungen für den konstruktiven Vorgang ergeben sich auch aus Konzepten, mit denen unser Wahrnehmungssystem ausgestattet ist. Entwicklungspsychologische Untersuchungen zeigen die frühe Verfügbarkeit solcher Konzepte, die die Wahrnehmung vom Beginn der Entwicklung an strukturieren.

Beispiel

Betrachten wir zwei Kugeln in einem bestimmten Abstand. Die linke Kugel bewegt sich nach rechts bis zu einer Stelle kurz vor der zweiten Kugel. Nach einer kurzen Zeit bewegt sich diese zweite Kugel wiederum nach rechts. Wahrgenommen wird aber bei bestimmten raumzeitlichen Verhältnissen von den meisten Personen ein Zusammenstoß: Die linke Kugel bewegt sich auf die zweite zu und verursacht durch einen Zusammenstoß eine Bewegung der zweiten Kugel. Diese Kausalwahrnehmung ist eine Täuschung, spielt aber insofern eine große Rolle, als schon Kinder im Alter von 6 Monaten solche Anordnungen von Bewegungsmustern kausal interpretieren.

Exkurs

Wiedererkennung

In der Gedächtnispsychologie kann die Leistung des Wiedererkennungsgedächtnisses mithilfe der SDT bewertet werden. In einem solchen Experiment hat sich der Proband eine Menge Bilder zu merken. Danach werden diese Bilder mit bisher unbekannten zusammen gezeigt. Der Proband hat anzugeben, ob das aktuell gezeigte Bild aus der Merkmenge ist oder nicht. Auch hier gibt es zwei Antwortmöglichkeiten: »ja« und »nein«. Damit können ebenso Treffer und falsche Alarme ermittelt werden wie in einem psychophysikalischen Experiment. Mit der SDT kann dann die Leistungsfähigkeit des Gedächtnisses charakterisiert werden.

Wahrnehmung ist ein komplexer Vorgang.

Die Unmittelbarkeit und Anstrengungslosigkeit, mit der wir ganz automatisch Dinge wahrnehmen, verleitet also zu der Annahme, dass die Wahrnehmung ein einfacher Prozess ist. Ein alltägliches Beispiel macht dagegen die **Komplexität** deutlich: Nahezu jeder kennt die Situation, dass man auf der Straße einer Person begegnet, die einem bekannt vorkommt. Diese Erkennungsleistung »Bekanntheit« kann man zuweilen nicht erklären: War es die Körpergestalt, der Gang, das Gesicht, die Körpersprache oder die Stimme der Person? Man weiß es nicht. Man kann oft auch »Bekanntheit« nicht genauer angeben, z. B. woher ist mir diese Person bekannt oder wie war der Name. Eine Nachfrage mit einem kurzen anschließenden Gespräch kann z. B. ergeben, dass man zusammen einen Kurs besucht hat.

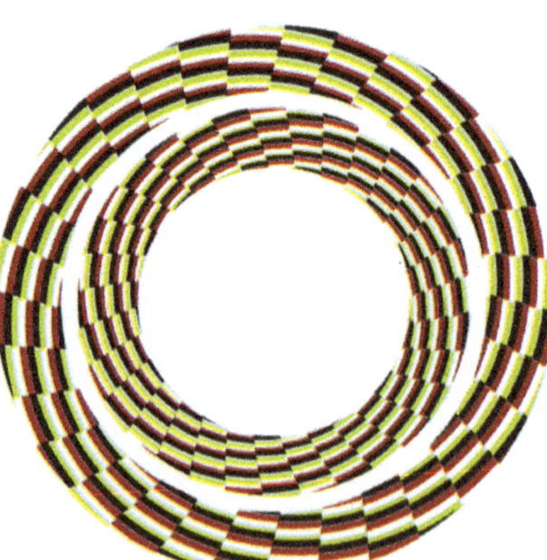

Abb. 1.1 Zwei wirbelnde Ringe nach Akioshi Kitaoka. (Aus Ditzinger, 2006. Mit freundlicher Genehmigung von Akioshi Kitaoka.)

Definitionen: Fachbegriffe kurz und knapp erläutert.

Navigation: mit Seitenzahl und Kapitelnummer.

Definition

Wahrnehmung ist ein Prozess, mit dem wir die Informationen, die von den Sinnessystemen bereitgestellt werden, organisieren und interpretieren.

▶ Definition Wahrnehmung

Für die Praxis

Wahrnehmung und Verkehrspsychologie

Die Notwendigkeit, Sicherheit im Straßenverkehr zu gewährleisten, erfordert eine Anpassung der Gestaltung von Straßen, Leiteinrichtungen, Signalen und Markierungen an die Leistungsfähigkeit der menschlichen Informationsverarbeitung, insbesondere der Wahrnehmung. Angewandte Wahrnehmungspsychologie beschäftigt sich deshalb mit der Fahrzeuglenkung bei der Einhaltung der Fahrbahn oder der Vermeidung von Kollisionen mit Hindernissen, mit der Abschätzung von Entfernungen und Geschwindigkeiten bei bewegten Objekten oder der Erkennung von Signalen und Markierungen zur Einleitung von Handlungen. Bei der Gestaltung einer Einfahrt in einen Tunnel ist beispielsweise das Adaptationsverhalten der Rezeptoren bei Veränderung der Lichtverhältnisse zu beachten.

Anwendungsorientiert: **Für-die-Praxis**-Boxen stellen den Bezug zum Berufsleben her.

Aus dieser allgemeinen Charakterisierung ergeben sich einige **Teilaufgaben der Wahrnehmung** (Goldstein, 2002):

1. allgemeine Umwelt- und Körperüberwachung (Exploration) unter Beteiligung aller Sinnesorgane,
2. Aufnahme von Information im Laufe einer zielgerichteten Handlung bei Dominanz eines Sinnesorgans,

Die Forschung zur Wahrnehmungspsychologie hilft uns zu verstehen, wie die Wahrnehmung ausgehend von der Stimulation an den Rezeptoren diese Aufgaben erfüllt. Die ▶ Studie »Einschätzung der Geländesteilheit« und der Kasten ▶ Für die Praxis »Wahrnehmung und Verkehrspsychologie« verdeutlichen, wie solche Ergebnisse der Wahrnehmungspsychologie praktisch verwertet werden können.

Studie

Einschätzung der Geländesteilheit

Eine wichtige Anwendung der Wahrnehmungspsychologie ist die Analyse der Fortbewegung des Menschen in realen und virtuellen Welten. In einer Untersuchung von Proffitt, Bhall, Gossweiler und Midgett (1995) sollte untersucht werden, wie Personen die Steilheit von gesehenen Hügeln visuell, verbal und haptisch einschätzen. Solche Einschätzungen liefern Parameter zur Steuerung der Fortbewegung. Visuell wurde dies mit einer Anforderung überprüft, bei der die Neigung einer Linie einzustellen war. In der aktiven haptischen Situation war bei geschlossenen Augen die Neigung einer Fläche mithilfe aktiven Abtastens einzustellen.

Spannende Wissenschaft: Die wichtigsten **Studien** ausführlich erläutert.

Kontrollfragen

1. Begründen Sie die Komplexität des Wahrnehmungsprozesses!
2. Worin bestehen die Aufgaben der Wahrnehmung?
3. Welche Rolle hat die Wahrnehmung in der Kommunikation?
4. Beschreiben Sie das Wechselspiel von Wahrnehmung und Aufmerksamkeit?
5. Worin besteht die Schwierigkeit des Multitasking und was sagt das über Aufmerksamkeit aus?

Goldstein, E.B. (2002). *Wahrnehmungspsychologie* (6. Aufl.). Heidelberg: Spektrum.
Kersten, B. & Groner, M.T. (2005). *Praxisfelder der Wahrnehmungspsychologie*. Bern: Huber
Mausfeld, R. (2005). Wahrnehmungspsychologie. In A. Schütz; H. Selg & S. Lauterbach. (Hrsg.). *Einführung in die Psychologie*. Stuttgart: Kohlhammer
Norman, D.A. & Shallice, T. (1986). Attention to action: willed and automatic control of behaviour. In R.J. Davidson, G.E. Schwartz & D. Shapiro (Eds.), *Consciousness and self-regulation: Advances in research* (Vol. 4, S. 1-18). New York: Plenum Press.
Styles, E. A. (1997). *The psychology of attention*. Hove, UK: Psychology Press.
Wolfe, J.M., Kluender, K.R., Levi, D.M., Bartoshuk, L.M., Herz, R.S., Klatzky, R.L., & Lederman, S. J. (2006). *Sensation & perception*. Sunderland: Sinauer Ass.

▶ Weiterführende Literatur

Noch nicht genug? Tipps für die **Weiterführende Literatur**.

Alles verstanden? Wissensüberprüfung mit **Verständnisfragen und Antworten** auf **www.lehrbuch-psychologie.de**

Sagen Sie uns die Meinung!

Liebe Leserin und lieber Leser,

Sie wollen gute Lehrbücher lesen,
wir wollen gute Lehrbücher machen:
dabei können Sie uns helfen!

Lob und Kritik, Verbesserungsvorschläge und neue Ideen können Sie auf unserem Feedback-Fragebogen unter **www.lehrbuch-psychologie.de** gleich online loswerden.

Ganz besonders interessiert uns: Wie gefällt Ihnen unser neues Bachelorkonzept?

Als Dankeschön verlosen wir jedes Jahr Buchgutscheine für unsere Lehrbücher im Gesamtwert von 500 Euro.

Wir sind gespannt auf Ihre Antworten!

Ihr Lektorat Lehrbuch Psychologie

1 Wahrnehmung und Aufmerksamkeit: Gemeinsam zum Ziel

Lernziele

- Warum sollten Sie sich für Wahrnehmungs- und Aufmerksamkeitspsychologie interessieren?
- Wie würden Sie Wahrnehmung nach der Alltagserfahrung charakterisieren?
- Wie würden Sie die Funktion der Aufmerksamkeit im Alltagshandeln charakterisieren?
- Worin besteht eine grundlegende Schwierigkeit der Untersuchung der Wahrnehmung als Prozess?
- Warum ist zwischen Erkennen und Handeln zu unterscheiden?
- Wie ist der Zusammenhang zwischen Wahrnehmung und Aufmerksamkeit?
- Worin bestehen die grundlegenden Aufgaben der Wahrnehmung?

Der Fortschritt bändigt sich selbst: Intelligente Systeme schützen Autofahrer vor zu vielen Informationen

Regen peitscht auf die Windschutzscheibe, die Kreuzung verschwimmt zwischen den Scheibenwischern. Im Radio wird vor einem Orkan gewarnt. Da klingelt plötzlich das Telefon. Oder ist es das Signal, dass das Öl alle ist? Muss ich nach rechts oder links? Was sagt das Navigationssystem? Es ist das Telefon, ich kann doch jetzt nicht telefonieren!

Der moderne Autofahrer droht in Informationen zu ertrinken. In seinem Auto baut sich eine immer größere Reizflut aus Telefonanrufen, Navigationshinweisen und verschiedensten Signalen des Bordcomputers auf. Eigentlich soll der technische Fortschritt Autofahren ja sicherer und komfortabler machen. Doch besonders in kritischen Situationen kann ein Zuviel des Guten gefährlich sein – wenn die Informationsflut die Aufmerksamkeit des Fahrers verschluckt.

Dies hat auch die Automobilindustrie erkannt. Gemeinsam mit Wissenschaftlern sucht sie nach dem richtigen Umgang mit den rasanten technischen Entwicklungen. Die Lösung: Der Fortschritt soll den Fortschritt bändigen. Intelligente Systeme werden entwickelt, die

Telefonate oder Informationen zurückhalten können, etwa wenn der Fahrer in eine scharfe Kurve einbiegt oder zum Überholen ansetzt.

»Workload-Manager« heißen diese Systeme in Fachkreisen. Es geht um den Umgang mit den Belastungen beim Fahren, englisch »Workload«. Ist die Belastung hoch, sollte der Fahrer vor jeder unnötigen Ablenkung geschützt werden. Bisher sind Workload-Manager überwiegend Thema für die Entwicklungslabors der Autoindustrie. Doch zwei Autos von Volvo fahren schon serienmäßig mit einem intelligenten Informationssystem.

Das Bild der Fahrerbelastung setzt sich hier aus objektiven Daten aus dem Fahrzeug zusammen. So liefern Radsensoren Daten zur Geschwindigkeit, über das Lenkrad wird die Kurvenlage abgegriffen und über die elektronische Stabilitätskontrolle werden Beschleunigung und Neigung erfasst. Zudem berücksichtigt das System, ob Blinker, Scheibenwischer oder die Mittelkonsole bedient werden.

Melden nun mehrere Kanäle eine zu starke Aktivität – zum Beispiel beim Überholen oder Rangieren –, dann ist es so weit: Die Technik schützt den Menschen vor der Technik. Der Anruf der Ehefrau, die Meldung zum niedrigen Ölstand oder die schöne Stimme des Navigationssystems werden zurückgehalten. Doch die Information ist nicht verloren, sie wird nur verzögert dargeboten, sobald die Belastung vorbei ist. Das macht den Charme des Systems aus: Es arbeitet, ohne dass der Fahrer etwas bemerkt. Es ist gewissermaßen ein elektronisches Unterbewusstsein, das vor dem Informations-GAU schützt.

Doch die Forscher denken noch weiter. Wie schafft man es, dass der Fahrer in kritischen Situationen nicht selbst telefoniert oder das Radio bedient? Bei der Suche nach einer Antwort haben Psychologen vom Zentrum für Verkehrswissenschaften an der Universität Würzburg eine wichtige Erkenntnis gewonnen: Der Mensch lässt sich von einer Maschine nur ungern etwas verbieten.

Das zeigte sich, als Probanden in einen Fahrsimulator gesetzt und aufgefordert wurden, den Bordcomputer während der Fahrt zu bedienen. »Fahrer, denen in einer kritischen Situation das System einfach ausgeschaltet wurde, reagierten regelrecht verärgert«, sagt die Psychologin Nadja Rauch. Nur Hinweismeldungen über kommende Belastungen seien akzeptiert worden.

Diese Ergebnisse könnten für eine neue Generation von Workload-Managern wichtig sein, die aktuell entwickelt werden. Es handelt sich um Systeme, die nicht nur auf die Fahrzeugsensorik, sondern auch auf die digitalen Karten der Navigationssysteme zugreifen.

Das macht die aktuelle Beanspruchung vorhersehbar, und den Fahrern kann ein elektronischer Schutzengel an die Seite gestellt werden. Der könnte dann nicht nur rechtzeitig Informationen zurückhalten, sondern auch früh genug den Zeigefinger in Form eines Warnsignals heben. Nach dem Motto: »Jetzt nicht telefonieren, denn gleich kommt dichter Verkehr.« Ende des Jahres will Audi einen Workload-Manager dieser neuen Generation vorstellen. »Wir brauchen dringend ein System, das den Überblick behält«, sagt Ingenieur Andreas Muigg, der die Entwicklung des Systems betreut.

Denn die Informationsdichte werde noch weiter zunehmen, sobald Konzepte der Fahrzeug-zu-Fahrzeug-Kommunikation realisiert würden. Das bedeutet, dass sich Autos gegenseitig über bestimmte Situationen informieren können, etwa über Bremsvorgänge oder das Einschalten der Warnblinkanlage. Diese Technik wollen die großen deutschen Autofirmen bald gemeinsam vorstellen. Bei dieser Informationsflut braucht es wohl umso mehr ein System, das einfach mal sagt: »Klappe halten!«
(Andreas Maisch, Tagesspiegel am 24.5.2007)

1.1 Kenntnisse der Wahrnehmung und Aufmerksamkeit sind allgemein wichtig

Eine alltägliche Situation im Straßenverkehr macht es deutlich: Ständig haben wir die Wahrnehmung auf unterschiedliche Bereiche des Umfeldes auszurichten, um die unterschiedlichsten **Informationen zu selektieren, Objekte zu identifizieren, Warnsignale aufzunehmen oder Handlungen vorzubereiten**. Ein Autofahrer muss neben der Einschätzung von Geschwindigkeit und Entfernung des vorausfahrenden Fahrzeuges gleichzeitig den Radfahrer am Straßenrand im Auge behalten. Modern ausgestattete Fahrzeuge haben mittlerweile vielfältige Informationsangebote und Handlungsmöglichkeiten (Entfernungsanzeige, Wegleitungssystem, Radio, Handy). Der mentale Kontrollaufwand, dies alles zu verarbeiten, ist groß geworden. Daraus ergeben sich einerseits Einschränkungen in der Wahrnehmung, aber auch besondere Anforderungen an die Aufmerksamkeit von Personen, um mit dem mentalen Kontrollaufwand umzugehen. Ebenso wird der Ruf nach neuen technischen Hilfsmitteln deutlich, das Problem zu reduzieren (▶ Einleitungstext von Maisch; Norman, 2007).

In **Alltagssituationen** müssen Objekte identifiziert, Warnsignale erkannt und Handlungen vorbereitet werden.

Die Gestaltung solcher technischen Systeme ist nur ein Beispiel, wo **Erkenntnisse der Wahrnehmung und der Aufmerksamkeit gebraucht** werden (Kersten & Groner, 2005). Es ließen sich andere **Beispiele** anführen:

- Wie verändert der Ausfall eines Wahrnehmungssystems die Leistungen in anderen Systemen (z. B. Veränderung der auditiven Wahrnehmung infolge von Blindheit)?
- Kann der Ausfall einer Wahrnehmungsleistung infolge einer neuronalen Störung kompensiert werden?
- Welche Effekte haben gehäufte Erfahrungen in bestimmten Wahrnehmungssituationen (z. B. Weinverkoster)?
- Welche Wahrnehmungserfahrungen sind für eine normale geistige Entwicklung notwendig (z. B. Unterscheidung der Muttersprache von anderen Sprachen)?
- Wie sind virtuelle Umwelten (z. B. Internetseiten) zu gestalten, damit sie an unsere Wahrnehmungs- und Aufmerksamkeitsleistungen angepasst sind?
- Welche Dinge müssen bei der Gestaltung technischer Geräte beachtet werden, damit die Aufmerksamkeitsgrenzen des Menschen bei der Anwendung der Systeme nicht überschritten werden?
- Gibt es Personen oder Personengruppen (z. B. mit neurologischen Störungen, ältere Personen), die dem mentalen Kontrollaufwand in komplexen Situationen generell nicht gewachsen sind?
- Kann man die Ausrichtung der Aufmerksamkeit auf relevante Aspekte komplexer Situationen üben und dadurch optimieren?

Erkenntnisse zur Wahrnehmung werden in vielfältigen **Praxisfeldern** in verschiedenen **Wissenschaftsbereichen** benötigt.

Wahrnehmung und Aufmerksamkeit, das zeigt das obige Beispiel der drohenden mentalen Überlastung durch Assistenzsysteme im Auto, sind eng miteinander verknüpft und stehen im Dienste eines Handlungsziels.

Wahrnehmung und Aufmerksamkeit sind eng miteinander verknüpft.

In diesem Buch werden wir vorerst den Rahmen für die Darstellung von Wahrnehmung und Aufmerksamkeit abstecken und danach die beiden Teile getrennt vertiefen. Den Rahmen bildet ein grob vereinfachtes Handlungsmodell, welches beschreibt, wie die Prozesse der Wahrnehmung und Aufmerksamkeit zielgerichtet eingesetzt werden, um eine Handlung auszuwählen und zu regulieren.

In Abhängigkeit vom Ziel werden durch Wahrnehmungs- und Aufmerksamkeitsprozesse Handlungen ausgewählt und gesteuert.

1.2 Wahrnehmung im Überblick

Wenn wir von unserer Alltagserfahrung ausgehen, scheint es nichts zu geben, was bezüglich der Wahrnehmung zu erklären ist, wenn man von den neuronalen Hintergrün-

Unsere Alltagserfahrung besagt, dass die **Wahrnehmung direkt, mühelos und unmittelbar** erfolgt.

den einmal absieht. In der Regel ist unsere **Wahrnehmung direkt**, erfolgt in der Regel **mühelos** ohne erlebbare Anstrengung und ist **unmittelbar**.

Die Wahrnehmung erzeugt **keine korrekten Abbilder** der Außenwelt.

Dies verleitet zu der Annahme, dass uns die Wahrnehmung wie ein Spiegel ein direktes Abbild der Außenwelt liefert. Die Europafahne ist in unserer Wahrnehmung blau, wir schreiben der Fahne die Eigenschaft Blau zu, da gibt es scheinbar nichts weiter zu erklären. Dabei hat schon Helmholtz (1855) darauf hingewiesen, dass Blau eine Konstruktion unserer Wahrnehmung ist. In der Realität existiert eigentlich nur eine damit korrelierte Wellenlängenverteilung des Lichts. Die scheinbare Einfachheit der Wahrnehmung führt also dazu, dass wir die **Ergebnisse der Wahrnehmung für korrekte Abbilder der Außenwelt halten**. Unsere Erfahrung scheint uns da Recht zu geben. Wir machen kaum Fehler beim Erkennen einer Person oder bei der Bewegung in einem unwegsamen Gelände.

In der Alltagssicht auf die Wahrnehmung machen wir **falsche Annahmen über das Verhältnis von Wahrnehmung und Reizsituation**.

Im Alltagsverständnis werden die Ergebnisse von Wahrnehmungsprozessen für Abbilder der Außenwelt gehalten.

So spricht auch Köhler (1947) von zwei **Problemen unserer Alltagssicht auf die Wahrnehmung**. Ein Problem besteht darin, dass wir unser Wissen über die physikalische Situation einer sensorischen Erfahrung mit dieser Erfahrung verwechseln. Das andere Problem besteht umgekehrt darin, gewisse Merkmale der sensorischen Erfahrung den Reizen selbst zuzuschreiben. Wir glauben demnach, dass die Welt außerhalb von uns so ist, wie wir sie wahrnehmen (»Die Fahne ist blau.«). Daher unterliegen wir der Illusion, dass die Wahrnehmung aus dieser Alltagsperspektive transparent ist (Mausfeld, 2005), d. h., dass Wahrnehmung an sich nicht erklärungsbedürftig ist und wir uns keine Gedanken um die internen Prozesse der menschlichen Wahrnehmung machen müssen.

Wahrnehmung ist ein komplexer Vorgang.

Die Unmittelbarkeit und Anstrengungslosigkeit, mit der wir ganz automatisch Dinge wahrnehmen, verleitet also zu der Annahme, dass die Wahrnehmung ein einfacher Prozess ist. Ein alltägliches Beispiel macht dagegen die **Komplexität** deutlich: Nahezu jeder kennt die Situation, dass man auf der Straße einer Person begegnet, die einem bekannt vorkommt. Diese Erkennungsleistung »Bekanntheit« kann man zuweilen nicht erklären: War es die Körpergestalt, der Gang, das Gesicht, die Körpersprache oder die Stimme der Person? Man weiß es nicht. Man kann oft auch »Bekanntheit« nicht genauer angeben, z. B. woher ist mir diese Person bekannt oder wie war der Name. Eine Nachfrage mit einem kurzen anschließenden Gespräch kann z. B. ergeben, dass man zusammen einen Kurs besucht hat. Das Beispiel unterstreicht die Komplexität der Wahrnehmung. Die Komplexität der Wahrnehmung wird nach Mather (2006) auch in Studien zur Gehirnaktivität während eines Wahrnehmungsprozesses deutlich, die zeigen, dass ein **großer Teil des Kortex am Wahrnehmungsprozess beteiligt** ist. Es ist daher heute anerkannt, dass unsere Wahrnehmung durch das Gehirn in einem komplexen Vorgang entsteht (Helmholtz, 1878/1971; Hoffman, 2003; Mausfeld, 2005). Der **konstruktive Charakter** kommt in ◘ Abb. 1.1 zum Ausdruck: Ein statisches Bild von gemusterten Kreisen erzeugt den Eindruck von Bewegungsmustern, d. h., unser Gehirn konstruiert eine Bewegung, wo gar keine stattfindet.

◘ **Abb. 1.1** Zwei wirbelnde Ringe nach Akioshi Kitaoka. (Aus Ditzinger, 2006. Mit freundlicher Genehmigung von Akioshi Kitaoka.)

Eine Wahrnehmung ist eine **Konstruktion des Gehirns**.

Zugleich wird deutlich, dass die Wahrnehmung nur bedingt von anderen Prozessen (Aufmerksamkeit, Gedächtnis, Denken, Handeln) zu trennen ist und damit auch im Zusammenspiel mit diesen betrachtet werden muss.

Definition
Wahrnehmung ist ein Prozess, mit dem wir die Informationen, die von den Sinnessystemen bereitgestellt werden, organisieren und interpretieren.

▶ Definition Wahrnehmung

Die **Wahrnehmungsprozesse** extrahieren aus dem sich kontinuierlich verändernden, oft chaotischen Input von externen Energiequellen Bedeutungen und strukturieren sie zu stabilen, geordneten Perzepten bzw. Wahrnehmungen. Ohne diesen Prozess würden wir einen Freund nicht erkennen, einen Sonnenuntergang nicht genießen können, am aufkommenden Geruch nicht erkennen können, dass das Essen auf dem Herd angebrannt ist, den Wurf eines Balls beim Basketball nicht planen können oder die Qualität eines Kleidungsstoffs nicht beurteilen können.

Im **Ergebnis** eines Wahrnehmungsprozesses entstehen **stabile, geordnete Perzepten** oder Wahrnehmungen.

Charakteristisch für die Wahrnehmung ist allerdings, dass wir keinen Einblick in den eigentlichen Prozess haben und er sich damit auch weitgehend der kognitiven Kontrolle entzieht. In diesem Sinne ist die **Wahrnehmung von anderen kognitiven Prozessen abgeschottet**. Wahrnehmung ist danach ein funktional von anderen kognitiven Teilsystemen, z. B. dem Denken oder Gedächtnis getrenntes Modul (Fodor, 1983; Nakayama, 2003).

Wahrnehmung ist von anderen kognitiven Prozessen relativ unabhängig.

1.2.1 Erkennen und Handeln

Grundsätzlich muss zwischen einer Wahrnehmung im Sinne des Bewusstwerdens eines Wahrnehmungsergebnisses bzw. -endproduktes (auch phänomenale Bedeutung oder **Perzept** genannt), z. B. ein Sonnenuntergang, und der Wahrnehmung als dem **Prozess**, der zu diesem Endprodukt führt, unterschieden werden. Dabei ist zu beachten, dass **nicht alle Wahrnehmungsleistungen bewusst** werden müssen. Trotzdem können sie unser Verhalten beeinflussen. Zum Beispiel führt ein unvorhergesehenes Geräusch in einem unwegsamen Gelände zur Unterbrechung unserer Bewegung, erst danach stellen sich ein Bewusstwerden und ein Versuch des Erklärens ein. Die Wahrnehmung kann also direkt mit Handlungsalternativen gekoppelt sein, ohne dass uns diese Kopplung im Moment der Handlungsauswahl bewusst ist.

Ein **Perzept** ist das Ergebnis eines komplexen Wahrnehmungsprozesses, über das wir berichten können. In diesem Sinne ist es Bestandteil unseres **phänomenalen Bewusstseins**.

Ein anderes Beispiel ist die Planung und Ausführung einer alltäglichen Handlung wie das Greifen eines Glases. Neben Objektmerkmalen wie Orientierung (Steht oder liegt das Glas?), Position, Form und Größe gehen auch Merkmale wie Zerbrechlichkeit, Oberflächenbeschaffenheit und Gewicht ein. Es müssen die muskulären Rückmeldungen verarbeitet werden, um den Griffdruck angemessen einzustellen. Gerade die letztgenannten verborgenen Merkmale bestimmen wie wir Zugreifen, sind uns aber bei der Ausführung nicht bewusst. **Wahrnehmung** steht also im Dienste des **Erkennens** (Dies ist ein Glas!) und im Dienste des **Handelns** (Parameter für die Greifbewegung). Dies führt dazu, dass der größte Teil unserer Handlungen funktioniert, während wir mit anderen Dingen beschäftigt sind.

Die Wahrnehmung steht im Dienst des Erkennens und der Handlung.

Wie leistungsfähig die menschliche Wahrnehmung ist, zeigt sich zum anderen daran, dass **technische Nachbildungen** (z. B. Erkennung von gefährlichen Objekten bei der Sicherheitskontrolle an Flughäfen) von menschlichen Wahrnehmungsleistungen nur **sehr eingeschränkt** und in speziellen Bereichen gelingen (z. B. Fingerabdruck bei der Zugangskontrolle in Gebäuden). Diese reichen aber vom Ergebnis her bei Weitem nicht an die Leistungsfähigkeit unseres Wahrnehmungsapparates heran: Es erweist sich als äußerst schwierig, die Leistungsfähigkeit eines Arztes bei der Interpretation eines MRT-Befundes in einem technischen Erkennungssystem so nachzubilden, dass der Mensch für die Analyse der Bilder nicht mehr benötigt wird (z. B. Analyse von Bildern aus dem Mammografiescreening).

Die Leistungsfähigkeit der Wahrnehmung des Menschen wird von technischen Systemen nicht erreicht.

1

Infolge von Störungen im Gehirn können spezifische Funktionen der Wahrnehmung ausfallen.

Schließlich zeigen verschiedene **Störungen** (Karnath & Thier, 2002), dass lokale Läsionen zu sehr **spezifischen Ausfällen in der Wahrnehmung** führen können: Es erstaunt uns und ist fast nicht zu glauben, dass jemand sich selbst im Spiegel nicht erkennt oder dass jemand nicht beschreiben kann, wie er einen Schlüssel halten muss, damit er in ein Schüsselloch passt.

1.2.2 Aufgaben der Wahrnehmung

Die Wahrnehmung muss vor allem die **Handlungsfähigkeit des Organismus** gewährleisten, insbesondere muss sie das **Überleben** als Individuum oder als Mitglied einer Gruppe sichern. Die speziellen Aufgaben ergeben sich aus lebenswichtigen Anforderungen wie Suche von Nahrung, Schutz, Artgenossen oder Sexualpartnern, Überwindung von Hindernissen, Suche von Orten und Erwerb von Wissen.

Am Beginn einer Verständigung über die Grundprinzipien der Wahrnehmung, und das ist das Ziel einer allgemeinpsychologischen Beschäftigung mit dem Thema, steht die Frage nach den Aufgaben der Wahrnehmung. Hilfreich ist hier wieder eine **evolutionspsychologische Perspektive**: Die Wahrnehmung hilft dem menschlichen Organismus, sich an die handlungsrelevanten Aspekte der Umwelt anzupassen, sie sichert damit seine Funktionalität und Handlungsfähigkeit. Lebewesen, und der Mensch im Besonderen, müssen vornehmlich dasjenige wahrnehmen, was für das Überleben als Individuum oder als Mitglied in der Gruppe lebenswichtig ist: Nahrung, Schutz, Artgenossen, Sexualpartner, Hindernisse, Orte, Wissen. Es geht hier nicht primär um die gelernten Wahrnehmungsleistungen (wie z. B. die Erkennung verschiedener Hunderassen an visuell wahrnehmbaren Merkmalen), um in unserer multimedialen Welt von heute zu handeln, es geht in diesem Buch um die grundlegenden Eigenschaften der Wahrnehmung hinter diesen lebenswichtigen Leistungen.

Regelhaftigkeiten der Umwelt gehen als Vorannahmen in den Wahrnehmungsprozess ein.

Da sich die Wahrnehmung in einem evolutionären Prozess herausgebildet hat, stecken in den Verarbeitungsprinzipien Eigenschaften im Sinne von **Regularitäten der Umwelten**, in denen sich dieses System bewähren musste und bewährt hat. Diese Regelhaftigkeiten der Umwelt werden als **Vorannahmen im Wahrnehmungsprozess** automatisch wirksam, um beispielsweise die Vieldeutigkeit der Interpretation von Reizgegebenheiten einzuschränken. Ein Beispiel dafür findet sich in ◘ Abb. 1.2: Die Schattierungen in den Kreisen auf diesem Bild erzeugen Tiefenwirkungen. Ein Teil der kreisförmigen Gebilde ist oben hell und scheint nach vorn gewölbt zu sein, die um 180 Grad gedrehten Gebilde dagegen nach innen. Die Schattierungen werden als Schatten interpretiert. Bei einer Drehung des gesamten Bildes um 180 Grad ändern sich diese Wahrnehmungen der Wölbung der einzelnen Gebilde. Die Lage des Schattens bezogen auf die Lichtquelle entscheidet daher über die Interpretation. Die natürliche Lichtquelle Sonne ist oben, dies setzt das Wahrnehmungssystem beim Betrachten der Bilder als Vorannahme voraus, ohne dass die Sonne selbst tatsächlich auf dem Bild zu sehen ist.

◘ **Abb. 1.2** Schattierung und Tiefenwahrnehmung. (Aus Karnath & Thier, 2003)

Studie

Einschätzung der Geländesteilheit

Eine wichtige Anwendung der Wahrnehmungspsychologie ist die Analyse der Fortbewegung des Menschen in realen und virtuellen Welten. In einer Untersuchung von Proffitt, Bhall, Gossweiler und Midgett (1995) sollte untersucht werden, wie Personen die Steilheit von gesehenen Hügeln visuell, verbal und haptisch einschätzen. Solche Einschätzungen liefern Parameter zur Steuerung der Fortbewegung. Visuell wurde dies mit einer Anforderung überprüft, bei der die Neigung einer Linie einzustellen war. In der aktiven haptischen Situation war bei geschlossenen Augen die Neigung einer Fläche mithilfe aktiven Abtastens einzustellen. Mit der Größenschätzung war verbal die Neigung anzugeben. Das Ergebnis zeigt, dass die beste Einschätzung auf haptischem Weg gelingt. Visuell und verbal ergaben sich beträchtliche Überschätzungen der Neigung des gesehenen Hügels.

Die Wahrnehmung hat verschiedene **Aufgaben** zu erfüllen.

Aus dieser allgemeinen Charakterisierung ergeben sich einige **Teilaufgaben der Wahrnehmung** (Goldstein, 2002):

1. allgemeine Umwelt- und Körperüberwachung (Exploration) unter Beteiligung aller Sinnesorgane,
2. Aufnahme von Information im Laufe einer zielgerichteten Handlung bei Dominanz eines Sinnesorgans,
3. räumliche Orientierung und Steuerung der eigenen Fortbewegung,
4. Erkennen von Gegenständen und Ereignissen in Abhängigkeit von der Motivation sowie von der Bedeutung für das Handeln.
5. Da der Mensch ein soziales Wesen ist, ergibt sich als eine zentrale Aufgabe die Steuerung der sozialen Kommunikation durch entsprechende Erkennungsleistungen (Gesichter, Sprache, Geruch, Gestik, Körperhaltung) der Wahrnehmung.
6. Hinzu kommt der fakultative Erwerb von weiteren sozialen und arbeitsbezogenen Fertigkeiten als Ergebnis der individuellen und kulturellen Lerngeschichte (Spezialisten, Expertise; kulturelle Unterschiede).

Die Forschung zur Wahrnehmungspsychologie hilft uns zu verstehen, wie die Wahrnehmung ausgehend von der Stimulation an den Rezeptoren diese Aufgaben erfüllt. Die ► Studie »Einschätzung der Geländesteilheit« und der Kasten ► Für die Praxis »Wahrnehmung und Verkehrspsychologie« verdeutlichen, wie solche Ergebnisse der Wahrnehmungspsychologie praktisch verwertet werden können.

Für die Praxis

Wahrnehmung und Verkehrspsychologie

Die Notwendigkeit, Sicherheit im Straßenverkehr zu gewährleisten, erfordert eine Anpassung der Gestaltung von Straßen, Leiteinrichtungen, Signalen und Markierungen an die Leistungsfähigkeit der menschlichen Informationsverarbeitung, insbesondere der Wahrnehmung. Angewandte Wahrnehmungspsychologie beschäftigt sich deshalb mit der Fahrzeuglenkung bei der Einhaltung der Fahrbahn oder der Vermeidung von Kollisionen mit Hindernissen, mit der Abschätzung von Entfernungen und Geschwindigkeiten bei bewegten Objekten oder der Erkennung von Signalen und Markierungen zur Einleitung von Handlungen. Bei der Gestaltung einer Einfahrt in einen Tunnel ist beispielsweise das Adaptationsverhalten der Rezeptoren bei Veränderung der Lichtverhältnisse zu beachten.

1.3 Aufmerksamkeit im Überblick

Die **Wahrnehmung** unserer Umwelt liefert uns ein **selektives Bild**. Dabei werden häufig diejenigen Aspekte der Dinge unserer Umwelt selektiert, die wichtig für die Ausführung und **Auswahl von Handlungen** sind.

Gleichzeitig ist es aber so, dass die Wahrnehmung niemals einen wirklichen Überblick über alle augenblicklich verfügbaren Informationen einer Szene vermittelt, sondern immer nur einen Teil – und zwar den Teil, der für unsere Handlungen jeweils wichtig oder besonders interessant ist. So werden wir (in der Regel) beim Autofahren nicht permanent alle Farbtönungen der Inneneinrichtung oder die Klangabstufungen des Motors analysieren, sondern eher nur auf die Form und Beschaffenheit des Lenkrades achten, die Leichtigkeit des Gangwechsels und den Druckpunkt des Gaspedals wahrnehmen und auf relevante Informationen auf die Straßensituation achten. Das heißt, wir selektieren die Information bei der Wahrnehmung, die für die Autofahrsituation relevant ist und versuchen andere (nicht relevante) Informationsquellen auszublenden. Die Mechanismen, die diese Selektion ermöglichen, werden in der Psychologie unter dem Stichwort **Aufmerksamkeit** zusammengefasst.

1.3.1 Funktionen der Aufmerksamkeit: Selektion und Fokussierung

Wahrnehmung und Aufmerksamkeit sind im Dienste der **Handlungssteuerung** eng verbunden.

Eng verbunden mit der Wahrnehmung ist also die Aufmerksamkeit, wobei eine der Hauptfunktionen der Aufmerksamkeit darin liegt, Informationen auszuwählen, die dem Erreichen von aktuellen Wahrnehmungs- und Handlungszielen dienlich sind.

▶ Definition Aufmerksamkeit

Definition

Mit **Aufmerksamkeit** werden Prozesse bezeichnet, mit denen wir Informationen, die für aktuelle Handlungen relevant sind, selektieren bzw. irrelevante Informationen deselektieren. Selektion beeinflusst die Wahrnehmung (Selektion für die Wahrnehmung) und die Handlungsplanung und -ausführung (Selektion für die Handlungskontrolle) und umgekehrt.

Die Ausrichtung der Aufmerksamkeit erfolgt auf unterschiedliche Weise.

Die Ausrichtung (Fokussierung) der Aufmerksamkeit auf die Dinge unserer Umwelt kann in unterschiedlicher Weise erfolgen. Zum einen können sensorische Informationen selbst die Ausrichtung der Aufmerksamkeit steuern; z. B. nehmen wir das laute Knallen einer Tür wahr, ob wir wollen oder nicht; wir können es **nicht ignorieren**. Wir können aber unsere Aufmerksamkeit auch bewusst, d. h. **gewollt**, auf eine bestimmte Informationsquelle ausrichten, beispielsweise die Stimme einer bestimmten Person in der Straßenbahn, um diese bevorzugt zu verarbeiten.

Aufmerksamkeit kann **selektiv auf sehr verschiedene Aspekte** der Dinge unserer Umwelt ausgerichtet sein – Orte, Objekte und ausgewählte Eigenschaften von Objekten wie Farbe, Form etc.

Aufmerksamkeit kann auf die unterschiedlichsten Aspekte der Dinge unserer Umwelt ausgerichtet werden; ein sehr bevorzugter Aspekt ist der **Ort**, auf den wir unsere Aufmerksamkeit ausrichten (Wo ist die knallende Tür?). Ein anderer Aspekt sind die **Objekte** selbst, auf die wir unsere Aufmerksamkeit richten; so können wir aus einer Menge von Stiften auf dem Schreibtisch den auswählen, den wir zum Schreiben benötigen. Weiterhin können wir uns auch auf **einzelne herausgelöste Eigenschaften** unserer Umgebung konzentrieren; z. B. können wir am Straßenrand besonders auf vorbeifahrende Autos achten, die eine gelbe Farbe aufweisen, wenn wir auf eine Person warten, die in einem gelben Auto kommen soll. Die Kriterien, nach denen wir unsere Aufmerksamkeit ausrichten, können demzufolge sehr unterschiedlich sein; die dabei involvierten Mechanismen und Gesetzmäßigkeiten werden in ▶ Kap. 15 **»Selektive Aufmerksamkeit«** umfassend beschrieben.

1.3.2 Aufmerksamkeit und Handeln

Begrenzungen der Aufmerksamkeit zeigen sich in Situationen, in denen die Ausführung und Auswahl von Handlungen schwierig ist, z. B. beim Multitasking.

Bei der Ausführung und Auswahl von Handlungen werden aber auch insbesondere die **Begrenzungen** für unsere Aufmerksamkeit und ihre Kontrolle deutlich. Diese Begrenzungen spüren wir besonders dann, wenn wir mir mehrere Handlungen gleichzeitig tun sollen oder wollen – d. h. beim **Multitasking!**

So entsteht in der eingangs beschriebenen Situation des Autofahrens und des Telefonklingelns die besondere Gefahr daher, dass wir unsere Aufmerksamkeit immer nur einer begrenzten Anzahl von Handlungen zuweisen können; im Extremfall nur einer einzigen Handlung. Sind es mehr Handlungen, die wir gleichzeitig ausführen müssen, oder wenn unsere Aufmerksamkeit von einer wichtigen Handlung durch eine andere Information (Telefonklingeln, lautes Türknallen) abgelenkt wird, dann muss die **Aufmerksamkeit zwischen diesen Dingen verteilt** *oder* **aufgeteilt** werden; die Folge ist, dass es dann häufig zu Überforderungen kommt, die durch Fehler in unseren Handlungen sichtbar werden.

Fehler können entstehen, wenn **Aufmerksamkeit** zwischen zu vielen Handlungen **aufgeteilt** werden muss **oder abgelenkt** ist.

Die Gründe hierfür liegen einerseits in der Beschaffenheit unserer Aufmerksamkeit (die z. B. begrenzt ist) und sie ergeben sich auch durch die Besonderheiten unserer Sinnesorgane und unseres Körpers, die ebenfalls Begrenzungen für die Kognition darstellen. Diese Zusammenhänge werden auch speziell durch die Vorgänge im Gehirn reflektiert, die die **Verteilung unserer Aufmerksamkeit** auf mehrere Dinge oder Handlungen in solchen Situationen begleiten.

Besonderheiten der Aufmerksamkeit, unserer Sinnesorgane und unseres Körpers sowie der begleitenden Gehirnprozesse können in Situationen verteilter Aufmerksamkeit besonders gut erkannt werden.

Gleichzeitig ist es jedoch so, dass wir den Beschränkungen der Aufmerksamkeit nicht hilflos ausgeliefert sind. Dafür sind spezielle **exekutive Funktionen** zuständig, die uns helfen, in Situationen mit großem Kontrollaufwand dennoch zielgerichtet zu handeln. Wir können unsere Handlungen **planen** und **organisieren**, sodass Überforderungen durch Multitasking verhindert werden; auch können wir durch **Lernen** und **Üben**, den Umgang mit diesen Situationen verbessern und optimieren.

Exekutive Funktionen sowie Lernen und Üben **helfen** mit Engpässen in der Aufmerksamkeit umzugehen.

Das Wirken und die Funktionsweise **exekutiver Funktionen** kann man insbesondere in Situationen erkennen, in denen sie nicht optimal funktionieren und auch am Beispiel von Personen mit Störungen im Frontalhirn. Derartige Störungen entstehen z. B. durch Unfälle, Schlaganfall oder Operationen und die betroffenen Personen zeigen insbesondere Verhaltensfehler in Situationen, in denen große Anforderungen an die Verteilung der Aufmerksamkeit und Kontrolle von Handlungen gestellt werden. Aus der Analyse dieser Fehlleistungen lassen sich Rückschlüsse auf das Wirken von Aufmerksamkeit und ihre Kontrolle ziehen und über die Mechanismen der Steuerung und Kontrolle von Aufmerksamkeit durch das Gehirn. Diese Zusammenhänge, die die Begrenzungen unserer Aufmerksamkeit und deren Folgen für die Architektur des kognitiven Systems sowie für die Kontrolle von Handlungen betreffen, werden im abschließenden ▶ Kap. 16 »**Aufmerksamkeit und Handlung**« erörtert.

Bereiche des **Frontalhirns** spielen eine besondere Rolle in Situationen mit besonderen Anforderungen an die Ausrichtung und Verteilung der Aufmerksamkeit.

Welche Mechanismen regulieren nun aber die Aufteilung und Kontrolle von Aufmerksamkeit in verschiedenen Situationen unseres Handelns genau? Wie funktionieren diese Mechanismen im Detail und was genau passiert dabei im Gehirn? Welche Schlussfolgerungen können wir daraus für unser Wissen über das Funktionieren unseres kognitiven Systems ziehen und welche Schlussfolgerungen für unser Alltagshandeln und -erleben? Die psychologische Grundlagenwissenschaften hat in den letzten Jahren große Fortschritt bei der Suche nach Antworten auf diese Fragen gemacht, die in diesem Buch beschrieben werden.

Psychologische Grundlagenforschung über die **Mechanismen der Aufmerksamkeit** führt einerseits zur Vertiefung unseres Wissens über die menschliche Kognition und das Gehirn und andererseits zu hilfreichen Kenntnissen im Alltagsleben.

 Kontrollfragen

1. Begründen Sie die Komplexität des Wahrnehmungsprozesses!
2. Worin bestehen die Aufgaben der Wahrnehmung?
3. Welche Rolle hat die Wahrnehmung in der Kommunikation?
4. Beschreiben Sie das Wechselspiel von Wahrnehmung und Aufmerksamkeit?
5. Worin besteht die Schwierigkeit des Multitasking und was sagt das über Aufmerksamkeit aus?

1

► Weiterführende Literatur

Goldstein, E.B. (2002). *Wahrnehmungspsychologie* (6. Aufl.). Heidelberg: Spektrum.

Kersten, B. & Groner, M.T. (2005). *Praxisfelder der Wahrnehmungspsychologie*. Bern: Huber

Mausfeld, R. (2005). Wahrnehmungspsychologie. In A. Schütz; H. Selg & S. Lauterbach (Hrsg.), *Einführung in die Psychologie*. Stuttgart: Kohlhammer

Norman, D.A. & Shallice, T. (1986). Attention to action: willed and automatic control of behaviour. In R.J. Davidson, G.E. Schwartz & D. Shapiro (Eds.), *Consciousness and self-regulation: Advances in research* (Vol. 4, S. 1-18). New York: Plenum Press.

Styles, E. A. (1997). *The psychology of attention*. Hove, UK: Psychology Press.

Wolfe, J.M., Kluender, K.R., Levi, D.M., Bartoshuk, L.M., Herz, R.S., Klatzky, R.L. & Lederman, S. J. (2006). *Sensation & perception*. Sunderland: Sinauer Ass.

I Wahrnehmung

H. Hagendorf

2 Eigenschaften der Wahrnehmung und theoretischer Rahmen

Lernziele

- Welche Eigenschaften hat die Wahrnehmung?
- Was bedeutet Selektivität, Konstruktivität und Kontextabhängigkeit der Wahrnehmung?
- In welchem Sinne ist die Wahrnehmung korrekt?
- Wodurch kann die kognitionspsychologische Perspektive der Wahrnehmungspsychologie charakterisiert werden?
- Inwiefern braucht ein Verständnis der Wahrnehmungspsychologie eine evolutionsbiologische Perspektive?
- Warum sollten Sie sich mit der Wahrnehmungspsychologie im Rahmen der Psychologie beschäftigen?

Sinnliche Empfindungen kommen zustande, indem äußere Reizmittel auf die empfindlichen Nervenapparate unseres Körpers einwirken, und diese in Erregungszustand versetzen. Die Art der Empfindungen ist verschieden, theils nach dem Sinnesorgan, welches in Anspruch genommen worden ist, theils nach der Art des einwirkenden Reizes. Jedes Sinnesorgan vermittelt eigenthümliche Empfindungen, welche durch kein anderes erregt werden können, das Auge Lichtempfindungen, das Ohr Schallempfindungen, die Haut Tastempfindungen. Selbst wenn dieselben Sonnenstrahlen, welche dem Auge die Empfindung des Lichts erregen, die Haut treffen und deren Nerven erregen, so werden sie hier doch als Wärme, nicht als Licht empfunden, und ebenso können die Erschütterungen elastischer Körper, welche das Ohr hört, von der Haut empfunden werden, aber nicht als Schall, sondern als Schwirren. Schallempfindung ist also die dem Ohr eigenthümliche Reaktionsweise gegen äußere Reizmittel, sie kann in keinem anderen Organ des Körpers hervorgebracht werden, und unterscheidet sich durchaus von allen Empfindungen aller übrigen Sinne.
(Helmholtz, 1913, S. 13)

2

Die Wahrnehmung besitzt im Ergebnis der evolutionären Anpassung eine Reihe von allgemeinen Eigenschaften.

In der Evolution hat sich zur Lösung der verschiedenen Wahrnehmungsaufgaben ein System herausgebildet, das eine Reihe von allgemeinen Eigenschaften besitzt. Diese Eigenschaften gilt es jetzt zu beschreiben, um dann den theoretischen Rahmen zu charakterisieren, der leitend für die Betrachtung von Wahrnehmungsprozessen in der Allgemeinen Psychologie sein soll.

2.1 Eigenschaften der Wahrnehmung

2.1.1 Begrenzungen

Wahrnehmung unterliegt Einschränkungen durch die Eigenschaften der Rezeptorsysteme. Sie können nur bestimmte Reizangebote verarbeiten.

Obwohl unsere Sinnessysteme sehr verschiedene Informationen bereitstellen und in uns die Illusion erzeugen, ein Abbild der Umgebung zu erhalten, lehrt uns die allgemeine und vergleichende Sinnesphysiologie (▶ Kap. 5), dass dem nicht so ist. Wir haben nur eine **begrenzte Anzahl von Sinnesorganen (Modalitäten)**, die nur für eine **begrenzte Anzahl von Komponenten (Qualitäten)** in der Wahrnehmung zuständig ist. Unser Abbild der Umwelt kann daher gar nicht vollständig sein, da von der Umwelt physikalische Reize ausgehen, die von der Wahrnehmung gar nicht verarbeitet werden können.

Das **sichtbare Licht** stellt nur einen Ausschnitt (400–700 nm) dar. Die Rezeptoren des visuellen Systems können nur dieses enge Spektrum verarbeiten.

Aus dem Bereich der **elektromagnetischen Wellen**, der in ◘ Abb. 2.1 dargestellt ist, kann nur ein eng begrenzter Ausschnitt (das **sichtbare Licht**) von 400–700 nm wahrgenommen werden. Wir können die Qualitäten der Helligkeit, Farbe, die Verteilung im Raum (Kanten, Tiefe) als auch in der Zeit (Bewegung, Flimmern) aufnehmen. **Ultraviolette oder infrarote Strahlung** kann von uns nicht genutzt werden, obwohl Bienen bzw. Schlangen dies können.

Alle Sinnessysteme können nur ausgewählte Reize verarbeiten.

Ähnliches gilt für **Schallwellen**, die wir nur im Bereich von 20 Hz bis 20 kHz verarbeiten können. Darüber liegende Bereiche sind uns nicht zugänglich, wohl aber Hunden und Fledermäusen. Wir können bestimmte **Gase** (Schwefelwasserstoff) riechen,

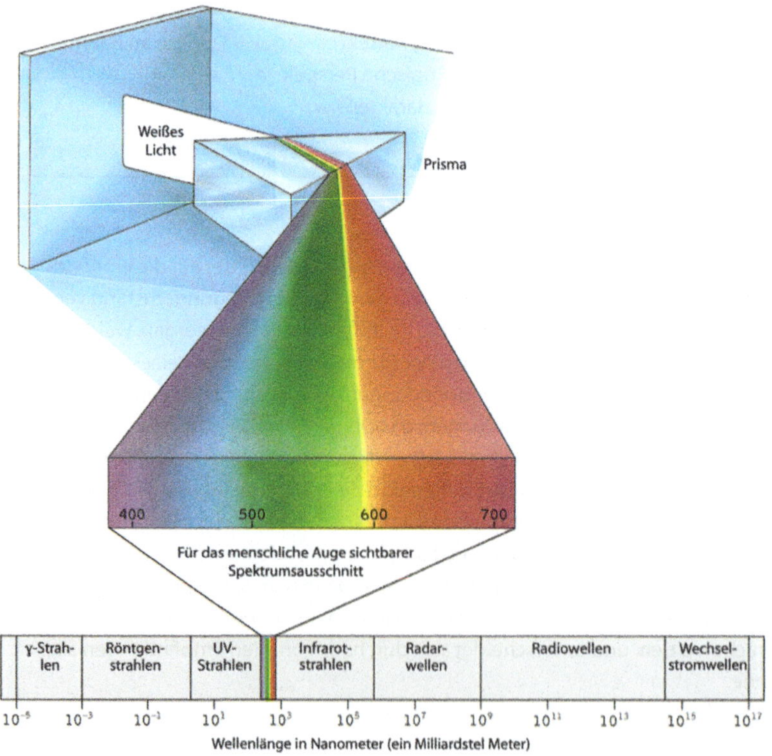

◘ **Abb. 2.1** Das elektromagnetische Spektrum. (Aus Myers, 2006. © 2007 by Worth Publishers. Used with permission.)

andere wie Kohlendioxid aber nicht, obwohl sie für uns gefährlich sind. Der **Hautsinn** vermittelt die Komponenten Druck, Temperatur und Schmerz.

Begrenzungen resultieren zudem daraus, dass Reize eine bestimmte **Intensität** aufweisen müssen, um sie überhaupt wahrzunehmen. Zu geringe Intensitäten können wir ohne technische Hilfsmittel auch nicht wahrnehmen. Wir können zu langsame (z. B. die Bewegung des Stundenzeigers auf der Uhr) oder zu schnelle Bewegungen (z. B. den Flug einer Gewehrkugel) nicht wahrnehmen.

Nur Reize einer bestimmten Intensität werden wahrgenommen.

Außerdem sind die Wahrnehmungsbegrenzungen **artspezifisch**. Sie entsprechen den Handlungserfordernissen, unter denen sich die Wahrnehmung in der Evolution herausgebildet hat. Die Restriktionen charakterisieren die biologisch verfügbaren Kategorien der Wahrnehmung. Streng genommen dient die Wahrnehmung also nicht der Erkennung der physikalischen Umwelt, sondern der **Bereitstellung handlungsrelevanter Parameter**.

Infolge unterschiedlicher Handlungsräume haben verschiedene Arten auch unterschiedliche Wahrnehmungssysteme entwickelt.

Insofern ist auch der Begriff der **Täuschung** in der Wahrnehmung ungerechtfertigt, wie schon Helmholtz bemerkte:

Täuschungen in ihrer Vielfalt machen Gesetzmäßigkeiten der Wahrnehmung sichtbar.

> Das Sinnesorgan täuscht uns dabei nicht, es wirkt in keiner Weise regelwidrig, im Gegenteil, es wirkt nach seinen festen, unabänderlichen Gesetzen und es kann gar nicht anders wirken. Aber wir täuschen uns im Verständnis der Sinnesempfindung.
> (Helmholtz, 1855, S. 100).

Wahrnehmung wird zwar immer durch Sinnesorgane vermittelt. Die genannten Begrenzungen verweisen aber auch darauf, dass die **Wahrnehmung nicht auf Sinnesleistungen reduziert** werden kann. Die Eigenschaften des speziellen Sinnesorgans und die Verarbeitungsmechanismen bestimmen allerdings wesentlich die Möglichkeiten der Wahrnehmung.

Wahrnehmung kann nicht auf Sinnesleistungen reduziert werden.

Damit die erzeugten **internen Repräsentationen** von anderen kognitiven Systemen, wie Gedächtnis, Sprache oder Denken, genutzt werden können, müssen die durch die Sinnessysteme bereitgestellten Daten in ein von der Modalität unabhängiges Format, also in eine **transmodale Form,** gebracht werden. Die verschiedenen Teilinformationen müssen aufeinander abgestimmt sein, um eine kohärente und ganzheitliche Wahrnehmung zu ermöglichen.

Intern wird durch die Wahrnehmung eine modalitätsunabhängige Repräsentation erzeugt.

2.1.2 Selektivität

Obwohl diese Begrenzungen infolge der **Beschränkungen durch die Leistungsfähigkeit der Sinnesorgane** für die sensorische Verarbeitung der Reizumwelt existieren und als Filter gesehen werden können, gibt es noch einen separaten Mechanismus, um innerhalb dieser Restriktionen die Wahrnehmung noch weiter auf handlungsrelevante Reize einzuschränken, die **Aufmerksamkeit** (▶ Kap. 15). Wir können uns in einem Gespräch auf unseren Gesprächspartner konzentrieren; aus den Geräuschen seine Stimme herausfiltern und andere Geräusche ausblenden. Reizen mit besonderen Eigenschaften (z. B. besondere Intensität oder Qualität wie Sirene oder Blaulicht) wenden wir unsere Aufmerksamkeit zu. Wir können aber auch im Kontext unsere Absichten und Bedürfnisse die Aufmerksamkeit auf bestimmte Objekte ausrichten. Bei einer Erkennungsleistung wie der Suche nach einem bestimmten Buch im Bücherregal werden die Farbe, Dicke und Größe als Kriterien für diesen Selektionsmechanismus dienen.

Über die **selektive Aufmerksamkeit** werden aus der verfügbaren Information Merkmale, Objekte und Orte ausgewählt.

Külpe (1904) sprach von der **selektiven Funktion der Aufgabe** und unterschied schon die positive Abstraktion (Hervorhebung aufgabenrelevanter Merkmale einer Situation) von der negativen Abstraktion (Absehung von irrelevanten Merkmalen). Danach führen also Ziele, z. B. das bestimmte Buch zu finden, zur selektiven Verarbeitung von Merkmalen in der Wahrnehmung. Selektion gibt es aber auch im Gedächtnis.

Selektion kann durch Hervorhebung bestimmter Merkmale als auch durch Aussonderung von Merkmalen erfolgen.

Aufgabenrelevante Inhalte müssen ausgewählt werden, beispielsweise die Zwischenergebnisse bei einer Multiplikation mehrstelliger Zahlen.

Selektivität kann auch durch Körper- und Augenbewegungen erreicht werden.

Diese **Selektivität** kann auch **durch spezifische sensorische Systeme** wie das Auge erreicht werden. Augenbewegungen erlauben es uns, die Augen auf bestimmte Objekte zu richten (z. B. Lesen). Mit den Augenlidern können wir die Wahrnehmung gezielt unterbrechen. Das Phänomen der »inattentional blindness« zeigt, dass die Konzentration der Aufmerksamkeit auf bestimmte Merkmale einer Situation dazu führen kann, dass andere Merkmale nicht wahrgenommen werden können, zumindest nicht bewusst, also nicht berichtet werden können.

Die Aufmerksamkeit muss auf mehrere Objekte gleichzeitig ausgerichtet werden.

Aufmerksamkeit ist wahrscheinlich der **wichtigste Mechanismus**, mit dem sich das perzeptive System auf ein reichhaltiges und variables Informationsangebot einstellen kann. Verkehrssituationen zeigen, dass wir unsere Aufmerksamkeit gleichzeitig auf mehrere Objekte ausrichten können. Beispielsweise muss der Autofahrer im Stadtverkehr auf seinen Vordermann achten, die Verkehrszeichen erkennen und den neben ihm fahrenden Radfahrer beobachten.

2.1.3 Konstruktivität

Wahrnehmung ist ein konstruktiver Vorgang.

Die Wahrnehmung erzeugt kein Abbild, keine Rekonstruktion der physikalischen und sozialen Wirklichkeit, sondern sie konstruiert aus den verfügbaren Informationen eine handlungsrelevante interne Repräsentation: Unsere Wahrnehmung ist konstruktiv.

Die Fraser-Spirale ist ein Beispiel für die Konstruktivität der Wahrnehmung

▣ Abb. 2.2 zeigt ein eindrucksvolles Beispiel für die **Konstruktivität der Wahrnehmung**: die Fraser-Spirale. Obwohl wir alle eine Spirale sehen, ist keine vorhanden, es sind nur kreisförmige Anordnungen. Die Fraser-Spirale entpuppt sich bei genauer Betrachtung als Folge konzentrisch angeordneter Kreise, wie durch Nachfahren mit dem Finger leicht festzustellen ist. Die Anordnung besteht aus Bogenstücken, die leicht nach innen gedreht sind und sich zum Teil überlappen.

▣ **Abb. 2.2** Fraser-Spirale. (Aus Ditzinger, 2006)

Unsere wahrgenommene Welt ist eine Konstruktion, und zwar eine Konstruktion auf der Basis der biologisch vorgegebenen konzeptuellen Grundausstattung unseres Wahrnehmungssystems. Hoffmann (2003) demonstriert dies an vielen Beispielen aus der visuellen Wahrnehmung. Ein eher alltägliches und immer wieder diskutiertes **Beispiel für diesen konstruktiven Charakter der Wahrnehmung** ist die Tatsache, dass wir ein mehrdeutiges zweidimensionales Abbild auf der Retina des Auges dreidimensional interpretieren, z. B. wird aus einer zweidimensionalen Anordnung von Strichen im retinalen Bild in der Wahrnehmung das räumliche Bild eines Stuhls. In diesem Interpretationsvorgang wird ein Problem dieses konstruktiven Prozesses deutlich. Einem zweidimensionalen Abbild können theoretisch unendlich viele dreidimensionale Umwelten zugeordnet werden. Der Prozess bedarf also Regeln, um die Vielfalt der möglichen Interpretationen einzuschränken. Solche Regeln ergeben sich aus einer kognitionspsychologischen Perspektive durch die Eigenschaften der Umwelten, an die sich das System angepasst hat, also aus den **Regularitäten der Umwelt**. Ein Beispiel dafür ist in Kap. 1 in Abb. 1.2 (Vorwölbung oder Vertiefung infolge Schatten) dargestellt. Als mögliche Erklärung wurde angegeben, dass das visuelle System davon ausgeht, dass das Licht (Sonnenlicht) immer von oben kommt. Die Schattenwirkungen lassen sich dann mit dieser Regel als Schatten an einer Vertiefung oder Schatten an einer Vorwölbung interpretieren.

Einschränkungen des konstruktiven Wahrnehmungsprozesses ergeben sich aus Regeln, die Regularitäten der Umwelt abbilden.

Einschränkungen für den konstruktiven Vorgang ergeben sich auch aus Konzepten, mit denen unser Wahrnehmungssystem ausgestattet ist. Entwicklungspsychologische Untersuchungen zeigen die frühe Verfügbarkeit solcher Konzepte, die die Wahrnehmung vom Beginn der Entwicklung an strukturieren. Wäre dem nicht so, müsste die Entwicklung auf einem unstrukturierten Informationsangebot aufbauen und nur über induktive Prozesse laufen. Ein Beispiel ist das Konzept der **Kausalität**: Zwei Objekte, die sich unabhängig voneinander bewegen, erzeugen den Eindruck eines Kausalzusammenhangs, wenn bestimmte räumlich-zeitliche Bedingungen erfüllt sind (Michotte, 1966).

Das Wahrnehmungssystem ist am Beginn der Entwicklung mit Konzepten ausgestattet, die das **Informationsangebot strukturieren**. Ein solches Konzept ist der wahrgenommene **Kausalzusammenhang**.

Beispiel

Betrachten wir zwei Kugeln in einem bestimmten Abstand. Die linke Kugel bewegt sich nach rechts bis zu einer Stelle kurz vor der zweiten Kugel. Nach einer kurzen Zeit bewegt sich diese zweite Kugel wiederum nach rechts. Wahrgenommen wird aber bei bestimmten raumzeitlichen Verhältnissen von den meisten Personen ein Zusammenstoß: Die linke Kugel bewegt sich auf die zweite zu und verursacht durch einen Zusammenstoß eine Bewegung der zweiten Kugel. Diese Kausalwahrnehmung ist eine Täuschung, spielt aber insofern eine große Rolle, als schon Kinder im Alter von 6 Monaten solche Anordnungen von Bewegungsmustern kausal interpretieren.

Ein anderes derartiges Konzept ist das des **Objektes** (Spelke & Kinzer, 2007). Das Konzept »Objekt« ist als **symbolische Repräsentation** zu beschreiben. Darin ist ein allgemeines Wissen über nichtbelebte Objekte erfasst, das die Strukturierung des Informationsangebotes erlaubt. Objekte sind solide und kohärent, sie bewegen sich als Ganzes mit ihren Teilen auf stetigen Bahnen und interagieren nur bei einem zeitlich-räumlichen Kontakt. Mausfeld (2005) charakterisiert diese Konzepte als Bestandteil des symbolischen Basiswissens, auf dem Lernprozesse aufbauen können. Dieses Basiswissen gilt es zu erfassen, um Entwicklung und Lernen in der Wahrnehmung zu verstehen. In diesem Sinne erzeugt die Wahrnehmung kein Wissen ausgehend von einer Tabula rasa (empirische Theorie), sondern startet bereits mit einem Basiswissen zur Strukturierung der Wahrnehmung in Objekte. Ein solches Basiswissen schränkt für eine gegebene Situation die möglichen Interpretationen ein, die in dem konstruktiven Wahrnehmungsvorgang entstehen können.

Ein anderes Konzept ist der **Objektbegriff** als Bestandteil eines Basiswissens.

2.1.4 Zeitliche Dauer

Der Wahrnehmungsprozess erfordert Zeit.

Wahrnehmung erscheint uns als unmittelbar: Objekte und Ereignisse scheinen zu dem Zeitpunkt aufzutauchen bzw. stattzufinden, in dem wir sie wahrnehmen. Seit dem Nachweis einer **Nervenleitgeschwindigkeit** durch Helmholtz ist aber klar, dass zwischen der Verarbeitung des proximalen Reizes an den Rezeptoren und der Registrierung eines Produktes der Wahrnehmung, z. B. für die Auswahl einer Reaktion, Zeit verstreicht. Die Verzögerungen in der Verarbeitung werden deutlich, wenn eine Lampe durch Armkreisen schnell bewegt wird. Wir sehen dann bei entsprechender Geschwindigkeit nicht die Bewegung einer Lampe, sondern einen ausgeleuchteten Kreis. Ein besonders deutliches Phänomen ist der Metakontrast (▶ Studie).

Studie

Metakontrast

Werner (1935) untersuchte mit einfachen Formen (Kreise, Quadrate, Ringe) die Wahrnehmung von Konturen. Beispielsweise wurden abwechselnd immer ein kleiner ausgefüllter schwarzer Kreis und ein schwarzer Ring auf einem weißen Hintergrund mit einem Tachistoskop (ein Gerät für die kurzzeitige Darbietung von Bildern) gezeigt. Der Durchmesser des Kreises stimmte mit dem Innendurchmesser des Ringes überein). Ab einer Wechselzeit von weniger als 200 ms nahmen die Personen nur noch den Ring wahr, der kleine schwarze, zuerst gezeigte Kreis schien nicht zu existieren. Die Kreiskontur wurde von dem Ring maskiert. Zugleich zeigt das Experiment, dass zur Wahrnehmung einer Figur (kleiner Kreis) eine bestimmte Zeit notwendig ist. Die Besonderheit dieser speziellen Anordnung besteht darin, dass der kleine Kreis genau in die Öffnung des Ringes passt. Dieses Phänomen, der Metakontrast, könnte nicht auftreten, wenn wir jedes Ereignis zu dem Zeitpunkt wahrnehmen, zu dem es stattfindet. Wahrnehmung erfordert also Zeit.

2.1.5 Korrektheit und Nützlichkeit

Die Wahrnehmung ist wahr in dem Sinne, dass sie verlässlich die Informationen bereitstellt, die für ein zielbezogenes Handeln in der physikalischen und sozialen Umwelt notwendig sind.

Angesichts der Beispiele in ▶ Kap. 1 stellt sich die Frage, wie korrekt eigentlich die Wahrnehmung ist. Unsere Wahrnehmung ist nicht korrekt im Sinne eines realitätsgerechten Abbildes, aber sie ist funktional korrekt, d. h., sie stellt nützliche Informationen für Handlungen bereit und sie liefert nützliche Interpretationen einer Reizsituation. Beispielsweise müssen für das Greifen eines Behälters Informationen über Form, Oberflächenbeschaffenheit und Gewicht ermittelt werden, dabei ist die Farbe des Behälters oder sein Geruch unwichtig.

> Wir nennen unsere Vorstellungen von der Außenwelt wahr, wenn sie nur genügend Anweisungen über die Folgen unserer Handlungen der Außenwelt gegenüber geben und uns richtige Schlüsse über die zu erwartenden Veränderungen derselben ziehen lassen. (Helmholtz, 1855, S. 590)

Täuschungen lassen Rückschlüsse über die Verarbeitung eines Reizes in der Wahrnehmung zu.

Die verschiedenen und in verschiedenen Sammlungen (Bach & Poloschek, 2006; Fahle, 2003a) zusammengestellten **Täuschungen** haben die Frage aufgeworfen, wie es um die Rekonstruktion der uns umgebenden Wirklichkeit steht. Die langen Linien in ◘ Abb. 2.3 sind parallel. Die zusätzlich angeordneten kurzen geneigten Linienelemente führen dazu, dass aber nichtparallele Linien gesehen werden. Es kommt in der Wahrnehmung zu Abweichungen vom physikalisch Messbaren. Wahrnehmung rekonstruiert also keine Wirklichkeit, sondern konstruiert eine interne Repräsentation, die in der Regel effektives Handeln ermöglicht. Daher sollten Täuschungen besser als **Nebeneffekte der Verarbeitung der Information** angesehen werden. Viele Täuschungen ergeben sich dadurch, dass neben der Wahrnehmung eines Merkmals die Verarbeitung andere Merkmale eines Objektes die Wahrnehmung beeinflusst (s. Kontextabhängigkeit) Die Helligkeit einer Oberfläche wird eben nicht nur durch die Menge des reflektierten Lichts bestimmt, sondern auch durch das reflektierte Licht der umgebenden Flächen und der Lage der Oberfläche im Raum.

Abb. 2.3 Zöllner-Täuschung. Die parallelen Linien neigen sich gegeneinander. Die Neigung folgt der Gegenrichtung der kleinen Striche. (Nach Zöllner, 1861)

Die subjektive Größe des Mondes ändert sich, je nachdem ob er am Horizont oder im Zenit steht, ebenso hängt die subjektive Schwere eines Gewichts von der Größe des Gewichts ab. Von zwei gleich schweren Gewichten erscheint das kleinere subjektiv schwerer. Andererseits lassen sich so nicht nur Täuschungen erklären, sondern auch die **Konstanzleistungen der Wahrnehmungen**, d. h., dass die Wahrnehmung trotz Veränderung der Wahrnehmungssituation konstant und unverändert bleibt.

Viele Täuschungen entstehen dadurch, dass neben dem kritischen Merkmal noch andere Merkmale mit verarbeitet werden.

Ein Beispiel ist die **Größenkonstanz**: Dabei geht es darum, dass die physikalische Größe eines Objektes unabhängig von der Entfernung bzw. der Abbildgröße auf der Retina wahrgenommen werden kann. Das heißt, ein Objekt kann sich unterschiedlich weit entfernt von uns befinden, die Größe des Objektes bleibt für uns in der Wahrnehmung aber konstant, weil das visuelle System neben der Abbildgröße auf unserer Retina die Entfernung des Objektes für die Größenschätzung mitbenutzt. So sichert das visuelle System die für unsere Handlungen bedeutsame Größenschätzung (▶ Kap. 8).

Die physikalische Größe eines Objektes kann unabhängig von der Entfernung wahrgenommen werden.

Der gleiche Mechanismus (Nutzung der Entfernung für die Größenschätzung) führt aber auch dazu, dass eine Überschätzung der Entfernung eines Objektes zu einer Überschätzung der Größe eines Objektes führen kann.

In die Größenschätzung geht auch die Entfernung des Objektes ein. Dadurch kann es auch zu Überschätzungen der Größe kommen.

An der Größenkonstanz lassen sich auch zwei wichtige Begriffe einführen: distaler Reiz und proximaler Reiz. Der **distale Reiz** ist das Objekt, das sich in einiger Entfernung von uns befindet. Der **proximale Reiz** ist das Reizmuster, das unmittelbar an den Rezeptoren anliegt. Im Fall der Größenkonstanz ist dies also das Abbild des Objektes auf der Retina des Auges.

In der Wahrnehmung werden der distale und der proximale Reiz unterschieden.

2.1.6 Kontextabhängigkeit

Reize erscheinen nicht isoliert, sie werden in der Regel immer im raumzeitlichen Kontext, z. B. zusammen mit anderen Reizen, dargeboten. **Kontext** kann sich auf externe (andere Objekte) und interne Zustände (Stimmungen) beziehen. Die Reize in der räumlichen oder zeitlichen Nachbarschaft beeinflussen die Wahrnehmung. Ein Beispiel dafür sind die **subjektiven Konturen**, auch Scheinkonturen genannt, die gesehen werden, obwohl sie im Reizmuster nicht als physikalische Kontraste vorhanden sind (Kanisza, 1976). Ein Beispiel hierfür gibt Abb. 2.4: Die spezielle Anordnung von schwarzen Kreissegmenten führt hier zur Wahrnehmung eines Würfels, obwohl die Kanten nicht explizit eingezeichnet sind. Der Würfel existiert nur in der Wahrnehmung.

Wahrnehmung findet immer in einem **raumzeitlichen Kontext** statt. Dieser Kontext beeinflusst die Wahrnehmung.

Abb. 2.4 Subjektive Konturen. In der Regel sehen die Personen vor schwarzen Kreisen einen weißen Würfel. Es gibt noch eine zweite Interpretation: Durch kreisförmige Löcher wird ein Würfel im Hintergrund gesehen. (Aus Bradley et al., 1976. Mit freundlicher Genehmigung von Nature.)

Zeitlich nacheinander auftauchende Reize maskieren sich.

In ▶ Abschn. 2.1.4 haben wir ein **Maskierungsphänomen**, den **Metakontrast**, erwähnt, das für eine solche zeitliche Nachbarschaft steht. Der nachfolgende Ring verhindert die bewusste Wahrnehmung des kurz davor gezeigten kleinen Kreises. Es bedarf also eines ausreichenden großen zeitlichen Abstandes, damit der kleine Kreis auch bewusst wahrgenommen werden kann.

Der Helligkeitseindruck einer Fläche ist von der Helligkeit benachbarter Flächen beeinflusst.

Die Wellenlängenverteilung des reflektierten Lichtes von Oberflächen, die in der räumlichen Nachbarschaft einer zu beurteilenden Oberfläche stehen, verändert den **Helligkeitseindruck**:

Beispiel

Betrachten wir ein einheitlich graues schmales Rechteck, das sich vor einem großen Rechteck befindet. Das große Rechteck hat einen veränderlichen Grauwert; von links nach rechts wird es immer dunkler. Der wahrgenommene Grauwert des schmalen Rechtecks scheint sich in dieser Konstellation von links nach rechts zu verändern, obwohl es objektiv einen konstanten Grauwert hat. Der Grauwerteindruck des schmalen Rechtecks entsteht also durch den veränderlichen Grauwert des großen Rechtecks. Obwohl nur die keine Fläche des Rechtecks zu betrachten ist, wird der Wahrnehmungseindruck von den Eigenschaften des großen Rechtecks beeinflusst.

Ein zeitlich oder räumlich benachbarter Reiz beeinflusst die Wahrnehmung des aktuellen Reizes.

Eine musikalische Note wird unterschiedlich erlebt werden, je nachdem mit welchen anderen Noten sie dargeboten wird. Bestimmte Bewegungsmuster von Objekten werden kategorial unterschiedlich interpretiert, wenn zu bestimmten Zeitpunkten zusätzliche akustische Reize eingespielt werden. Der Geschmack von Orangensaft nach dem Zähneputzen ist deutlich anders als nach dem Trinken von Wasser.

Die Wahrnehmung in einer Modalität kann durch die Wahrnehmung in einer anderen Modalität beeinflusst sein.

Ein anderes Beispiel sind die Wechselwirkungen zwischen den verschiedenen Sinnesmodalitäten. **Synästhesie** bezeichnet eine Wahrnehmungsbesonderheit mancher Personen: Die Verarbeitung eines Reizes in einer Modalität führt auch zu einer Wahrnehmung in einer anderen Modalität (Cytowic, 1989). Bei bestimmten Zahlen sehen einige solcher Synästhetiker bestimmte Farben. Synästhesie steht daher als ein Phänomen, das immer mehr Bedeutung für das Verstehen solcher Kontexteffekte erlangt.

2.1.7 Lernen und Entwicklung

Die individuelle Lerngeschichte in spezifischen ökologischen und kulturellen Kontexten führt zu Veränderungen der Wahrnehmung.

Wahrnehmung verändert sich infolge von **Reifung, Übung und Lernen**. Die Erfahrungsauswertung setzt Gedächtnis voraus. Solche Erfahrungsänderungen treten auch in der funktionalen Charakteristik von Neuronenensembles im Gehirn auf. In Abhängigkeit von der Art der speziellen ökologischen und kulturellen Umgebung als auch der individuelle Lerngeschichte ergeben sich Unterschiede in der Art der Informationsaufnahme als auch in der Beurteilung von Information (Beispiel Spezialisten, Experten). Nach Fahle (2003b) führt die Erfahrung mit Reizen zu relativ dauerhaften, aber spezifischen Änderungen der Wahrnehmung; dies wird auch als **Wahrnehmungslernen** bezeichnet.

▶ Definition Wahrnehmungslernen

Definition

Wahrnehmungslernen ist die relativ dauerhafte und oft sehr spezifische Veränderung von Wahrnehmungsleistungen.

Auf neurologischer Ebene ist mittlerweile auch die **Plastizität** als Veränderung der anatomischen und funktionalen Organisation des Kortex nachgewiesen, die sich auch aus der Erfahrungsabhängigkeit bestimmter Wahrnehmungsleistungen ergibt.

Definition

Plastizität ist die funktionale und strukturelle Anpassung neuronaler Systeme an die zu verarbeitenden Reize.

▶ Definition Plastizität

Die **kortikale Repräsentation** bestimmter sensorischer Information im Gehirn ist erfahrungsabhängig. Diese funktionale Umorganisation beeinflusst die Wahrnehmung.

Ausgangspunkt dieser Erkenntnis ist die Tatsache, dass hinter dem Sehen, Hören und Tasten **Aktivität in verschieden Gehirnarealen** steht. Diese Areale sind wie Landkarten organisiert. So werden im Kortex Tastreize aus dem Arm neben Tastreizen aus dem Mund verarbeitet. Je größer ein Körperteil im Gehirn repräsentiert ist, desto größer ist auch seine Empfindlichkeit. Der Mund mit seiner großen Empfindlichkeit ist beispielsweise in einem besonders großen Areal repräsentiert, der Oberarm mit geringer Empfindlichkeit hingegen in einem besonders kleinen Areal. Diese Karten im Gehirn sind nicht starr. Sie lassen sich durch Lernen verändern. Bei Violinisten ist die kortikale Repräsentation der Finger der linken Hand größer ausgebildet als bei Personen, die nicht Violine spielen.

Ausfälle sensorischer Systeme führen daher auch zur funktionalen Umorganisation kortikaler Areale.

Ausfälle sensorischer Systeme (z. B. Blindheit) haben ebenso Konsequenzen für die Organisation kortikaler Areale der betroffenen Sinnessysteme. Blinde nutzen beim Lesen von Brailleschrift (eine vornehmlich taktile Leistung) neuronale Areale des visuellen Kortex, d. h., die Funktionalität von Arealen ändert sich.

Für die Praxis

Lernen und Übung

Die Lern- und Erfahrungsabhängigkeit von Wahrnehmungsleistungen ist u. a. wichtig für rehabilitative Maßnahmen. So werden Wahrnehmungsübungen zur Restitution, zur Kompensation oder zur Substitution von Defiziten infolge von Störungen eingesetzt. Solche Übungen beziehen sich beispielsweise auf die Raumwahrnehmung oder die Augensakkaden in Suchanforderungen.

Sinnessysteme passen sich an relativ konstante Wahrnehmungsbedingungen an.

Unterschiede in den Wahrnehmungsleistungen ergeben sich auch infolge der **Adaptation** in den Sinnessystemen: Ein Beibehaltung eines relativ starken Reizes führt zu Veränderungen in dem Aktivitätsmuster des sensorischen Kanals. Ein konstanter Geruch führt mit der Zeit zu einer verringerten Geruchsempfindung.

Definition

Adaptation ist die Anpassung einer Sinnesleistung an konstante Umgebungssituationen.

▶ Definition Adaptation

2.1.8 Aktive Wahrnehmung

We must perceive in order to move, but we must also move in order to perceive. (Gibson, 1966, S. 223)

Die Wahrnehmung ist von der aktiven Bewegung des Wahrnehmenden abhängig.

Wahrnehmung ist ein aktiver Vorgang, der die Suche relevanter Information für die Verhaltenssteuerung beinhaltet. Der **aktive Charakter der Wahrnehmung** ergibt sich einmal daraus, dass die Wahrnehmung bevorzugt auf Veränderungen reagiert. Mit jeder aktiven Bewegung erzeugt ein Beobachter Veränderungen in der Energieverteilung an den Rezeptoren der Sinnessysteme. Damit werden Informationen zugänglich, die ohne aktive Bewegung nicht zur Verfügung stehen. Wahrnehmung ist eng mit unserem Agieren und Handeln gekoppelt. Im Theorieansatz von Gibson (1966, ▶ Abschn. 2.4.5) ist dieser Zusammenhang ganz wesentlich. Ein Beispiel ist die Erkennung eines Objektes über das haptische System. Diese Leistung erfordert ein aktives Abtasten, um ein

Objekt erkennen zu können. Ein anderes Beispiel dafür ist das Lesen der Brailleschrift durch blinde Personen.

Für die Steuerung einer aktiven Bewegung müssen **relevante Informationen zu bestimmten Zeitpunkten** bereitgestellt werden.

Andererseits müssen für unsere Handlungen und Aktivitäten **relevante Informationen zum richtigen Zeitpunkt** geliefert werden. Sportarten wie Tennis oder Baseball, bei denen ein Ball mit sehr hoher Geschwindigkeit fliegt, sind Beispiele, an denen dieses koordinative Problem von Wahrnehmung und Motorik sichtbar wird. Die Rolle der Wahrnehmung für die Fortbewegung beim Treppensteigen ist ein anderes Beispiel. Die Information über die Höhe einer Treppe muss zur Beinlänge in Beziehung gesetzt werden, um die angemessene Bewegung ausführen zu können.

Prismenbrillenversuche belegen die Anpassungsfähigkeit unseres Wahrnehmungssystems.

Kohler (1962) führte Versuche mit **Prismenbrillen** durch. Solche Brillen können eine gerade Linie gekrümmt erscheinen lassen, können eine horizontale oder vertikale Umkehr des Netzhautbildes erzeugen oder können Teile des Gesichtsfeldes in einer bestimmten Farbe erscheinen lassen. Er konnte zeigen, dass nach einiger Zeit der permanenten Veränderung des Netzhautbildes eine Anpassung der Wahrnehmung an die neuen Bedingungen stattfindet. Allerdings setzen diese Anpassungen eine aktive Bewegung voraus.

2.2 Kognitionspsychologische Perspektive

In der Kognitionspsychologie wird die **Wahrnehmung als Informationsverarbeitung** aufgefasst.

Nach der momentan vorherrschenden Perspektive in der Analyse kognitiver Prozesse kann das System, das zwischen dem Inputreiz und dem Verhalten vermittelt, als informationsverarbeitendes System aufgefasst werden.

Die **grundlegenden Begriffe** des Informationsverarbeitungsansatzes sind Modularität, Verarbeitung und Repräsentation

Ein **informationsverarbeitendes System** erhält einen **Reizinput** und bearbeitet die ankommenden Informationen, d. h., es transformiert und manipuliert die hereinkommenden Daten, um einen **Output** zu erzeugen. Diese Konzeption hat zum Ziel, die Prozesse der Erzeugung von Ausgangsinformation aus der Eingangsinformation zu rekonstruieren (Newell & Simon, 1972). Nach Palmer und Kimchi (1984) sind in diesem Informationsverarbeitungsansatz drei Aspekte besonders zentral:

- Modularität,
- Verarbeitung und
- Repräsentation.

Mentale Repräsentationen werden durch **Transformation** und **Manipulation** in andere mentale Repräsentationen überführt.

Mentale Repräsentationen werden in Abhängigkeit von den zu erfüllenden kognitiven Anforderungen durch **Transformationen und Manipulationen** in andere mentale Repräsentationen überführt. Eingangsinformation wird also durch eine Operation oder eine Folge von Operationen in eine Ausgangsinformation transformiert. In Abb. 2.5 sind einige wichtige Aspekte dieser Auffassung dargestellt. Die einzelnen Sinnessysteme verarbeiten die Information aus der Umwelt. Ein Verarbeitungsweg führt dann direkt

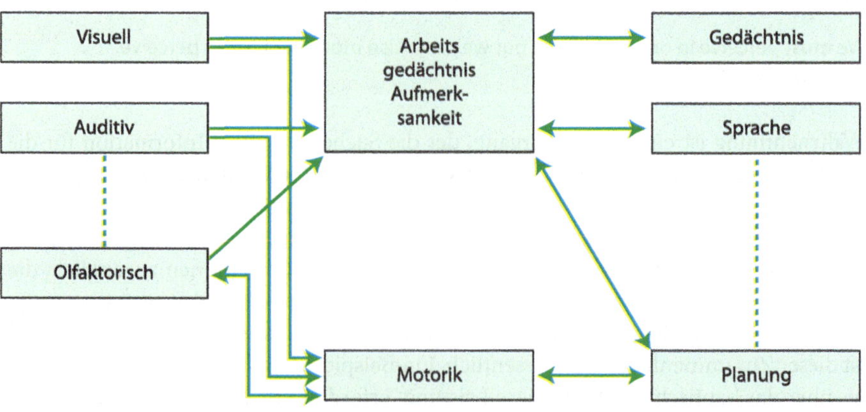

Abb. 2.5 Die Struktur des kognitiven Systems

zur Auswahl bestimmter Handlungen (z. B. Greifen). Auf einem anderen Verarbeitungsweg wird die Information über die selektive Funktion der Aufmerksamkeit eingeschränkt und im Arbeitsgedächtnis mit dem Wissen aus dem Gedächtnis verknüpft. Die resultierende Repräsentation (z. B. Objektrepräsentation »Erdbeere«) gelangt in verschiedene kognitive Teilsysteme wie Sprache (z. B. Benennung) oder Gedächtnis.

2.2.1 Modularität

Definition

Modularität in einem System liegt vor, wenn das System aus autonomen Teilsystemen besteht, die durch spezifische Eigenschaften gekennzeichnet sind und die in weitgehender Isolation von anderen Teilsystemen untersucht werden können. **Module** sind autonome biologisch trennbare Mechanismen, die auf eine bestimmte Aufgabe oder Funktion spezialisiert sind.

► **Definition Modularität und Modul**

Modularität kann auf **verschiedenen Ebenen** betrachtet werden:

- auf der Ebene der Wahrnehmung,
- auf der Ebene der Sinnessysteme oder
- auf der Ebene verschiedener Wahrnehmungsqualitäten wie Farbe, Form und Bewegung.

Modularität kann auf der Ebene der Wahrnehmung, der Sinnessysteme oder der Wahrnehmungsqualitäten betrachtet werden.

Im Sinne von Fodor (1983) ist ein Modul eine funktional unabhängiges Teilsystem zur Verarbeitung von bestimmten Informationen. Danach erfolgt die **Verarbeitung in verschiedenen Modulen** unabhängig voneinander. Module sollten sich gegenseitig nicht beeinflussen.

Die Informationsverarbeitung erfolgt in den verschiedenen Modulen unabhängig.

Auf der höchsten Ebene wird **Wahrnehmung als ein Modul im Vergleich zu anderen kognitiven Teilsystemen** gesehen (Nakayama, 2003). Zumindest gilt dies für zeitlich frühe Phasen der Wahrnehmung. Als Beleg für das Modul »Wahrnehmung« lassen sich etwa verschiedene optische Täuschungen anführen. Obwohl ein Beobachter Kenntnis von der Täuschung haben kann, hat diese Kenntnis keine Auswirkung auf die Wahrnehmung. Die Täuschung bleibt erhalten. Ein Beispiel ist die Fraser-Spirale (Abb. 2.2): Der Wahrnehmungseindruck bleibt erhalten, obwohl der Täuschungscharakter bekannt ist.

Wahrnehmung ist ein Modul im Vergleich zu anderen kognitiven Teilsystemen.

Auf der darunter liegenden Ebene, der Ebene der Sinnessysteme, besteht Modularität bezüglich der verschiedenen **Rezeptorsysteme**: Der Ausfall eines Rezeptorsystems führt zum Verlust der Verarbeitung bestimmter Informationen, die Verarbeitung anderer Modalitäten bleibt dennoch erhalten.

Die verschiedenen Rezeptorsysteme sind Module.

Innerhalb eines Sinnessystems lassen sich wiederum **Verarbeitungssysteme für verschiedene Aspekte eines Reizes** unterscheiden. Farbe, Form und Bewegung sind unterschiedliche Aspekte eines visuellen Reizes. Auch hier gilt, dass der Ausfall der Bewegungswahrnehmung z. B. die Farbwahrnehmung in der Regel nicht beeinträchtigt.

Modular werden auch die verschiedenen Aspekte eines Reizes verarbeitet.

Die genannten Beispiele stehen für das **Prinzip der rekursiven Dekomposition**. Davon wird gesprochen, wenn die Module einer Ebene auf der nächsten Ebene wiederum zerlegt werden können.

Das **Prinzip der rekursiven Dekomposition** besagt, dass Module auf einer Ebene wiederum in Module auf der nächsten Ebene zerlegt werden können.

Ein **Beispiel für die Modularität der Wahrnehmung** ist das Störungsmuster der **Prosopagnosie**. Bei der Prosopagnosie handelt es sich um eine neuronal bedingte Störung der Gesichtererkennung bei intaktem Sehsystem, d. h., Patienten mit dieser Störung können visuell Objekte erkennen, nicht aber Gesichter. Auch der umgekehrte Fall ist bekannt. Nakayma (2003) verweist auf einen Patienten, der das Gesicht verarbeitet, aber andere Objekte visuell nicht erkennt. Die visuelle Gesichtererkennung ist danach

Ein Beispiel für die modulare Verarbeitung sind lokale Störungen im Gehirn, die zu selektiven Ausfällen wie der **Prosopagnosie** führen.

unabhängig von der visuellen Objekterkennung. Es sind zwei verschiedene Leistungen des visuellen Systems. Allerdings bedeutet der Ausfall der Gesichtererkennung über das visuelle System nicht, dass allgemein die Erkennung von Personen beeinträchtigt ist; Personen können durchaus an der Stimme erkannt werden.

Die Modularität wirft das Problem auf, wie die verschiedenen Aspekte wieder zu einer Gesamtwahrnehmung integriert werden.

Die Modularität in der Wahrnehmung macht zugleich auf ein anderes Problem aufmerksam, nämlich wie die verschiedenen unabhängig ermittelten Aspekte eines Reizes zu einer **Gesamtwahrnehmung** integriert werden: Die Erkennung einer Person erfordert in der Regel die Integration von Information aus der Bewegungsanalyse, der Gesichtererkennung, der Spracherkennung und der Geruchserkennung. Die Module arbeiten bis zu einem bestimmten Grad unabhängig. Wie weit diese Unabhängigkeit geht, ist allerdings noch umstritten (Nakayama, 2003).

2.2.2 Verarbeitung

Es werden zwei grundlegende Verarbeitungsrichtungen unterschieden, die **Top-down- und die Bottom-up-Verarbeitung**.

Verschiedene Funktionen werden verschiedenen Arealen im Kortex zugeordnet. Innerhalb einer solchen modularen hierarchischen Organisation gibt es zwei prinzipielle Verarbeitungswege: einen **Bottom-up-Prozess** und einen **Top-down-Prozess**.

► Definition Bottom-up-Prozess und Top-down-Prozess

Definition

Bei einem **Bottom-up-Prozess** wird von einfachen Merkmalen eines Musters ausgehend eine komplexere Wahrnehmungsleistung vollbracht, ohne dass im Gedächtnis verfügbare Information benutzt wird. Der Prozess wird auch datengeleitet genannt. Bei einem **Top-down-Prozess** wird die Verarbeitung eingehender Information durch bereits im Gedächtnis vorhandene Information beeinflusst. Der Prozess wird auch begriffsgesteuert genannt.

Durch **Transduktion** wird die Energieverteilung am Rezeptor in ein neuronales Signalmuster umgewandelt. Sie ist Teil eines **Bottom-up-Prozesses**.

Die **Bottom-up-Verarbeitung** beginnt mit dem distalen Reiz (tatsächlicher Reiz), der zu einem proximalen Reiz an den Rezeptoren des Sinnessystems führt. Die Energieverteilung wird von den Rezeptoren durch Transduktion in ein neuronales Signalmuster übersetzt und weiterverarbeitet. Eine solche Verarbeitung führt dazu, dass wir die kategoriale Einordnung einer komplexen natürlichen Szene innerhalb von 200 ms vornehmen können (Koch, 2005).

Scheinkonturen entstehen in einem **Top-down-Prozess.**

Bei einer **Top-down-Verarbeitung** ist der Verarbeitungsstrom genau anders herum orientiert. Ein Beispiel ist die Erzeugung einer Vorstellung bei geschlossenem Auge (Kosslyn, 1980; Pylyshyn, 2003). Eine solche Vorstellung wird aus Gedächtnisinhalten bei ausgeschaltetem sensorischem System erzeugt und kann die Funktion von Perzepten übernehmen, die aus Information von sensorischen Systemen entstanden sind. Ein elementares Beispiel sind die in ◘ Abb. 2.4 dargestellten Scheinkonturen.

2.2.3 Repräsentation

► Definition Repräsentation

Definition

Eine **Repräsentation** ist der Zustand des kognitiven Systems, der dem Zustand der externalen Umwelt entspricht. Repräsentationen bilden äußere Gegebenheiten ab.

Die modulare Struktur der Wahrnehmung und der Kognition wirft die Frage nach der **Kommunikation zwischen den Modulen** auf. Da das phänomenale (bewusst wahrgenommene) Erleben nur ein möglicher Ausgang der Wahrnehmung ist, muss die Wahrnehmung Produkte bereitstellen, die für alle Systeme genutzt werden können. Betrachten wir beispielsweise aus der Wahrnehmungsperspektive eine Alltagssituation, in der wir ein Glas Kirschsaft trinken wollen. Die im Ergebnis der Wahrnehmung erzeugte Repäsentation muss u. a. Informationen für die Motorik und das Sprachsystem enthalten. Die Form des Glases und die Oberflächenbeschaffenheit bestimmen die Griffgröße und den Griffdruck. Die Formeigenschaften und die Farbe werden benutzt, um das Objekt zu erkennen und zu benennen. Die Repräsentation muss also für diese Situation verschiedene Informationen enthalten. Daher müssen wir diese Repräsentationen charakterisieren.

Zur Sicherung der Kommunikation zwischen den Modulen muss eine **modalitätsunabhängige symbolische Repräsentation** als Ergebnis der Wahrnehmung für andere Teilsysteme wie Sprache und Gedächtnis bereitstehen.

Boring (1950) sprach davon, dass die unmittelbaren Objekte der Wahrnehmung bestimmte Erregungszustände des neuronalen Substrates sind. In diesem Sinne sind dann Erregungszustände des Gehirns **neuronale Repräsentationen** der Wahrnehmungswelt, sie repräsentieren diese Zustände in einem gewissen Sinne. Im Unterschied zu diesen neuronalen Repräsentationen sind **symbolische Repräsentationen** solche, die auf der Basis von Merkmalen oder Begriffen erfolgen und Personen können darüber in der Regel berichten (Zimmer, 2006). Die relative Unabhängigkeit der beiden Repräsentationen ergibt sich aus den unabhängigen Einflüssen auf das Verhalten. Ein Reiz, der infolge sehr kurzer Darbietungszeit nicht wahrgenommen wurde, kann das Verhalten beeinflussen, ist also neuronal repräsentiert. Über ihn kann aber verbal kein Bericht gegeben werden.

Repräsentationen müssen auf **verschiedenen Ebenen** betrachtet werden. Eine Unterscheidung betrifft die neuronale Ebene und die symbolische Ebene.

Das bekannteste **Beispiel**, an dem sich die unterschiedlichen Repräsentationen demonstrieren lassen, sind die **Störungsmuster** bei zwei Patientengruppen, von denen Milner und Goodale (1995) berichten: Die Personen sollten eine Münze in einen Schlitz stecken (Handeln) oder nur zeigen, wie sie die Münze halten würden (Urteilen). Patienten der einen Gruppe konnten eine Münze in der richtigen Orientierung in einen Schlitz stecken, konnten aber nicht beurteilen, welche Orientierung die korrekte ist. Patienten einer anderen Gruppe zeigten ein umgekehrtes Verhalten. Sie konnten die Orientierung beurteilen, aber nicht die Münze korrekt in den Schlitz stecken. Es müssen also zwei verschiedene Arten der Repräsentation existieren. In ◻ Abb. 2.5 ist dies dadurch verdeutlicht, dass die Information von den sensorischen Systemen zwei Wege nehmen kann: die Verarbeitung über das Arbeitsgedächtnis und die direkte Verwertung der Information in der Motorik. Die beiden Wege der Verarbeitung sind relativ unabhängig voneinander. Die Art der Repräsentationen bestimmt also die weitere Verarbeitung.

Störungen der Wahrnehmung verweisen darauf, dass wenigstens **zwei verschiedene Repräsentationen** existieren: eine Repräsentation im Dienste des Handlungsvollzugs und eine Repräsentation im Dienste der Erkennung.

Solche Repräsentationen sind zugleich Grundlage perzeptiver Gedächtnisleistungen, insbesondere erfordern Erkennungsleistungen der unterschiedlichsten Art solche Gedächtnisleistungen. Das vorhin genannte Beispiel einer Repräsentation eines Objektbegriffs verdeutlicht dies: Ein Objekt ist durch Merkmale wie Dreidimensionalität, Geschlossenheit in der Ausdehnung und Bewegung charakterisiert, die im Gedächtnis verankert sein müssen, damit eine Erkennung der Objekthaftigkeit möglich wird.

Repräsentationen im Gedächtnis werden in perzeptiven Erkennungsleistungen genutzt.

2.3 Wozu erfolgt eine Beschäftigung mit Wahrnehmung?

Man kann sich fragen, warum eine Beschäftigung mit der Wahrnehmung notwendig ist, zumal die Verarbeitung in der Regel kaum länger als 1 Sekunde dauert. Darauf lassen sich verschiedene Antworten geben. Sicher ist die einfachste Antwort, dass es einfach Neugier ist, etwas von diesen Prozessen zu verstehen. Das Staunen zu erleben, das die Wahrnehmung in uns erzeugt, wenn wir Bilder von Malern betrachten, wäre ein weiteres Argument. Es sind aber noch weitere gewichtige Gründe, warum die Psychologie die Erkenntnisse der Wahrnehmungspsychologie braucht:

Die Neugier ist ein Grund für eine Beschäftigung mit der Wahrnehmung.

- Soziale Interaktionen jeglicher Art beruhen auch auf Beobachtungen. Um **fehlerhafte Beobachtungen** zu **vermeiden**, werden Einsichten in den Wahrnehmungs-

Die Bewältigung von **Anforderungen der sozialen Interaktion** setzt Kenntnisse über die Wahrnehmung voraus.

2

prozess gebraucht. Jeder kennt die Aussage »Liebe macht blind«. Dahinter verbirgt sich die Erkenntnis, dass Wahrnehmungsprozesse vom emotionalen Kontext abhängen.

Die Schaffung von **virtuellen Welten** erfordert eine Berücksichtigung der Leistungsmöglichkeiten der Wahrnehmung.

- Die **zunehmende mediale Umgestaltung unserer Umwelt** führt dazu, dass reale Welten durch künstliche Welten, durch virtuelle Welten (Bülthoff, 1998) ersetzt werden. Um solche Welten an die **Leistungsfähigkeiten der Wahrnehmung anpassen** zu können, werden Ergebnisse der Wahrnehmungspsychologie gebraucht.

Störungen in Erleben und Verhalten haben Auswirkungen auf die Wahrnehmung oder sind sogar die Folge von Beeinträchtigungen der Wahrnehmung.

- Bei verschiedenen Störungen (Parkin, 1996, Kerkhoff, Oppenländer, Finke & Bublak, 2007; Zihl, 2006) im Erleben und Verhalten sind Ursache oder Folge Wahrnehmungsprobleme. Angst führt zu Verzerrungen in der Wahrnehmung. Um solchen **Störungen beheben** zu können, sind die Abweichungen im Wahrnehmungsprozess zu charakterisieren und als Ausgangspunkt für Interventionen in der Neuropsychologie zu verwenden.

Die **effektive Gestaltung von Informationsangeboten** muss die Erkenntnisse der Wahrnehmungspsychologie berücksichtigen.

- Durch die **Gestaltung von Informationsangeboten** kann das Erleben und Verhalten beeinflusst werden. Die Wahrnehmungspsychologie spielt dabei eine entscheidende Rolle. Ob in der Werbepsychologie, in der Verkehrspsychologie oder bei der Gestaltung von Nutzeroberflächen für die Interaktion von Mensch und Rechner, überall werden die Erkenntnisse der Wahrnehmungspsychologie gebraucht.

Die **Unterstützung von Wahrnehmungsfunktionen** setzt Einsichten in die kognitive Realisierung solcher Funktionen voraus.

- Schließlich stellt sich mit den verbesserten technischen Möglichkeiten in den letzten Jahren auch die Frage nach der **Unterstützung von Wahrnehmungsfunktionen durch technische Systeme**. Dabei ist nicht an die selbstverständliche Brille oder das Hörgerät zu denken. Dazu gehört etwa die künstliche Retina bei schwerwiegenden Verletzungen.

2.4 Zur Theoriengeschichte der Wahrnehmungspsychologie

2.4.1 Klassifikation

Eine Bewertung theoretischer Ansätze muss wenigstens nach drei Kriterien erfolgen:

Ist die Wissenschaftlichkeit gewährleistet?

Welche Aussagen erfolgen zur Leib-Seele-Problematik?

Wie werden Lern- und Entwicklungsprozesse integriert?

Fragen der Wahrnehmungspsychologie haben bei der Herausbildung der Psychologie als Wissenschaftsdisziplin eine herausragende Rolle gespielt. Die **verschiedenen theoretischen Ansätze** lassen sich nach drei **Problemfragen** klassifizieren.

1. Erfüllt der Ansatz die Anforderungen an eine **wissenschaftliche Theorie**?
2. Wie ist das Verhältnis von **Geist und Körper** bzw. von Seele und Körper? Stellvertretend für einen einflussreichen Standpunkt sei hier die dualistische Konzeption der Trennung von Körper und Geist von Descartes erwähnt.
3. Wie beginnt der **Lern- und Entwicklungsprozess**? Hingewiesen sei hier auf die englischen Empiristen, die davon ausgingen, dass wir bei der Geburt von einer Tabula rasa ausgehen müssen, die erfahrungsbedingt über Lernprozesse gefüllt wird. Alle komplexen Konzepte müssen danach durch Erfahrung aus den Informationen, die uns die Sinnesorgane liefern, induktiv gelernt werden.

Wir wollen hier nur einige der einflussreichen theoretischen Entwicklungen aus dem Bereich der Psychologie betrachten und verzichten damit auf wesentliche Vorläufer aus dem Bereich der Philosophie und Erkenntnistheorie (Aristoteles, Platon, Hume, Locke, Leibniz, Kant).

2.4.2 Strukturalismus

Der Strukturalismus geht von einer **Zerlegung der Wahrnehmung in einzelnen Komponenten** aus. Vertreter dieser Richtung sind Wundt und Titchener.

Ausgangspunkt des **Strukturalismus** ist die **Zerlegung einer Wahrnehmung in einen Komplex von Komponenten**, also von grundlegenden sensorischen Elementen. In seinen »Grundzügen der physiologischen Psychologie« ging Wilhelm Wundt (1874) davon aus, dass Sinnesempfindungen durch Fusion und Synthese zu Objekteigenschaften zusammengefasst werden. Darin zeigt sich sein Grundprinzip, beobachtbare Phänomene des Psychischen in Elemente zu zerlegen, so wie in der Chemie Verbindungen in Atome zerlegt werden. Eine solche Zerlegung favorisierte auch Titchener (1902), wenn er die Zerlegung des Geschmacks einer Limonade in Komponenten wie süß, sauer, eine Temperaturempfindung und eine Prickeln beschreibt. Insbesondere Wundt ging aber mit seinem Prinzip der schöpferischen Synthese davon aus, dass alles zusammengesetzte Merkmale hat, die nicht einfach als Summe der Merkmale der einzelnen Komponenten dargestellt werden können.

2.4.3 Gestaltpsychologie

Aufbauend auf Arbeiten verschiedener Autoren wie Christian von Ehrenfels oder Ernst Mach entstand die **Gestaltpsychologie**, angeblich durch Spielereien mit einem »Daumenkino« durch Max Wertheimer. Der entscheidende Grundgedanke war das durch Wundts Prinzip der schöpferischen Synthese vorbereitete Prinzip, dass eine Ansammlung elementarer Empfindungen in ihrer Kombination eine Eigenschaft aufweist, die als »**Gestalt**« bezeichnet wird. Eine Melodie ist beispielsweise die Gestalt einer Folge von Noten, die in bestimmten Tonverhältnissen stehen. Die zentrale Aussage ist dabei: **Das Ganze ist mehr als die Summe seiner Teile.** Hauptvertreter dieser Position sind Koffka (1886–1941), Köhler (1887–1967) und Wertheimer (1880–1943).

Nach der Gestaltpsychologie ist die **Wahrnehmung ein aktiv organisierendes System**: Das Ganze ist mehr als die Summe der Teile. Vertreter sind Koffka, Köhler und Wertheimer.

Gemäß der Gestaltpsychologie ist also das perzeptive System nicht passiver Empfänger von Information, sondern ein aktiv organisierendes System, das Empfindungen in Gestalten organisiert (Koffka, 1935; Köhler, 1947; Wertheimer, 1912). Diese **Organisationsprinzipien** sollen vorrangig mit phänomenologischer Beobachtung und damit der Beschreibung der unmittelbaren Wahrnehmungseindrücke durch eine Person aufgedeckt werden, um so eine Beschreibung der verschiedenen Gesetzmäßigkeiten zu erhalten. Die Strukturierung einer Gesamtheit von Elementen wurde als Ergebnis eines internen, autonomen und angeborenen Stukturierungsprozesses gesehen.

Eine Gesamtheit von Elementen wird durch einen internen, autonomen und angeborenen Prozess strukturiert.

2.4.4 Funktionalismus

Während die Gestaltpsychologie die Kopplung der Wahrnehmung an die Handlung vernachlässigte, rückte der **Funktionalismus** in der Tradition der Evolutionstheorie und der Ethologie die **Beziehung zwischen der Wahrnehmung und den biologische relevanten Eigenschaften der Umwelt** in den Vordergrund. Ein Vertreter dieser Richtung ist William James (1890). Er beschäftigte sich mit den mentalen Funktionen zur Anpassung des Verhaltens, welches als adaptiv und zielgerichtet gesehen wird, an die Umwelt. Gemäß dem Funktionalismus muss ein Verhalten oder ein psychologischer Prozess in seiner Funktionalität für den Organismus erfasst werden.

Funktionalistisches Denken nach James betont in der Tradition der Evolutionstheorie die **Anpassung der Wahrnehmung an die Erfordernisse der Handlung.**

2.4.5 Ökologische Psychologie

Die ökologische Optik nach Gibson (1979) geht vom **Wahrnehmenden als einem aktiven Beobachter** aus, der ständig in Bewegung ist. Die aus dieser Bewegung resultierenden Veränderungen führen zu Änderungen im Informationsgebot, die vom Wahrnehmungssystem ausgewertet werden können. Diese Änderungen machen die Reichhaltigkeit des Informationsangebotes aus. Gibson spricht von der umgebenden

Die ökologische Psychologie nach Gibson sieht den **Wahrnehmenden als aktive Handelnden.** Durch seine Eigenbewegung ergeben sich in Wechselwirkung mit der Umwelt vielfältige Informationsangebote.

optischen Anordnung. Diese umgebende optische Anordnung ist die Reizstruktur, die von einem bestimmten Blickpunkt aus in der Umgebung verfügbar ist und die sich durch die Bewegung des Wahrnehmenden ständig verändert. Durch diese Bewegung entsteht das optische Fließen als ein Muster von Veränderungen des Abbildes auf der Retina. Jeder Autofahrer kennt solche Veränderungsmuster, die beispielsweise beim Durchfahren einer Kurve wichtig werden. Die Veränderung der retinalen Größe eines Objektes bei Annäherung oder Entfernung ist ein anderes derartiges dynamisches Muster.

In den dynamischen Reizangeboten sind **Invarianten** enthalten, die genutzt werden können.

Nach Gibson braucht es keine interne Repräsentation, da infolge dieses aktiven Charakters genügend Information in Form von **Invarianten** – also Struktureigenschaften, die sich bei Bewegung eines Beobachters nicht ändern – in diesem dynamischen Reizangebot vorhanden ist. Das Wahrnehmungssystem filtert die verhaltensrelevanten Informationen direkt, d.h. ohne vermittelnde Prozesse, aus dem Reizangebot heraus. Ein Beispiel für eine solche Invariante, die in dem erwähnten Änderungsmuster des Abbildes eines Reizes auf der Retina bei der Annäherung enthalten ist, erlaubt dem Wahrnehmenden zu entscheiden, ob ihn das Objekt trifft oder nicht. Das Wahrnehmungssystem kann diese Information direkt ohne Zwischenschritte für die Verhaltenssteuerung nutzen, daher auch direkte Wahrnehmung. Im betrachteten Beispiel ist es eine Richtungsinformation. Nach diesem Zugang kann Wahrnehmung nur in natürlichen Reizumgebungen studiert werden, daher auch ökologische Perspektive. Mit diesem Forschungsprogramm wurden bedeutsame Informationsquellen im Informationsangebot aufgedeckt.

Für die Praxis

Fahrzeuglenkung

Beim Lenken eines Fahrzeugs muss ständig der Kursverlauf bestimmt werden. Eine der Informationsquellen ist das optische Fließmuster. Dieses Fließmuster ändert sich bei Richtungsänderungen. Daneben gibt es aber Informationen wie die Randbegrenzungen, die Oberflächenbeschaffenheit der Fahrbahn, die Bepflanzung am Rand. So zeigte sich, dass die Steuerung des Fahrzeuges zuverlässig erfolgt, wenn eine nahe Mittellinie herangezogen werden kann. Eine strukturierte Oberfläche einer Straße ist für die Kontrolle des Fahrzeugs günstiger als eine unstrukturierte Oberfläche. Dass wir aber bei Fortbewegungen nicht immer diese Flussmuster benötigen, zeigen Untersuchungen unter Ausschaltung des Sehsinns. Personen können auch auf der Grundlage einer mentalen Landkarte den Kurs auf ein Ziel halten.

Der Texturgradient vermittelt Tiefeninformation.

Ein anderes Beispiel ist der **Texturgradient** für die Tiefeninformation. Dieser Gradient beschreibt die regelhaften Veränderungen der Dichte einer Textur. Eine einfache Textur ist die Änderung des Abstandes von Linien in Blickrichtung. Dieser Änderungsgradient vermittelt Tiefe.

► **Definition**
Textur und Texturgradient

Definition

Als **Textur** bezeichnet man die visuell und haptisch wahrnehmbare Struktur einer Oberfläche, die sich durch die Größe und Dichte der Elemente charakterisieren lässt, welche diese Fläche bilden. Der **Texturgradient** ist ein Muster, das durch eine Textur auf einer Fläche erzeugt wird, die sich vom Beobachter weg erstreckt und auf der Retina als zweidimensionales Abbild repräsentiert wird.

Diese direkte Wahrnehmung entspricht unseren Alltagserfahrungen der Unmittelbarkeit und Einfachheit der Wahrnehmung. Die direkte Wahrnehmung setzt ein Wahrnehmungssystem voraus, das sich in der Interaktion mit den Handlungserfordernissen einer Lebensumwelt entwickelt und an diese angepasst hat.

2.4.6 Konstruktivismus

Konstruktivistische Zugänge zur Wahrnehmung gehen auf **Helmholtz** zurück und betonen, dass die Wahrnehmung keine Abbilder der Umwelt erzeugt. **Wahrnehmungen haben nur indirekte Beziehungen zu den sensorischen Daten** und sind das **Ergebnis konstruktiver Prozesse**. Hermann von Helmholtz kam bei der Beschäftigung mit naturwissenschaftlichen Fragestellungen auf Probleme der Wahrnehmungspsychologie. Nach der Messung der Nervenleitgeschwindigkeit entwickelte er u. a. die Dreifarbentheorie des Sehens und die Resonanztheorie des Hörens. Sein monumentales Werk »Physiologische Optik« enthält seine wahrnehmungspsychologische Grundkonzeption (dazu Mausfeld, 1994). Seine konstruktivistische Grundhaltung wird in dem folgenden Zitat deutlich:

Helmholtz leistete wichtige Beiträge zum Verständnis der Wahrnehmung.

> Unsere Empfindungen sind eben Wirkungen, welche durch die äußeren Ursachen in unseren Organen hervorgebracht werden, und wie eine solche Wirkung sich äußert, hängt ganz wesentlich von der Art des Apparates ab, auf den sie gewirkt hat. Insofern die Qualität unserer Empfindung uns von den Eigenthümlichkeiten der äußeren Einwirkung, durch welche sie erregt ist, eine Nachricht gibt, kann sie als ein Zeichen gesehen werden, aber nicht als ein Abbild.
> (Helmholtz, 1896, S. 586)

Helmholtz betrachtete Empfindungen als Zeichen von etwas, aber nicht als Abbilder.

Damit wird zugleich eine Aussage zur **Wirklichkeitstreue** der Wahrnehmung formuliert:

> Wir nennen unsere Vorstellungen von der Außenwelt wahr, wenn sie nur genügend Anweisungen über die Folgen unserer Handlungen der Außenwelt gegenüber geben und uns richtige Schlüsse über die zu erwartenden Veränderungen derselben ziehen lassen.
> (Helmholtz, 1896, S. 590)

Nach Helmholtz muss die Wahrnehmung Informationen liefern, die für aktuelle Handlungen und die Einschätzung zukünftiger Änderungen der Wahrnehmungssituation relevant sind.

Der zentrale Begriff seines Ansatzes ist in Anlehnung an die Schlüsse wissenschaftlichen Denkens der **unbewusste Schluss**:

> Die psychischen Tätigkeiten, durch welche wir zu dem Urteile kommen, dass ein bestimmtes Objekt von bestimmter Beschaffenheit an einem bestimmten Ort außer uns vorhanden sei, sind im allgemeinen nicht bewusste Tätigkeiten, sondern unbewusste. Sie sind in ihrem Resultat einem Schlusse gleich ... Es mag erlaubt sein, die psychischen Akte der gewöhnlichen Wahrnehmung als unbewusste Schlüsse zu bezeichnen, da dieser Name sie hinreichend von gewöhnlich so genannten bewussten Schlüssen unterscheidet.
> (Helmholtz, 1896, S. 5–6)

Wahrnehmungsprozesse sind uns nach Helmholtz i. Allg. nicht bewusst. Er spricht von unbewussten Schlüssen.

In einem engen Zusammenhang damit steht seine Zeichentheorie, die auf die vermittelnden Prozesse in modernen Theorien verweist:

> Der Hauptsatz der empirischen Ansicht ist: Die Sinnesempfindungen sind für unser Bewußtsein Zeichen, deren Bedeutung verstehen zu lernen unserem Verstande überlassen ist.
> (Helmholtz, 1896, S. 346)

Über Lernprozesse müssen die Interpretationen der Zeichen im Sinne von Helmholtz erlernt werden.

Helmholtz ging also davon aus, dass eine interne Repräsentation konstruiert wird und dass diese Repräsentation die perzeptive Erfahrung vermittelt. Er verglich sein **Konzept der unbewussten Inferenzen** mit den Berechnungen, die ein Astronom anstellt, wenn er auf der Grundlage der Gesetze der Optik die Entfernung eines Sterns ausrechnet. Die angenommenen Inferenzprozesse verweisen auf eine empiristische Konzeption, sie sind erfahrungsbedingt. Ähnliche Konzeptionen stammen von Rock (1998) und Gre-

Das Ergebnis eines Wahrnehmungsprozesses steht nur in einer indirekten Beziehung zu den sensorischen Daten.

gory (2001) bzw. von Hoffman (2003). Nach der konstruktivistischen Theorie hat das Wahrnehmungserlebnis nur eine indirekte Beziehung zu den sensorischen Daten. Die Wahrnehmungen werden über unbewusste Inferenzen auf der Grundlage der verfügbaren Sinnesdaten und Vorwissen konstruiert.

2.4.7 Evolutionsbiologische Perspektive

Nach der evolutionsbiologischen Perspektive gehen die **Regularitäten der Umwelt**, in der sich das System herausbildete, als Voranahmen in die Interpretation von Sinnesdaten ein.

In der Tradition der Evolutionstheorie wird davon ausgegangen, dass die **Regularitäten in der Umwelt** ihre **Wirkung auf die Ausgestaltung des kognitiven Systems** haben. Kognition, und Wahrnehmung im Besonderen, als auch die zugrunde liegenden Hirnstrukturen werden im theoretischen Rahmen der biologischen Evolution und universeller Umweltkräfte gesehen. Die Annahme ist, dass es universelle kognitive Eigenschaften gibt, die in die lang andauernde Evolution der kognitiven Reaktionen auf konsistente Einflüsse aus der Umwelt eingebettet sind (zu diesen Einflüssen gehören Schwerkraft, reflektiertes Licht, Temperaturveränderungen). Es sind also Bedingungen, unter denen sich das kognitive System entwickelte. Im Sinne von Vorannahmen gehen diese universellen kognitiven Eigenschaften auch in die Verarbeitung von Sinnesinformation ein. Wenn das System unterstellt, dass es sich in einer bestimmten Umwelt mit bestimmten Regularitäten befindet, dann kann es diese Regularitäten zur Einschränkung der Interpretation von Sinnesdaten nutzen. Das Beispiel Erhöhung und Vertiefung in Abb. 1.2 (▶ Kap. 1) zeigt dies. Unter der Annahme, dass das Licht von oben kommt, erhalten wir zwei verschiedene Interpretationen der Schattenbildung: Vorwölbung oder Vertiefung. Dieses Wissen um die Lichtquelle ist kein abrufbares Wissen in unserem Gedächtnis, sondern ein implizites Wissen, das in die Verarbeitung der Sinnesinformation eingeht.

Ohne Berücksichtigung und Kenntnis dieser evolutionspsychologisch begründbaren Vorannahmen ist die Entwicklung und Ausbildung des kognitiven Systems nicht verständlich.

Kontrollfragen

1. Wodurch ergeben sich Begrenzungen und Selektivität der Wahrnehmung?
2. Erläutern Sie die Konstruktivität der Wahrnehmung
3. In welchem Sinne ist Wahrnehmung korrekt?
4. Was versteht man unter der Modularität der Wahrnehmung?
5. Welche Repräsentationen spielen in der Wahrnehmung eine Rolle?
6. Was war die entscheidende Idee der Gestaltpsychologie?
7. Welcher Zusammenhang besteht zwischen Wahrnehmung und Evolution?

▶ **Weiterführende Literatur**

Goldstein, E.B. (2002). *Wahrnehmungspsychologie*. 6. Auflage. Heidelberg: Spektrum.

Gordon, I.E. (2004). *Theories of visual perception*. Hove and New York. Psychology Press.

Palmer, S. & Kimchi, R. (1984). The information processing appproach to cognition. In T.J. Knapp & L.C. Robertson (Eds), *Approaches to cognition: contrasts and controversies*. Hillsdale, NJ: Erlbaum.

Wolfe, J.M., Kluender, K.R., Levi, D.M., Bartoshuk, L.M., Herz, R.S., Klatzky, R.L. & Lederman, S. J. (2006). *Sensation & perception*. Sunderland: Sinauer Ass.

Yantis, S. (2001). *Visual perception: Essential readings*. Hove and New York: Psychology Press.

3 Gemeinsamkeiten von Sinnessystemen

Lernziele

- Welche grundlegenden Phasen werden bei der Wahrnehmung eines Objektes durchlaufen?
- Was ist die Funktion der Transduktion?
- Wie erfolgt die Signalweiterleitung im Gehirn?
- Woher weiß das Gehirn, dass es einen visuellen Reiz und keinen taktilen Reiz verarbeitet?
- Wodurch ist die Verarbeitung von Rezeptoren und Neuronen beschränkt?
- Was bedeuten die Begriffe Modalität, Quantität und Qualität?
- Wie erfolgt die Anpassung eines Sinnessystems an die aktuellen Wahrnehmungsbedingungen?

Was ist nun unter allem, was wir wissen und was wir uns gegenseitig mitteilen können, das Allersicherste, das, was nicht dem geringsten Zweifel unterliegt? Darauf gibt es nur eine Antwort; es ist das, was wir selbst an unserem eigenen Leibe erfahren. Und da die exakte Wissenschaft es mit der Erforschung der Außenwelt zu tun hat, so dürfen wir gleich weiter sagen: es sind die Eindrücke, die wir im Leben unmittelbar durch unsere Sinnesorgane: Auge, Ohr usw. von der Außenwelt empfangen. Wenn wir etwas sehen, hören, fühlen, so ist das einfach eine gegebene Tatsache, an der kein Skeptiker rütteln kann.
(Max Planck, 1941, S. 6)

Hinsichtlich der Sinneswahrnehmung im Allgemeinen muss man sich klarmachen, dass das Wahrnehmungsvermögen die Fähigkeit ist, wahrnehmbare Formen ohne den Stoff aufzunehmen, wie der Wachs das eiserne oder goldene Zeichen des Siegelringes aufnimmt: er nimmt den Abdruck des goldenen oder bronzenen Zeichens auf, aber nicht qua Gold oder Bronze. Ähnlich wird auch durch das, was Farbe oder Geschmack oder Schall hat, auf die Wahrnehmung von etwas eingewirkt, aber nicht insofern es die bestimmte Sache genannt wird, sondern insofern es von eine bestimmten Qualität ist, d. h. kraft seiner charakteristischen Eigenschaften. Es ist das Hauptsinnesorgan, in dem dieses Vermögen sitzt. Faktisch ist es dasselbe (wie das Vermögen), aber sein Sein (was es ist) ist ein anderes. Denn

das Wahrnehmende muss wohl etwas Ausgedehntes sein, aber es ist klar, dass die Fähigkeit wahrzunehmen, das Wahrnehmungsvermögen, nicht ausgedehnt, sondern so etwas wie das Wesen ist, das Vermögen des Organs.
(Aristoteles, De anima II.12.424a17)

3.1 Phasen der Verarbeitung: Transduktion

Der proximale Reiz wird über die Rezeptoren in neuronale Erregungsmuster übersetzt, die durch das Gehirn weiterverarbeitet werden.

Wir hatten festgestellt, dass der proximale Reiz über die Rezeptoren zur Verarbeitung an das Gehirn weitergeleitet wird und ein Verhalten auslösen kann. Das Pflücken einer Erdbeere vom Strauch verdeutlicht die verschiedenen Aspekte: Abbildung des Erdbeerstrauches auf der Retina des Auges, Transduktion des physikalischen Reizes in elektrische Impulse, Weiterleitung an das Gehirn, Auswahl einer Handlung unter Beachtung der Absicht, dass eine Erdbeere gepflückt werden soll.

▶ Definition Transduktion

Definition
Unter **Transduktion** versteht man die Umwandlung eines physikalischen Reizes in bioelektrische Signale.

Die Rezeptorsysteme erzeugen elektrische Aktivität in Form von Rezeptorpotenzialen.

Ein Verständnis dieser Verarbeitungsschritte macht die Darstellung einiger neurobiologischer Erkenntnisse notwendig. Wie bereits ausgeführt stehen uns nur für einen begrenzten Ausschnitt der möglichen Informationen aus der Umwelt Sinneszellen (Nervenzellen, Sensoren, Sinnesfühler, Sinnesrezeptoren) zur Verfügung. Dabei sprechen bestimmte Sinneszellen nur auf bestimmte Reize mit einer jeweils speziellen physikalisch-chemischen Natur an, d. h., die **Sinneszellen reagieren nur auf adäquate Reize**. Die Sinneszellen wandeln dann eine bestimmte Energieform in einem Prozess der **Transduktion in bioelektrische Signale** um. Dieser Umwandlungsprozess kann sehr verschieden sein. In den Rezeptoren des Auges finden bei Lichteinfall chemische Prozesse statt, die zu bioelektrischen Signalen, den sog. **Rezeptorpotenzialen** führen. Im Ohr sind es mechanische Auslenkungen der Sinneshaare, welche die Energie in Rezeptorpotenziale umwandeln.

▶ Definition Rezeptorpotenzial

Definition
Ein **Rezeptorpotenzial** ist eine elektrische Antwort eines Rezeptors auf eine Reizung.

Der **adäuate Reiz** (die Hauptformen der Energie), die Rezeptoren und die primären Areale des Kortex sind in ◘ Tab. 3.1 dargestellt.

Das **Rezeptorpotenzial** wird durch Neurone in ein Aktionspotenzial umgewandelt.

Die Signale der Sinneszellen werden durch Neurone in Nervenimpulse, die Aktionspotenziale, transformiert und an spezialisierte Areale im Gehirn weitergeleitet. Das heißt, durch diese Transformation wird das Rezeptorpotenzial in ein Aktionspotenzial umgewandelt.

▶ Definition Aktionspotenzial

Definition
Ein **Aktionspotenzial** ist eine schnelle Änderung des elektrischen Potenzials, die sich in einer Nervenfaser fortsetzt. Die Veränderung umfasst einen Wechsel von –70 mV (Ruhepotenzial) auf +50 mV.

Aktionspotenziale bilden die einheitliche Basis für die Kommunikation im Gehirn.

Die verschiedenen Aspekte eines Umweltreizes werden so in eine einheitliche Sprache übersetzt, auf der die Kommunikation im Gehirn beruht. Beim Pflücken einer Erd-

Tab. 3.1 Adäquater Reiz, Rezeptoren und Kortexareale

Sinn	Adäquater Reiz	Rezeptor	Areale im Kortex	Sensorische Struktur
Sehen	Elektromagnetische Energie	Photorezeptoren	Primäre visuelle Kortex	Auge
Hören	Druckwellen der Luft oder Wasser	Mechanorezeptoren	Auditorische Kortex	Ohr
Berühren	Verformungen der Haut; Temperaturveränderungen der Haut	Mechanorezeptoren Thermorezeptoren	Somatosensorischer Kortex	Haut, Muskel
Balance	Schwerkraft, Beschleunigung	Mechanorezeptoren	Temporaler Kortex	Vestibularorgan
Geruch/Geschmack	Chemische Zusammensetzung	Chemorezeptoren	Primärer Geschmackskortex bzw. Geruchskortex	Nase, Mund

beere müssen Farbe, Form und Position im Raum und Druck auf die Frucht gleichzeitig verarbeitet werden, um einen erfolgreichen Greifvorgang zu ermöglichen. Dies ist nur möglich, wenn die Verarbeitung in einer einheitlichen Form stattfindet.

3.2 Kommunikation im Gehirn

Die neuronale Grundlage der Kommunikation im Gehirn beruht auf **elektrischen Impulsmustern**, die zwischen Neuronen ausgetauscht werden.

Die neuronale **Grundlage der Informationsverarbeitung im Gehirn** bilden also **Nervenzellen oder Neurone** (Abb. 3.1; Birbaumer & Schmidt, 2006; Carlson, 2008), die über **elektrische Impulse** miteinander kommunizieren. Diese Neurone bestehen in der Regel aus einem Zellkörper oder Soma, den Dendriten, dem Axon und den Endknöpfen. Wie in Abb. 3.1 dargestellt ist das Axon eine Übertragungsbahn zur Weiterleitung von Signalen. Die Myelinscheide ist eine Substanz um das Axon, die als eine Art Isolation wirkt. Über die Endknöpfe an den Verzweigungen des Axons erfolgt die Übertragung auf andere Nervenzellen. Die Endknöpfe befinden sich an den Synapsen, die als Verbindungsstellen fungieren. Die Bestandteile selbst variieren in Abhängigkeit von der Funktion: Sensorische Neurone verarbeiten die Information über die Umwelt und haben relativ kurze Axone, motorische Neurone steuern die Muskelaktivität und haben lange Axone.

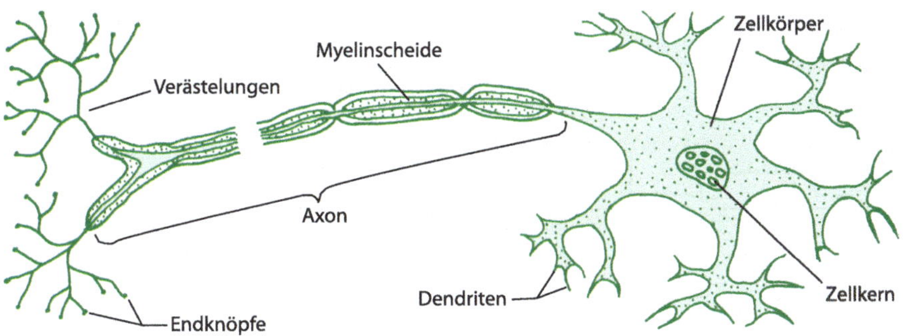

Abb. 3.1 Nervenzelle bestehend aus Zellkörper mit Zellkern, Dendriten und Axon. (Aus Solso, 2001, © 2001 Allyn & Bacon, Inc. Reproduced by permission of Pearson Education, Inc.)

▶ **Definition Neuron, Axon und Dendrit**

Definition

Ein **Neuron** ist eine Nervenzelle mit Zellkörper, Axon und Dendriten. Bei einem **Axon** handelt es sich um eine lange, zylindrische Struktur, welche die Information vom Zellköper zu den Endknöpfen weitergibt. **Dendriten** sind die Fortsätze am Zellkörper, an denen Neurone Information empfangen.

Axone leiten die Information weiter. Mehrere Axone bilden Nerven.

Das Soma enthält den Kern der Zelle und alle für die Funktion der Zelle notwendigen Bestandteile. Die Dendriten sind die Empfänger der Signale von anderen Neuronen. Das **Axon** ist eine Art Kabel, das die Information zu benachbarten Zellen überträgt. Zusammenfassungen solcher Axone nennen wir auch **Nerven**.

Die **wesentlichen Bestandteile eines Neurons** sind Zellkörper, Dendriten, Axon und Synapsen. Die Übertragung von Impulsen von einem Neuron zum anderen erfolgt an den Synapsen.

Die grundlegende Nachricht ist ein **Aktionspotenzial**, ein kurzer Impuls von etwa 1 ms Dauer, der entlang des Axons und seiner Verzweigungen mit einer Geschwindigkeit von etwa 10 m/s wandert. Die Geschwindigkeit schwankt aber zwischen Axonen beträchtlich, sie reicht von 1–100 m/s. Die Impulse werden an die Endknöpfe eines Axons weitergeleitet und über eine Kontaktstelle, die **Synapse**, übertragen. Die Synapse ist eigentlich ein Spalt, an dem die Endknöpfe in Kontakt mit einer anderen Zelle treten. Ein Impuls löst in der Synapse **Neurotransmitter** aus, die den elektrischen Zustand der empfangenden Zelle beeinflussen und eine Potenzialänderung auslösen, die als Aktionspotenzial oder Impuls über das Axon zu den Nachbarn des Neurons wandert.

► **Definition Synapse und Neurotransmitter**

Definition

Eine **Synapse** ist eine auf den Informationsaustausch zwischen zwei Neuronen spezialisierte Struktur. Beim **Neurotransmitter** handelt es sich um eine chemische Substanz, die durch eintreffende Impulse ausgeschüttet wird und eine erregende oder hemmende Funktion auf das empfangende Neuron ausübt.

Verschiedene Neurotransmitter haben unterschiedliche Funktionen.

Unterschieden werden in diesem Prozess **Neurotransmitter** wie **Acetylcholin**, welche die Wahrscheinlichkeit für das Erzeugen eines Impulses in dem empfangenden Neuron erhöhen, von Neurotransmittern wie **GABA**, welche die Erzeugung eines Impulses unterdrücken. Es kommt also zu Aktivierungen oder Hemmungen. Dieses Wechselspiel zwischen Aktivierung und Hemmung von Aktivität ist grundlegend für die Arbeitsweise des Gehirns.

Die Weiterleitung der Information erfolgt im Gehirn einheitlich durch elektrische Impulse.

Da die Weiterleitung der Information grundsätzlich über elektrische Impulse erfolgt, gibt es keinen Unterschied zwischen den Impulsen in Abhängigkeit von der Sinnesmodalität. Der Unterschied ergibt sich erst durch die spezialisierte Region im Kortex, in der diese Information dann verarbeitet wird (◘ Tab. 3.1).

Die **Impulsrate** hängt von der **Reizintensität** ab.

In ◘ Abb. 3.2 sind die **verschiedenen Potenziale** dargestellt: Ein Reiz erzeugt je nach Intensität ein unterschiedlich stark ausgeprägtes **Rezeptorpotenzial**, wenn er über der

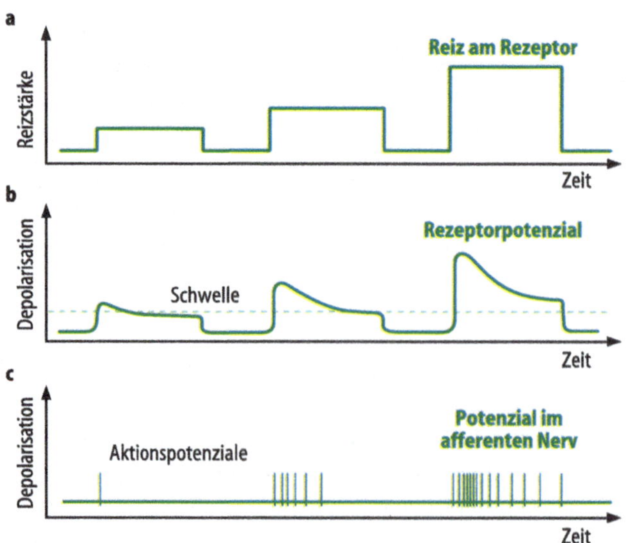

◘ **Abb. 3.2** Rezeptorpotenzial und Aktionspotenzial. (Aus Birbaumer & Schmidt, 2006)

Wahrnehmungsschwelle liegt, das dann in ein **Aktionspotenzial**, eine Serie von Impulsen, umgewandelt wird. Je größer das Rezeptorpotenzial ist, umso mehr Aktionspotenziale entstehen. Die Stärke des Rezeptorpotenzials, die von der Reizstärke abhängt, drückt sich dann in der Impulsrate aus. Die Impulsrate hängt also mit der Reizintensität zusammen.

Infolge der begrenzten Geschwindigkeit bei der Ausbildung eines Rezeptorpotenzials und der Wanderungsgeschwindigkeit des Aktionspotenzials auf unterschiedlich langen Axonen ergibt sich die **begrenzte Verarbeitungsgeschwindigkeit vom Reiz zur Reaktion**. Einige orientierende Zeitkonstanten für einzelne Phasen in einem Reiz-Reaktions-Ablauf lassen sich angeben (Birbaumer & Schmidt, 2006): Die Transduktion in der Retina erfodert etwa 35 ms, im primären visuellen Kortex kommen die Signale nach etwa 55 ms an und erreichen den motorischen Kortex nach etwa 200 ms. Der Fingermuskel reagiert nach ungefähr 250 ms. Zugleich zeigt ein solcher Ablauf im Gehirn auch, dass verschiedene Gehirnareale an diesem Wahrnehmungs-Reaktions-Zyklus beteiligt sind. Reaktionszeiten unterhalb von 100 ms können dabei nicht erreicht werden; dies ist eine Zeit, die in kritischen Situationen schon sehr lang sein kann (z. B. Bremsreaktion beim Auftauchen eines Hindernisses).

Infolge der unterschiedlich schnellen Weiterleitung und der unterschiedlichen Axonlänge ergeben sich **unterschiedlicheVerarbeitungsgeschwindigkeiten** im Gehirn.

3.3 Primäre Areale des Kortex

Der Kortex ist eine 2,5 mm dicke Schicht mit einer Fläche von etwa 1.000 cm^2 und ungefähr 20 Mrd. Zellen. ◻ Abb. 3.3 zeigt einige der **primären sensorischen Areale des Kortex**, an denen die Impulse von den verschiedenen Rezeptoren ankommen:

- **primären visuellen Kortex** für die Verarbeitung der Signale von der Retina,
- den **primären auditorischen Kortex** für Signale des auditiven Systems,
- den **somatosensorische Kortex** für die Verarbeitung von Signalen des Tastsinns und
- den **olfaktorische Kortex** für die Verarbeitung von Signalen des Riechapparates.

Im Gehirn gibt es **Areale**, die für die erste Verarbeitung von Signalen einer bestimmten Modalität zuständig sind.

Entscheidend für die Wahrnehmung ist also nicht, woher ein Impuls kommt, sondern in welchem Areal er ankommt. In ◻ Abb. 3.3 sind beispielsweise die Areale für die primäre visuelle und auditive Wahrnehmung markiert. Zusätzlich sind noch Bezeichnun-

Verschiedene Aspekte eines Reizes werden in verschiedenen Gehirnarealen verarbeitet.

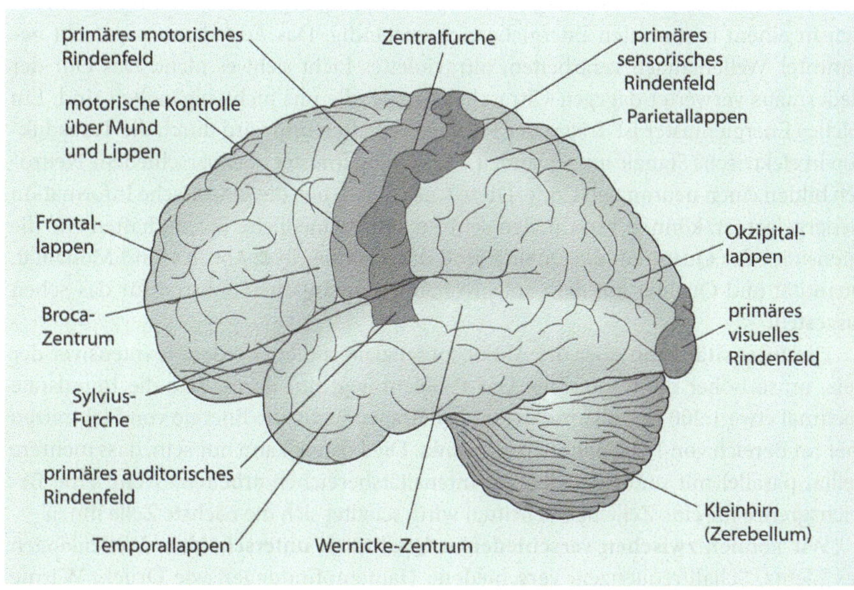

◻ **Abb. 3.3** Die wichtigsten Areale des menschlichen Kortex: Frontal-, Parietal, Okzipital- und Temporallappen. Entlang der Zentralfurche sind unterschiedlich schattiert das primäre motorische und das primäre sensorische Areal eingezeichnet. Neben dem primären visuellen Areal sind noch die Zentren für das Verstehen von Sprache (Wernicke-Zentrum) und für das Sprechen (Broca-Zentrum) dargestellt. (Aus Solso, 2001, © 2001 Allyn & Bacon, Inc. Reproduced by permission of Pearson Education, Inc.)

gen für wichtige Teile des Kortex angegeben. Unabhängig davon, mit welchem Reiz beispielsweise das Auge gereizt wird, es entsteht immer ein visueller Wahrnehmungseindruck. Auch ein Schlag auf das Auge führt also zu visuellen Wahrnehmungseindrücken.

Entscheidend für die Qualität der Wahrnehmung ist der Ort im Gehirn, an dem der Sinnesnerv endet.

Schon Müller (1801–1858) formulierte in seinem einflussreichen Gesetz der spezifischen Sinnesenergien, dass der Ort der Spezifität einer Sinnesenergie nicht am Rezeptor liegt, sondern vermutlich dort, wo der Nerv im Gehirn endet (Müller, 1840).

Alle Sinnessysteme haben gemeinsame Eigenschaften.

So wie die Transduktion ein Prozess ist, der in jedem Sinnessystem, in jeder Modalität in den Rezeptoren stattfinden muss, so haben die verschiedenen Sinnessysteme auch allgemeine Eigenschaften.

3.4 Allgemeine Eigenschaften der Sinnessysteme

Transduktion, Selektivität, Verarbeitung von Intensität, Ort und Dauer eines Reizes sowie Adaptation sind allen Sinnessystemen gemeinsam.

Es gibt Eigenschaften, die allen Sinnessystemen gemeinsam sind. Dazu gehören die **Transduktion** und die **Selektivität**, die Verarbeitung der **Intensität des Reizes**, des **Ortes und der Dauer der Reizung** sowie die Anpassung an die Verarbeitungssituation durch **Adaptation**.

Die Reizung eines Rezeptors führt zu einem **mentalen Zustand**.

Von zentraler Bedeutung ist in allen Sinnessystemen zunächst, dass die Stimulation eines Sinnesorgans in der Regel ein bewusstes mentales Erlebnis erzeugt, eine **mentale Repräsentation**. Wenn wir Zitronensäure mit der Zunge berühren, schmecken wir sauer. Wir hören etwas, wenn Schallwellen unser Ohr erreichen, und wir sehen etwas auf der Grundlage der Lichtstrahlung, die in das Auge gelangt. Diese mentalen Zustände werden auch **Qualia** genannt und sind nur der Person selbst zugänglich. Sie kann zwar darüber berichten, zugänglich sind sie anderen Personen aber nicht. Es wird angenommen, dass solchen Zuständen bestimmte neuronale Repräsentationen, bestimmte neuronale Erregungszustände entsprechen, d. h., dass bei Änderung der mentalen Zustände sich auch der neuronale Erregungszustand ändert. Es gilt aber nicht, dass jede Änderung des Erregungszustandes auch eine Änderung des mentalen Zustandes bewirkt. Die Lichtintensität eines Reizes kann geändert werden, was zu einer Änderung der neuronalen Erregungszustände führt, aber nicht den Helligkeitseindruck einer Person verändern muss. Der Zusammenhang zwischen dem Wahrnehmungseindruck und den neuronalen Erregungsmustern ist bis heute nicht eindeutig geklärt.

Alle Sinnessysteme sind selektiv. Die **Selektivität** unterscheidet sich zwischen den Arten in beträchtlichem Umfang.

Eine andere uns schon bekannte Regelhaftigkeit ist die **Selektivität** auf der Ebene der Sinnessysteme. Jedes Sinnessystem ist nur für adäquate Reize, für bestimmte Energien in einem bestimmten Energiebereich zuständig. Das Auge kann nur Licht bestimmter Wellenlängen verarbeiten, ultraviolettes Licht sieht es nicht. Das Ohr der Fledermaus verwertet dagegen Ultraschallsignale, die uns nicht zugänglich sind. Ein solches Energiemuster ist Träger der Reizeigenschaften und wird durch die Transduktion in elektrische Signale umgewandelt. Diese Signalmuster über verschiedene Neuronen bilden einen neuronalen Code. Diese Codes, in denen die sensorische Information niedergelegt ist, können verschieden sein für unterschiedliche Eigenschaften wie die Intensität oder Quantität, die Qualität und die Position. In Abb. 3.4 sind Modalität, Quantität und Qualität mit dem entsprechenden organischen Substrat für das Sehen dargestellt.

Die Codierung der **Intensität** eines Reizes kann bioelektrisch über die Impulsrate erfolgen.

Die **Intensität** kann über die Aktionspotenziale codiert werden: Je intensiver der Reiz, umso höher die Impulsrate. Das Problem liegt nur darin, dass die Impulsrate maximal etwa 1.200 Impulse pro Sekunde betragen kann, die Energie von Lichtreizen aber im Bereich von 1–10 Billionen schwankt. Die Lösung kann nur sein, dass mehrere Zellen parallel mit unterschiedlichen Intensitätsbereichen arbeiten. Wenn eine Bereichsgrenze für eine Zelle überschritten wird, schaltet sich die nächste Zelle hinzu.

Die Qualitäten stehen mit der Verarbeitung in bestimmten Gehirnarealen in Verbindung.

Wir können **zwischen verschiedenen Qualitäten unterscheiden**: Wellenlängen des Lichts, Schallfrequenzen, verschiedene Hautempfindungen wie Druck, Wärme

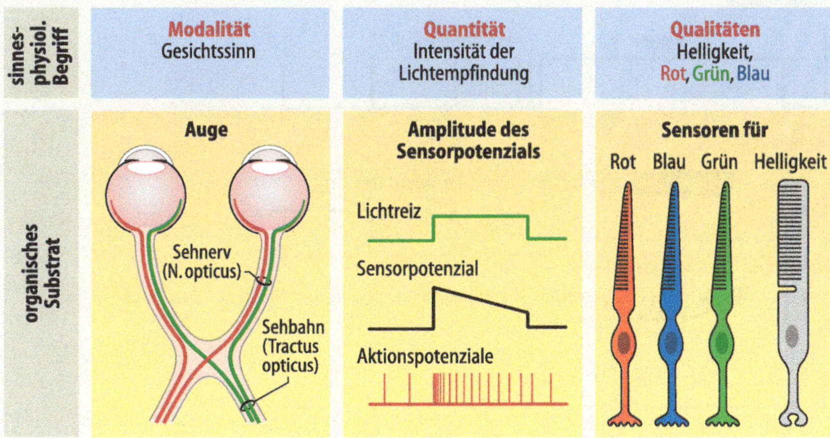

Abb. 3.4 In der Sinnesphysiologie werden innerhalb der Modalitäten die Qualitäten wie Helligkeit und Farbe als auch die Quantität als Intensität unterschieden. (Aus Birbaumer & Schmidt, 2006)

oder Schmerz. Die Lösung für die Codierung dieser Qualitäten haben wir schon erwähnt: Bestimmte Neuronenpopulationen sind für die Verarbeitung bestimmter Wahrnehmungen zuständig. Die primären sensorischen Areale stehen für solche spezialisierten Neurone. Auf einer anderen Eben gibt es Spezialisierungen für Aspekte der Farbe, der Bewegung von Objekten oder der Gesichter. Diese Spezialisierungen sind auch die Ursache, dass bei neuronalen Verletzungen in Abhängigkeit vom Ort im Gehirn spezielle Ausfälle in der Wahrnehmung zu registrieren sind (Karnath & Thier, 2003). Ein Beispiel sind Ausfälle bei der Erkennung von Gesichtern, wenn bestimmte Areale des Gehirns beeinträchtigt sind. Die wandernden Aktionspotenziale werden nach den Wegen, die sie zu ihren Zielregionen im Gehirn durchlaufen, interpretiert. Diese Wege werden auch »**labeled lines**« genannt.

Die räumlichen Eigenschaften eines Reizes werden auch durch »labeled lines« repräsentiert, die Information über die Position im Raum vermitteln. Im somatosensorischen System ist der Ort der Reizung ebenso codiert wie im visuellen System die Position auf der Retina. Es entstehen **mentale Karten**, in denen die Dichte der Rezeptoren und deren Position codiert sind. Bei bilateralen Rezeptoren wie den Ohren oder der Nase kann die unterschiedliche Intensität an den beiden Orten oder die unterschiedliche Ankunftszeit in den beiden Rezeptororten von Nervenzellen für die Verortung eines Reizes genutzt werden. Wenn ein Schall im linken Ohr früher ankommt als im rechten, muss sich die Schallquelle links vom Beobachter befinden. Auch so entstehen mentale Karten für die Position von Reizen.

Die Codierung des Ortes, an dem ein Reiz auftritt, erfolgt durch bestimmte neuronale Muster, die sich in **mentalen Karten** im Gehirn darstellen lassen.

Um zu einer **Charakterisierung der Leistungen eines Sinnessystems** einer bestimmten Modalität zu kommen, sind demnach folgende Aspekte zu unterscheiden:

1. Qualitäten (z. B. beim Auge die Farbe und die Helligkeit);
2. Räumlichkeit (z. B. Lokalisation einer Schallquelle);
3. Zeitlichkeit (Dauer einer Druckempfindung auf der Haut);
4. Quantität oder Intensität (z. B. Schmerz).

Zur Charakterisierung der Leistungsfähigkeit eines Sinnessystems werden verschiedene Aspekte benutzt.

Die Leistungsfähigkeit der Sinnessysteme wird durch psychophysikalische Methoden (▶ Kap. 4) ermittelt.

Allgemeine **Faktoren, die diese Leistungsfähigkeit bestimmen** sind die Folgenden:

1. Adaptation und Deadaptation. Sie machen die Sinnesorgane für dynamische Vorgänge empfindlicher als für lang anhaltende Reize. Einen Geruchsreiz nehmen wir nach längerer Expositionszeit nicht mehr wahr. Das Geruchssystem hat sich an den konstanten Reiz angepasst. Die Adaptation (Abb. 3.5) stellt das entsprechende sensorische

Sinnessysteme sind infolge der **Adaptation** besonders empfänglich für sich ändernde Reizsituationen.

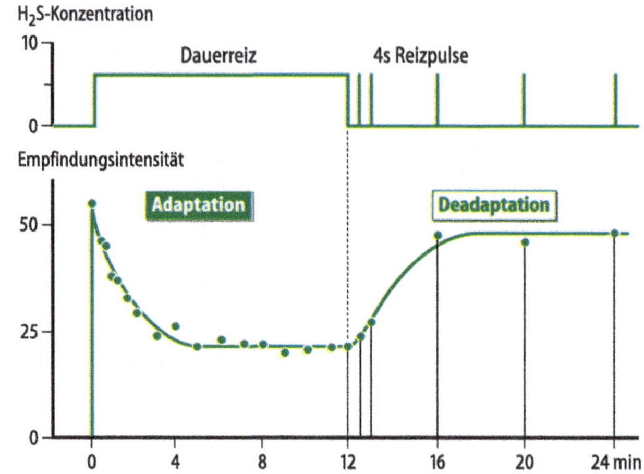

Abb. 3.5 Adaptation und Deadaptation bei einem Geruchsreiz. Die Empfindungsintensität sinkt mit der Dauerreizung durch H_2S. Bei einer folgenden impulsartigen Reizung alle 4 s erhöht sich die Empfindungsintensität in einem Deadaptationsprozess wieder. (Aus Birbaumer & Schmidt, 2006)

System auf die aktuelle Reizsituation ein. Wird der Reiz entfernt, erholt sich das Rezeptorsystem wieder.

Neurone sind für die Verarbeitung von reizen in einem bestimmten Raumschnitt, auch als **rezeptive Felder von Neuronen** bezeichnet, zuständig. Die Größe dieser rezeptiven Felder ist verschieden.

2. Rezeptive Felder von Neuronen. Sensorische Neuronen haben rezeptive Felder, d. h., sie reagieren nur auf Reize in einer bestimmten räumlichen Region und auf bestimmte Merkmale. Solche rezeptiven Felder unterscheiden sich in der Größe und in der Form. Sie sind aber immer Ausschnitte im Wahrnehmungsfeld. Rezeptive Felder können für Neurone auf allen Ebenen der Verarbeitung ermittelt werden. Diese rezeptiven Felder stehen in Beziehung zum räumlichen Auflösungsvermögen.

▶ **Definition Rezeptives Feld**

Definition

Ein **rezeptives Feld** ist derjenige Bereich beispielsweise im Gesichtsfeld oder auf der Haut, in dem eine Reizung die Impulsrate eines Neurons ändert.

Sensorische Systeme verändern sich durch Übung und Lernen, sie sind **plastisch**.

3. Plastizität sensorischer Systeme. Sensorische Systeme sind plastisch. Erfahrungsabhängig verändern sich die neuronalen Mechanismen. Solche Erfahrungen können durch vermehrte Übung bedingt sein. So sind beispielsweise bei Musikern, die bestimmte Finger sehr häufig benutzen, die Areale, welche für die Steuerung dieser Finger zuständig sind, vergrößert. Andererseits kann auch der Ausfall eines sensorischen Organs zu Veränderungen führen (▶ Abschn. 14.4, Studie »Entwicklung und Deprivation«). Eine blind geborene Person verarbeitet keine visuellen Reize, daher werden die für die Verarbeitung visueller Reize vorgesehenen Areale zur Verarbeitung von Reizen anderer Modalitäten genutzt. Damit wird deutlich, dass auch die Erfahrung die Verarbeitung unterschiedlicher Aspekte beeinflusst.

Sensorische Systeme stehen miteinander in **Wechselwirkungen** und beeinflussen sich gegenseitig.

4. Wechselseitige Beeinflussung sensorischer Systeme. Sensorische Systeme beeinflussen sich gegenseitig. Katzen reagieren auf Vögel nur, wenn sowohl der visuelle als auch der akustische Reiz vorhanden ist. Wir entdecken einen visuellen Reiz schneller, wenn er durch einen akustischen Reiz begleitet wird. Mehr dazu wird im ▶ Kap. 13 über das Zusammenwirken der Sinne dargestellt.

Detaillierte Informationen über die Eigenschaften des sensorischen Systems sind in den einschlägigen Lehrbüchern zur biologischen Psychologie (Birbaumer & Schmidt, 2006) und zu den kognitiven Neurowissenschaften (Gazzaniga, Ivry & Mangun, 2002) zu finden.

Kontrollfragen

1. Was versteht man unter der Transduktion?
2. Worauf beruht die Kommunikation im Gehirn?
3. Was versteht man unter der Adaptation in Sinnessystemen?
4. Was ist ein rezeptives Feld?
5. Was versteht man unter Plastizität?

Weiterführende Literatur

Ackerman, D. (1991). *Die schöne Macht der Sinne. Eine Kulturgeschichte*. München: Kindler.
Birbaumer, N. & Schmidt, R.F. (2006). *Biologische Psychologie*. Berlin: Springer.
Campenhausen, C. (1993). *Die Sinne des Menschen*. Stuttgart: Thieme Verlag.
Gazzaniga, M.A., Ivry, R.B. & Mangun, G.R. (2002). *Cognitive Neuroscience. The biology of the mind*. 2nd Edition. New York: Norton.
Mather, G. (2006). *Foundations of perception*. Hove and New York: Psychology Press.

4 Psychophysik

Lernziele

- Worin bestanden die Ziele der klassischen Psychophysik?
- Welche Methoden wurden zur Erreichung der Ziele entwickelt?
- Wovon hängt eine Schwelle ab?
- Was unterscheidet die Sensitivität auf der Basis von Schwellen vom Sensitivitätsparameter der Signalentdeckungstheorie?
- Was besagt das Potenzgesetz von Stevens?

Als exakte Lehre hat die Psychophysik wie die Physik auf Erfahrung und mathematischer Verknüpfung erfahrungsmäßiger Thatsachen, welche ein Mass des von der Erfahrung Gebotenen sind, zu fussen, und, soweit solches noch nicht zu Gebote steht, es zu suchen. Nachdem nun das Mass bezüglich der physischen Grössen schon gegeben ist, wird die erste und Hauptaufgabe dieser Schrift die Feststellung des Masses bezüglich der psychischen Größen sein, wo es bisher noch vermisst war: die zweite, auf die Anwendungen und Ausführungen einzugehen, welche es daran knüpfen.
(Fechner, 1860, S. III)

Innerhalb einer **Beschäftigung mit der Wahrnehmung** gibt es wenigstens drei grundsätzlich mögliche **Strategien**:

1. Es wird nach **Zusammenhängen zwischen den physikalischen Eigenschaften** der Umweltreize und den Wahrnehmungsleistungen gefragt (z. B.: Wie hängt die Lautstärke, mit der wir einen Ton wahrnehmen, mit den physikalischen Veränderungen des Schalldrucks zusammen?). Dies ist das Thema der klassischen Psychophysik.
2. Mit der zunehmenden Verbesserung neurowissenschaftlicher Methoden ergibt sich die Frage, wie **neurobiologische Indikatoren in Beziehung zu Wahrnehmungsleistungen** stehen (z. B.: Was spielt sich in bestimmten Hirnarealen ab, während wir

In der Wahrnehmungsforschung werden **verschiedene Herangehensweisen** unterschieden:

- Analyse des Zusammenhanges zwischen Reiz und Wahrnehmung,
- Analyse des Zusammenhanges zwischen neuronaler Aktivität und Wahrnehmungserleben,

wahrnehmen?) Eine neurowissenschaftlichen Überprüfung ist hier mit Methoden wie EEG und fMRT möglich (eine entsprechende Darstellung findet sich z. B. in Gazzaniga et al., 2002).

- Analyse des Zusammenhanges zwischen Reiz, Wahrnehmungserleben und neuronaler Aktivität durch Kombination von Psychophysik und Neurowissenschaften.

3. In neueren Arbeiten wird immer häufiger eine Kombination bevorzugt, indem **psychophysikalische Methoden in Verbindung mit neurowissenschaftlichen** eingesetzt werden. Dies ist die Strategie der kognitiven Neurowissenschaft (Gazzaniga et al., 2002). Beispielsweise kann gefragt werden, welchen Einfluss die Aktivierung in frontalen Hirnbereichen auf die Unterscheidung von Helligkeiten hat.

Wir wollen uns nun der klassischen Psychophysik (Jacobsen & Kaernbach, 2006) zuwenden. Die Beschränkung auf dieses Teilgebiet erfolgt, weil die darin entwickelten Methoden eine allgemeine Bedeutung für die Untersuchung kognitive Prozesse erlangt haben.

► Definition Psychophysik

Definition

Im klassischen Sinne umfasst die **Psychophysik** ein Methodeninventar zur Erfassung von Wahrnehmungsschwellen. Im allgemeineren Sinne ist es ein Ansatz, um den Zusammenhang zwischen Eigenschaften des physikalischen Reizes und der subjektiven Wahrnehmung zu erfassen.

4.1 Klassische Psychophysik

Die **klassische Psychophysik** stellt das **Methodeninventar** zur Erfassung von Wahrnehmungsveränderungen.

Mit dem Alter verändern sich Wahrnehmungsleistungen. Besonders deutlich verändert sich die Tonwahrnehmung (oft bis zur »Schwerhörigkeit«), und heute stehen technische Hilfsmittel zur Verfügung, um die Einbußen zu verringern. Die Erfassung dieser Veränderungen, also z. B. die Messung des Ausmaßes der Schwerhörigkeit, erfordert die Bestimmung der Wahrnehmungsschwelle für Töne mit unterschiedlicher Frequenz. Die **Psychophysik** hat hierzu das entsprechende **Methodeninventar** entwickelt. Die Intensität der Töne wird verändert und die Wahrnehmungsberichte der Probanden (Ton wahrgenommen vs. Ton nicht wahrgenommen) werden dann in Abhängigkeit von diesen Tonintensitäten ausgewertet. Solche Beispiele lassen sich aus allen Bereichen der Wahrnehmung anführen.

Die klassische Psychophysik untersucht den Zusammenhang zwischen Reiz und Wahrnehmung.

Innerhalb der Wahrnehmungspsychologie ist also eine zentrale Frage die nach dem **Zusammenhang zwischen den physikalischen Energiemustern an den Rezeptoren und den Wahrnehmungen**: Welche Energiemuster und -intensitäten müssen jeweils vorliegen, damit etwas wahrgenommen wird. Dabei wollen wir vorerst die Frage vernachlässigen, wie die Bedeutung in der Wahrnehmung entsteht.

Fechner (1801–1887) untersuchte im Rahmen seiner Beschäftigung mit dem **Leib-Seele-Problem** den Zusammenhang zwischen physikalisch erfassbaren Reizintensitäten und den subjektiven Empfindungen einer Person:

> Von vorn herein und im Allgemeinen kann nicht bestritten werden, dass das Geistige überhaupt quantitativen Verhältnissen unterliegt. Denn nicht nur lässt sich von einer größeren und geringere Stärke von Empfindungen sprechen, es gibt auch eine verschiedene Stärke von Trieben, es gibt grössere und geringere Grade der Aufmerksamkeit, der Lebhaftigkeit von Erinnerungs- und Phantasiebildern, der Helligkeit des Bewusstseins im Ganzen, wie der Intensität einzelner Gedanken. … Somit unterliegt das höhere Geistige nicht minder als das Sinnliche, die Tätigkeit des Geistes im Ganzen nicht minder als im Einzelnen quantitativer Bestimmung.
> (Fechner, 1860, S. 55)

Fechner ging also erstmals davon aus, dass psychische Phänomene wie **Wahrnehmungen** unterschiedlich stark ausgeprägt sein können und diese deshalb ebenso **wie physikalische Reize gemessen** werden und mit Letzteren in Beziehung gesetzt werden können. Doch dazu musste Fechner mehrere Probleme lösen:

1. Er musste die **minimale Reizintensität** bestimmen, die bei einer Person überhaupt eine Empfindung auslösen kann (Wie intensiv muss ein Ton mindestens sein, dass man ihn überhaupt registriert?). Dies ist auch als das Detektionsproblem bekannt.
2. Er musste die **Reizänderung** ermitteln, die bei einem vorgegebenen Reiz zu einer Änderung der Empfindung führt, auch als Diskriminationsproblem bekannt.
3. Schließlich brauchte er eine Idee, wie der **Zusammenhang** zwischen der Intensität eines Reizes und der Stärke eine Empfindung ausgedrückt werden kann.

Fechner suchte neben einer Lösung des Detektions- und des Diskriminationsproblems nach einem formalen **Zusammenhang zwischen Empfindungsstärke und Reizintensität.**

Bei der Untersuchung der Wahrnehmung muss in elementarer Form auf die **verbalen Berichte** der Personen zurückgegriffen werden, z. B. auf die Aussage, dass dieses Objekt »rot« oder dass »nichts zu hören« ist. Ein solcher **phänomenologischer Zugang** steht am Anfang der Wahrnehmungsforschung, hat aber wesentliche und leicht erkennbare Grenzen. Er ist auf Personen beschränkt, die ihre Wahrnehmungserfahrung auch beschreiben können. Zudem ist nicht auszuschließen, dass die zugrunde liegende Selbstbeobachtung (Introspektion) durch Erwartungen und Wünsche verzerrt ist.

Klassische psychophysikalische Methoden beruhen auf **verbalen Berichten** von Personen über ihr Wahrnehmungserleben.

Dies alles macht die Beantwortung der oben genannten Fragen schwierig, denn für die Erforschung der Wahrnehmung werden **möglichst verzerrungsfreie Methoden gebraucht**,

- um die Grenzen des Wahrnehmbaren testen zu können,
- um die Veränderungen in der Wahrnehmung mit der Veränderung in den auszuwertenden Energiemustern verfolgen zu können und
- um Folgerungen (Hypothesen) aus Wahrnehmungstheorien überprüfen zu können.

In der Wahrnehmungsforschung sind **verzerrungsfreie Methoden** zur Erfassung des Wahrnehmbaren und der Wahrnehmungsveränderungen erforderlich.

4.2 Schwellen

Sowohl im Hinblick auf die Erfassung des gerade noch Wahrnehmbaren als auch der Unterschiede zwischen Wahrnehmungen ist in der klassischen Konzeption der Psychophysik der Begriff der Schwelle zentral. Er soll deshalb im Folgenden genauer betrachtet werden.

Definition

Eine **Wahrnehmungsschwelle** markiert den Übergang von einer perzeptiven Erfahrung zu einer anderen als Resultat einer minimalen Änderung des physikalischen Reizes.

► **Definition Wahrnehmungsschwelle**

Beispiele für solche Änderungen sind: Wie schnell muss sich ein Reiz bewegen, damit seine Bewegung wahrgenommen wird? In welchem zeitlichen Abstand müssen zwei Töne dargeboten werden, damit sie als zwei Töne auch gehört werden? Wie stark muss sich ein Ton von einem anderen unterschieden, damit sie als zwei verschiedene Töne gehört werden? Welchen Abstand müssen zwei Druckreize auf der Haut haben, damit sie als zwei Berührungen wahrgenommen werden? – All diese Fragen sind Fragen nach Wahrnehmungsschwellen.

Die **Schwellenmessung** bei der Detektion und der Diskrimination stand am Anfang der Psychophysik.

Es gibt grundsätzlich zwei Arten von Schwellen: die Absolutschwelle und die Unterschiedsschwelle.

▶ Definition Absolutschwelle und Unterschiedsschwelle

Definition

Die **Absolutschwelle** bezeichnet die geringste Intensität eines Reizes, die zu einer berichtbaren Wahrnehmung beim Beobachter führt. Die **Unterschiedsschwelle** markiert die Intensität, die nötig ist, um einen Reiz von einem anderen zu unterscheiden.

4

Der Kehrwert der Absolutschwelle ist die Sensibilität.

Die **Absolutschwelle** markiert die kleinste Reizenergie, bei der ein Reiz überhaupt noch wahrgenommen werden kann (minimale Schallenergie, minimale Bewegung, minimale Leuchtdichte). Sie steht damit für die Sensibilität des entsprechenden sensorischen Systems oder anders formuliert: Die Sensibilität ist der Kehrwert der Absolutschwelle. Je höher die Schwelle (d. h. je lauter ein Ton sein muss, um gehört werden zu können), umso kleiner ist dann die Sensibilität.

Die **Unterschiedsschwelle** markiert die minimale Änderung der Reizenergie, die durch einen Beobachter noch entdeckt werden kann. Wenn sich zwei Töne gleicher Frequenz im Schalldruck im Ausmaß dieser Unterschiedsschwelle unterscheiden, werden sie als verschieden laut wahrgenommen.

In der Psychophysik wurden verschiedene Methoden zur Schwellenbestimmung entwickelt.

Es gibt nun klassische psychophysikalische **Methoden**, die entwickelt wurden, um diese Schwellen zu ermitteln (▶ Abschn. 4.3). Bevor hierauf genauer eingegangen werden soll, muss zunächst der Begriff der psychometrischen Funktion genauer erklärt werden.

Beispiel

Schwellenverschiebungen werden mit psychophysikalischen Methoden ermittelt. So ist bekannt, dass Rauchen die Geschmacksschwellen erhöht und die Kontrastsensibilität verringert (d. h. die Kontrastschwelle erhöht). Rauchen beeinträchtigt also Sinnesleistungen. Ähnliche Effekte sind für Alkohol nachgewiesen. Alkohol beeinträchtigt auch die Geschmackswahrnehmung über eine Erhöhung der Schwelle. Doch auch die Akkommodation des Auges ist verringert, was sich auf die Tiefenwahrnehmung auswirkt. Ebenso ist eine andere visuelle Leistung betroffen, die Bewegungswahrnehmung.

Die **psychometrische Funktion** erfasst den Zusammenhang zwischen der Antwort einer Person und dem physikalischen Reiz. Sie ist die Grundlage für die Schwellenbestimmung.

Jeder hypothetische Zusammenhang zwischen einer quantifizierbaren Aussage über die Stärke der subjektiven Wahrnehmung und einem physikalischen Reiz kann als **psychometrische Funktion** dargestellt werden. Ein Beispiel dafür ist die Wahrscheinlichkeit, dass eine Person einen Ton gehört hat, aufgetragen gegen die physikalisch gemessene Intensität des Reizes, den Schalldruck. Im Idealfall hört die Person unterhalb eines bestimmten Schalldrucks keinen Ton, oberhalb von diesem kritischen Schalldruck, der Schwelle, hört sie den Ton. Liegt der Reiz oberhalb des Schwellenwertes, antwortet der ideale Beobachter immer mit »wahrgenommen«, entsprechend antwortet er mit »nicht wahrgenommen«, wenn der Reiz unterhalb der Schwelle liegt.

Schwellen ergeben sich infolge der natürlichen Schwankungen in den neuronalen Prozessen als operationale Definitionen auf der Grundlage der empirischen Daten.

Reale Beobachter unterscheiden sich von einem solchen idealen Beobachter dadurch, dass die Lage der Schwelle schwankt. Solche Schwankungen ergeben sich z. B. aus Variationen im Transduktionsprozess (▶ Abschn. 3.1), in der sensorischen Weiterleitung der Signale nach der Transduktion oder aus dem Erregungszustand des Beobachters – unsere **Wahrnehmung ist eben nicht in jeder Situation gleich empfindlich**. Obwohl die Schwelle schwankt, gibt es aber einen Wert, bei dem die Schwelle besonders häufig liegt. Nach vielen Beobachtungen ergibt sich durch diese Schwankungen ein Zusammenhang zwischen dem durchschnittlichen Wahrnehmungseindruck und der physikalischen Reizgröße, wie in ◼ Abb. 4.1 dargestellt, und zwar die typische **psychometrische Funktion**. Die Schwelle wird in einer solchen empirisch erfassten psychometrischen Funktion operational als der Wert definiert, bei dem 50% der Urteile »wahrgenommen« und 50% der Urteile »nicht wahrgenommen« lauten. Solche Schwankungen in der Wahrnehmung lassen sich bei Sportarten wie Fußball oder Tennis verdeut-

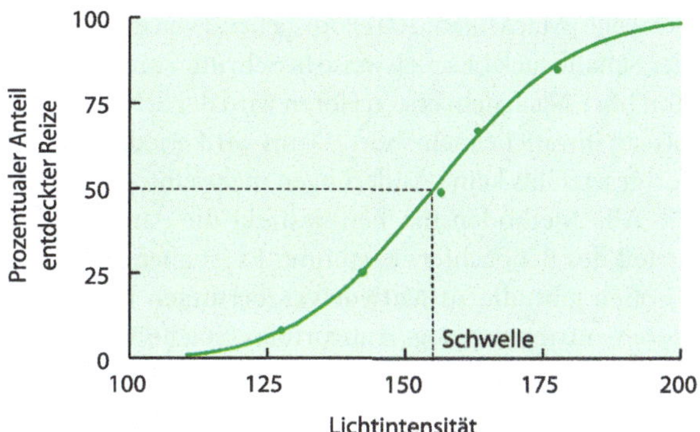

Abb. 4.1 Psychometrische Funktion. In einem hypothetischen Detektionsexperiment mit Licht unterschiedlicher Intensität könnte das dargestellte Ergebnis erhalten werden. Über eine solche psychometrische Kurve wird die Schwelle als die Lichtintensität erhalten, bei der in der Hälfte aller Reizdarbietungen der Lichtreiz entdeckt wird

lichen. Beispielsweise gibt es immer wieder Diskussionen unter Fußballzuschauern, ob ein Ball hinter der Torlinie war oder nicht. Im Tennis taucht ein ähnliches Wahrnehmungsproblem auf: War der Ball noch im Feld oder nicht?

Beispiel

Unterschwellige Wahrnehmung

Es gibt visuelle Reize, die so kurz unterschwellig dargeboten werden, dass sie nicht bewusst wahrgenommen werden können. Trotzdem haben solche Reize Einfluss auf die Wahrnehmung und das Verhalten zu einem späteren Zeitpunkt. In vielen Untersuchungen ist dies gezeigt worden.

Ein Beispiel dafür ist das unbewusste Priming. Bei der Beurteilung eines Bildes zeigt sich, dass der emotionale Gehalt eines kurz davor für eine sehr kurze Zeit gezeigten Bildes Einfluss auf die Urteile hat. Ein Beispiel ist die beurteilte Attraktivität von Gesichtern durch vorher gezeigte positiv (Strandbild) oder negativ (Schlange) bewertete Bilder.

4.3 Methoden

Die folgenden **Methoden der Schwellenbestimmung** sind entwickelt worden.

Es sind verschiedene Methoden zur **Schwellenbestimmung** entwickelt worden. Die bekanntesten Methoden sind die Methode der Herstellung, die Methode der konstanten Reize und die heute bevorzugte adaptive Methode.

Methode der Herstellung. Bei dieser Methode kontrolliert der Beobachter selbst die Reizdarbietung. Er verändert die Reizenergie ausgehend von einem bestimmten Niveau so lange, bis sich die Wahrnehmung ändert. Durch häufige Wiederholung kann die psychometrische Funktion und daraus die Schwelle ermittelt werden. Beispielsweise kann der Schalldruck eines Tons bestimmter Frequenz von der Person so lange erhöht werden, bis sie den Ton auch hört.

Bei der **Methode der Herstellung** verändert der Beobachter selbst den Reiz so lange, bis er ihn wahrnimmt. Dieses Vorgehen wird mehrfach wiederholt.

Methode der konstanten Reize. Bei der Methode der konstanten Reize kontrolliert der Versuchsleiter die Reizdarbietung. Er wählt am Beginn eine Reihe von Reizen aus. Diese unterschiedlichen Reize werden in zufälliger Abfolge zur Beurteilung dargeboten. Nach jeder Darbietung hat der Beobachter zu sagen, ob er den Reiz wahrgenommen hat oder nicht. Auf diese Art und Weise kann wieder eine psychometrische Funktion empirisch erhoben werden. Ein Beispiel wäre die Auswahl einer Menge von Tönen einer Frequenz mit verschiedenen Schalldrücken. Diese werden in zufälliger Reihenfolge dargeboten.

Bei der **Methode der konstanten Reize** wählt der Versuchsleiter eine Menge von Reizen aus, die der Beobachter in zufälliger Abfolge beurteilen muss.

Adaptive Methode. Bei den heute verwendeten adaptiven Verfahren wird der nächste zu beurteilende Reiz von dem vorangegangen Reiz und dessen Beurteilung abhängig gemacht. Im einfachsten Fall wird ein Treppenverfahren gewählt, bei dem bei richtiger Beurteilung des Reizes die Reizenergie im aktuellen Trial verringert und bei falscher Beurteilung erhöht wird. Dadurch ergibt sich eine besonders effiziente Messung der

Adaptive Verfahren wählen den aktuell dargebotenen Reiz in Abhängigkeit von den Urteilen des Beobachters in vorangegangenen Urteilszeitpunkten aus.

Schwelle (MacMillan, 2001). Ausgehend von einem Ton, den die Person nicht hört, wird der Schalldruck beispielsweise in Schritten um 15% so lange erhöht, bis die Person den Ton hört. Nach dem ersten Hören wird der Schalldruck in Schritten um 10% verringert, bis sie ihn nicht mehr hört. Dann wird wieder erhöht. Dieser Prozess wird so lange fortgesetzt, bis keine Änderungen mehr eintreten.

Alle Methoden gehen davon aus, dass die Urteile nur von der Intensität des Reizes abhängen. Die Urteilsbesonderheiten der Personen werden vernachlässigt.

Alle Methoden machen indirekt die Annahme, dass nur die Reizintensität das Urteil des Beobachters bestimmt. Es ist aber davon auszugehen, dass es noch andere Größen gibt, die zu **Antwortverzerrungen** führen und in das Urteil eingehen. Dadurch entsteht ein sog. Antwortbias. Solche Verzerrungen können z. B. dadurch entstehen, dass sich der Beobachter in einer solchen aufwendigen Schwellenbestimmung nicht kooperativ verhält oder dass die Sicherheit der Urteile unterschiedlich ist. Es kann Beobachter geben, die schon bei sehr geringer Sicherheit mit »wahrgenommen« antworten und andere erst bei hoher Sicherheit dieses Urteil abgeben. Dadurch entstehen **unterschiedliche Antwortmuster** und letztlich **unterschiedliche psychometrische Funktionen**.

Die Methode der Signalerkennung versucht, die Antworttendenzen der Person zu berücksichtigen.

Die Methode der Signalentdeckung versucht das Problem, dass die Schwelle durch solche nichtsensorische Faktoren wie diese Antworttendenzen verzerrt ist, zu lösen.

4.4 Signalentdeckungstheorie (SDT)

Die Signalentdeckungstheorie geht von einem **zweistufigen Prozess der Urteilfindung** aus: einem sensorischen Prozess und einem Entscheidungsprozess.

Die Signalentdeckungstheorie (Lukas, 2006) berücksichtigt die Urteilsbesonderheiten der Personen. Sie stellt ein Methode zur Verfügung, mit der aus den Antworten einer Person sowohl ein Parameter für die Sensibilität oder Empfindlichkeit des sensorischen Systems als auch ein Maß für das Urteilsverhalten einer Person gewonnen werden soll. Sie geht dabei von einem **zweistufigen Urteilsprozess** aus: einem rein sensorischen Prozess und einem Entscheidungsprozess. In dem **sensorischen Prozess** erzeugt jeder physikalische Reiz eine interne (d. h. im Nervensystem entstehende) sensorische Antwort, die von der Sensibilität der entsprechenden Rezeptoren und der physikalischen Intensität des Reizes abhängt. Diese interne Antwort unterliegt ebenso zufälligen Fluktuationen wie die Schwelle im Rahmen der Psychophysik – mal reagiert ein Rezeptor stärker, mal schwächer auf einen konstanten Reiz. Der **Entscheidungsprozess** vergleicht in einem zweiten Schritt diese interne Größe mit einem internen Kriterium, das der Beobachter selbst setzt. Hier spielen also subjektive Einschätzungen eine Rolle, bei welcher gerade eben bewusst wahrgenommenen Empfindung eine Person zum Urteil kommt: »wahrgenommen« oder »nicht wahrgenommen«!

Dem Entscheidungsprozess liegt ein Kriterium zugrunde, das von der Person abhängt.

Dieses **interne Kriterium** ist wie gesagt subjektiv: Seine Lage wird durch solche Faktoren beeinflusst, die bei den klassischen Urteilsmethoden zu einem Bias in den Antworten führen. Bei hoch motivierten Personen wird der Kriteriumswert niedriger sein. Schon schwache sensorische Reaktionen der Rezeptoren werden das Kriterium übersteigen und zur Antwort »wahrgenommen« führen. Schwach motivierte Personen werden dagegen vielleicht ein sehr strenges Kriterium wählen und erst bei einer starken sensorischen Reaktion mit »wahrgenommen« reagieren. Die Methode der Signalerkennung erlaubt eine **getrennte Bewertung** der beiden Stufen: **sensorische Verarbeitung am Rezeptor und Antwortauswahl**.

Die Methode der Signalentdeckung benutzt nur zwei Reizsituationen und zwei Antwortmöglichkeiten der Person.

Bei Verwendung der SDT-Methode zur Bestimmung der Sensibilität werden in der Regel nur in der Hälfte der Versuche tatsächlich Reize dargeboten, in der anderen Hälfte der Versuche wird kein Reiz dargeboten. Die ersten werden oft Rauschen+Signal-Darbietungen und die anderen Rauschen-Darbietungen genannt. Der Beobachter hat nur zwei Antwortmöglichkeiten. Tab. 4.1 enthält als Spalten die Antwortmöglichkeiten und als Zeilen die Darbietungssituationen. Der Beobachter muss bei jeder Darbietung angeben, ob ein Signal dargeboten worden ist (»ja«) oder nicht (»nein«).

Tab. 4.1 Ergebnistabelle eines Signalentdeckungsexperimentes

			Antworten	
			Ja	Nein
Reizdarbietung	Ja	Signal + Rauschen	Treffer	Auslassungen
	Nein	Rauschen	Falsche Alarme	Richtige Zurückweisungen

Beispiel

Ein einfaches Beispiel für ein Signalentdeckungsexperiment wäre die Weinverkostung. Ein Verkoster soll entscheiden, ob ein Wein nur aus der Traube »Pinot Noir« (Antwort »ja«) oder ob ein Wein aus einer Mischung aus anderen Trauben (Antwort »nein«) hergestellt wurde. Dazu bekommt er 10 Gläser mit einem Wein aus der Traube »Pinot Noir« (»Signal+Rauschen) und 10 Gläser mit einem Wein aus einer Traubenmischung (»Rauschen«). Im ersten Fall antwortet er mit einer relativen Häufigkeit von 8 Fällen richtig mit »ja«. Im zweiten Fall antwortet er nur in 6 Fällen richtig mit »nein«. Ergebnisse solcher Experimente lassen sich wie in Tab. 4.1 anordnen. Dabei liegt die Trefferquote in unserem Beispiel bei 0,8. Die falschen Alarme sind die »Ja«-Antworten bei dem Mischwein, also 0,4.

Die Besonderheit der SDT ist, dass sowohl die Treffer als auch die falschen Alarme ausgewertet werden.

Bei dieser Methode werden sowohl die richtigen als auch die fehlerhaften Antworten ausgewertet.

Neben der Wahrnehmung kann die SDT auch in anderen Situationen verwendet werden (▶ Exkurs »Wiedererkennung«).

Exkurs

Wiedererkennung

In der Gedächtnispsychologie kann die Leistung des Wiedererkennungsgedächtnisses mithilfe der SDT bewertet werden. In einem solchen Experiment hat sich der Proband eine Menge Bilder zu merken. Danach werden diese Bilder mit bisher unbekannten zusammen gezeigt. Der Proband hat anzugeben, ob das aktuell gezeigte Bild aus der Merkmenge ist oder nicht. Auch hier gibt es zwei Antwortmöglichkeiten: »ja« und »nein«. Damit können ebenso Treffer und falsche Alarme ermittelt werden wie in einem psychophysikalischen Experiment. Mit der SDT kann dann die Leistungsfähigkeit des Gedächtnisses charakterisiert werden.

In einer zweiten Variante wird die **Methode der erzwungenen Wahl** (AFC; »alternative forced choice«) eingesetzt. Es werden immer zwei Darbietungen angeboten. Die Versuchsperson muss entscheiden, in welcher der beiden Darbietungen das Signal enthalten war. Die AFC-Methode gilt als weniger belastet durch eine Verzerrungstendenz als die erste Methode.

Eine alternative Methode ist eine **erzwungene Wahl**, bei der eine von zwei Reizsituationen von der Person ausgewählt werden muss.

Erinnern wir uns: Die SDT nimmt an, dass sowohl bei Rauschen als auch bei Signal+Rauschen eine interne Antwort im sensorischen System erzeugt wird. Da dieser Prozess ebenso verschiedenen Einflüssen im sensorischen System unterliegt, fallen die **internen Antworten auf gleiche äußere Reize jeweils unterschiedlich** aus und es ergibt sich wieder eine Verteilung der internen Antworten: eine Verteilung für die Rauschen-Darbietungen und eine andere Verteilung für die Rauschen+Signal-Darbietungen. In der Regel nimmt man an, dass es sich mathematisch um **Normalverteilungen** handelt und dass es jeweils eine interne Antwort gibt, die am häufigsten vorkommt.

Die Signalentdeckungstheorie nimmt an, dass es für jede der beiden Reizsituationen eine Verteilung von internen Reaktionsgrößen gibt.

Abb. 4.2 zeigt diese beiden (angenommenen) Verteilungen und ihre Lage zueinander. Dargestellt ist auch die angenommene Lage des Kriteriums, welches sich die Person setzt, d. h. ab welchem Wert Sie mit »ja« (Reiz entdeckt) antwortet. Beim Signal+Rauschen wird erwartungsgemäß häufiger mit »ja« geantwortet als bei den Rauschen-Darbietungen.

Das Kriterium wird in der Signalerkennungstheorie als bestimmter Wert der sensorischen Aktivität angenommen.

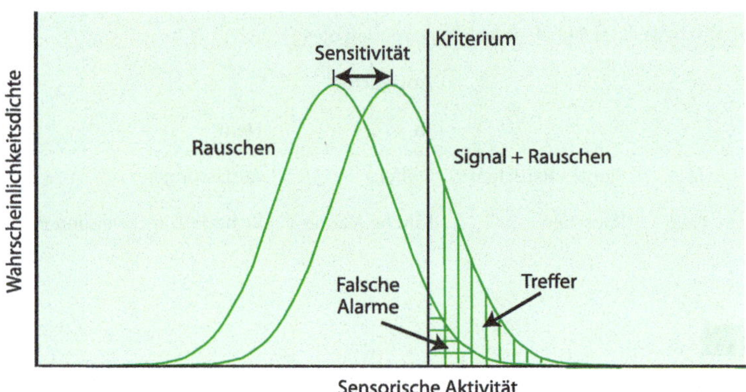

Abb. 4.2 Verteilung der sensorischen Aktivitäten bei Darbietungen ohne Reiz (Rauschen) und bei Darbietung mit Reiz (Signal+Rauschen) nach der SDT

Die Sensitivität des sensorischen Systems wird über den Abstand der beiden Verteilungen erfasst.

Die Rauschen-Verteilung reflektiert die Werte dieser internen sensorischen Reaktion an den Rezeptoren, die durch das Rauschen im sensorischen System entstehen. Die Rauschen+Signal-Verteilung reflektiert diesen Wert, der durch das Rauschen entsteht, plus den Wert, der durch den externen Reiz entsteht. Diese Verteilung ist daher relativ zu der Verteilung Rauschen zu höheren Werten verschoben. Die **Größe dieser Verschiebung** hängt von der Sensitivität des sensorischen Systems ab. Sie drückt sich im **Abstand der beiden Verteilungen** zueinander, also in der Differenz der Mittelwerte dieser beiden Verteilungen aus und wird als **d'** bezeichnet. Dieser Parameter ist von den Einflüssen bereinigt, die sich auf die Kriteriensetzung auswirken.

Die Trefferquote und die falschen Alarme entsprechen Flächen unter den Verteilungskurven, die durch die Lage des Kriteriums begrenzt sind.

Die Lage des Kriteriums steht in Beziehung zu der Trefferquote und den falschen Alarmen. Die Fläche rechts vom Kriterium und unterhalb der Signal+Rauschen-Kurve stellt die Trefferquote (Signal+Rauschen) dar. Die falschen Alarme entsprechen der Fläche unterhalb der Rauschen-Kurve und ebenfalls rechts vom Kriterium, da alle Antworten rechts vom Kriterium einem »Ja« entsprechen, im Fall »Rauschen« ein »Ja« aber falsch wäre.

Die Signalentdeckungstheorie enthält Methoden zur Abschätzung der Sensitivität und der Lage des Kriteriums.

Die SDT stellt verschiedene Berechnungsmethoden zur Verfügung, wie aus den Urteilen der Beobachter sowohl d' als Maß der Sensitivität des sensorischen Systems als auch â als Maß für die Lage des Kriteriums als unabhängige Parameter geschätzt werden können. Grundlage der Schätzungen sind die Trefferquote und die Quote der falschen Alarme. In unserem Beispiel liegt die Trefferquote bei 0,8 und die Quote der falschen Alarme bei 0,4. In Abb. 4.2 sind die Anteile an den Verteilungen dargestellt, die einer Trefferquote und den falschen Alarmen entsprechen.

Hinweise auf die Berechnungen der Parameter aus den empirischen Daten finden sich in Macmillan & Creelman, 2005). Clark und Clark (1980) wandten die SDT in einem Experiment zur Schmerzwahrnehmung an (▶ Studie).

Studie

Schmerzwahrnehmung

Clark und Clark (1980) führten ein Experiment zur Schmerzwahrnehmung mit nepalesischen Trägern und englischen Bergsteigern durch. Als Schmerzreize wurden elektrische Reize verabreicht. Die Schwellenexperimente (Abb. 4.3) zeigen, dass sich die beiden Gruppen in der Absolutschwelle nicht unterschieden, d. h., sie bemerkten bei etwa gleichem Wert eine elektrische Spannung. Deutliche Unterschiede ergaben sich aber bei den Urteilen für schwache und starke Schmerzen. Die Bergsteiger signalisierten starken Schmerz schon bei 60 V, die Träger erst bei 90 V. Das heißt, die Personen aus Nepal ertrugen viel höhere Intensitäten, bevor sie »leichten« oder »extremen« Schmerz berichteten. Das Ergebnis lässt offen, ob die Nepalesen eine geringere Empfindlichkeit haben oder ob sie nur anders berichteten.

▼

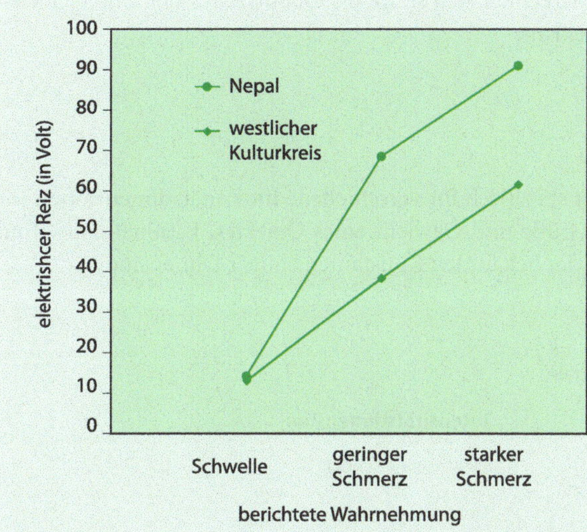

Abb. 4.3 Experiment zur Schmerzwahrnehmung. (Nach Daten aus Clark & Clark, 1980)

Diese Schwellenmessung wurde dann mit der Theorie der Signaldetektion überprüft. Dabei zeigte sich, dass in dem Sensibilitätsparameter d' keine Unterschiede auftraten. Die Personen unterschieden sich also nicht in der Empfindlichkeit für Schmerzreize. Das Ergebnis spricht dafür, dass die Unterschiede in den Gruppen nichts mit der unterschiedlichen Schmerzsensibilität zu tun haben, sondern durch einen Antwortbias zustande gekommen sind. Die Personen haben unterschiedliche Kriterien der Einordnung des erlebten Schmerzes in die vorgegebenen Antwortkategorien »geringer Schmerz« und »starker Schmerz«.

4.5 Grundlegende Gesetze der Psychophysik

Zwei **grundlegende Gesetzmäßigkeiten** stehen am Beginn der Psychophysik: das **Gesetz von Weber** über die Konstanz des Verhältnisses von Unterschiedsschwelle und Reizintensität und das **Gesetz von Fechner** über den logarithmischen Zusammenhang zwischen Reizintensität und Empfindungsstärke.

Grundlegende Gesetze der Psychophysik beziehen sich auf das **Verhältnis von Unterschiedsschwelle und Reizintensität** sowie auf den **Zusammenhang von Reizintensität und Empfindungsstärke**.

4.5.1 Das Weber'sche Gesetz

Im 19. Jahrhundert hatte sich Ernst Weber mit experimenteller Sinnesphysiologie befasst. Seine **Bestimmungen der Unterschiedsschwelle** (Wie stark müssen sich zwei Reize unterscheiden, um als unterschiedlich stark wahrgenommen zu werden?), insbesondere bezogen auf den Tastsinn und auf Gewichte, führten ihn auf einen universellen linearen Zusammenhang zwischen der Intensität I eines Reizes und der gerade noch wahrnehmbaren Änderung ΔI eines Reizes: Wenn sich die Intensität eines Reizes verändert (die Intensität zunimmt), dann steigt abhängig davon auch der Intensitätsunterschied, den ein zweiter Reiz haben muss, um als unterschiedlicher Reiz wahrgenommen zu werden. Dabei ist dieser Anstieg. bei verschiedenen Intensitätsdimensionen unterschiedlich. ΔI ist die Unterschiedsschwelle für den Reiz I.

Der Intensitätsunterschied, den ein zweiter Reiz haben muss, um als verschieden von einem ersten Standardreiz wahrgenommen zu werden, steigt linear mit der Intensität des Standardreizes.

Webers Probanden sollten beispielsweise je ein Gewicht in beide Hände nehmen. Er variierte das Verhältnis der beiden so lange, bis die Probanden einen Unterschied bemerkten. Dabei registrierte er, dass ein Gewicht gegenüber dem anderen konstant 1/30-mal schwerer oder leichter sein musste, um als unterschiedlich wahrgenommen zu werden. Absolut gesehen bedeutet dies, dass bei höherem Ausgangsgewicht das Vergleichsgewicht stärker von diesem abweichen muss, um als unterschiedlich wahrgenommen zu werden, als bei einem niedrigeren Ausgangsgewicht.

Das konstante Verhältnis von Unterschiedsschwelle und Intensität des Ausgangsgewichtes beträgt für Gewichte 1/30.

Als Gesetz formuliert bedeutet dieser Zusammenhang, dass die Unterschiedsschwelle in einem konstanten Verhältnis zur Reizintensität steht. Das **Weber'sche Gesetz** lautet damit: Je größer der Reiz, umso mehr muss sich der Reiz von einem Standardwert unterscheiden, um noch als verschieden von diesem wahrgenommen zu werden.

Die **Weber-Konstante k** berechnet sich somit als Quotient aus der Unterschiedsschwelle ÄI und dem Reiz I selbst:

$$k = \frac{\Delta I}{I}$$

Die Konstante im Weber'schen Gesetz ist spezifisch für die einzelnen Intensitätsdimensionen.

Diese Konstante ist wie gesagt spezifisch für verschiedene Intensitätsdimensionen wie Helligkeit eines Lichtreizes, Größe und Gewicht eines Objektes, Lautheit eines Tons usw., Tab. 4.2 enthält einige der bekannten Konstanten einiger Dimensionen.

Tab. 4.2 Einige Weber-Konstanten

Weber-Konstante	Intensitätsdimension
0,013	Elektrischer Schock
0,020	Gewicht
0,022	Fingerspanne
0,029	Linienlänge
0,048	Lautstärke
0,079	Helligkeit
0,083	Salzgeschmack

Die Weber-Konstante ist allerdings nur in mittleren Bereichen unveränderlich. Bei geringen und hohen Intensitäten gilt das Weber'sche Gesetz nicht.

4.5.2 Das Fechner'sche Gesetz

Fechner versuchte den Zusammenhang zwischen einer gegebenen physikalischen Reizintensität und der Empfindungsstärke einer Person zu ermitteln.

Fechner, der ja daran interessiert war, wie man den **Zusammenhang zwischen einer gegebenen physikalischen Reizintensität und der Empfindungsstärke einer Person** ermitteln kann, nutzte dafür das oben beschriebene Weber'sche Gesetz. Fechner ging zunächst so vor: Er ergänzte die Arbeiten von Weber durch eigene Messungen auf der Grundlage der von ihm entwickelten Methoden zur Schwellenbestimmung. Um den Zusammenhang zwischen dem Reiz und der Empfindung herzustellen, machte er die Annahme, dass die Größe der gerade noch wahrnehmbaren Reizdifferenz ΔI als Einheit für die subjektive Empfindungsstärke angesehen werden kann: Er definierte die Unterschiedsschwelle als Einheit der Empfindungsstärke – je größer die Unterschiedsschwelle, desto geringer die Empfindungsstärke.

Auf dieser Grundlage ergab sich eine Beziehung zwischen dem Reiz I und Empfindung E, das **Fechner'sche Gesetz**:

$$E = k \log I$$

Das Weber-Fechner-Gesetz besagt, dass die subjektive Empfindungsstärke logarithmisch mit der Reizintensität wächst.

Es besagt, dass bei steigender Reizstärke auch die Empfindungsstärke zunimmt – und zwar nach einer logarithmischen Funktion. Die Weber-Konstante k wiederum bringt ins Spiel, dass diese Beziehung spezifisch für bestimmte Intensitätsdimensionen ist, d. h. bei unterschiedlichen Intensitätsdimensionen unterschiedlich ausfällt.

Da Fechner die Weber-Konstante in sein Gesetzt integrierte, wird dieses auch häufig als Weber-Fechner-Gesetz bezeichnet.

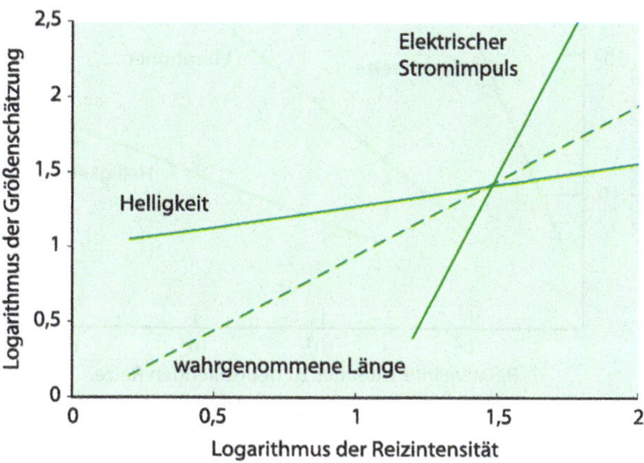

Abb. 4.4 Größenschätzurteile für verschiedene Intensitätsdimensionen. (Aus Stevens, 1962. Mit freundlicher Genehmigung der American Psychological Association, APA.)

Damit hatte Fechner sein Problem gelöst, den quantitativen Zusammenhang zwischen Geist und Materie zu ermitteln.

4.5.3 Das Potenzgesetz nach Stevens

Mit einer direkten Methode, der Größenschätzung, entwickelt Stevens das Potenzgesetz über den Zusammenhang zwischen den Größenschätzungen der Person und der Reizintensität.

Stevens (1962) beschritt einen anderen Weg, um das von Fechner aufgeworfene Messproblem zu lösen. Er ließ Probanden mit einer neuen Methode Urteile über die Reizintensität abgeben. Die Probanden hatten die empfundene Intensität der Empfindung bei gegebener Reizgröße auf einer **Ratingskala** einzuschätzen. Voraussetzung für die Zahlenurteile ist, dass der stärkeren Empfindung auch eine größere Zahl durch die Person zugeordnet wird. Diese Methode ist als Größenschätzung bekannt geworden. Als Ergebnis der Anwendung dieser Methode zeigten sich in einigen Fällen andere Abhängigkeiten zwischen der Reiz- und Empfindungsstärke, als sie Fechner gefunden hatte. Daraufhin verallgemeinerte er seine Ergebnisse zum Potenzgesetz nach Stevens. Ergebnisse für Helligkeiten, Stromstärken (Schmerz) und wahrgenommenen Linienlängen sind in Abb. 4.4 dargestellt.

Gemäß dem **Potenzgesetz nach Stevens** besteht ein gesetzmäßiger Zusammenhang zwischen der physikalischen Reizintensität und der subjektiven Wahrnehmung:

$$S = a \times I^n$$

Nach Stevens folgt der Zusammenhang zwischen geschätzter Empfindungsstärke und Reizintensität einer Potenzfunktion.

Der Exponent n variiert mit der Intensitätsdimension (Tab. 4.3) und kann Werte kleiner oder größer als 1 annehmen. Werte kleiner als 1 entsprechen Verläufen wie sie Fechner gefunden hatte, hier ändert sich die Empfindungsstärke mit wachsender Reizintensität immer langsamer. Werte größer als 1, etwa bei Schmerzreizen, stehen für einen Zusammenhang, bei dem sich die Empfindungsstärke mit wachsender Reizintensität immer stärker ändert.

Tab. 4.3 Exponenten des Potenzgesetzes

Exponent n	Intensitätsdimension
0,33	Helligkeit
0,60	Lautstärke
1,10	Druck
1,45	Gewicht
3,50	Elektrischer Schock

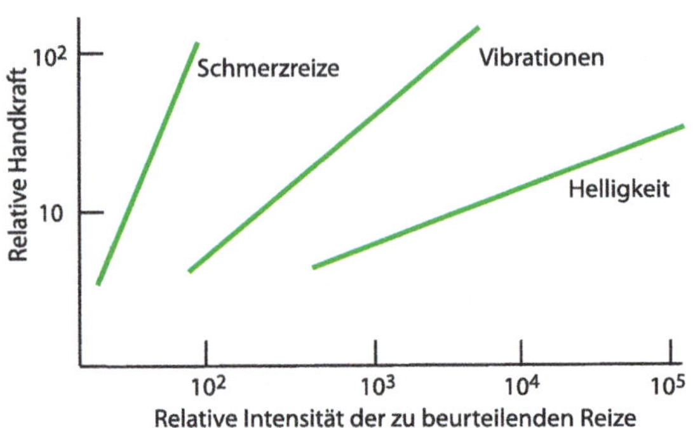

Abb. 4.5 Ergebnisse für drei Reizkontinua aus einem intermodalen Vergleich. Für eine Reizintensität auf einem Kontinuum hatte die Person keine verbale Größenschätzung anzugeben. Sie hatte an einer Feder die Handkraft einzustellen, die der wahrgenommenen Reizintensität entspricht

Aus dem Potenzgesetz ergeben sich Folgerungen für den intermodalen Vergleich, die auch bestätigt wurden.

Intermodaler Vergleich

Unter der Gültigkeit dieses Potenzgesetzes kann eine **Vorhersage über die Zusammenhänge zwischen zwei Größenschätzungen** gemacht werden. Dazu wird das Schätzurteil geändert: Eine Person gibt die Empfindungsstärke in einer Dimension nicht durch eine Größenschätzung an, sondern drückt diese Empfindungsstärke durch eine Einstellung der Empfindungsstärke einer anderen Dimension aus: Beispielsweise wird die Helligkeit eines Lichtreizes durch die eingestellte Handkraft bei der Spannung einer Feder ausgedrückt. Die Person setzt also die Stärke der aufgewendeten Kraft der empfundenen Helligkeit des Lichts gleich. Sie vergleicht zwei Empfindungsstärken, daher auch die Bezeichnung intermodaler Vergleich. Personen können solche Urteile abgeben. Aus dem Potenzgesetz kann ein funktionaler Zusammenhang zwischen den beiden Empfindungsstärken vorhergesagt werden. Dieser Zusammenhang folgt ebenfalls einer **Potenzfunktion**. Der Koeffizient dieser neuen Potenzfunktion ergibt sich aus dem Verhältnis der beiden Koeffizienten, in unserem Fall der Koeffizienten für Helligkeit und für Kraftwirkung. In Abb. 4.5 sind drei Zusammenhänge dargestellt. Stevens (1961) hatte dies mit verschiedenen Urteildimensionen überprüft. Da die empirisch ermittelten Koeffizienten mit den Vorhersagen aus dem Potenzgesetz übereinstimmten, gelang ihm damit eine Validierung des Potenzgesetzes.

Kontrollfragen

1. Welches Problem wollte die klassische Psychophysik lösen?
2. Was ist die adaptive Methode der Schwellenbestimmung?
3. Welches Problem der klassischen Psychophysik löst die Signalerkennungstheorie?
4. Welcher Zusammenhang wurde von Stevens mit welcher Methode gefunden?
5. Was versteht man unter intermodalem Vergleich?

▸ Weiterführende Literatur

Guski, R. (1996). *Wahrnehmen - ein Lehrbuch*. Stuttgart: Kohlhammer.

Jacobsen, T. & Kaernbach, C. (2006). Psychophysik. In J. Funke & P. Frensch (Hrsg), *Handbuch der Allgemeinen Psychologie - Kognition*. Göttingen: Hogrefe.

Lukas, J. (2006). Signalentdeckungstheorie. In J. Funke & Frensch, P. (Hrsg), *Handbuch der Allgemeinen Psychologie-Kognition*. Göttingen: Hogrefe.

5 Neurobiologie des Sehens

Lernziele

- Wie wird das einfallende Licht durch das Auge verändert?
- Wie erfolgt die Umwandlung von Licht in neuronale Signale?
- Wie beeinflussen Verschaltungsprinzipien in der Retina die visuelle Verarbeitung?
- Wie wird das Sehfeld im Gehirn abgebildet?
- Welche Wege nimmt die Verarbeitung im Gehirn?
- Wie sind die verschiedenen Informationen über ein Objekt repräsentiert?

Personen können eine Menge verschiedener Dinge sehen. Sie können Bäume, Sterne, Planeten, Berge, Flüsse, Stoffe, Tiger, Menschen, Dampf, Regen, Schnee, Gas Flammen ... Bilder, Zeichen, Filme, Handlungen sehen. Sie können Eigenschaften von Dingen wie die Farbe, Textur, Orientierung, Form, Kontur, Ort, Bewegung von Objekten sehen. Sie können Fakten sehen, beispielsweise den Fakt, dass ein Objekt eine Menge visueller Merkmale enthält oder in einer visuellen Beziehung zu einem anderen Objekt steht. Sehen, visuelle Erfahrung oder visuelle Wahrnehmung ist sowohl eine besondere Art menschlicher Erfahrung als auch eine grundlegende Quelle menschlichen Wissens der Welt. Weiterhin interagiert die visuelle Wahrnehmung in vielfältiger Weise mit dem Denken, Gedächtnis und dem Rest der Kognition.
(Jacob & Jeannerod, 2003, S. IX)

5.1 Physikalische Grundlagen

Licht hat eine Wellenlänge zwischen 400 und 700 nm.

Licht ist eine Form der elektromagnetischen Strahlung, die durch Schwingungen elektrisch geladener Teilchen zustande kommt. In der Physik gibt es **zwei Formen der Konzeptualisierung von Licht: Licht als Welle** und **Licht als Menge von Photonen** mit bestimmen Energiequanten. Das sichtbare Licht macht nur einen Bruchteil der elektromagnetischen Strahlung aus. Es hat eine Wellenlänge zwischen 400 und 700 Nanometern (nm). Dieser Wellenlängenänderung entspricht in der Farbwahrnehmung einer Verschiebung von Violett zu Rot, wobei zu beachten ist, dass der Farbeindruck eine Leistung der Verarbeitung der Lichtwellen ist. Gammastrahlen haben eine Wellenlänge von 0,001 nm, während das UKW-Radio im Bereich einer Strahlung von 1 Billion nm arbeitet (Abb. 2.1, ▶ Kap. 2)

Das **Licht einer Lichtquelle** setzt sich aus Lichtwellen **verschiedener Wellenlängen** zusammen. Das Licht, das an den Rezeptoren ankommt, ist durch Absorption und Reflexion in der Zusammensetzung verändert.

Das **Licht einer Lichtquelle** (z. B. der Sonne) setzt sich aus Lichtwellen **verschiedener Wellenlängen** zusammen. Lichtquellen unterscheiden sich nach dieser Zusammensetzung. Das Licht fällt auf die Oberfläche eines Körpers und unterliegt dort zwei für die Wahrnehmung wichtigen physikalischen Prozessen: der Absorption und der Reflexion. Diese Prozesse lassen sich an einem aktuellen Klimaproblem verdeutlichen. Die Eisschicht der Antarktis reflektiert das meiste Licht, das auf sie fällt. Mit dem zunehmenden Abschmelzen bleibt das dunklere Wasser übrig, das weniger reflektiert, dafür aber mehr absorbiert. Dieses absorbierte Licht wird in Wärme umgewandelt und erwärmt wiederum das Wasser.

Brechung ist die Veränderung der Ausbreitungsrichtung des Lichts beim Übergang von einem Medium in ein anderes.

Beim Wechsel von einem Medium zum anderen (von Luft in Wasser) verändern die Lichtteilchen (Photonen) die Richtung ihrer Ausbreitung, die Physik spricht von **Brechung**. Das Licht, das von einer Oberfläche in das Auge reflektiert wird, ist in seiner veränderten Wellenlängenzusammensetzung die Grundlage des Sehvorganges. So ist die Zusammensetzung des Lichts, das von einer Blattoberfläche reflektiert wird, vor und nach der Herbstfärbung unterschiedlich.

5.2 Auge

Im Auge entsteht ein Abbild der Oberflächen in der Umgebung.

Das Auge des Menschen formt ein Abbild der Oberflächen in der Umgebung, das die Grundlage für die Steuerung unseres Verhaltens und die Erkennung von Objekten in ihrer räumlich-zeitlichen Anordnung ist. Abb. 5.1 zeigt einen Schnitt durch das Auge.

Die **Hornhaut** des Auges ist transparent. In der Hornhaut erfolgt eine erste Bündelung des Lichts.

Die **Hornhaut** ist transparent, allerdings kann sich die Transparenz mit dem Alter verändern. Auf der Grundlage der Transparenz wird das meiste Licht durchgelassen und nicht gestreut oder reflektiert. Allerdings erfolgt schon auf dieser Ebene eine erste Bündelung. In der Hornhaut gibt es freie Nervenendigungen, die dem Schutz der Hornhaut dienen. Bei Berührungen oder Verletzungen werden die Augenlider geschlossen, um die Hornhaut vor äußeren Einflüssen zu schützen. Kontaktlinsenträger kennen den Schmerz, wenn sie die Kontaktlinsen zu lange tragen. Die Hornhaut kann sich bei Verletzungen in der Regel sehr schnell erholen.

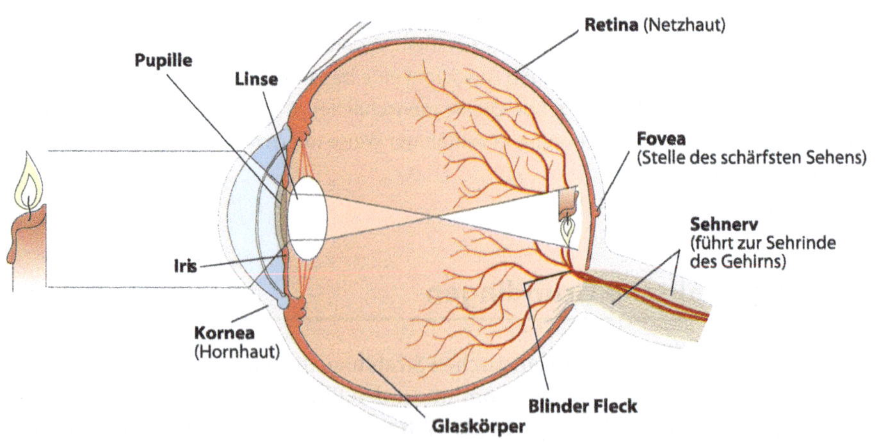

Abb. 5.1 Der Querschnitt durch das Auge zeigt die lichtbrechenden Elemente Hornhaut (Cornea) und Linse sowie die Retina mit den Photorezeptoren sowie anderen Neurone. In der Retina liegt eine Vertiefung, die Fovea, die nur Zapfen enthält. Die Sehnervenfasern treten als Sehnerv aus der Retina aus. Die Austrittstelle bildet den blinden Fleck ohne Rezeptoren. Dargestellt ist noch das Pigmentepithel, das der Versorgung dient. (Aus Myers, 2006. © 2007 by Worth Publishers. Used with permission.)

Zwischen der Hornhaut und der Linse befindet sich eine **Flüssigkeit** zur Versorgung der Hornhaut und der Linse. Die **Linse** enthält wie die Hornhaut keine Blutgefäße und ist daher auch transparent. Die Form der Linse kann durch die Ziliarmuskeln verändert werden, um die Abbildungseigenschaften des Auges an die Sehbedingungen anpassen zu können. Diese Veränderung der Linse wird auch **Akkommodation** genannt. Das Licht fällt aber von der Hornhaut nicht direkt auf die Linse. Es passiert vorher die **Pupille**, ein Loch in einer Muskelstruktur, der Iris. Die Größe der Pupille und damit die Menge des einfallenden Lichtes kann angepasst werden. Der Durchmesser der Pupille schwankt zwischen 2 und 8 mm. Die Größe der Pupille ist auch wichtig für das, was der Fotograf die Tiefenschärfe nennt. Eine Verkleinerung der Pupille führt zu verbesserter Tiefenschärfe (Zusammenkneifen der Augen).

Nach der Hornhaut passiert das einfallende Licht die **Pupille**, die in der Größe verstellbar ist. Die folgende **Linse** ist auch transparent und kann in ihrer Krümmung verstellt werden. Über Pupille und Linse werden die Abbildungseigenschaften des Auges beeinflusst.

Nach der Linse passiert das Licht den **Glaskörper** zwischen Linse und Retina, der mit einer durchsichtigen Flüssigkeit gefüllt ist. Dieser Glaskörper macht etwa 80% des Augenvolumens aus. Von dort gelangt das Licht auf die **Retina,** die neben den **Rezeptoren** (Zapfen, Stäbchen) auch Blutgefäße enthält. Hier findet die Umwandlung der Lichtenergie in ein Rezeptorpotenzial, die Transduktion, und damit die erste Vorverarbeitung auf dem Weg der Wahrnehmung statt.

Nach dem Durchlaufen **Glaskörpers** fällt das Licht auf die **Retina.** In den **Rezeptoren** (Zapfen, Stäbchen) der Retina findet die Umwandlung der Lichtenergie in Rezeptorpotenziale statt.

Definition

Ein sensorischer **Rezeptor** ist für bestimmte Umweltsignale empfindlich und wandelt diese in bioelektrische Signale um. **Zapfen** sind Photorezeptoren, die vor allem bei heller Beleuchtung arbeiten und für das Farbensehen und die Detailwahrnehmung zuständig sind. Bei den **Stäbchen** handelt es sich um Photorezeptoren der Netzhaut, die für das Sehen bei geringer Helligkeit verantwortlich sind.

► **Definition Rezeptor, Zapfen und Stäbchen**

Bis zur Retina kann das **Auge als ein optisches System mit bestimmten Abbildungseigenschaften** betrachtet werden. Diese Abbildungseigenschaften müssen in jeder Wahrnehmungssituation über Veränderungen der Pupille und der Linse so eingestellt werden, damit auf der Retina ein scharfes Abbild der realen Situation entsteht. Das Abbild ist zweidimensional, gekrümmt und steht auf dem Kopf. Das Abbild der Kerze in ◻ Abb. 5.1 zeigt dies.

Die Abbildungseigenschaften des Auges müssen so eingestellt werden, dass ein scharfes Abbild auf der Retina entsteht. Dieses Abbild ist zweidimensional, gekrümmt und steht auf dem Kopf.

Definition

Unter **Akkommodation** versteht man die Veränderung der Linsenkrümmung des Auges durch die Ziliarmuskeln. Dadurch werden Abbilder auf der Retina fokussiert.

► **Definition Akkommodation**

Funktioniert dieser Einstellungsprozess auf der Grundlage von alters- oder krankheitsbedingten Veränderungen nicht mehr korrekt, so kommt es zu Abbildungsfehlern und damit zu **Sehproblemen.** Die Abbildungseigenschaften müssen dann durch externe Hilfen (Brille, Kontaktlinsen) korrigiert werden.

Alters- oder krankheitsbedingte Veränderungen der Abbildungseigenschaften des Auges führen zu Abbildungsfehlern, die korrigiert werden müssen.

Beispiel

Linsentrübung und Auflösungsvermögen

Eine normale Entwicklung des visuellen Systems erfordert auch eine normale Wahrnehmungsumgebung. Bestehen in den visuellen Erfahrungen in der Kindheit (3–8 Jahre) Abweichungen von der Normalität, so können sich Defekte in der visuellen Wahrnehmung verfestigen. Nach einem Bericht von Wolfe et al. (2006) war J. mit einer Linsentrübung in seinem linken Auge geboren, sodass auf der linken Retina kein klares Abbild von Streifenmustern entstehen konnte. Beide Augen hatten also verschiedene Abbilder der Umgebung zu verarbeiten. Ohne Korrektur dieser Störung würde sich die neuronale Verarbeitung an diese Störung anpassen und zu bleibenden Veränderungen führen. Glücklicherweise

▼

entdeckte ein Arzt bei J. die Trübung. Mit 3 Monaten wurde die Linsentrübung operativ durch einen Ersatz der Linse beseitigt. Unmittelbar danach war das Auflösungsvermögen des linken Auges bei J. nur etwa ein Viertel des Auflösungsvermögens eines normal entwickelten Auges. Nach einem Monat hatte sich das Auflösungsvermögen schon deutlich verbessert.

5

5.3 Retina

Das Bild der Retina, das der Arzt mit dem Ophtalmoskop sieht, macht einerseits die Verläufe der Blutgefäße sichtbar, andererseits sieht man so auch den sog. blinden Fleck (▫ Abb. 5.1). Der **blinde Fleck** ist die Stelle des Auges, an der Blutgefäße in das Auge eintreten und die Nervenfasern gebündelt als optischer Nerv das Auge verlassen. An dieser Stelle gibt es keine Rezeptoren.

Die Retina enthält neben den **Rezeptoren** (Stäbchen, Zapfen) noch andere Neuronenschichten, von denen besonders die **Ganglienzellen** wichtig sind.

Die Retina besteht nach ▫ Abb. 5.2 aus mehreren Schichten. Die letzte der Schichten enthält die Rezeptoren, die **Zapfen** und die **Stäbchen**. Vor dieser Schicht der Rezeptoren liegt eine Schicht mit anderen Zelltypen: **Bipolarzellen**, **Horizontalzellen** und **amakrine Zellen**. Von diesen Zellen führt die Verarbeitung zu den **Ganglienzellen**, deren Axone den Sehnerv bilden. Der bevorzugte Weg des Informationsflusses geht von den Rezeptoren über die bipolaren Zellen zu den Ganglienzellen. In diesem Netzwerk findet aber nicht nur eine Weiterleitung der Information, sondern auch eine Verarbeitung statt. Das einfallende Licht muss erst diese verschiedenen Zellschichten durchdringen,

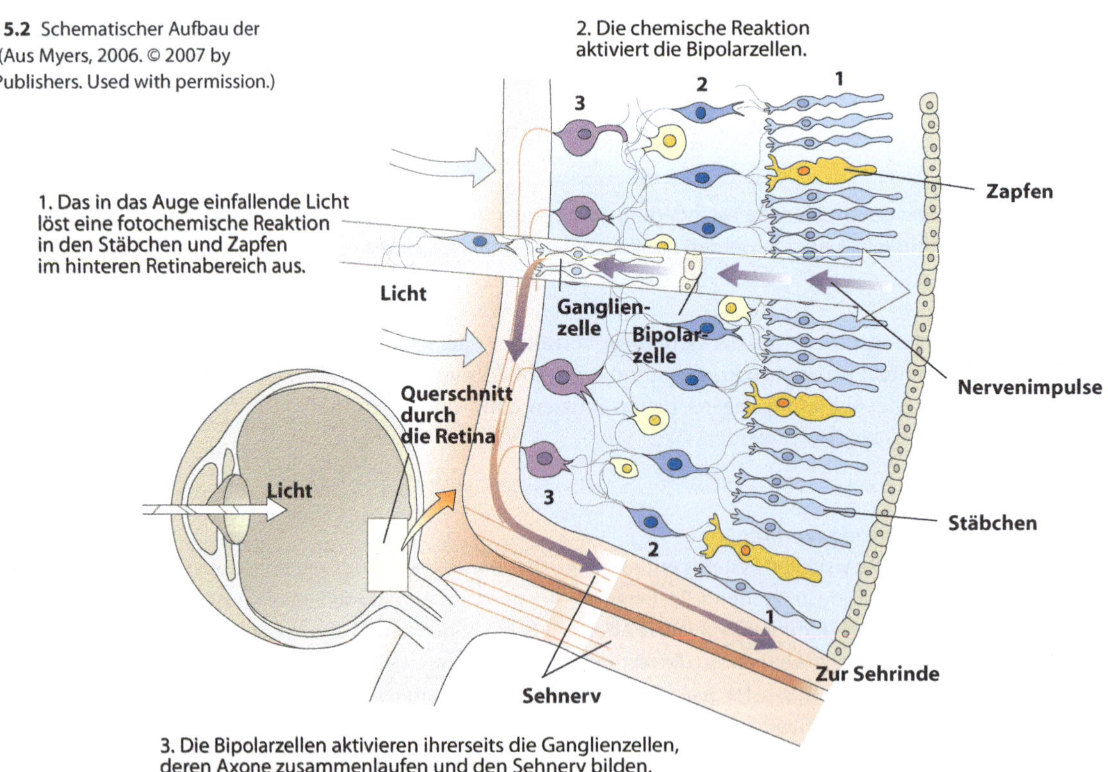

▫ **Abb. 5.2** Schematischer Aufbau der Retina. (Aus Myers, 2006. © 2007 by Worth Publishers. Used with permission.)

bevor es an die Rezeptoren gelangt. Die lichtempfindlichen Substanzen befinden sich in dem Außensegment eines Rezeptors.

5.3.1 Rezeptoren: Zapfen und Stäbchen

Die Schicht der Rezeptoren hat eine sog. **Duplexstruktur**, da sie zwei Typen von Rezeptoren, die **Stäbchen** und die **Zapfen**, für unterschiedliche Reizeigenschaften enthält. Das heißt, Zapfen und Stäbchen arbeiten in der Retina unter verschiedenen Bedingungen und sind deshalb auch als zwei verschiedene Systeme anzusehen. Die beiden Rezeptortypen unterscheiden sich allerdings nicht nur in ihrer Funktion, sie sind auch in unterschiedlicher Anzahl (90 Mio. Stäbchen, 5 Mio. Zapfen) und mit unterschiedlicher räumlicher Verteilung in der Retina vorhanden. Diese Verteilung ist auf ◘ Abb. 5.3 dargestellt.

Die einzelnen Rezeptortypen sind auf der Retina räumlich unterschiedlich verteilt.

Die **Fovea centralis** ist der Bereich schärfsten Sehens auf der Retina. In der Fovea gibt es keine Stäbchen Diese stäbchenfreie Zone umfasst etwa 1 Grad (Faustregel: 2 Grad entsprechen der Breite des Daumens bei ausgestrecktem Arm). Die Stäbchen erreichen ihr Verteilungsmaximum bei etwa 20 Grad. Zapfen gibt es vor allem in der Fovea (◘ Abb. 5.3). An der Stelle des blinden Flecks, wo die Ganglienzellenfasern als optischer Nerv die Retina verlassen, gibt es überhaupt keine Rezeptoren.

Die **Fovea** ist ein Bereich der Retina, in dem es nur Zapfen gibt. Die Verteilung der Stäbchen erreicht ihr Maximum bei etwa 20 Grad.

Die **Photorezeptoren** enthalten visuelle **Pigmentmoleküle**, in denen die Transduktion stattfindet. In den Stäbchen gibt es das Rhodopsin, in dem Lichtenergie unabhängige von der Wellenlänge in elektrische Signale umgewandelt wird. Es gibt **drei verschiedene Zapfentypen**, in denen sich die Pigmente im Hinblick auf die bevorzugte Wellenlänge des absorbierten Lichts unterscheiden und für die sie damit die größte Empfindlichkeit haben (► Kap. 6).

Die Rezeptoren enthalten spezielle **Pigmente**, in denen die Transduktion stattfindet.

Stäbchen sind für die Wahrnehmung schwacher Helligkeiten zuständig, beispielsweise in der Dämmerung. Es gibt nur **einen Stäbchentyp**. Ihre größte Konzentration ist aber nicht in der Fovea, deshalb ist die Fokussierung bei der Beobachtung von Sternen, wenn nur wenig Licht vorhanden ist, so zu wählen, dass das Abbild des zu beobachtenden Sterns etwa 20 Grad von der Fovea entfernt liegt.

Stäbchen sind für die Wahrnehmung schwacher Helligkeiten zuständig. Die größte Dichte von Stäbchen befindet sich außerhalb der Fovea.

Um Farbinformation zu erhalten, werden **Rezeptoren mit unterschiedlicher Wellenlängenempfindlichkeit** gebraucht. Wie in ► Kap. 6 begründet wird, bedarf es dafür mindestens zwei Zapfentypen mit unterschiedlicher Wellenlängenempfindlichkeit. Wir haben in der Retina sogar drei wie andere Tiere auch (Bienen haben vier Zapfentypen).

Die für die Farbwahrnehmung wichtigen **drei Zapfentypen** sind ebenso auf der Retina unterschiedlich verteilt.

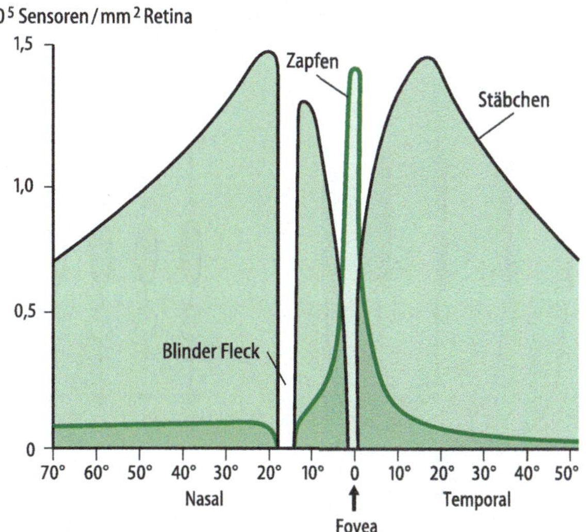

◘ **Abb. 5.3** Räumliche Verteilung der Stäbchen und Zapfen in der Retina. (Aus Birbaumer & Schmidt, 2006)

Die **drei Zapfentypen** haben das Maximum ihrer Empfindlichkeit bei kurzwelligem Licht von 440 nm, bei mittelwelligem Licht von 530 nm und bei langwelligem Licht von 560 nm. Diese Zapfen arbeiten effektiv bei größerer Helligkeit als die Stäbchen. Zu beachten ist, dass die verschiedenen Zapfentypen selbst auch in unterschiedlicher Anzahl vorhanden und auch unterschiedlich auf der Retina verteilt sind. Es gibt nur etwa 10% Zapfen mit dem Maximum der Empfindlichkeit bei kurzwelligen Licht, 30% Zapfen mit einer maximalen Empfindlichkeit bei mittleren Wellenlängen und die Mehrzahl (etwa 60%) mit einer Empfindlichkeit bei langwelligem Licht. Das Verhältnis der Zapfentypen schwankt zwischen Personen.

5.3.2 Horizontale, amakrine und bipolare Zellen

Die Ausgänge der Rezeptorzellen sind durch **Horizontalzellen** horizontal verknüpft. Dadurch beeinflussen sich die Rezeptorzellen gegenseitig. Sie können sich gegenseitig hemmen oder die Aktivität verstärken.

Horizontale Zellen vermitteln einen Kontakt zwischen benachbarten Rezeptorzellen. Diese horizontalen Verknüpfungen spielen eine wichtige Rolle bei der wechselseitigen Hemmung benachbarter Rezeptoren (▶ Abschn. 6.1.2). Dieser Mechanismus dient dazu, Unterschiede in der Aktivierung benachbarter Rezeptorzellen zu verstärken (▶ Abschn. 5.3.3).

Amakrine Zellen stellen ebenso Verknüpfungen her. Sie beeinflussen die Kontrastwahrnehmung und das zeitliche Auflösungsvermögen.

Amakrine Zellen sind auch ein Teil des Verarbeitungsweges. Der Ausgang der amakrinen Zellen geht wieder zu amakrinen Zellen, zu horizontalen Zellen und zu Ganglienzellen. Sie spielen auch eine Rolle bei der Wahrnehmung von Kontrasten und für das zeitliche Auflösungsvermögen, allerdings ist ihre genaue Funktion noch unklar.

Die **bipolaren Zellen** stellen eine Verbindung zwischen Rezeptoren und Ganglienzellen her. Es gibt zwei Typen mit Konsequenzen für die Verschaltung der Rezeptorausgänge.

Die **bipolaren Zellen** bilden zusammen mit den Rezeptoren und den Ganglienzellen einen wichtigen vertikalen Verarbeitungsweg. Sie vermitteln die Information zwischen den beiden anderen. Es gibt wenigstens zwei Typen von bipolaren Zellen, die auch zu unterschiedlichen Verschaltungen von Rezeptoren führen. Der eine Typ von bipolare Zellen bündelt die Aktivität von mehreren Stäbchen in einer konvergenten Verschaltung und leitet die Aktivität dann zu einer Ganglienzelle weiter. Die Ausgänge von mehreren Stäbchen führen damit auf eine Ganglienzelle. Durch diese **Bündelung der Aktivität von mehreren Stäbchen** wird eine erhöhte Empfindlichkeit für Helligkeiten erreicht. Das Schaltungsprinzip für Stäbchen und Ganglienzelle ist im linken Teil der ◻ Abb. 5.4 veranschaulicht. Allerdings geht diese **Bündelung auf Kosten des räumlichen Auflösungsvermögens**. Aufgrund dieser konvergenten Verschaltung kann eine bipolare Zelle feuern, wenn sie durch einen Rezeptor oder durch mehrere erregt wird.

Andere bipolare Zellen sind nur mit einem Rezeptor, mit einem Zapfen, und mit einer Ganglienzelle verknüpft. Das **Schaltungsprinzip für Zapfen und Ganglienzelle**

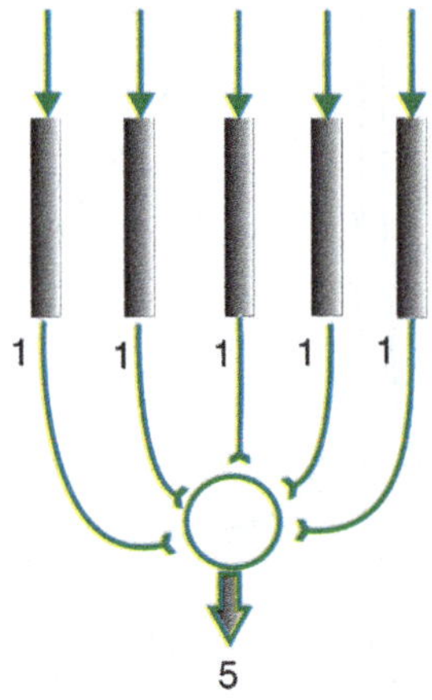

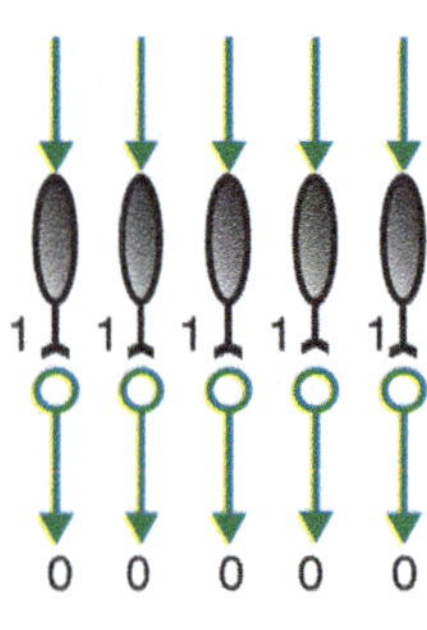

◻ **Abb. 5.4** Verschaltung von Stäbchen und Zapfen mit Ganglienzellen

ist im rechten Teil der ■ Abb. 5.4 veranschaulicht. Aufgrund der **hohen Packungsdichte der Zapfen** in der Fovea ergibt sich dann eine **sehr gute räumliche Auflösung**, aber dafür eine **geringe Empfindlichkeit**, da die Aktivität benachbarter Zapfen nicht aufsummiert wird. Es handelt sich um keine konvergente Schaltung. Wegen dieser fehlenden Aufsummation können wir bei schwachem Licht in der Dämmerung auch keine Farben unterscheiden. Die Erregung an den Zapfen ist dann zu schwach. Die Effekte der beiden Verschaltungen sind in ■ Abb. 5.4 noch einmal veranschaulicht. Die Pfeile stellen dabei den Lichteinfall dar. Die Zahl 1 gibt die Reaktionsstärke am Ausgang eines Rezeptors an. In der konvergenten Stäbchenverschaltung werden die Ausgänge von 5 Stäbchen aufsummiert, sodass die nachfolgende Ganglienzelle 5 Einheiten an Aktivität erhält und deshalb auch eine Antwort über den Sehnerv an das Gehirn leitet. Die Zapfen sind jeweils nur mit einer Ganglienzelle verschaltet. Es findet keine Aufsummation statt. Die Ganglienzelle eines Zapfens kann wegen der schwachen Eingangsaktivität von 1 Einheit nicht reagieren.

Schon in der Retina werden Informationen von den Rezeptoren verarbeitet. Durch die Verschaltung von mehreren Stäbchen durch eine Ganglienzelle ergibt sich eine **Aktivitätsbündelung**, die für das Dämmerungssehen sinnvoll ist. Die Zapfenausgänge werden nicht gebündelt.

5.3.3 Ganglienzellen

Es gibt ungefähr 1,2 Mio. **Ganglienzellen**. Die Information aus den 120 Mio. Rezeptorzellen muss also in diese Menge verdichtet werden. Aus Einzelzellableitungen wissen wir, dass die Ganglienzellen eine spontane Feuerungsrate haben, eine Art Rauschen ohne ein Signal von den Rezeptorschichten. Bei Darbietung eines Reizes steigt diese Feuerungsrate dramatisch an. Jeder Ganglienzelle ist nun auf der Retina ein Rezeptorbereich zugeordnet. Wenn ein Reiz in diesen Bereich der Retina fällt, steigt die Feuerungsrate der zugeordneten Ganglienzelle beispielsweise an. Dieser Bereich heißt das **rezeptive Feld einer Ganglienzelle.**

Es gibt deutlich weniger **Ganglienzellen** als Rezeptoren. Jeder Ganglienzelle ist auf der Retina ein räumlicher Ausschnitt zugeordnet, ihr rezeptives Feld.

In den rezeptiven Feldern gibt es zwei prinzipielle Arten der Reaktion: eine erregende und eine inhibierende. Kuffler (1953) hat diese rezeptiven Felder ausgemessen und konnten zwei grundsätzliche Typen feststellen: **ON-Ganglienzellen** haben einen zentralen kreisförmigen Bereich, in dem ein Reiz die Aktivität erhöht, und darum einen Ring, in dem ein Reiz die Aktivität absenkt. **OFF-Ganglienzellen** zeigen ein anderes Muster. Bei ihnen erfolgt ein Absenken der Feuerungsrate, wenn ein Reiz in den zentrischen Teil des rezeptiven Feldes fällt. Eine Erhöhung der Feuerungsrate wird registriert, wenn im kreisförmigen inneren Teil des rezeptiven Feldes kein Reiz liegt, dafür aber ein Reiz in dem Ring um das konzentrische Feld

ON-Ganglienzellen haben rezeptive Felder mit einem kreisförmigen Bereich, in dem ein Reiz die Aktivität erhöht, und darum einem Ring, in dem ein Reiz die Aktivität absenkt. **OFF-Ganglienzellen** haben eine umgekehrte Struktur des rezeptiven Feldes.

Kuffler konnte auch eine **konzentrische Struktur der rezeptiven Felder** nachweisen, die einige Vorteile in der Verarbeitung bietet. Eine ON-Zelle reagiert beispielweise am stärksten auf einen beleuchteten zentralen Teil bei gleichzeitiger Abwesenheit eines Lichtreizes im Ring. Dies entspricht einer Reaktion auf einen Helligkeitsunterschied im rezeptiven Feld des Ganglions. Auf eine mittlere Reizintensität über dem gesamten rezeptiven Feld erfolgt keine Reaktion. Dieser Mechanismus ist sinnvoll, da in Abhängigkeit von den Beleuchtungsverhältnissen die mittlere Beleuchtungsdichte auf der Retina sehr stark schwanken kann. Aussagekräftiger für die Wahrnehmung sind daher die Beleuchtungsunterschiede im visuellen Feld, wie sie in Kontrasten erfasst werden. Genau auf solche Unterschiede reagieren diese Ganglienzellen.

ON-Zellen reagieren besonders auf Lichteinfall auf das innere Kreissegment und keinen Lichteinfall im Ring. Erfolgt ein Lichteinfall über das gesamte rezeptive Feld, so reagiert diese Zelle nicht. Bei den **OFF-Zellen** ergibt sich die stärkste Reaktion, wenn im Kreisbereich kein Lichteinfall ist, dagegen einer im Ringbereich.

Die retinale Verarbeitung führt also zu einem neuronalen Code, der bestimmte Information in einem Bild betont, nämlich die Unterschiede an Kanten. Damit funktioniert die **Retina als eine Art Filter für solche Kanteninformation.**

Die **Retina** wirkt **als ein Filter** für bestimmte Informationen. So werden Unterschiede an Kanten für die weitere Verarbeitung betont.

5.4 Adaptation

Die **Adaptation** kann **über die Verstellung der Pupille** erfolgen.

Es gibt wenigsten zwei Arten der Adaptation. Eine **Anpassung** an die Beleuchtungs- und Sehbedingungen erfolgt **über die Einstellung der Pupille**. Damit kann der Lichteinfall bei starkem Lichteinfall reduziert werden. Eine Änderung von 4 auf 2 mm reduziert den Lichteinfall um das 16-fache.

Eine andere Art der **Adaptation** erfolgt **über die Rezeptoren**. Daraus ergibt sich die Dunkeladaptationskurve, die besonders für die Stäbchen fast 30 Minuten in Anspruch nimmt.

Der **andere Mechanismus ist in der Duplexnatur der Retina** begründet. Stäbchen reagieren schon auf ein einzelnes Photon und sind daher besonders für das Dämmerungssehen geeignet. Mit zunehmender Beleuchtung werden also viele Stäbchen erregt. Irgendwann kann die Ausbeute nicht gesteigert werden, da die erregten Rezeptoren sich erst erholen müssen, um erneut auf ein Photon zu reagieren. Auf der Grundlage der Duplexnatur übernehmen bei höherer Beleuchtung die Zapfen die Arbeit. Wir sprechen auch von **zwei Arten des Sehens** in Abhängigkeit von den vorrangig beteiligten Rezeptoren: dem **skotopischen Sehen** (i. e. Sehen mit Stäbchen bei geringen Lichtintensitäten und Schwarz-Weiß-Sehen) und dem **photopischen Sehen** (i. e. Sehen mit Zapfen bei höheren Lichtintensitäten) (Tab. 5.1). Infolgedessen kommt es zu einem **zweistufigen Anpassungsprozess**. Bei einer Dunkeladaptation, also einer visuellen Adaptation bei geringer Helligkeit, bei der die Empfindlichkeit des visuellen Systems wächst, läuft die Anpassung umgekehrt. Das helladaptierte Auge arbeitet für 3–4 Minuten mit den Zapfen, die bei zunehmendem Aufenthalt in der Dunkelheit die Empfindlichkeit bis zu einem Maximum stei-

Tab. 5.1 Unterschiede zwischen skotopischem und photopischem Sehen. (Nach Mather, 2006)

Merkmal	Skotopisch (Stäbchen)	Photopisch (Zapfen)
Photorezeptoren	Stäbchen (120 Mio.)	Zapfen (6 Mio.)
Lichtenergie	Geringe Beleuchtung	Stärkere Beleuchtung
Dunkeladaptation	Langsam (30 min)	Schnell (10 min)
Farbsehen	Monochromatisch	Trichromatisch
Maximale Spektralempfindlichkeit	507 nm	555 nm (440 nm, 530 nm und 560 nm)
Räumliche Empfindlichkeit	Raumfrequenz 1	Raumfrequenz 3
Zeitliche Auflösung	Unterhalb 3 Hz	8 Hz

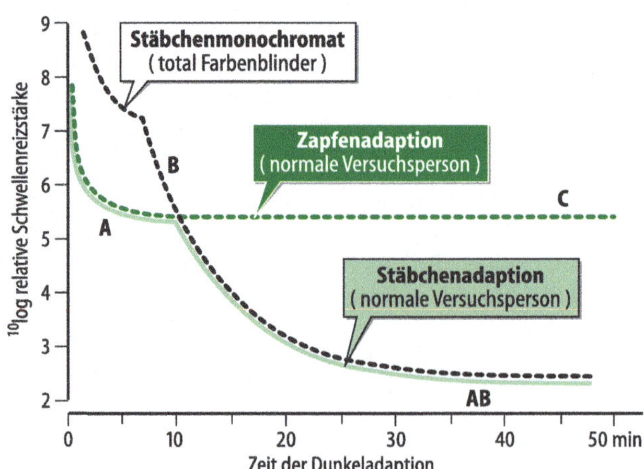

Abb. 5.5 Die Dunkeladaptationskurve setzt die Empfindlichkeit des Auges in Beziehung zur Aufenthaltszeit im Dunkeln. (Aus Birbaumer & Schmidt, 2006)

gern (gestrichelte Kurve in Abb. 5.5). Dann übernehmen die Stäbchen, die eine maximale Empfindlichkeit nach 20–30 Minuten erreichen (gepunktete Linie in Abb. 5.5). Der Übergang vom Zapfensehen zum Stäbchensehen heißt auch Kohlrausch-Knick.

Neben der unterschiedlichen Dunkeladaptation gibt es noch eine Reihe anderer Unterschiede (Tab. 5.1). Die Anzahl der Stäbchen übertrifft die Anzahl der Zapfen um das 20-fache. Die Empfindlichkeit für räumliche Details ist bei den Zapfen höher, ebenso das zeitliche Auflösungsvermögen. Die Stäbchen verarbeiten wegen der konvergenten Verschaltung geringe Lichtenergien. Die Zapfen benötigen höhere Lichtenergien. Infolge der unterschiedlichen spektralen Empfindlichkeit (nur eine Rezeptortyp für skotopisches Sehen; drei Rezeptortypen für photopisches Sehen) ist Farbsehen nur mit Zapfen möglich.

5.5 Corpus geniculatum laterale

Die Axone der Ganglienzellen gelangen als optischer Nerv aus der Retina in das Corpus geniculatum laterale (CGL; seitlicher Kniehöcker), einen Teil des Thalamus. Das CGL ist die erste Station im Gehirn, auf der die eingehende Information aus der Netzhaut verschaltet wird. Auf diesem Weg **kreuzen sich im Chiasma opticum die Sehbahnen**, die für die neuronale Übertragung der Information aus der Retina zum Kortex zuständig sind (Abb. 5.6). Wir betrachten das Sehfeld, in dem wir bei unbewegtem Körper und unbewegtem Auge Objekte wahrnehmen können. Es setzt sich aus den Gesichtsfeldern der beiden Augen zusammen. Der temporale Teil des rechten Gesichtsfeldes wird auf den nasalen Teil der rechten Retina abgebildet, und durch den Sehnerv über das Chiasma opticum in die linke Gehirnhälfte geleitet. Der nasale Teil des rechten Gesichtsfeldes wird auf den temporalen Teil der rechten Retina und in die rechte Gehirnhälfte abgebildet. Entsprechend gilt für das linke Sehfeld, dass der temporale Teil in die rechte Gehirnhälfte und der nasale Teil in die linke Gehirnhälfte abgebildet wird. Nach dieser Kreuzung im Chiasma opticum gelangen diese Teile des Sehnervs in das CGL, das als Umschaltstation von der Retina in das Gehirn dient. Schon im CGL sind die mentalen Karten sichtbar. Der linke Teil des CGL enthält infolge der Kreuzung der Sehnerven ein Abbild des rechten Teils des visuellen Feldes. Dieser rechte Teil des Sehfeldes setzt sich also aus dem temporalen Sehfeldausschnitt vom rechten Auge und eines nasalen Ausschnitts vom linken Auge zusammen. Der rechte Teil des CGL enthält entsprechend ein Abbild des linken Teils des Sehfeldes.

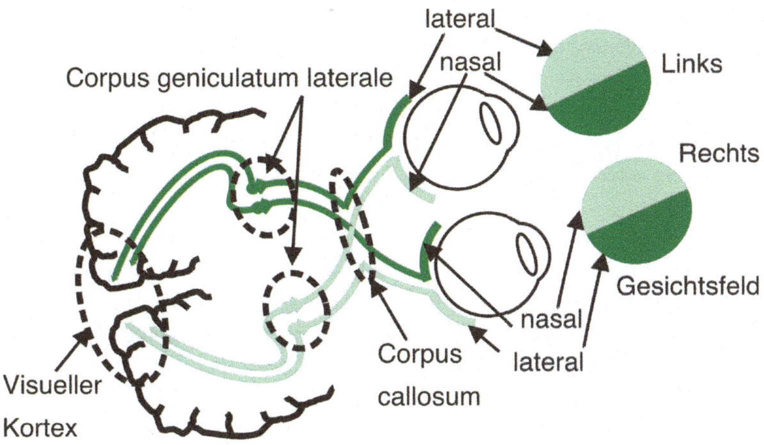

Im CGL kreuzen sich die Sehnerven. Dadurch ergibt sich eine Abbildung des linken Sehfeldes in der rechten Hemisphäre und des rechten Sehfeldes in der linken Hemisphäre.

Abb. 5.6 Verlauf der Nervenfasern im visuellen System

Der temporale Teil des rechten Sehfeldes wird in den linken Teil des CGL übertragen, der temporale Teil des linken Sehfeldes entsprechend in den rechten Teil. Die nasalen Teile der beiden Sehfelder werden durch die Sehbahnkreuzung auf die gegenüberliegenden Teile des CGL übertragen.

Der CGL hat Verbindungen zu anderen Teilen des Gehirns. Dadurch ergeben sich von dort Einflüsse auf die visuelle Wahrnehmung.

Diese Kopplung entsteht also durch die Überkreuzung eines Teils des Sehnervs, jeweils von den nasalen Teilen der Retina der beiden Augen. Die temporalen Bereiche der Retina werden entsprechend in den Teil des CGL projiziert, der dem Ort des Auges entspricht: der temporale Teil des linken Auges in den linken Teil des CGL und der temporale Bereich des rechten Auges in den rechten Teil des CGL.

Eine Besonderheit ist, dass **vom CGL Verbindungen zu anderen Teilen des Gehirns** ausgehen, die die Verarbeitung der Sehinformation beeinflussen. Ein Beispiel dafür sind Einflüsse von einer Struktur, der Amygdala, die den emotionalen Gehalt einer Information bewertet und damit emotionale Bewertungen auf die visuelle Informationsverarbeitung vermittelt. So kann die emotionale Bewertung eines Bildes die Art der Information beeinflussen, die einem Bild entnommen wird. Die Empfindlichkeit für die Erkennung von Helligkeitskontrasten ist erhöht, wenn kurz vorher ein positiv bewertetes Bild gezeigt wird.

5.6 Kortikale Verarbeitung

Die Information gelangt über den Sehnerv in den primären visuellen Kortex.

Vom CGL gelangt die Information in den primären visuellen Kortex (auch als striater Kortex bezeichnet), der im hinteren Schädelbereich liegt. Die Besonderheit der Abbildung des Sehfeldes im primären visuellen Kortex (V1) ist durch zwei Eigenschaften gekennzeichnet:

Im primären visuellen Areal des Gehirns entsteht eine mentale Karte des Sehfeldes. Der linke Teil des Sehfeldes ist in der rechten Hemisphäre, der rechte Teil des Sehfeldes befindet sich in der linken Hemisphäre. Die Abbilder stehen auf dem Kopf.

1. In V1 entsteht eine mentale Karte derart, dass **benachbarten Positionen im visuellen Feld auch benachbarte Positionen in dieser Erregungskarte** entsprechen, soweit die linke und die rechte Hälfte des Sehfeldes getrennt betrachtet werden. Dabei liegt der obere Teil des linken Halbfeldes im unteren Teil der rechten Hälfte von V1 und der untere Teil des linken Sehfeldes im oberen Teil der rechten Hälfte von V1, d. h., die **Abbilder stehen auf dem Kopf**.

Die fovealen Bereiche des Sehfeldes nehmen den größeren Teil in V1 ein.

2. Neben dieser topografischen Abbildung gibt es noch ein zweites Merkmal, nämlich dass der Bereich des visuellen Feldes, der in der Nähe der Fovea liegt, besonders ausgeprägt ist. Das heißt, der **kortikale Abbildungsbereich der Fovea ist besonders** groß gegenüber anderen Bereichen des visuellen Feldes. Man spricht hier auch von einer **kortikalen Verstärkung**.

Im primären visuellen Areal erfolgt schon eine **Zerlegung der Information**. Einzelne Neurone sind spezifisch für Kanten bestimmter Orientierungen. Die Aktivität der Neurone ist kontextabhängig.

Im primären visuellen Kortex erfolgt eine **Zerlegung der Information in unterschiedliche Anteile** entsprechend der Spezifik der Neurone in diesem Teil des Kortex. Es werden drei Klassen von Neuronen unterschieden: relativ seltene einfache Zellen, häufig vorhandene komplexe Zellen und hyperkomplexe Zellen. So gibt es nach Hubel und Wiesel (1962) Zellen, die für bestimmte Kanten in einer bestimmten Orientierung zuständig sind. Die Arbeit dieser Neurone kann dabei auch durch Neurone in anderen Schichten des Kortex oder durch benachbarte Neuronen beeinflusst sein, was zu verschiedenen Kontexteffekten führt. So feuert ein Neuron auf eine vertikale Linie stärker als auf dieselbe Linie, wenn diese von anderen Linien mit verschiedener Orientierung umgeben ist. Es wird vermutet, dass also die Salienz oder Auffälligkeit eines Linienelementes mit der Feuerungsrate in Verbindung steht.

Man weiß inzwischen, dass der primäre visuelle Kortex Neurone enthält, die für Objektmerkmale der Orientierung, der Bewegung, der Bewegungsrichtung, der Farbe und der binokularen Disparität (► Kap. 8) sowie der Länge an bestimmten Orten der Retina zuständig sind (s. auch den ► Exkurs zur »Erfahrungsabhängigkeit«). Ein Objektbild wird also in diese Merkmale zerlegt. Über eine Erdbeere gibt es so Information über die Farbe, die Form, die Festigkeit und die Position im Sehfeld.

Die **Anordnung der Neurone** im visuellen Kortex erfolgt danach nach drei **Prinzipien**:

1. Neurone, die denselben Bereich der Retina versorgen, sind in dicken Säulen angeordnet, die eine Fläche von etwa 1 mm^2 haben.
2. Neurone, die für dieselbe Orientierung zuständig sind, sind so angeordnet, dass alle Orientierungen innerhalb einer Hypersäule vorhanden sind.
3. Alternierend sind die Neurone, die für das linke und rechte Augen ansprechen, in Säulen angeordnet.

V1 hat eine Säulenstruktur, die Neurone für alle Orientierungen enthält. Eine Säule steht für die Verarbeitung eines bestimmten retinalen Ortes.

Damit kann also ein Block Kortexgewebe von etwa 1 mm Dicke als eine Art Verarbeitungsmodul für einen bestimmen räumlichen Ort der Retina angesehen werden. Die Repräsentation eines Streifens auf der Retina wird in die Aktivität einer Säule in diesem Säulenmuster übersetzt. Der Retina entsprechen also viele solcher Blöcke im Kortex.

Exkurs

Erfahrungsabhängigkeit

Unser Wahrnehmungssystem verändert sich durch die Reize, die es aufnimmt, ständig. Dies konnte an der Orientierungsabhängigkeit bei jungen Katzen nachgewiesen werden. Katzen haben normalerweise Wochen nach der Geburt Neurone für alle Orientierungen zur Verfügung. Wenn man allerdings die Katzen in einer Umgebung großzieht, in der bestimmte Orientierungen nicht vorkommen, so führt die fehlende Erfahrung dazu, dass Neurone mit einer Ansprechbarkeit für genau diese fehlenden Orientierungen unterrepräsentiert sind (Blakemore & Cooper, 1970). Die Katzen sind dann nach etwa 6 Wochen für Streifenmuster der Orientierung, für die sie keine Erfahrung machen konnten, blind. Abbildungsfehler können so bei Kindern auch dazu führen, dass bestimmte Reize nicht scharf abgebildet werden und den Kindern dadurch eine Seherfahrung verloren geht. Dieses Erfahrungsdefizit kann sich demnach auf die Ausbildung der Nervenzellen auswirken (z. B. bei Astigmatismus, einem Sehfehler, der durch eine verkrümmte Hornhaut zu verzerrten Abbildern auf der Retina führt).

Bezüglich der **weiteren Verarbeitung** der visuellen Informationen vermuten Mishkin, Ungerleider und Macko (1983), dass diese vom primären visuellen Kortex ausgehend entlang **zweier Bahnen** erfolgt: eine Bahn von V1 in Richtung des temporalen Kortex und eine Bahn ausgehend von V1 in Richtung des parietalen Kortex. ◘ Abb. 5.7 zeigt diese Bahnen und ihre Funktion (▶ Studie »Objekterkennung und Lokalisierung«).

- Die Bahn in Richtung des Temporallappens (auch **ventrale Bahn** genannt) ist für die Objekterkennung zuständig,
- die andere Bahn (auch **dorsale Bahn** genannt) dagegen für die Objektlokalisation und insbesondere auch für die Aufmerksamkeitssteuerung.

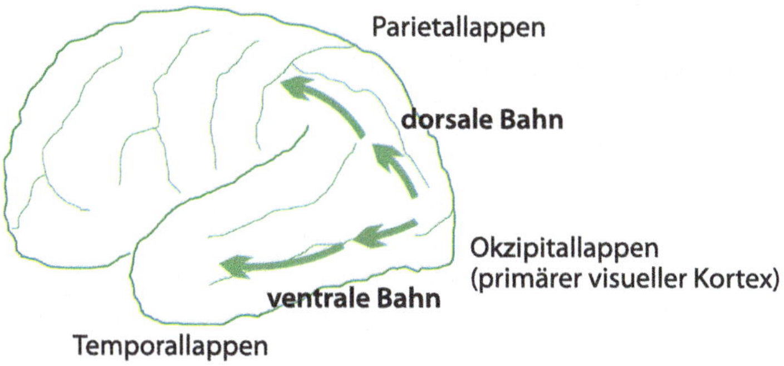

Die weitere Verarbeitung erfolgt getrennt für die beiden grundlegenden Aufgaben: die Steuerung der Handlung und die Erkennung von Objekten.

◘ Abb. 5.7 Okzipital-, Temporal- und Parietallappen. Vom primären visuellen Kortex, der im Okzipitallappen gelegen ist, zieht eine Verarbeitungsbahn in mehreren synaptischen Umschaltungen zum Parietallappen, auch dorsale Bahn genannt. Eine andere Bahn verläuft zum Temporallappen, auch ventrale Bahn genannt

Studie

Objekterkennung und Lokalisierung

Mishkin, Ungerleider und Macko (1983) konnten in Experimenten mit Primaten die Funktionen der vom primären visuellen Kortex ausgehenden Bahnen, nämlich Objekterkennung und -lokalisation, an einer Objektanordnung belegen, bei der sie eine Objektunterscheidungsaufgabe und Objektlokalisationsaufgabe stellen konnten. Die Affen hatten einmal aus zwei Objekten ein bestimmtes Objekt über Objektmerkmale auszuwählen, beispielweise einen Würfel. Ein anderes Mal hatten sie eine von zwei Positionen im Greifraum auszuwählen. Die kritische Position mit der Belohnung befand sich in dieser Lokalisationsaufgabe in der Nähe eines Zylinders. Affen mit Läsionen im Temporallappen konnten die Lokalisationsaufgabe lösen, nicht aber die Objektunterscheidungsaufgabe. Bei Affen mit Läsionen im Parietallappen war dies umgekehrt. Inzwischen ist diese Trennung der beiden Bahnen weitgehend anerkannt.

5

Die Verarbeitung von Objektinformation erfolgt einer ventralen Bahn im Kortex (**Was-Bahn**); die Verarbeitung von Ortsinformation entlang einer dorsalen Bahn (**Wo-Bahn**).

Milner und Goodale (1995) haben vorgeschlagen, aufgrund der Funktion der beiden Bahnen diese als »**Was**»-**Bahn** und »**Wo**»-**Bahn** zu bezeichnen. Dass nicht nur der Ort, sondern auch die Aktionen entlang der dorsalen Bahn verarbeitet werden, zeigen auch neuropsychologische Ergebnisse: Milner und Goodale (1995) berichten **Untersuchungsergebnisse einer Patientin**, die ein CO_2-Vergiftung erlitten hatte. Diese Patientin wies noch eine intakte Farbwahrnehmung auf und konnte auch Details noch erkennen. Sie hatte aber Schwierigkeiten, Konturen von Objekten oder von Objektzeichnungen zu erkennen. Allerdings konnte sie die Umrisse eines Objektes aus dem Gedächtnis zeichnen, konnte aber eben keine Kopie einer solchen Objektzeichnung erstellen. Daraus kann man erkennen, dass sie die Objekte sehr wohl kannte, sie also das Wissen hatte. Sie konnte also auch Zeichnen, wie die Kopien aus dem Gedächtnis zeigten. Eine Besonderheit wies die Patientin auf, wenn sie eine Karte in einen Schlitz mit einer bestimmten Orientierung stecken sollte, ähnlich wie einen Schlüssel in ein Schloss. Das Handeln war bei der Patientin nicht beeinträchtigt. Sie konnte die Karte richtig in den Schlitz stecken. Was sie aber nicht konnte, zeigte sich beim Vergleichen von Orientierungen. Sie konnte nicht demonstrieren, wie die Karte zu halten war, damit sie in eine vorgegebene Orientierung passte. Vergleichspersonen haben damit überhaupt keine Schwierigkeiten. Andere Berichte zeigen, dass es auch Patienten gibt, die den Vergleich beherrschten, aber nicht korrekt handeln konnten. Damit ist dies ein Beispiel für eine **doppelte Dissoziation von zwei Teilsystemen der visuellen Verarbeitung**: ein Teilsystem ist für das Handeln zuständig, das andere für das Erkennen.

Läsionen bestätigen die modulare Struktur des Kortex.

Diese **Spezialisierung auf Handeln und Erkennen im extrastriaten Kortex** ist mit der in ▶ Kap. 2 eingeführten Modularität der kortikalen Verarbeitung verträglich. Ein weiteres Beispiel für die Spezialisierung bestimmter Kortexbereiche auf bestimmte Funktionen ist ein Areal, das für die Bewegungswahrnehmung zuständig ist. Läsionen in diesem Bereich führen zu einem selektiven Defizit in der Bewegungswahrnehmung (Akinetopsie) (Karnath & Thier, 2005). Ein anderer Bereich des okzipitalen Kortex scheint bevorzugt für die Farbwahrnehmung zuständig zu sein. Läsionen in diesem Bereich resultieren in kortikaler Farbblindheit oder Achromatopsie. Andere Läsionen in anderen Bereichen zeigen sich in einer Unfähigkeit zur Erinnerung bekannter Gesichter, der Prosopagnosie. Damit kann die Annahme einer modularen Struktur, abgeleitet aus Störungen, heute aufgrund neuerer Untersuchung mit neurowissenschaftlichen Methoden auch am intaktem Gehirn als bestätigt gelten (Grill-Spector & Kanwisher, 2005; Kanwisher, 2001; hierzu auch die ▶ Studie zur »Modularität«).

Die **Spezialisierung** von kortikalen Bereichen wirft die Frage nach der **Koordinierung** dieser Aktivitäten im Erkennungsvorgang auf.

Es setzt sich also auf höheren Verarbeitungsebenen fort, was auf der zellulären Ebene im primären visuellen Kortex schon sichtbar wurde: Die **visuelle Verarbeitung spaltet sich auf**, d. h., verschiedene Areale sind auch auf verschiedene Funktionen, also auf die Verarbeitung unterschiedlicher Informationen, spezialisiert. Zum gegenwärtigen Stand der Forschung ist die genaue funktionale Charakterisierung solcher Areale noch in der Diskussion. Unklar bleibt auch weiterhin, wie aus diesen Aktivitäten in den neuronalen Modulen die ganzheitliche Wahrnehmung entsteht.

Studie

Modularität

Kanwisher (2001) führte eine Untersuchung durch, die die Modularität der Verarbeitung in Beziehung setzte zur Aufmerksamkeit. Wenn Aufmerksamkeit auf bestimmte Aspekte einer Reizsituation an einem Ort gelenkt werden kann, so sollten die neuronalen Areale, die für die selektierten Objektattribute zuständig sind, auch eine erhöhte Aktivität zeigen (zur objektbasierten Aufmerksamkeit ► Kap. 15). Kanwisher nutzte Ergebnisse, die belegen, dass für die Gesichtererkennung bevorzugt ein anderes Areal (FFA, »fusiform face area«) zuständig ist als für die Erkennung von Gebäuden (PPT, »parahippocampal place area«; Erläuterungen zu diesen Arealen finden sich in Gazzaniga et al., 2002). Indem Kanwisher den Versuchspersonen überlagerte Bilder von Gebäuden und Gesichtern zeigte und durch Vorgabe von Selektionskriterien die Aufmerksamkeit mal auf das Gesicht und mal auf das Gebäude lenkte, konnte sie die Verarbeitung steuern. Im Ergebnis zeigte sich in Übereinstimmung mit der modularen Hypothese, dass bei geforderter selektiver Verarbeitung des Gesichts in diesen überlagerten Bildern im Areal FFA eine erhöhte Aktivität nachgewiesen werden konnte, bei der selektiven Verarbeitung von Gebäuden war dagegen das Areal PPT besonders aktiv.

Inzwischen gibt es Diskussionen darüber, wie die **neuronale Repräsentation eines Objektes** aussieht. Eine Variante beruht auf der Idee einer sparsamen Codierung und kann als **streng hierarchisches Modell** angesehen werden. Ausgehend von der elementaren Merkmalsanalyse in V1 wird danach angenommen, dass in mehreren Ebenen eine immer stärkere Verknüpfung bis auf die Ebene erfolgt, wo die Merkmale eines Objektes die Ansprechbarkeit eines Neurons festlegen. Barlow postulierte (1972) dieses Modell, da mit der Hierarchie die rezeptiven Felder immer größer werden und damit auf einer höheren Ebene ein Objekt vollständig im rezeptiven Feld eines Neurons liegen kann. Ein Neuron bündelt danach die gesamte Information eines Objektes. Die Grundidee diese sparsamen Codes ist also, dass ein Neuron für ein Objekt steht.

Ein Ansatz für die neuronale Repräsentation von Objektinformation geht davon aus, dass **auf dem Verarbeitungsweg immer mehr Merkmale neuronal integriert** werden. Bestimmte Neurone stehen dann für bestimmte Objekte.

Ein **alternatives Modell** geht von einem **Populationscode** aus, wie er für die Farbwahrnehmung gilt. Die neuronale Repräsentation der Farbe steckt nicht in der Aktivität eines einzelnen Rezeptors, sondern in der Verteilung der Aktivitäten der drei wellenlängenempfindlichen Rezeptoren. Ähnlich ist auch das Konzept für den neuronalen Code für Objekte. Nicht eine einzelne Zelle, sondern die Aktivitäten verschiedener Zellen mit unterschiedlicher Funktionalität stellen den Code dar, einen Populationscode. Nach dieser Sichtweise beruht unsere Fähigkeit zur Objekterkennung auf der Koordinierung einer Vielzahl von Neuronen (s. auch die ► Studie zu »Wahrnehmung und neuronale Aktivität«).

Ein anderer Ansatz geht von einem verteilten neuronalen Code aus. Unterschiedliche Neurone codieren unterschiedliche Informationen.

Durch den Populationscode wird noch ein anderes fundamentales Problem der Kognition, speziell der Wahrnehmung aufgeworfen: Wenn jedes Objekt im Gehirn durch einen solchen verteilten Populationscode, d. h. durch **Aktivität in verschiedenen Arealen des Gehirns**, repräsentiert ist, dann stellt sich natürlich die **Frage ihrer Verknüpfung**. Die Lösung dieses sog. **Bindungsproblems** wäre also ein wichtiger Schritt in Richtung eines Verständnisses komplexer Wahrnehmungsleistungen, und nicht nur dieser. Zwei Lösungswege beherrschen momentan die Diskussion, ein neuriobiologischer und ein psychologischer Ansatz:

Populationscodes werfen das Problem auf, welche Merkmale zu einem Objekt gehören. Dieses **Bindungsproblem** ist noch nicht gelöst.

Der **neurobiologische Weg** wurde von der Gruppe um Singer entwickelt und mit empirischen Daten gestützt. Er geht davon aus, dass für die Verknüpfung der Aktivität die zeitliche Synchronisation von verschiedenen Neuronen verantwortlich ist. So wie zwei Uhren im gleichen Takt schlagen, so könnte die Bindung über den gleichen Feuerungstakt von Neuronen hergestellt werden. Die Kohärenz einer Wahrnehmung wäre damit über Taktung im Gehirn, also durch bestimmte Frequenzmuster realisiert. Die Eleganz dieses Vorschlages darf aber nicht darüber hinwegtäuschen, dass ein Teil des Problems nur verschoben ist, nämlich wie diese Taktung selbst wieder registriert wird.

Der **neurobiologische Weg** der Lösung des Bindungsproblems nimmt an, dass die Bindung über die gleiche Taktung der entsprechenden Neurone hergestellt wird.

Studie

Wahrnehmung und neuronale Aktivität

In welchem Zusammenhang die erlebte Wahrnehmung und die neuronale Aktivität stehen, ist schwer zu beweisen. Im Extremfall zeigt eine Läsion, ein Ausfall eines neuronalen Systems, welche Wahrnehmungsleistungen an die Aktivität dieses Areals gebunden sind.

Eine andere Möglichkeit besteht in Untersuchungen zur Rivalität zwischen den Augen. Werden beiden Augen verschiedene Bilder angeboten, so wird in dieser binokularen Wettstreitsituation in der Regel nur eines der beiden Bilder gesehen. In Abständen von etwa 3 Sekunden wechselt dann die Wahrnehmung von einem Auge zum anderen.

In einem Primatenexperiment haben Logothetis, Leopold und Sheinberg (1996) Untersuchungen durchgeführt, um zu belegen, dass bestimmte Wahrnehmungen mit bestimmten neuronalen Aktivitäten verknüpft sind. In ihren Untersuchungen ging es um die Erkennung eines stilisierten Sonnenaufganges und eines Tierbildes. Affen wurden Reaktionen antrainiert, an denen man erkennen konnte, ob sie einen Sonnenaufgang sehen oder ein Tier. Den Affen wurde dann gleichzeitig im linken Auge ein Streifenmuster in Form eines stilisierten Sonnenaufgangs und im rechten Auge ein Tierbild präsentiert. Daraus entsteht ein binokularer Wettstreit. Die Affen zeigten nun teilweise an, einen Sonnenaufgang zu sehen, teilweise zeigten sie an, ein Tierbild zu sehen. Parallel dazu wurde die Aktivität von Neuronen beobachtet, von denen man wusste, dass der effektive Reiz für ihre Aktivität ein Tierbild war. Dieses Neuron wechselte nun das Aktivitätsmuster mit der Wahrnehmung. Es war nur aktiv, wenn die Affen die Wahrnehmung eines Tierbildes signalisierten. Das Ergebnis belegt, dass die neuronale Aktivität also in enger Beziehung zur Wahrnehmung steht.

Ähnliche Ergebnisse sind beim Menschen mithilfe bildgebender Verfahren zu Darstellung von Gehirnaktivität gefunden worden.

Ein **psychologischer Vorschlag** sieht die Bindung in Beziehung zur Aufmerksamkeit. Merkmale am gleichen Ort werden gebunden.

Der **psychologische Weg** geht von einem Mechanismus aus, der im zweiten Teil des Buches ausführlich diskutiert wird, der Aufmerksamkeit. Das Modell der Objekterkennung von Treisman ist ein Beispiel dafür. Die Bindung wird im einfachsten Fall durch die ortsbasierte Aufmerksamkeit gewährleistet: Merkmale, die am gleichen Ort verbunden werden müssen, erhalten Aufmerksamkeit. Diese Bindungsannahme ist mit empirischen Fakten verträglich. Bei der Erkennung komplexer Objekte ist damit zugleich auch immer bekannt, wo sich diese Objekte befinden. Ist eine Bindung nicht nötig, dann ist oft auch unklar, wo sich das Objekt befindet (▶ Kap. 9).

? Kontrollfragen

1. Welche Funktion haben Hornhaut, Linse, Pupille und Retina?
2. Wie verteilen sich die Rezeptoren auf der Retina?
3. Was ist eine konvergente Schaltung und was leistet sie?
4. Wie sieht das rezeptive Feld eines ON-Zentrum-Neurons aus?
5. Erläutern Sie die Dunkeladaptation!
6. Welche Hypothese der Verarbeitung wurde durch Mishkin, Ungerleider und Macko (1983) mit welchem Experiment begründet?
7. Welches Ergebnis spricht für die Modularität der Verarbeitung im Gehirn?

▶ Weiterführende Literatur

Gazzaniga, M.A., Ivry, R.B. & Mangun, G.R. (2002). *Cognitive Neuroscience. The biology of the mind. 2nd Edition*. New York: Norton.

Gegenfurtner, K.R. (2003). *Gehirn und Wahrnehmung*. Frankfurt a.M.: Fischer.

Hubel, D. (1989). *Auge und Gehirn. Neurobiologie des Sehens*. Heidelberg: Spektrum.

Mather, G. (2006). *Foundations of perception*. Hove, New York: Psychology Press.

6 Helligkeits- und Farbwahrnehmung

Lernziele

- Warum ist die Kontrastwahrnehmung eine grundlegende Leistung des visuellen Systems?
- Wie können verschieden Kontrastphänomene durch Verschaltungen in der Retina erklärt werden?
- Welche Phänomene erfordern eine kognitive Erklärung?
- Wieso ist die selektive Adaptation eine wichtige Methode zur Analyse in der Wahrnehmungspsychologie geworden?
- Wieso kann mit einem Rezeptortyp allein keine Farbwahrnehmung gelingen?
- Wie lassen sich Farbkontraste erklären?

Nachbilder

Als ich gegen Abend in eine Wirtshaus eintrat und ein wohlgewachsenes Mädchen mit blendenweißem Gesicht, schwarzen Haaren und einem scharlachroten Mieder zu mir ins Zimmer trat, blickte ich sie, die in einiger Entfernung vor mir stand, in der Halbdämmerung scharf an. Indem sie sich nun darauf hinwegbewegte, sah ich auf der mir entgegenstehenden weißen Wand ein schwarzes Gesicht, mit einem hellen Schein umgeben, und die übrige Bekleidung der völlig deutlichen Figur erschien von einem schönen Meergrün.
(Johann Wolfgang von Goethe, 1988, S. 79)

6.1 Helligkeits- und Kontrastwahrnehmung

Eine Betrachtung der Eigenschaften der visuellen Wahrnehmung beginnt mit der Wahrnehmung von Helligkeiten und vor allem von Helligkeitsunterschieden. Der Begriff des **Ganzfeldes** drückt aus, dass wir keine Wahrnehmung haben, wenn keine Helligkeitsunterschiede oder Kontraste im gesamten visuellen Feld vorhanden sind, also ein homogenes visuelles Feld mit konstanter Helligkeit vorliegt. Selbst der Farbeindruck verschwindet in einem Ganzfeld, wenn keine Kontraste vorhanden sind. Nahe an

In einem homogenen visuellen Feld mit konstanter Helligkeit kann es keine Wahrnehmung geben.

Studie

Fallbeispiel Farbblindheit

Der Neurologe Sacks beschreibt einen Patienten mit einer Farblindheit: Der Maler I. erlitt nach einem Unfall infolge einer Kopfverletzung eine totale Farbblindheit. Er konnte nur noch Grautöne wahrnehmen. Tomaten erschienen ihm beispielsweise schwarz und Blumen grau. Die Umgebung, in der er seine Bilder geschaffen hatte, versank in eine Welt von Grautönen. Das Essen schmeckte nicht mehr, weil auch die Nahrungsmittel ihre charakteristische Farbe verloren. Er konnte sich auch keine Farben mehr vorstellen, obwohl er als Maler darin besondere Fähigkeiten hatte. Mit der Zeit gelang es ihm, die sich auftuenden Probleme zu bewältigen. Er konzentrierte sich in seiner Arbeit auf schwarz-weiße Bilder.

solche Ganzfeldeigenschaften kommen beispielsweise Nebelsituationen oder relativ strukturlose visuelle Felder in der Arktis.

6.1.1 Helligkeitswahrnehmung

Die **Helligkeitswahrnehmung** zeigt, dass die Helligkeit nicht nur von der **Leuchtdichte** des reflektierten Lichts abhängt.

Helligkeitsunterschiede zwischen Flächen bilden **Kontraste**, die Grundlage für die Wahrnehmung der Kontur eines Objektes sind.

Wahrnehmung erfordert **Kontraste.** Die Helligkeitswahrnehmung zeigt, dass die Helligkeit nicht nur von der Leuchtdichte des reflektierten Lichts abhängt. Eine graue Fläche erscheint vor einem hellen Hintergrund dunkler als vor einem dunklen Hintergrund. Die Umgebung bestimmt also den Helligkeitseindruck mit.

Um Gegenstände mit ihren **Konturen** in einem Grauwertbild zu erkennen, muss das visuelle System Kontraste auswerten. Kontraste treten in einem visuellen Feld auf, wenn Flächen unterschiedlicher Helligkeit aneinander stoßen. Die Kontraste sind die Grundlage für die Wahrnehmung der Konturen von Objekten. Die Wahrnehmung von Helligkeiten beruht auf der Intensität (physikalisch gemessen als **Leuchtdichte**) des reflektierten Licht. Der Zusammenhang zwischen Leuchtdichte und empfundener Helligkeit gehorcht dem Potenzgesetz nach Stevens (▶ Abschn. 4.5.3).

Bei kurzen Lichtblitzen hängt die wahrgenommene Helligkeit von der Dauer der Blitze ab.

Man würde eigentlich annehmen, dass eine Fläche umso heller erscheint, je mehr Licht sie reflektiert. Dem ist aber nicht so, was beispielweise daran deutlich wird, dass bei sehr kurzen Lichtblitzen die wahrgenommene Helligkeit von der Dauer der Lichtblitze abhängt. Dazu gibt es auch einen kleinen Demonstrationsversuch. Betrachtet man ein weißes Blatt Papier bei unterschiedlichen Beleuchtungsverhältnissen, so bleibt der Wahrnehmungseindruck Weiß doch erhalten, es besteht **Helligkeitskonstanz**, obwohl die Leuchtdichte des reflektierten Lichts sehr verschieden ist.

▶ **Definition Helligkeitskonstanz**

Definition

Unter **Helligkeitskonstanz** versteht man die gleichbleibende Wahrnehmung der Objekthelligkeit bei verschiedenen Beleuchtungen.

Helligkeitskonstanz zeigt, dass die Helligkeitswahrnehmung vom Kontext der zu beurteilenden Fläche abhängt. Für die Wahrnehmung werden Verhältnisse von Leuchtdichten ausgewertet.

Betrachten wir die Beleuchtung einer Fläche mit Licht, das infolge seiner Zusammensetzung zu einem Grauwerteindruck führt, auch **achromatische Beleuchtung** genannt. Auch wenn eine Fläche mit solchem Licht unterschiedlicher Intensität beleuchtet wird, so nehmen wir es doch als gleichbleibend in der Helligkeit wahr. Die veränderten physikalischen Bedingungen wirken sich nicht auf den Helligkeitseindruck aus. Diese Unveränderbarkeit des Helligkeitseindrucks ist nur ein Beispiel für verschiedene **Konstanzleistungen** in der Wahrnehmung. Andere Konstanzleistungen sind die **Farbkonstanz** oder die **Größenkonstanz**. Diese Konstanzleistungen unseres Wahrnehmungsapparates sind dafür verantwortlich, dass wir nicht bei jeder Änderung der Wahrnehmungsbedingungen annehmen, dass sich das Wahrnehmungsobjekt an sich geändert hat. Die Lösung bei der Helligkeitskonstanz liegt darin, dass das visuelle System nicht einfach die Intensität des reflektierten Lichts auswertet. Es wertet auch die Intensität des reflektierten Lichtes der Umgebung mit aus oder anders ausgedrückt: Der Kontext der zu beurteilenden Fläche wird mit ausgewertet.

Dieser Effekt kann leicht veranschaulicht werden:

Beispiel

Nehmen wir zwei kleinere graue Quadrate, die sich auf größeren grauen Quadraten befinden. Die beiden kleinen Quadrate reflektieren unterschiedlich viel Licht, sollten also eigentlich unterschiedlich grau erscheinen. Das eine kleine Quadrat mit geringem Grauwert befindet sich auf einem großen Quadrat mit noch geringerem Grauwert. Das andere kleinere Quadrat mit größerem Grauwert befindet sich auf einem großen Quadrat, das einen noch größeren Grauwert hat. Die meisten Personen geben jetzt an, dass die beiden kleinen Quadrate gleich hell erscheinen, obwohl sie unterschiedlich viel Licht reflektieren.

Wie ist das möglich? Das visuelle System wertet das **Verhältnis der Intensitäten des reflektierten Lichts** vom kleinen und großen Quadrat aus. Die Grauwerte können in dem Beispiel so gewählt, dass diese Verhältnisse in den beiden Situationen konstant sind. Dieser **Kontexteffekt** tritt auch als Helligkeitskontrast auf. Was würde passieren, wenn wir die beiden kleinen Quadrate identisch im Grauwert wählen, so dass sie gleich grau erscheinen? Der Effekt wäre in der Regel, dass dann das rechte Quadrat im Kontext des großen dunklen Quadrats heller erscheinen würde. Grundlage eines Kontexteffektes könnte ein Mechanismus sein, der darin besteht, dass der Kontext auf die Verarbeitung der Helligkeiten hemmend wirkt. Ein solcher Hemmungsprozess ist schon in der Retina identifiziert worden.

Der **Helligkeitseindruck** einer Fläche ist durch die **Helligkeit des Kontextes** beeinflusst.

6.1.2 Laterale Hemmung

Durch retinale Verschaltungen entsteht ein Hemmungsprozess, der einige der Kontrastphänomene wie die **Mach-Bänder** erklärt.

Durch Verschaltungen in der Retina entsteht ein Hemmungsmechanismus, der einige Kontrastphänomene erklären kann.

Definition

Als **Mach-Bänder** bezeichnet man den Effekt der Kontrastverstärkung an der Hell-Dunkel-Grenze von Mustern.

► Definition Mach-Bänder

In ◘ Abb. 6.1 lässt sich diese **Kontrastverstärkung bei den Mach-Bändern** deutlich erkennen: ein Muster von unterschiedlich grauen Bändern, die sich von dunklem Grau in helles Grau ändern. Dabei tritt an den Konturen ein besonderes Phänomen auf,

Kontrastverstärkung in der Wahrnehmung kann durch laterale Hemmung erklärt werden.

◘ **Abb. 6.1** Kontrastverstärkung am Beispiel der Mach-Bänder. (Aus Ditzinger, 2006)

Die laterale Hemmung in der Retina konnte durch Ableitung von Nervenaktivität nachgewiesen werden.

nämlich dass an der Änderungsstelle im hellen Grau ein noch hellerer Streifen auftritt. Im benachbarten dunkleren Grau dagegen zeigt sich in der Nähe der Sprungstelle ein noch dunkleres Grau. Im Ergebnis dessen scheinen die Grauwerte der einzelnen grauen Streifen nicht homogen zu sein Eine physikalische Ausmessung der Leuchtdichte würde aber ergeben, dass die gemessene Leuchtdichte des reflektierten Lichts bei jedem Streifen konstant ist. Dieser Effekt, dass der Kontrast an der Sprungstelle noch verstärkt ist, lässt sich durch **laterale Hemmung** erklären.

In physiologischen Untersuchungen an Zellen, die Ganglienzellen in der Retina ähneln, wiesen Hartline, Wagner und Ratcliff (1956) den Hemmungseffekt nach (▶ Studie »Laterale Hemmung«).

Studie

Laterale Hemmung

Am Auge eines Krebses wurde von Hartline, Wagner und Ratcliff (1956) die laterale Inhibition untersucht. Die Besonderheit dieses Auges bestand darin, dass einzelne Rezeptoren infolge der Größe mit Licht separat gereizt werden konnten. Ein Lichteinfall auf einen kritischen Rezeptor löst eine Aktivität in der Nervenfaser dieses Rezeptors aus. Wurden in der Nachbarschaft dieses kritischen Rezeptors weitere Rezeptoren mit Licht gereizt, verringerte sich überraschend die Aktivität in der Nervenfaser des kritischen Rezeptors. Wurde die Lichtintensität an seinem unmittelbaren Nachbarn weiter erhöht, verringerte sich seine Aktivität noch weiter. Die Aktivität in den Nervenfasern der Nachbarrezeptoren hemmten also die Aktivität in der Nervenfaser des kritischen Rezeptors; dieser Effekt wird auch laterale Hemmung oder laterale Inhibition genannt.

▶ **Definition Laterale Hemmung**

Definition

Die **laterale Hemmung** ist ein Hemmprozess, der sich seitlich in einer neuronalen Schaltung ausbreitet. In der Retina sind daran Horizontal- und Amakrinzellen beteiligt.

Mit lateraler Hemmung können verschiedene Kontrasteffekte erklärt werden.

Mit diesem Hemmungseffekt kann die Kontrastverstärkung bei den Mach-Bändern erklärt werden. In ◘ Abb. 6.2 sind sechs Rezeptoren (A bis F) schematisch in einer neuronalen Verschaltung dargestellt, wobei von einer Kontur zwischen zwei Streifen mit hoher und geringer Intensität ausgegangen wird. Die beiden Rezeptoren B und C liegen im hellen Grau (hohe Intensität). Die entsprechenden Rezeptoren erzeugen die gleiche Aktivität von jeweils 100 Einheiten. Die Nachbarrezeptoren von B zeigen dieselbe starke Aktivität von 100 Einheiten und hemmen B von beiden Seiten mit einer angenommen Rate von 10% ihrer Grundaktivität. Im Ergebnis führt dies auf eine Restaktivität von 80. Anders ist die Situation bei C. Der linke Nachbar B hemmt ebenso die Aktivität von C, der rechte Nachbar D erhält weniger Licht (niedrige Intensität) und hemmt infolge seiner Grundaktivität von 20 dadurch C weniger, nur um 2 Einheiten (10% von 20). C hat danach eine Restaktivität von 100–10–2=88 Einheiten. C hat eine größere

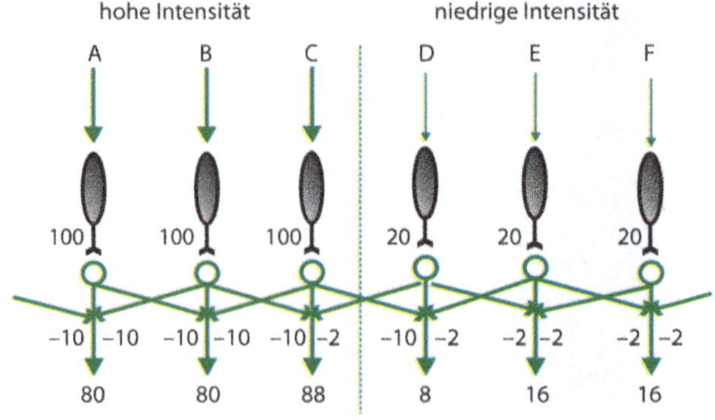

◘ **Abb. 6.2** Gegenseitige Hemmung von sechs Rezeptoren. Angegeben ist der ungehemmte Ausgang bei A, B und C mit 100 sowie bei D, E, und F mit 20 Einheiten. Die gegenseitige Hemmung macht immer 10% dieser ungehemmten Aktivität aus. Durch Subtraktion dieser Hemmungsbeträge ergibt sich die Antwort der bipolaren Zellen

Restaktivität als B und auch A. Der Streifen erscheint dort aufgehellt. Die gleiche Betrachtung kann man für die Rezeptoren D und E anstellen, die eine Grundaktivität von nur 20 haben. D hat eine Restaktivität von 8 und E von 16. D erscheint danach dunkler als der Rest des Streifens mit geringer Intensität. Die **laterale Hemmung bewirkt also eine Kontrastverschärfung an der Kontur**. Dieses Wechselspiel von Hemmung und Aktivierung erklärt also auf retinaler Ebene einige Kontrasteffekte. Dazu gehört auch das Hermann'sche Gitter (Ditzinger, 2008).

6.1.3 Kognitive Mechanismen bei der Kontrastverstärkung

Einige Kontrasteffekte, können allerdings nicht über die Kontrastverstärkung durch laterale Hemmung erklärt werden. Sie erfordern kognitive Mechanismen. Koffka (1935) diskutierte das folgende Beispiel, die sog. **Koffka-Ringe**, bei dem der Versuch einer Erklärung über laterale Hemmung versagt. Stellen wir uns zwei graue Halbringe vor schwarzem und weißem Hintergrund vor. Werden die beiden Halbringe zusammengefügt, ergibt sich ein einheitlich grauer Ring. Werden die beiden Halbringe aber so zusammengefügt, dass an der Berührungsfläche ein schmale schwarze Linie als Kante eingefügt wird, erscheinen sie unterschiedlich grau. Eine Erklärung kann hier nur kognitiv erfolgen. Ein Ansatz mündet in der Annahme, dass der Helligkeitseindruck von der kognitiven Interpretation des Rings abhängt: ein einheitlicher Ring in der ersten Anordnung (ohne Kante) und zwei Halbringe in der zweiten Anordnung (mit der Kante). Die wahrgenommenen Helligkeiten hängen von der **kognitiven Interpretation der Situation** ab.

Die **Koffka-Ringe** können nicht über laterale Hemmung erklärt werden. Die Erklärung erfordert andere kognitive Mechanismen.

Ein anderes Beispiel ist die **White-Illusion** in ◘ Abb. 6.3. Auch diese Täuschung kann nicht mit lateraler Hemmung erklärt werden. Das rechte Rechteck erscheint heller als das linke Rechteck, obwohl beide den gleichen Grauwert haben. Die Kontrastverstärkung sollte eigentlich den umgekehrten Effekt erzeugen. Die Erklärung für diese Täuschung scheint darin zu liegen, dass das visuelle System berücksichtigt, zu welchen Teilen der Abbildung die beiden Graustreifen gehören. Das linke Rechteck hat einen weißen Hintergrund, mit dem es verglichen wird. Das rechte Rechteck hat einen schwarzen Hintergrund. Die scheinbare Position der Rechtekke im Raum bestimmte also den Helligkeitseindruck. Wichtig ist uns hier nur, dass zur Erklärung komplexere kognitive Verarbeitungsprinzipien benötigt werden.

Die White-Täuschung kann ebenso nicht durch laterale Hemmung erklärt werden.

◘ **Abb. 6.3** White-Täuschung. (Aus Ditzinger, 2006)

Für die Praxis

Informationsgestaltung für Fahrsimulatoren

Um Fahrsimulatoren effektiv im Fahrertraining einsetzen zu können, müssen die Bedingungen realistisch gestaltet werden, insbesondere für die Wahrnehmung der Verkehrssituationen auf dem Bildschirm. Es hat sich gezeigt, dass in solchen Simulatoren die Geschwindigkeit der Eigenbewegung oft unterschätzt wird. Entsprechende Untersuchungen belegen die Einflüsse der Ortsfrequenz und der Helligkeitskontraste auf die Geschwindigkeitsschätzung von Fahrzeuglenkern. Helligkeitskontraste verändern sich mit der Beleuchtung. Solche Ergebnisse könnten als Grundlage für verbesserte, realitätsnahe Informationsgestaltung dienen.

6.1.4 Entdeckung von Kontrasten

Kontraste als Grundlage für die Entdeckung von Kanten und Konturen sind räumliche Variationen von Helligkeit im visuellen Feld.

Eine differenzierte Bewertung des Auflösungsvermögens bei Kontrasten erfolgt über **Muster von Streifen** mit unterschiedlichem Grauwert.

Die **Wahrnehmung von Helligkeitssprüngen** oder Kontrasten ist eine **Grundlage für** die Entdeckung von Kanten und Konturen und damit die **Lösung von komplexeren Erkennungsproblemen**. Allgemein sind diese Kontraste räumliche Variationen in den Helligkeiten im visuellen Feld, im Extremfall von Helligkeitssprüngen.

Ein differenziertes Maß für die Leistungsfähigkeit des visuellen Systems bei der Wahrnehmung solcher Kontraste sind die minimalen **Helligkeitsunterschiede, die gerade noch wahrgenommen werden**. Die Entdeckung eines solchen Kontrasts ist eine grundlegende Leistung und wird heute mit Streifenmustern gemessen. Streifenmuster enthalten im Wechsel helle und dunkle Streifen (Abb. 6.4). Diese **Streifenmuster** stellen eine Annäherung an die visuelle Grundleistung dar, nämlich die Erkennung von Helligkeitsunterschieden als Basis für die Erkennung von Konturen und Formen in der Objekterkennung.

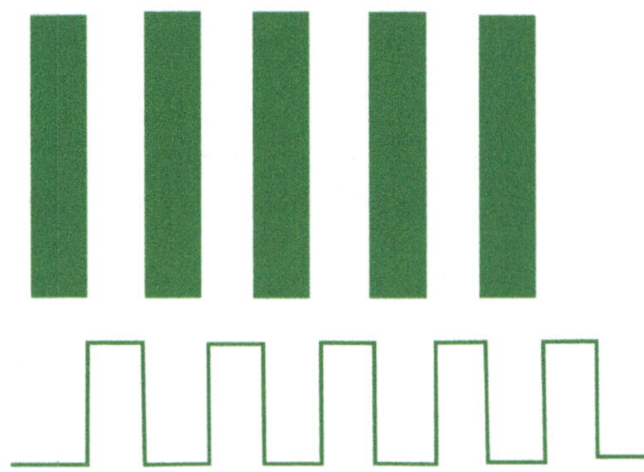

Abb. 6.4 Intensitätsverteilungen eines Streifenmusters

Streifenmuster können nach der Stärke des Kontrasts, nach der Ortsfrequenz und der Orientierung unterschieden werden.

Streifenmuster sind durch drei Eigenschaften charakterisiert:

1. Kontrast,
2. Ortsfrequenz,
3. Orientierung.

Der **Kontrast** eines periodischen Streifenmusters bezieht sich auf den **Unterschied zwischen dem hellen und dem dunklen Streifen**. Er schwankt zwischen den Werten 0 und 1.

Kontrast. Dieses Merkmal bezieht sich auf den eben genannten maximalen **Grauwertunterschied** in seinem solchen Streifenmuster. Er kann zwischen 0 und 1 variieren. Der Kontrast 0 entspricht einer homogenen Fläche, der Kontrast 1 einem schwarz-weißen Streifenmuster. Der Kontrast wird nach folgender Formel berechnet:

$$\text{Kontrast} = (I_{max} - I_{min})/I_{max} + I_{min}$$

I_{max} ist der Grauwert des hellen Streifens bzw. der hellsten Stelle innerhalb einer Periode eines solchen Musters, I_{min} dagegen ist der Grauwert des dunklen Streifens bzw. der dunkelsten Stelle innerhalb einer Periode.

Die **Ortsfrequenz** bezeichnet die relative **Breite der Streifen** des Musters. Für die Abbildungseigenschaften des Auges ist der **Sehwinkel**, unter dem ein Objekt gesehen wird, entscheidend.

Ortsfrequenz. Die Ortsfrequenz charakterisiert die **Breite der Streifen** bezogen auf die Breite eines Musters. Je mehr Streifen in einem Muster, umso höher ist die Ortsfrequenz. Da in der visuellen Wahrnehmung infolge der Abbildungseigenschaften des Auges nicht die absolute Breite entscheidend ist, sondern der Sehwinkel, unter dem ein Objekt gesehen wird, erfolgt die Angabe der Anzahl der Wechsel zwischen hellen und dunkeln Streifen nicht bezogen auf die Breite des Musters, sondern auf eine **Sehwinkeleinheit**: Wenn sich die Entfernung eines Musters ändert, bleibt die Breite erhalten, aber der Sehwinkel, unter dem das Muster gesehen wird, verringert sich. Die vier Finger einer ausgestreckten Hand (ohne Daumen) erzeugen z. B. ein gitterartiges Muster mit einer Sehwinkel von etwa 4 Grad. Dies ergibt eine Ortsfrequenz von 1/4=0,25 Zyklen pro Grad Sehwinkel. In der Praxis werden oft nicht helle und dunkle Streifen konstanter Helligkeit verwendet, sondern Streifenmuster mit sinusförmiger Helligkeitsänderung (analog zu den sinusförmigen Druckänderungen bei einem Tonreiz), bei denen ein allmählicher Übergang von hell nach dunkel erfolgt.

Definition

Unter der **Ortsfrequenz** versteht man die Anzahl der Perioden pro Sehwinkel in einem Streifenmuster. Der **Sehwinkel** ist der Winkel, unter dem ein Beobachter zwei Punkte sieht. Er verändert sich mit der Entfernung des Beobachters von den Punkten.

► Definition Ortfrequenz und Sehwinkel

Orientierung. Die Orientierung bezieht sich auf die **Ausrichtung der Streifenmuster.** Extreme Varianten sind vertikal ausgerichtete und horizontal ausgerichtete Streifenmuster. Alle Varianten dazwischen sind zugelassen.

Die **Orientierung** charakterisiert die **Ausrichtung eines Streifenmusters.**

Die Besonderheit dieser Muster ist, dass für jede Ortsfrequenz und jede Orientierung mit den klassischen pychophysikalischen Methoden der **Kontrastwert der absoluten Schwelle** bestimmt werden kann. Die **Kontrastsensitivität** ist der Kehrwert der Absolutschwelle. ▫ Abb. 6.5 zeigt die so gemessene Kontrastsensitivität für Personen unterschiedlichen Alters. Die Kontrastsensitivitätsfunktion hat bei Erwachsenen ihr Maximum bei etwa 2–3 Perioden pro Grad Sehwinkel.

Kontrastsensitivität wird mit den Verfahren der Schwellenbestimmung ermittelt.

Die **Kontrastschwellen** sind **von verschiedenen Faktoren beeinflusst**:

Verschiedene Faktoren wie Aufbau des Auges und Größe der rezeptiven Felder beeinflussen die Kontrastschwellen.

Ein rein optischer Faktor ergibt sich aus dem **Aufbau des Auges**: Das Auge ist ein Abbildungssystem, das vom Licht durchlaufen werden muss. Infolge seiner Eigenschaften kommt es beim **Durchlaufen des Auges** zu einem **Verlust des physikalische Kontrasts.** Ein optisches System wie das Auge kann daher durch das Verhältnis des Kontrasts des Musterabbildes auf der Retina und des Kontrasts im originalen Muster charakterisiert werden. Dieses Verhältnis ist kleiner als 1. Die Abbildungseigenschaften verändern sich z. B. mit der **Größe der Pupille**, die entsprechend der Duplextheorie mit skotopischem und photopischem Sehen in Verbindung steht. Eine kleine Pupille entspricht photopischem Sehen und bewirkt eine bessere Übertragung des Kontrasts als die große Pupille, die charakteristisch für skotopisches Sehen ist. Allgemein gilt, dass diese Übertragung des Musterkontrasts durch das Auge mit der Größe der Ortsfrequenz sinkt.

Verluste beim Durchlaufen des Auges führen zu Kontrastminderungen. Auch die Größe der Pupille ist hier von Bedeutung.

Ein anderer Faktor, der Einfluss auf die Verarbeitung von Mustern unterschiedlicher Ortsfrequenz hat, ist in den **Eigenschaften der rezeptiven Felder der Neurone** im primären visuellen Kortex begründet. Ein Neuron hat rezeptive Felder, die aus erregen-

Die **Größe der rezeptiven Felder** von Neuronen im visuellen Kortex beeinflusst die Kontrastschwellen.

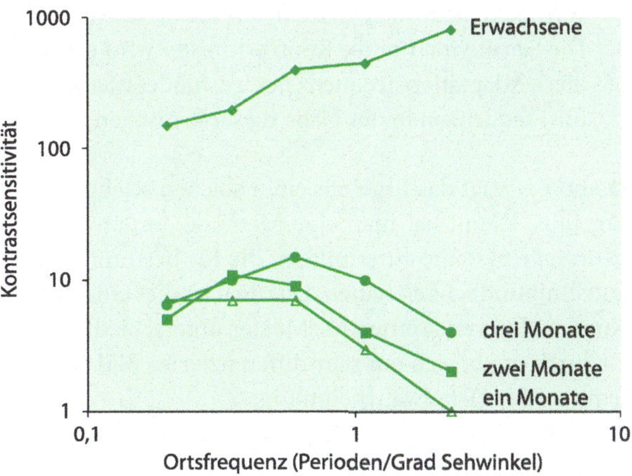

▫ **Abb. 6.5** Kontrastsensitivität für verschiedene Ortsfrequenzen und vier Altersgruppen. (Mod. nach Goldstein, 2002)

den und hemmenden Bereichen gebildet werden und den eben eingeführten Streifenmustern entsprechen. Wenn die **Größe eines rezeptiven Feldes** so ist, dass der erregende Bereich mit dem hellsten Bereich des Streifenmusters und der hemmende Bereich mit dem dunkelsten Teil des rezeptiven Feldes zusammenfällt, leistet dieses Neuron eine Erkennung des Musters. Nun sind im Kortex relativ wenige Neurone mit sehr kleinen und sehr großen rezeptiven Feldern vorhanden. Daher ist die Kontrasterkennung für Streifenmuster mit großen und kleinen Ortsfrequenzen sehr schlecht.

6.1.5 Selektive Adaptation

Ganglienzellen mit ihren rezeptiven Feldern haben optimale Ortsfrequenzmuster.

Für Muster mit bestimmten Ortsfrequenzen kann eine selektive Adaptation stattfinden. Diese selektive Adaptation ist ein Hinweis auf ein neuronales System für die Verarbeitung solcher Frequenzen. Es zeigt sich nun (Enroth-Cugell & Robson 1986), dass es **für jedes rezeptive Feld** in Abhängigkeit von seiner Größe **ein optimales Ortsfrequenzmuster** gibt, bei dem die Ganglienzelle die höchste Feuerungsrate hat.

Über den Nachweis **selektiver Adaptation** kann indirekt die Existenz neuronaler Systeme belegt werden.

Viele Eigenschaften solcher Neuronen sind in Tierexperimenten durch die **Ableitung der Aktivität einzelner Neurone** gewonnen worden. Da diese Methode nur sehr eingeschränkt in bestimmten Fällen verwendet werden kann, ist die Wahrnehmungspsychologie auf indirekte Methoden angewiesen. Eine dieser Methoden beruht auf dem Lernen. Wenn es neuronale Systeme geben sollte, die für bestimmte Kontrastmuster sensitiv sind, dann sollten diese als biologische Systeme bei einer Dauerreizung ermüden, d. h., nach einer gewissen Zeit sollte die Sensitivität für Muster dieses Typs herabgesetzt sein. Diese Methode, bekannt als **selektive Adaptation** wird daher häufig eingesetzt, um indirekt die Existenz neuronaler Systeme einer bestimmten Funktionalität zu belegen.

► Definition Selektive Adaptation

Definition

Bei der **selektiven Adaptation** handelt es sich um ein Verfahren, bei dem eine Person für eine gewisse Zeitdauer einem bestimmten Reiz ausgesetzt wird und danach die Auswirkungen dieser Exposition auf die Wahrnehmung anderer Reize geprüft wird.

Die **Methode der selektiven Adaptation** erfordert die Erfassung von Reaktionen auf einen Reiz vor und nach einer Adaptationsphase.

Das Verfahren zur **Prüfung der selektiven Adaptation** umfasst folgende Schritte:

1. Die Sensitivität für Kontrastmuster über den relevanten Bereich an Ortsfrequenzen wird erhoben.
2. Ein Kontrastmuster einer bestimmten Ortsfrequenz wird ausgewählt (Adaptationsmuster in ◘ Abb. 6.6). Diese Muster werden entsprechend lange gezeigt, um das vermutete neuronale System, das für diese Frequenz zuständig ist, zu ermüden.
3. Die Sensitivität für alle Kontrastmuster wird erneut erhoben. Wenn das System für diese Adaptationsfrequenz noch ermüdet ist, dann sollte diese Sensitivitätsfunktion für Frequenzen in der Nähe dieser kritischen Frequenz einen Einbruch zeigen.

Die Kontrastübertragungsfunktionen für Muster unterschiedlicher Orientierung ergeben ein differenziertes Bild der Sensitivität des visuellen Systems.

◘ Abb. 6.6 zeigt das Ergebnis einer solchen selektiven Adaptation mit dem erwarteten Ergebnis. Damit hat man eine Methode, um ähnlich wie bei der Farbwahrnehmung neuronale Systeme zu ermitteln, die für bestimmte Frequenzbereiche eine besonders gute Empfindlichkeit haben. Letztlich ist dies eine Art zeitlicher Kontrasteffekt. Solche **Kontrastkurven** können für Muster unterschiedlicher Orientierung erhoben werden. Dadurch ergibt sich ein sehr differenziertes Bild für die Sensitivität des visuellen Systems bei der Detailwahrnehmung.

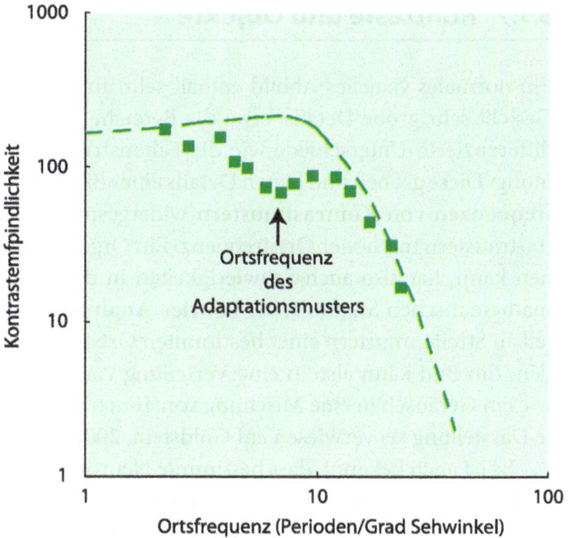

Abb. 6.6 Kontrastübertragungsfunktion vor und nach der Adaptation mit einem bestimmten Muster. (Mod. nach Goldstein, 2002)

6.1.6 Zeitliche Kontraste

Neben der räumlichen Auflösung gibt es auch eine Auflösung in zeitlicher Hinsicht. Die Kontraste in einem Bild ändern sich mit der Darbietungszeit. Wir sprechen von der **zeitlichen Kontrastsensitivität.** Die einfachste Reizvariante für die Bestimmung dieser Art der Sensitivität ist die Darbietung eines **flackernden Musters**, das aus einem Wechsel von hellen und dunkeln Streifen in einem zeitlichen Abstand besteht. Es kann dann die Bestimmung der zeitlichen Frequenz erfolgen, bei der gerade noch ein flackerndes Muster, gesehen werden kann. Werden nun unterschiedliche Kontraste für ein solches Flackern betrachtet, kann über die Schwellenbestimmung eine zeitliche Kontrastsensitivität gemessen werden. Die Kontrastsensitivität solcher Muster für photopisches Sehen ist am höchsten bei etwa 8 Hz. Bei Frequenzen über 50 Hz geht die Empfindlichkeit gegen null. Abb. 6.7 zeigt diesen Zusammenhang zwischen Kontrastempfindlichkeit und Frequenz des Wechsels in der Zeit.

Neben räumlichen Kontrasten gibt es auch ein zeitliches Phänomen. Auch das **zeitliche Auflösungsvermögen** hängt von Ortsfrequenzen ab.

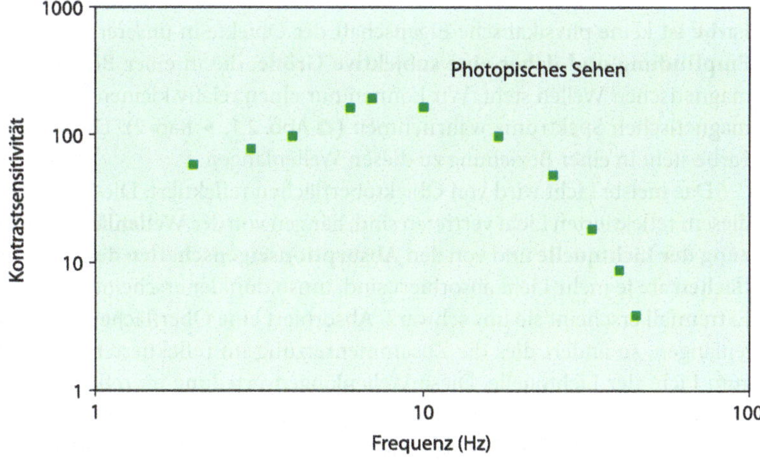

Abb. 6.7 Zeitliche Kontrastsensitivität in Abhängigkeit von der Flackerfrequenz. Die Sensitivität ist für photopisches Sehen am höchsten bei etwa 8 Hz. (Mod. nach De Lange, 1958)

6.1.7 Kontraste und Objekte

Die Kontrastwahrnehmung ist die Grundlage für die Erkennung von Konturen und damit von Objekten. Der Zusammenhang zwischen **Kontrastwahrnehmung und Objekterkennung** wird auch dadurch deutlich, dass Graubilder durch eine Überlagerung von solchen Streifenmustern dargestellt werden können.

Ein normales visuelles Abbild enthält sehr unterschiedliche Details. Es gibt in einem Gesicht sehr grobe Details, etwa die Bereiche Augen, Nase und Mund, als auch sehr differenzierte Unterschiede wie die Faltenstruktur eines Gesichts zur Altersbestimmung. Diese groben und feinen Details eines Bildes werden in den verschiedenen **Ortsfrequenzen von Kontrastmustern** widergespiegelt. Feine Details entsprechen Kontrastmustern mit hoher Ortsfrequenz. Ein Organismus, der solche Muster nicht erkennen kann, hat also auch Schwierigkeiten in der Detailwahrnehmung. Mithilfe einer mathematischen Methode, der **Fourier-Analyse**, kann für jedes Grauwertbild der Anteil an Streifenmustern einer bestimmten Ortsfrequenz an diesem Bild dargestellt werden. Ein Bild kann also in eine Verteilung von Ortsfrequenzmustern zerlegt werden, wie ein Geräusch in eine Mischung von Tönen zerlegt werden kann (für eine detaillierte Darstellung sei verwiesen auf Goldstein, 2002)

Die **Empfindlichkeitskurven** charakterisieren nicht nur das visuelle System. Sie können auch für einzelne Neurone erhoben werden.

Es ist auch bekannt, dass bestimmte Neurone für bestimmte Ortsfrequenzen infolge ihrer Eigenschaften des rezeptiven Feldes eine besondere Empfindlichkeit haben. Solche **Empfindlichkeitskurven für Ortsfrequenzmuster** sind also eine Möglichkeit, die Eigenschaften des visuellen Systems und einzelner Neurone mit ihren rezeptiven Feldern zu beschreiben.

6.2 Farbwahrnehmung

Für die Praxis

Ästhetik und Mensch-Rechner-Kommunikation

Die ästhetische Bewertung von Objekten wird von der Wahrnehmungspsychologie untersucht, weil sie eine interessante Leistung ist. Schönheits- und Gefallensurteile gehören zu den unmittelbaren Urteilen. Wie bedeutsam solche Urteile sind, zeigt die Rolle des ästhetischen Empfindens bei der Bewertung von Nutzeroberflächen zur Mensch-Rechner-Interaktion. Eine Untersuchung zeigte, dass durch geeignete Farbwahl ästhetisch gestaltete Interfaces zu einem verringerten Belastungserleben der Nutzer führten.

6.2.1 Reflexionsspektren

Entscheidend für die **Farbwahrnehmung** ist die **Wellenlängenzusammensetzung** des Lichts, das von einer Oberfläche reflektiert wird. Objekte unterscheiden sich darin.

Farbe ist keine physikalische Eigenschaft der Objekte in unserer Umwelt, sie ist **eine Empfindung und daher eine subjektive Größe**, die in einer Beziehung zu elektromagnetischen Wellen steht. Wir können nur einen relativ kleinen Bereich des elektromagnetischen Spektrums wahrnehmen (■ Abb. 2.1, ▶ Kap. 2). Die wahrgenommene Farbe steht in einer Beziehung zu diesen Wellenlängen.

Die **Verteilung der Wellenlängen** im reflektierten Licht einer Oberfläche ist der proximale Reiz für die Farbwahrnehmung.

Das meiste Licht wird von Objektoberflächen reflektiert. Die Wellenlängen, die in diesem reflektierten Licht vertreten sind, hängen von der **Wellenlängenzusammensetzung der Lichtquelle** und von den **Absorptionseigenschaften der reflektieren Oberflächen** ab: Je mehr Licht absorbiert sind, umso dunkler erscheint eine Oberfläche, im Extremfall erscheint sie uns schwarz. Absorbiert eine Oberfläche nur bestimmte Wellenlängen, so ändert dies die Zusammensetzung im reflektierten Licht im Vergleich zum Licht der Lichtquelle. Diese Wellenlängenverteilung im reflektierten Licht einer Oberfläche wird zum proximalen Reiz für die Farbwahrnehmung.

Die **physikalischen Eigenschaften der Oberflächen** bestimmen die Verteilung der Wellenlängen im reflektierten Licht.

Die **Verteilung der Wellenlängen im reflektierten Licht** verschiedener Oberflächen und Farbpigmente ist also entscheidend. Weißes Kopierpapier reflektiert nahezu alle Wellenlängen im gleichen Ausmaß, schwarzes Papier reflektiert natürlich die verschiedenen Wellenlängen nur in einem sehr geringen Ausmaß. Eine Tomate reflektiert vor allem das langwellige Licht und erscheint daher rot.

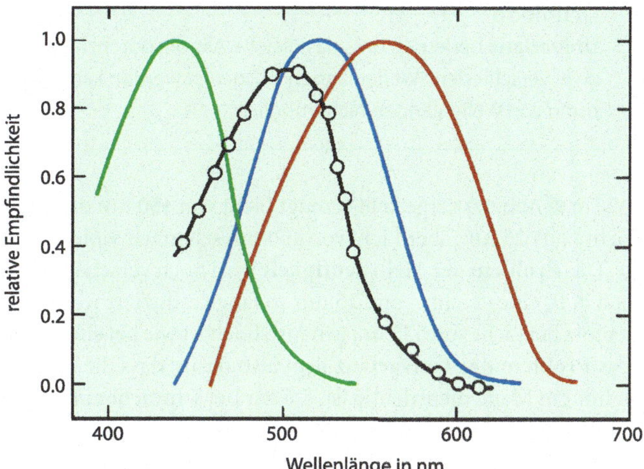

Abb. 6.8 Empfindlichkeit der Zapfen (blau, grün, rot) und Stäbchen (schwarz) der menschlichen Retina. (Aus Ditzinger, 2006)

Der **Farbeindruck** entsteht also aus der **Wechselwirkung des reflektierten Lichts mit den wellenlängenempfindlichen Rezeptoren der Netzhaut** und der Weiterverarbeitung. In Abb. 6.8 ist die Empfindlichkeit der drei Zapfentypen als auch der Stäbchen dargestellt. Die Zapfen haben ihre Maxima bei verschiedenen Wellenlängen (440 nm, 530 nm und 560 nm) und werden auch K-Zapfen, M-Zapfen und L-Zapfen genannt. Manchmal werden sie auch Blau-, Grün- und Rot-Zapfen genannt. Allerdings ist dies irreführend, da jeder Zapfentyp für alle Wellenlängen Aktivität zeigt, eben nur in einem unterschiedlichen Ausmaß.

Der **Wahrnehmungseindruck** entsteht aus der Wechselwirkung der Wellenlängenmischung des auffallenden Lichts mit den unterschiedlichen Zapfen in der Retina und der dann erfolgenden Signalverarbeitung.

6.2.2 Univarianz

Warum haben wir drei Zapfentypen? Hintergrund ist das Problem der Univarianz, d. h., dass mit einem Zapfentyp keine eindeutige Wahrnehmung möglich ist. Verschiedene monochrome Lichtquellen, also Lichtquellen, die nur Licht einer bestimmten Wellenlänge enthalten, führen zu vergleichbarer Aktivität eines Rezeptors. Das bedeutet, dass die Aktivität eines Rezeptors nicht eindeutig einer bestimmten Wellenlänge zugeordnet werden kann. Damit kann das visuelle System auf der Grundlage der Aktivität eines Rezeptors keinen Unterschied zwischen Wellenlängen erkennen, also keine Farbe wahrnehmen (Abb. 6.9).

Mit einem Rezeptortyp allein, selbst wenn er sensible für unterschiedliche Wellenlängen ist, kann keine Farbwahrnehmung funktionieren.

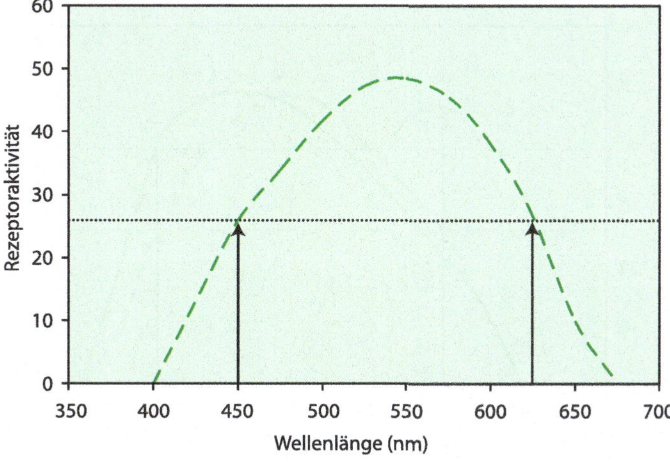

Abb. 6.9 Univarianz: Licht von 450 und 625 nm erzeugt bei einem Rezeptor die gleiche Aktivität. Die Rezeptoraktivität ist mehrdeutig

▶ Definition Univarianz

> **Definition**
> **Univarianz** bedeutet, dass das gleiche Aktionspotenzial bei einem Zapfen durch zwei verschiedene Wellenlängen ausgelöst werden kann. Damit ist eine Unterscheidung von Wellenlängen nicht möglich.

Die **Farbwahrnehmung** erfordert wegen der Univarianz von Photorezeptoren **mindestens zwei Rezeptortypen** mit unterschiedlicher spektraler Empfindlichkeit.

Wie in Abb. 6.9 dargestellt erzeugt Licht von 450 nm die gleiche Rezeptorantwort wie Licht von 625 nm, aber Licht von 450 nm sehen wir violett und Licht von 625 nm orange. Das **Problem der Mehrdeutigkeit** wird noch verschärft. Im Beispiel kann die Intensität z. B. eines Lichts von 525 nm so lange reduziert werden, bis die Aktivität des Rezeptors bei Licht von 525 nm genauso hoch ist wie bei einem anderen Licht von 625 nm. Das **Problem der Univarianz** liegt also darin, dass die Aktivität eines Photorezeptors in hohem Maße mehrdeutig ist. Da wir bei schwachem Licht (nicht bei Tageslicht) nur mit den Stäbchen, also nur mit einem Rezeptortyp, sehen können, haben wir auch keine Möglichkeit Farben zu sehen. Das Problem der Univarianz verhindert dies, obwohl Stäbchen natürlich auch eine wellenlängenabhängige Aktivität zeigen. Zur Beseitigung dieser Mehrdeutigkeit und damit **zur Wahrnehmung von Farbe brauchen wir mehrere Rezeptortypen.**

6.2.3 Trichromatizität

Die Mehrdeutigkeit, die im Signal eines Rezeptortyps steckt, kann nur durch zusätzliche Rezeptortypen mit anderer Wellenlängenempfindlichkeit aufgelöst werden In unserem visuellen System haben wir dafür drei Rezeptortypen.

Mit den Rot-Zapfen allein könnten wir wegen des Problems der Univarianz nicht Rot sehen, nur die Zusammenarbeit der drei Zapfentypen sichert diese Farbwahrnehmung. Die **Grundlage der Farbwahrnehmung sind die Aktivitätsmuster der drei Zapfentypen**, also ein neuronaler Populationscode, d. h., das Aktivitätsmuster über mehrere Neurone bestimmt die Wahrnehmung (auch ▶ Kap. 5) Die beiden im Beispiel genannten Wellenlängen 450 und 625 nm erzeugen jeweils eine unterschiedliche Verteilung an Aktivitäten der drei Zapfentypen. Die unterschiedlich langen Pfeile bei diesen Wellenlängen in Abb. 6.10 verdeutlichen dies. Beide Wellenlängen erzeugen vergleichbare Aktivität in den M-Rezeptoren, aber unterschiedliche Aktivität in den L- und K-Rezeptoren. Diese Eigenschaft der drei Zapfentypen, nämlich dass die Verteilung der Aktivität den Farbeindruck bestimmt, wird als Chromatizität bezeichnet. Solche **Unterschiede in Rezeptoraktivitäten** werden dann neuronal ausgewertet.

▶ Definition Chromatizität

> **Definition**
> **Chromatizität** bedeutet, dass die Farbe über die Ausgänge von drei verschiedenen Rezeptoren in unserem visuellen System kodiert wird.

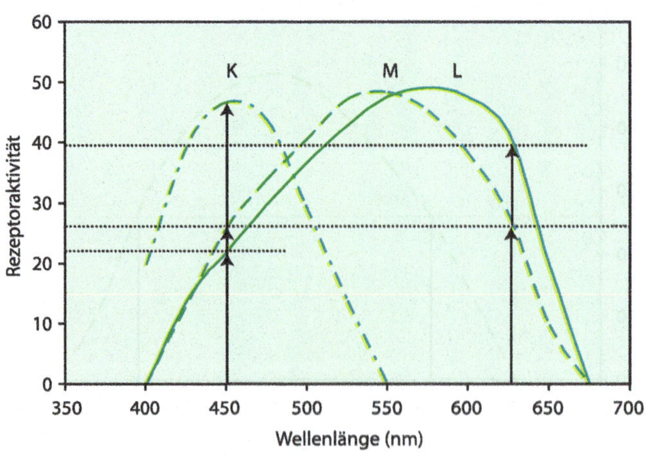

Abb. 6.10 Trichromatizität am Beispiel von zwei Wellenlängen

Bisher sind wir immer davon ausgegangen, dass Licht einer ganz bestimmten Wellenlänge betrachtet wird. Wie schon gesagt, ist aber normalerweise das auftreffende **Licht eine Mischung aus verschiedenen Wellenlängen.**

Das zu verarbeitende Licht ist in der Regel eine Mischung aus verschiedenen Wellenlängen. Es entstehen Farbmischungen.

Es werden **zwei Typen von Farbmischungen** unterschieden: die additive und die subtraktive Farbmischung.

Additive Farbmischungen. Das Beispiel zeigt zunächst, dass eine **Mischung von Wellenlängen** die gleiche Verteilung an Rezeptoraktivität erzeugen kann wie ein monochromes Licht mit einer bestimmten Wellenlänge. Die Mischung aus Rot und Grün erzeugt vergleichbare Aktivität in den M- und L-Rezeptoren. Eine vergleichbare Aktivität kann aber auch durch monochromes gelbes Licht erzeugt werden. In der Wahrnehmung ist demnach eine bestimmte Mischung aus Wellenlängen von monochromem Licht nicht zu unterscheiden. Solche Mixturen von Wellenlängen mit diesen Eigenschaften der Ununterscheidbarkeit wurden in Farbmischexperimenten gefunden. Sie werden nach Helmholtz **Metamere** genannt. Als Metamere bezeichnet man also zwei Leuchtfelder, die zu einer identischen Wahrnehmung führen, aber verschiedene Wellenlängeverteilungen haben. Eine solche Mischung, auch additive Farbmischung genannt, gewinnt ihren **Farbeindruck in der neuronalen Verarbeitung**. Es ist **kein physikalischer Effekt.**

Bestimmte additive Farbmischungen können nicht von Licht einer bestimmten Wellenlänge unterschieden werden.

Definition
Eine **additive Farbmischung** ist eine Überlagerung von Licht unterschiedlicher Farbe.

► **Definition Additive Farbmischung**

Solche **additiven Farbmischungen** werden beispielsweise bei Farbmonitoren, bei Projektoren oder in der digitalen Fotografie benutzt. Die in **technischen Systemen benutzten primären Farben** haben erst einmal nichts mit der Farbempfindlichkeit der Rezeptoren zu tun. Die Auswahl dieser primären Farben stellt eine technische Übereinkunft dar. Sie haben folgende allgemeine Eigenschaften:

- Die Reaktion auf einen Reiz, der mehrere Wellenlängen enthält, entspricht der Summe der Aktivitäten für die einzelnen Wellenlängen.
- Für die Erzeugung eines bestimmten Farbeindrucks reicht in der Regel die Mischung von drei primären Farbreizen aus. Die Auswahl dieser primären Farben muss so erfolgen, dass eine der drei Farben nicht als Mischung der beiden anderen dargestellt werden kann.

Additive Farbmischungen auf der Grundlage von drei **Primärfarben** werden in technischen Systemen zur Darstellung von Farben genutzt.

Die drei **Primärfarben** müssen so ausgewählt werden, dass eine Farbe nicht als Mischung der beiden anderen erzeugt werden kann.

Subtraktive Farbmischungen. Daneben gibt es auch eine subtraktive Farbmischung, die als **physikalischer Effekt durch Mischung von Farbpigmenten** entsteht.

Definition
Eine **subtraktive Farbmischung** ist das Resultat, das sich bei einer Mischung von unterschiedlichen Farbpigmenten ergibt.

► **Definition Subtraktive Farbmischung**

Farbpigmente erhalten ihren Farbeindruck aus den Absorptionseigenschaften. Eine Mischung von Farbpartikeln reflektiert nur das Licht, das weder von dem einen noch dem anderen Farbpartikel reflektiert wird. **Subtraktive Farbmischungen** begleiten uns **beim Malen**, wenn wir Farben mischen, um bestimmte Farbeindrücke auf dem Papier zu erzeugen. In der Drucktechnik werden Pigmenten für folgende Färben verwendet: Cyan, Magenta und Gelb. Subtraktive Farbmischungen haben also eine **große praktische Bedeutung.** Da sich diese Farbeindrücke aber rein physikalisch erklären lassen, sind subtraktive Farbmischungen **für die Farbwahrnehmung relativ uninteressant.**

Subtraktive Farbmischungen sind ein physikalischer Effekt infolge der Absorptionseigenschaften von Farbpartikeln.

Eine Ausnahme bildet eine Maltechnik, die besonders Seurat (1859–1891) gepflegt hat: die Nebeneinandersetzung von Punkten unterschiedlicher Farbpigmente. Aus einer Entfernung, wo sich diese Punktstruktur räumlich nicht mehr auflösen lässt, entsteht eine additive Farbmischung.

Es können etwa 10 Mio. Farbeindrücke unterschieden werden.

Die **neuronale Kodierung hinter der Farbwahrnehmung** kann also durch die Aktivität von drei Rezeptortypen charakterisiert werden. Es wird geschätzt, dass damit etwa 10 Mio. verschiedene Farbeindrücke unterschieden werden können.

6.2.4 Dimensionen wahrgenommener Farben

In der Wahrnehmung lassen sich Farbeindrücke nach Helligkeit, Farbwert und Sättigung unterscheiden

Die physikalische Beschreibung eines Farbreizes erfolgt durch die Wellenlänge. Die psychologische Beschreibung erfolgt durch drei Dimensionen: Farbton, Helligkeit und Sättigung.

In einem Farbköper können die Beziehungen zwischen den drei Dimensionen dargestellt werden.

Der **Farbton** – also die Wahrnehmung einer Farbe – entspricht dem Farbeindruck, **Helligkeit** entspricht der Intensität des Lichts, und **Sättigung** entspricht dem Anteil an Weiß an einem Farbreiz. Der Mittelpunkt entspricht einem neutralen Weiß. Dieses dreidimensionale System kann in einem Farbkörper wie in ◘ Abb. 6.11 abgebildet werden.

Es gibt nur vier **Grundfarben** (rot, gelb, grün, blau). Sie bilden die beiden Hauptachsen des Farbkreises. Jeder Farbreiz kann daher auf diesen beiden Achsen durch seine Ausprägung angegeben werden.

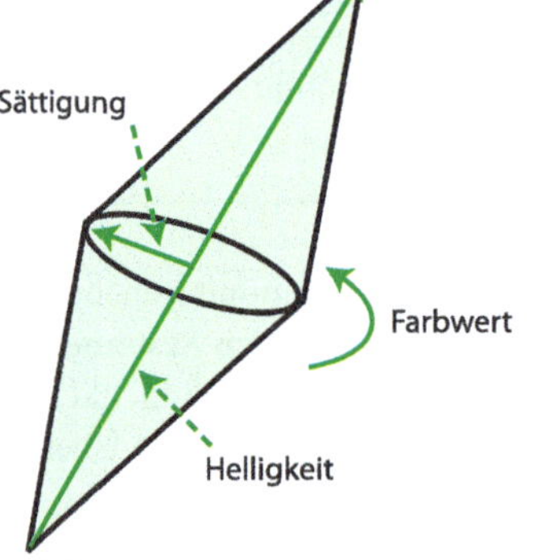

◘ Abb. 6.11 Der Farbkörper. Die Helligkeit variiert entlang der vertikalen Achse, die Farbwerte ergeben eine kreisförmige Anordnung in der horizontalen Ebene. Die Sättigung variiert radial in der horizontalen Ebene mit neutralem Weiß im Zentrum. (Nach Hoffman, 2003)

6.2.5 Theorien zur Farbwahrnehmung

Young-Helmholtz-Theorie oder Dreifarbentheorie

Die **Young-Helmholtz-Theorie** gründet sich auf die Farbmischungsexperimente und damit auf die drei Rezeptorsysteme.

Helmholtz und Young entwickelten ihre **Theorie der Farbwahrnehmung auf der Grundlage der Chromatiziät.** Farbvergleichsexperimente zeigten, dass die Farbempfindung eines monochromen Lichts mit höchstens drei Quellen monochromen Lichts in primären Farben hergestellt werden kann. Young nahm drei Farbwerte an. Mithilfe der additiven Farbmischung überprüfte er die These, dass die drei Farben Rot, Grün und Violett die Grundlage aller Farbwahrnehmungen sind. Helmholtz nahm **drei farbsensitive Nervenfasern** an und maß die Farbempfindlichkeit mit seiner Methode der Farbabgleichung. Die resultierende Farbe einer bestimmten Wellenlänge sollte durch Mischung der Farben von drei vorgegebenen Wellenlängen hergestellt werden. Er ließ also aus drei Farben eine Mischung erstellen, die einer vorgegebenen Vergleichsfarbe entsprach. So stellte er fest, dass jede Farbe durch Mischung von drei Farben hergestellt werden kann. Dies führte zusammen mit den Ergebnissen von Young zu der Vermutung, dass drei Rezeptortypen notwendig sind. Auf Helmholtz geht die Begründung zurück, dass rotempfindliche, grünempfindliche und violettempfindliche Rezeptoren anzunehmen sind. Die von Helmholtz erhaltenen Kurven über die Anteile der drei Farben an einem Farbreiz entsprechen erstaunlich gut den Absorptionskurven der drei Rezeptortypen. Die psychophysikalischen Ergebnisse zur Farbwahrnehmung waren dann leitend für die physiologische orientierten Farbwahrnehmungstheorien.

► Defintion Dreifarbentheorie

Definition

Gemäß der **Dreifarbentheorie** bzw. der Young-Helmholtz-Theorie beruht die Farbwahrnehmung auf drei Rezeptortypen mit jeweils unterschiedlicher Empfindlichkeit.

Gegenfarbtheorie

Hering (1834–1918) führte ebenso Farbexperimente durch und kam zu einer anderen theoretischen Beschreibung. Er ging davon aus, dass bestimmte Farbkombinationen nicht auftreten. Wir können ein blaues Grün, aber kein rotes Grün sehen. Daher nahm er an, dass es **Farbkombinationen** gibt, **die sich gegenseitig ausschließen**, z. B. Rot und Grün. Ein anderer Beleg für solche Gegenfarben sind Nachbilder (► Einleitungszitat von Goethe). Betrachtet man etwa 1 min einen roten Kreis und schaut dann auf eine weiße Wand, dann sieht man in der Regel kein rotes Nachbild, sondern ein grünes. Man spricht auch von negativen Nachbildern.

Die **Gegenfarbentheorie** geht von den Gegenfarbeneffekten in der Farbwahrnehmung wie beispielsweise den Nachbildern aus.

Definition

Die **Gegenfarbentheorie** nimmt an, dass die Farbwahrnehmung auf drei antagonistischen Mechanismen beruht, einem Blau-Gelb-Mechanismus, einem Rot-Grün-Mechanismus sowie einem Schwarz-Weiß-Mechanismus. Es wird also angenommen, dass auf der Ebene nach der Rezeptorschicht die Farbinformation aus dem Auge in den Farbgegensätzen bzw. Gegenfarben Rot-Grün, Blau-Gelb und Schwarz-Weiß kodiert wird.

► Defintion Gegenfarbentheorie

Herings Versuche führten zu Annahme von **drei Gegensatzpaaren**: Rot versus Grün, Blau versus Gelb und Weiß versus Schwarz. In entsprechenden Untersuchungen konnten später Neurone gefunden wurden, die dieses antagonistische Verhalten zeigten.

Es wurden Neurone gefunden, die auf Licht einer bestimmten Wellenlänge mit gegenläufigen Signalen antworten.

Duale Theorie

Die Dreifarben- und die Gegenfarbentheorie wurden deutlich später zu einem Ansatz vereinigt, indem die beiden theoretischen Ansätze **zwei verschiedenen Stufen der Verarbeitung** zugeordnet wurden: eine erste Stufe mit den drei Rezeptortypen steht für die Dreifarbentheorie und eine zweite spätere Stufe steht für die Gegenfarbentheorie. Infolge der Verschaltung der Ausgänge der Rezeptoren werden gegenfarbenempfindliche Verarbeitungssysteme gebildet. Hurvich und Jameson (1957) entwickelten die Theorie auf der Grundlage psychophysikalischer Experimenten, also ohne moderne neurophysiologische Technik. Sie führten Experimenten durch, in denen für rotes Licht bestimmt wurde, wie viel grünes Licht dazu addiert werden muss, damit der Farbeindruck verschwindet. Ebenso ermittelten sie die Menge gelben Lichts, die zu Blau addiert werden muss, damit dieses Licht verschwindet. Auf diese Art und Weise ermittelten sie die spektrale Empfindlichkeit der Gegenfarbensysteme.

Die beiden theoretischen Ansätze lassen sich vereinen. Durch eine Verschaltung der Rezeptorsysteme lassen sich Gegenfarbensysteme etablieren.

Spätere physiologische Experimenten haben bestätigt, dass es solche gegenfarbenempfindliche Verarbeitungssysteme gibt. Folgende werden heute angenommen:

- Das Rot-Grün-System der zweiten Verarbeitungsstufe erhält gegenläufige Signale von den M- und L-Rezeptoren.
- Das Blau-Gelb-System der zweiten Stufe hat gegensätzliche Eingänge von den K-Rezeptoren und einer Kombination von M- und L-Rezeptoren.
- Das Hell-Dunkel-System erhält gleichgerichtete Signale von allen drei Rezeptoren der ersten Verarbeitungsstufe.

Die beiden Theorien der Farbwahrnehmung stehen für Mechanismen auf unterschiedlichen Ebenen der Verarbeitung.

Es zeigt sich also, dass auf unterschiedlichen Ebenen unterschiedliche Mechanismen an der Farbwahrnehmung beteiligt sind.

6.2.6 Interaktionen von Farben

So wie Sinnessysteme interagieren, ergeben sich auch Wechselwirkungseffekte bei Farbe. Die bekanntesten sind der **Simultankontrast** und **Assimilationseffekte**. Auf der

Wechselwirkungseffekte von Farben sind die Assimilation und der Farbkontrast.

Grundlage der Dreifarbentheorie können Farbkontraste nur erklärt werden, wenn ein Farbreiz auf einem neutralen grauen Hintergrund gezeigt wird.

Simultaner Farbkontrast

Zwei **benachbarte Flächen** unterschiedlicher Farbe beeinflussen sich gegenseitig. Der Farbwert der einen Fläche verschiebt sich in Richtung der Gegenfarbe der anderen Fläche.

Wenn ein **Farbreiz vor dem Hintergrund eines anderen Farbreizes** gezeigt wird, verändern sich Farbton, Sättigung und Helligkeit; das Phänomen wird als simultaner Farbkontrast bzw. Simultankontrast bezeichnet. Generell gilt, dass beispielsweise der Farbwert einer Oberfläche sich in Abhängigkeit von dem Farbwert des Hintergrundes verschiebt und zwar in Richtung der Gegenfarbe. Grün vor einem satten Grün erscheint uns weniger Grün als das gleiche Grün vor seiner Gegenfarbe Rot.

Assimilationseffekte

Farbassimilation ist ein Interaktionseffekt, bei dem Veränderungen in Richtung der streuenden Farbe eintreten.

Besonders stark sind solche Interaktionseffekte, wenn ein **Farbreiz in einer Umgebung** gezeigt wird, die selbst gemustert ist. Man kann sich ein schwarzes oder weißes Mäandermuster auf einem roten Teppich vorstellen. Dann gibt es keinen Kontrasteffekt, sondern einen Assimilationseffekt. Es ist so, als würde eine Farbe in der Umgebung streuen. Die Wahrnehmung der Musterfarben wird durch schwarze und weiße Konturen in Richtung der Konturhelligkeiten verändert. Mit dem schwarzen Mäandermuster würde das Rot des Teppichs dunkler empfunden werden als mit einem weißen Mäandermuster.

Farbadaptation

Bei einer **sukzessiven Darbietung** von zwei Farbreizen kommt es infolge der Adaptation zu einer Farbverschiebung beim zweiten Reiz.

Wenn ein **Farbreiz eine kurze Zeit** dargeboten wird und **danach ein anderer Farbreiz** gezeigt wird, dann verschiebt sich der Farbeindruck durch den Adaptationsreiz. Neutrale Farbreize nehmen die Gegenfarbe des adaptierten Reizes an. Wenn der adaptierende und der Testfarbreiz ähnlich sind, erscheint der Testfarbreiz weniger gesättigt. Auch diese Adaptationseffekte können durch die trichromatische Theorie erklärt werden, wenn angenommen wird, dass der adaptierende Reiz zu einer Reduktion der Reaktionsfähigkeit der entsprechenden Rezeptoren führt.

Farbkonstanz

An der **Konstanz des Farbeindrucks** bei veränderter Beleuchtung sind verschieden Mechanismen beteiligt.

Im Alltag ändern sich ständig die **Beleuchtungsverhältnisse** in beträchtlichem Umfang. Daraus resultiert auch eine Änderung der Intensität und der Zusammensetzung des reflektierten Lichts von Oberflächen. Trotz dieser Änderungen haben wir relativ konstante Farbeindrücke, die für die Erkennung von Objekten auch wichtig sind. Es gibt verschiedene Mechanismen, die diese Konstanz erzeugen:

Farbkonstanz kann über die Konstanz des Verhältnisses der Antworten der drei Rezeptortypen verstanden werden.

Adpatation an das Licht einer Beleuchtungsquelle führt zu einer Reduktion der Rezeptorantwort für den vorherrschenden Wellenlängenbereich in diesem Licht.

Gedächntisfarben haben einen Einfluss auf Farbeindrücke von Objekten.

- Das Verhältnis der **Rezeptorantworten** bei Änderungen bleibt **relativ konstant**. Diese konstanten Verhältnisse haben daher auch eine Farbkonstanz in der Wahrnehmung zur Folge.
- **Lokale Kontrast- und Adaptationsmechanismen** sind andere Quellen der Farbkonstanz. Wenn z. B. eine Lichtquelle viel kurzwelliges Licht enthält, dann adaptieren diejenigen Rezeptoren besonders stark, die eine Empfindlichkeit für den Wellenlängenbereich kurzwelliges Licht haben, d. h., der überproportionale Anteil an kurzwelligem Licht kommt infolge dieser Adaptation nur vermindert zu Wirkung. Nach Kraft und Brainerd (1999) ist auch lokaler Kontrast einer der Mechanismen zur Sicherung der Farbkonstanz.
- Manche Objekte haben charakteristische Farben. Diese Farbwerte können als sog. **Gedächtnisfarben** die Farbwahrnehmung beeinflussen und somit auch Farbkonstanz sichern.

Für die Praxis

Farbe und Präsentation

Wenn wir Publikationen farbig gestalten, setzen wir die Farbe als Informationsträger ein. Sie bekommt eine unterstützende Funktion, um im Kommunikationsprozess unsere Botschaft zum Empfänger zu transportieren. Ist unsere Farbgestaltung gut gelungen, dann wird unsere Information vom Empfänger leicht und bereitwillig aufgenommen. Wir können mit Farben aber auch das Gegenteil bewirken und mit ungünstigen Farbkombinationen Ablehnung und Vorbehalte beim Gegenüber hervorrufen.

Kontrollfragen

1. Was versteht man unter lateraler Hemmung und welche Kontrastphänomene können damit erklärt werden?
2. Wieso kann der Koffka-Ring nicht mit lateraler Hemmung erklärt werden?
3. Wie kann das Auflösungsvermögen des Auges gemessen werden?
4. Erläutern Sie die Methode der selektiven Adaptation an einem Beispiel!
5. Welche Arten von Farbmischungen werden unterschieden?
6. Was sind Metamere?
7. Welche Phänomene kann die Dreifarbentheorie nicht erklären?
8. Nennen Sie zwei Phänomene zur Interaktion von Farben in der Wahrnehmung?

▶ Weiterführende Literatur

Gegenfurtner, K.R. (2003). Color vision. *Annual Review of Neuroscience*, 26, 181–206.
Goldstein, E.B. (2002). *Wahrnehmungspsychologie*. 6. Auflage. Heidelberg: Spektrum.
Wolfe, J.M., Kluender, K.R., Levi, D.M., Bartoshuk, L.M., Herz, R.S., Klatzky, R.L. & Lederman, S. J. (2006). *Sensation & perception*. Sunderland: Sinauer Ass.

7 Wahrnehmung von Bewegungen

Lernziele

- Welche Funktionen kann die Bewegungswahrnehmung übernehmen?
- Welche Arten der Bewegung werden wahrgenommen?
- Wie können retinale Verschaltungen die Wahrnehmung von Bewegungen erklären?
- Wie kann das Korrespondenzproblem gelöst werden?
- Wie kann die Eigenbewegung des Beobachters von der Bewegung eines Objektes unterschieden werden?

Studie

Beeinträchtigung der Bewegungswahrnehmung

Die Patientin L.M. von Zihl, von Crammon und Mai (1983) litt als Folge einer Durchblutungsstörung an einer seltenen Beeinträchtigung der Wahrnehmung. Sie war weitgehend blind für Bewegungen, während andere Sehleistungen wie Sehschärfe, Farbensehen, Erkennen und Lokalisation unbewegter Objekte intakt waren. Sie beschrieb ihre Wahrnehmung beim Eingießen von Flüssigkeiten in einen Behälter: Die Flüssigkeiten erschienen ihr wie gefroren. Sie konnte auch die Bewegung von Personen nicht wahrnehmen. Sie war verunsichert, weil die Personen ständig an anderen Stellen im Raum auftauchten. Mit dem Verlust der Bewegungswahrnehmung geht auch die Fähigkeit zur Einschätzung von Geschwindigkeiten verloren. Damit einher ging eine Verunsicherung beim Überqueren einer Straße.

7.1 Funktion

Die **Wahrnehmung von Bewegungen** ist wichtig für die Wahrnehmung von Räumlichkeit, die Objekterkennung und die Steuerung der Eigenbewegung. Sie **ist eine adaptive Leistung**, die das Überleben sichert. Daher sind keine Tiere bekannt, die nicht Bewegung wahrnehmen können. Die Bewegungswahrnehmung steht dabei auch

Die Wahrnehmung von Bewegungen ist eine wichtige Leistung im Dienste verschiedener anderer Wahrnehmungsfunktionen.

im Dienste der **Objektwahrnehmung**: So vermeidet beispielsweise der Feldhase jede Bewegung, um seinen Feinden zu erschweren, ihn zu entdecken. Am Anfang der kybernetischen Überlegungen von Norbert Wiener stand so die Beobachtung, wie der Mungo das Bewegungsmuster einer Schlange mit seinem visuellen System analysiert, um im geeigneten Moment erfolgreich zubeißen zu können.

Der auslösende Reiz für die Wahrnehmung einer Bewegung kann sehr verschieden sein. Eine Bewegung des Objektabbildes auf der Retina ist nicht notwendig.

Auch für uns ist die Bewegung allgegenwärtig. Dabei muss sich das Abbild des Objektes nicht auf der Retina bewegen, damit wir eine Bewegung wahrnehmen. Wenn wir einen Vogel mit den Augen verfolgen, ist das Bild auf der Retina konstant, trotzdem nehmen wir die Bewegung des Vogels wahr. Umgekehrt gilt auch, dass Objekte, die sich durch das Blickfeld bewegen, als stillstehend wahrgenommen werden. Ein Blick aus dem fahrenden Auto verdeutlicht diese Situation. Bekannt aus der Erfahrung sind auch induzierte Bewegungen, also **Scheinbewegungen** eines Objektes, die durch die Bewegung eines anderen Körpers ausgelöst werden: Der eigentlich relativ still stehende Mond scheint sich bei starker Wolkenbewegung schnell zu bewegen. Die Wolken induzieren eine entgegengerichtete Mondbewegung.

Lokale Ausfälle von Zentren im Gehirn haben einen Ausfall der Bewegungswahrnehmung zur Folge.

Auffällig sind die **Ausfälle der Bewegungswahrnehmung** in Störungen, wie die der im Eingangsbeispiel beschriebenen Patientin. Diese Patientin hatte eine lokale bilaterale Läsion und konnte infolgedessen Bewegungen nicht wahrnehmen. Dies beeinträchtigte sie in ihren Alltagshandlungen: Sie konnte die Dynamik der Mimik nicht aufnehmen und hatte damit Kommunikationsprobleme. Sie konnte das Ansteigen des Wasserspiegels in einem Wasserglas nicht wahrnehmen und hatte infolgedessen Schwierigkeiten beim Eingießen von Flüssigkeiten. Offensichtlich ist auch die Rolle der Bewegungswahrnehmung bei Sportarten wie Basketball, Tennis oder Fußball. Ein Torwart kann nicht effektiv reagieren, wenn er nicht die Bewegungsrichtung eines Balles und seine Geschwindigkeit wahrnehmen kann.

Die Bewegungswahrnehmung hat eine Funktion bei der Objekterkennung, bei der dreidimensionalen Wahrnehmung und bei der Steuerung von Eigenbewegungen.

Ganz grob lassen sich drei **Funktionen der Bewegungswahrnehmung** angeben:

1. Die Bewegungswahrnehmung spielt eine bedeutsame Rolle bei der Figur-Grund-Differenzierung und Objektwahrnehmung.
2. Die Bewegung eines Objektes ist wichtig für die dreidimensionale Wahrnehmung (▶ Kap. 8).
3. Die Bewegungswahrnehmung ist unerlässlich für die effiziente Steuerung unserer eigenen Bewegung.

Beispiel

Geschwindigkeitsschätzung

Praktisch bedeutsam ist unsere Fähigkeit, die Geschwindigkeit eines Fahrzeuges einzuschätzen. Untersuchungen an vorbeifahrenden Autos haben gezeigt, dass niedrige Geschwindigkeiten eher unterschätzt werden. Die höheren Geschwindigkeiten wurden dagegen überschätzt. Mit zunehmendem Alter nahmen diese Trends ab.

Andere Untersuchungen zur Geschwindigkeitsschätzung zeigen, dass die Schätzung der Geschwindigkeit unabhängig von der Entfernung des Objektes besonders gut gelingt, wenn die Größe der Objekte vertraut ist. Dann tritt Geschwindigkeitskonstanz auf: Objekte in unterschiedlicher Entfernung bewegen sich unterschiedlich schnell über die Retina. Trotzdem bleibt die Geschwindigkeitsschätzung konstant.

7.2 Bewegungsempfindliche neuronale Systeme

Es gibt einen speziellen neuronalen Mechanismus zur Bewegungswahrnehmung.

Da die Bewegung eine Veränderung der Position eines Objektes im Raum ist, könnte man meinen, die Bewegung und ihre Richtung könnte aus dieser Ortsveränderung und der dafür benötigten Zeit berechnet werden. Es scheint aber so zu sein, dass wir einen **speziellen Mechanismus für die Wahrnehmung gerichteter Bewegungen** haben.

Zwei Beispiele:

1. Die **Bewegungsagnosie** – also die Unfähigkeit Bewegung wahrzunehmen – ist, so selten sie auch in der Literatur beschrieben wird, doch ein Hinweis auf den selektiven Ausfall eines Systems, das für die Wahrnehmung von Bewegungen wichtig ist.
2. Schon vor 200 Jahren wurde ein Phänomen beschrieben, das in die gleiche Richtung zeigt: der **Bewegungsnacheffekt**.

▶ Definition Bewegungsnacheffekt

Definition

Als **Bewegungsnacheffekt** wird die Scheinbewegung eines Objektes bezeichnet, die sich ergibt, wenn der Beobachter vorher für etwa 30 Sekunden die Bewegung eines anderen Objektes beobachtet hat.

Bewegungsagnosie und Bewegungsnacheffekt weisen auf einen **neuronalen Mechanismus für die Wahrnehmung von Bewegungen** hin.

Betrachten wir etwa 1 Minute einen Wasserfall und schauen dann auf ein statisches Objekt, dann scheint sich dieses Objekt kurze Zeit in eine konstante, der Wasserfallrichtung entgegengesetzte Richtung zu bewegen. Ähnlich waren auch Nachbilder Gegenstand der Überlegungen zu physiologischen Grundlagen der Farbwahrnehmung. Dieser Bewegungsnacheffekt könnte auch dadurch zustande kommen, dass die adaptierte Richtung zu einer Verringerung der Effizienz des zuständigen Erkennungssystems führt. Damit wäre das Gleichgewicht gegenläufiger Erkennungsmechanismen zugunsten der entgegengesetzten Richtung gestört. **Bewegungsempfindliche Neurone** sind nachgewiesen worden. Die Frage ist, woher die Richtungsinformation kommt.

Rezeptoren der Retina sind nicht bewegungsempfindlich. Durch spezielle nachgelagerte Verschaltungen von Rezeptoren kann aber Geschwindigkeit und Richtung von Bewegungen registriert werden.

Die Rezeptoren der Retina sprechen nicht auf Bewegungen an. Wenn sich ein Objekt bei stationärem Auge bewegt, dann bewegt es sich auch über die Rezeptoren, d. h., je nach dem Ort des Objektes wird ein Rezeptor Aktivität anzeigen oder nicht. Um aus solchen Veränderungen die Bewegung und ihre Richtung abzuleiten, bedarf es einer besonderen **Verschaltung der Rezeptoren in nachgeordneten Verarbeitungsstufen**. Eine solche elementare Verknüpfung ist in ◘ Abb. 7.1 dargestellt. Sie macht nur notwendige Bestandteile einer solchen Schaltung sichtbar.

In einer **speziellen Verzögerungsschaltung** können die Ausgänge von zwei Rezeptoren Bewegungen einer bestimmten Richtung erkennen.

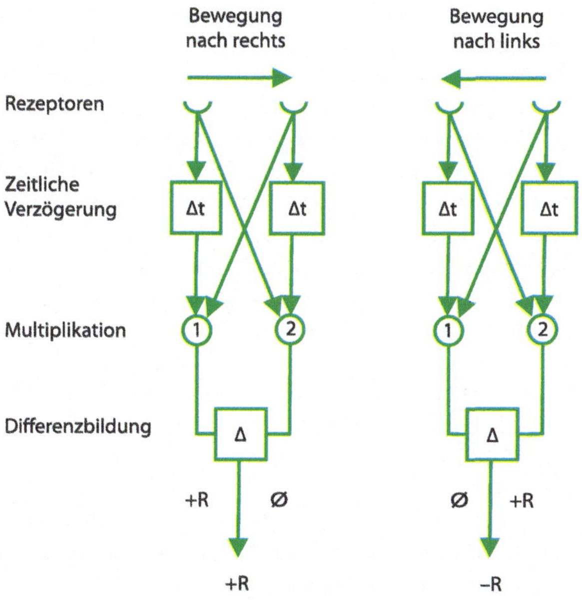

Diese elementare Rezeptorenverschaltung enthält grundsätzlich zwei Elemente: Der Ausgang des ersten Rezeptors wird um eine bestimmte Zeit Δt verzögert an eine Vergleichsneuron gegeben. Dieses Neuron vergleicht diese Aktivität mit dem Ausgang

◘ **Abb. 7.1** Neuronale Schaltung für einen elementaren Bewegungsdetektor

eines zweiten Rezeptors. Wenn das Neuron die beiden Ausgänge multipliziert, dann sollte das Vergleichsneuron nur Aktivität erzeugen, wenn die verzögerte Aktivität mit der aktuellen des zweiten Rezeptors zum gleichen Zeitpunkt multipliziert wird. Das Vergleichsneuron spricht also auf Reize an, die sich in einer bestimmten Richtung (von Rezeptor 1 nach Rezeptor 2) mit einer bestimmten Geschwindigkeit (Distanz von Rezeptor 1 zu Rezeptor 2 bezogen auf die Verzögerungszeit Δt) bewegen. Diese Grundschaltung wird auch **Reichardt-Detektor** genannt, weil sie von Reichardt (1986) entwickelt wurde, um das Bewegungssehen der Fliege zu erklären.

Diese nachgelagerten Verschaltungen, die sog. Reichardt-Detektoren, können reale Bewegung nicht von Scheinbewegungen trennen.

Bewegungsempfindliche Neurone werten Bewegungsinformationen aus. Dabei spielt nicht nur die Richtung der Bewegung eine Rolle, sondern auch die Geschwindigkeit. Interessant ist, dass über diese Neurone nicht nur die reale Bewegung eines Objektes entdeckt werden kann, sondern es kommt auch zur **Wahrnehmung einer Scheinbewegung**: Der Bewegungsdetektor in ◘ Abb. 7.1 zeigt auch eine Bewegung an, wenn zum Zeitpunkt 1 ein Objekt an Rezeptor 1 ist, dann für eine kurze Zeit verschwindet und zu einem Zeitpunkt 2 bei Rezeptor 2 wieder auftaucht. Auch dann kommen das verzögerte Signal von Rezeptor 1 und das aktuelle Signal von Rezeptor 2 zum gleichen Zeitpunkt bei dem Vergleichsneuron an. Der Detektor kann zwischen diesem Fall und realer Bewegung nicht unterscheiden. Er kann auch nicht unterscheiden, ob sich ein Objekt bewegt oder ob die Rezeptoren im Beobachterauge bewegt werden. In jedem Fall ändert sich die Position eines Objektes auf der Retina.

▶ **Definition Scheinbewegung**

Definition

Die **Scheinbewegung** ist eine Täuschung, bei der die Wahrnehmung einer kontinuierlichen Bewegung eines Objektes entsteht. Sie tritt auf, wenn zwei Lichtpunkte in einem bestimmten Abstand kurz nacheinander aufleuchten.

Eine bestimmte raumzeitliche Anordnung von Leuchtpunkten führt zu einem Bewegungseindruck.

Solche **Scheinbewegungen** hat Exner (1875a,b) untersucht. Er erzeugte in kurzen Zeitabständen über elektrische Entladungen an verschiedenen Orten zwei Funken und stellte fest, dass er nicht zwei zeitlich getrennte Funken, sondern die Bewegung eines Lichtfunkens wahrnahm. Diese Feststellung spielte dann bei Wertheimer eine Rolle bei der Entwicklung der Grundlagen der **Gestaltpsychologie**: Zwei aufleuchtende Punkte werden nicht als nacheinander aufleuchtende Punkte wahrgenommen, sondern als die Bewegung eines Punktes. Es entsteht eine ganzheitliche Wahrnehmung, eine Gestalt. Voraussetzung dafür ist, dass sie in einem zeitlich und räumlich bestimmten Abstand aufleuchten.

Wertheimer ermittelte das für die Wahrnehmung einer Scheinbewegung notwendige Zeitintervall zwischen zwei Darbietungen.

Wertheimer (1912) verwendete in einem Experiment kleine weiße Balken, die er mit einem Tachistoskop darbot. Die beiden Balken hatten einen bestimmten räumlichen Abstand. In der Darbietung wurde jeweils nur ein Balken gezeigt, dann wechselte die Darbietung zum anderen Balken. Dadurch konnte Wertheimer die Dauer der Darbietung eines Balkens als auch die Intervalle zwischen der Darbietung der einzelnen Balken genau einstellen. Bei einem **Intervall von etwa 60 ms** stellte sich die **Bewegungstäuschung** ein. Der Balken schien sich von einer Position zur anderen zu bewegen. Es wurde eine Scheinbewegung wahrgenommen.

Scheinbewegungen werden für die Darstellung von bewegten Objekten in den Medien benutzt.

Scheinbewegungen spielen eine große Rolle **in unserem medialen Alltag** (Film, Kino, Leuchtreklame). Nacheinander aufleuchtende Bilder werden zu Bewegungsmustern integriert (s. auch den ▶ Exkurs zur Interpretation von Scheinbewegungen).

Bewegungssensitive Neurone sind tatsächlich gefunden worden.

Von Barlow und Hill (1963) sind erstmalig im Kortex von Kaninchen solche bewegungssensitiven Neurone gefunden worden, die entsprechend der neuronalen Schaltung in ◘ Abb. 7.1 Bewegungssignale aus der Retina verarbeiten können

Exkurs

Interpretation von Scheinbewegungen

Wenn zwei Punkte im schnellen Wechsel aufleuchten, wird in der Regel eine geradlinige Bewegung eines Punktes zwischen den beiden Positionen gesehen. Dies ist aber eigentlich nur eine mögliche Lösung. Es sind viele verschiedene, allerdings auch längere Wege möglich. Es scheint also so zu sein, dass der kürzeste Weg gewählt wird. Die wahrgenommene Scheinbewegung folgt einer Regel des kürzesten Weges.

Eine Demonstration dieser Regel in einer normalen Wahrnehmungssituation geht wie folgt: Einer Person werden im Wechsel zwei Bilder von einer anderen Person gezeigt. In dem einen Bild hält die Person ihre Hand mit geballter Faust hinter den Kopf. Im zweiten Bild hält sie dagegen die geballte Faust vor den Kopf. Die Frage ist, sieht man eine Bewegung der Faust durch den Kopf hindurch (kürzester Weg) oder sieht man eine Bewegung der Faust um den Kopf herum (Umweg). Gefunden wurde, dass unterhalb einer Wechselzeit der Bilder von 0,2 Sekunden tatsächlich eine Bewegung nach der Regel des kürzesten Weges gesehen wird. Die Faust scheint sich durch den Kopf hindurch zu bewegen.

Bei Primaten und dem Menschen scheinen solche bewegungssensitiven Neurone in V1 zu existieren. Ein **Beleg für die Existenz von bewegungssensitiven Neuronen** kommt aus Untersuchungen zum Bewegungsnacheffekt. Ähnlich wie bei der Farbwahrnehmung wird in einem Erklärungsansatz für diesen Nacheffekt angenommen, dass ein bewegungsempfindliches Neurone für eine Bewegungsrichtung mit bewegungsempfindlichen Neuronen für die Gegenrichtung gepaart ist. Erfolgt nun die Adaptation an eine Bewegungsrichtung, dann ermüdet das neuronale System, das für diese Bewegungsrichtung steht, und das andere System gewinnt die Oberhand. Es findet also eine **selektive Adaptation** statt. Eine solche Adaptation legt immer nahe, dass sie das Ergebnis der Ermüdung eines neuronalen Systems ist und stellt damit einen Hinweis für dessen Existenz dar.

Die **selektive Adaptation** an eine Bewegungsrichtung kann als Hinweis auf ein **bewegungsempfindliches neuronales System** gewertet werden.

Ein anderer Beleg für die Existenz bewegungssensitiver Neurone kommt aus anderen Experimenten zur selektiven Adaptation Die Adaptation an ein Streifenmuster, in dem sich die Streifen mit konstanter Geschwindigkeit in eine Richtung bewegen, erhöhte die Schwelle für die Detektion dieser Bewegungsrichtung. Es kommt also zu einer **richtungsspezifischen Schwellenverschiebung**.

Durch eine selektive Adaptation entstehen auch **Schwellenverschiebungen** für die Bewegungswahrnehmung.

Transferuntersuchungen zeigen, dass hinter **beiden Effekten eine zentrale Verarbeitung** steht. Sowohl der Bewegungsnacheffekt als auch diese Schwellenverschiebungen transferieren von einem Auge in das andere. Wird die Adaptation mit dem linken Auge durchgeführt, dann treten die Effekte auch im rechten Auge auf. Dies spricht für einen Effekt, der zentral zustande kommt.

Der Bewegungsnacheffekt und die Schwellenverschiebung transferieren von einem Auge in das andere. Dies verweist auf einen zentralen Ort der Entstehung.

Untersuchungen mit bildgebenden Verfahren zur Darstellung der Gehirnaktivität bei solchen Nacheffekten zeigen, dass dabei ein bestimmtes Areal (mediotemporales oder MT-Areal) aktiv ist. Dies wurde zuerst bei Primaten gezeigt. Newsome und Pare (1988) trainierte Affen darauf, die korrelierte Bewegung einer Menge von Punkten in einer größeren Punktemenge zu entdecken. Ein Muster von Punkten, das zu 100% korreliert ist, bewegt sich als Ganzes in eine bestimmte Richtung. Bei einem Korrelationsgrad von 20% bewegen sich 20% aller Punkte in eine bestimmte Richtung. Diese Bewegungsrichtung galt es zu entdecken. Die Affen erreichten einen Schwellwert von etwa 3%, d. h., sie konnten die Bewegung von 3% aller Punkte wahrnehmen, wenn diese sich in die gleiche Richtung bewegten. Nach einer zeitweiligen Ausschaltung des MT-Areals mit einer Magnetstimulation stieg diese Schwelle auf das 10-fache an. Ohne die Aktivität des Areals ist also die Bewegungswahrnehmung stark beeinträchtigt.

Auch für das Bewegungssehen gibt es ein spezielles Areal im Kortex.

7.3 Aperture- und Korrespondenzproblem

Bei der Wahrnehmung von Bewegungen sind zwei Probleme zu lösen: das Aperture- und das Korrespondenzproblem.

Im Zusammenhang mit der Bewegungswahrnehmung tauchen zwei Probleme auf. Da Neurone nur ein rezeptives Feld haben und bei größeren Objekten möglicherweise nur Ausschnitte von Objekten verarbeiten können, ergeben sich das Aperture- und das Korrespondenzproblem.

7.3.1 Aperture- oder Ausschnittproblem

► Definition Aperture- oder Ausschnittproblem

Definition
Das **Aperture- oder Ausschnittproblem** besagt, dass bei der Wahrnehmung eines Objektes in einem Ausschnitt die Bewegungsrichtung lokaler Elemente nicht eindeutig ist. Es ist also ein Problem der Mehrdeutigkeit.

Ausschnitte des Sehfeldes sind z. B. rezeptive Felder von Neuronen.

Ein wichtiges Problem des Bewegungssehens ist das Ausschnittproblem. In der Regel besteht keine eindeutige Beziehung zwischen der Bewegung eines Objektes und der Bewegung eines Teils eines Objektes in einem Ausschnitt. **Rezeptive Felder** der Neurone sind solche Ausschnitte und **verarbeiten nur einen Teil eines Objektes.** Die Bewegungsinformation solcher Ausschnitte stimmt nicht immer überein. Daher stellt sich die Frage, wie solche konflikthafte Information integriert wird.

Die Wahrnehmung eines Objektausschnittes steht in keiner eindeutigen Beziehung zur realen Objektbewegung.

In ◘ Abb. 7.2 ist ein Quadrat gezeigt, das sich schräg nach rechts unten bewegt. Wenn man ein solches Quadrat insgesamt sieht, erkennt man eine diagonale Bewegung von links oben nach rechts unten. Wenn man aber von diesem Quadrat nur einen kreisförmigen Ausschnitt einer vertikalen Linie betrachtet, entsteht der Eindruck, dass sich dieses Linienstück im Ausschnitt nicht diagonal, sondern horizontal nach rechts bewegt. Die Schrägbewegung des Quadrats im rechten Teil der Abbildung ist diagonal von links unten nach rechts oben, trotzdem entsteht im Ausschnitt der gleiche Bewegungseindruck für das Linienstück. Ein solcher Ausschnitt könnte z. B. dem rezeptiven Feld eines Neurons entsprechen. Ein Ausschnitt der unteren Kante des Quadrats zeigt jedoch bei diesem Beispiel eine vertikale Bewegung an.

Die Auflösung der konflikthaften Information von Ausschnitten einer Objektbewegung erfolgt zentral.

Das sog. Ausschnittproblem oder Apertureproblem besteht also darin, aus solchen konflikthaften Bewegungseindrücken in lokalen Ausschnitten die Gesamtbewegung zu bestimmen. Das Problem hat eine gewisse Ähnlichkeit mit dem Problem der Bestimmung einer Objektrepräsentation aus elementaren Merkmalen. Es muss also weitere Neurone geben, die diese konflikthafte Information über die Ausschnittbewegung benutzen, um eine Gesamtbewegung zu bestimmen. Diese integrativen Neurone liegen wahrscheinlich in einem Areal MT (s. hierzu auch Mather 2006).

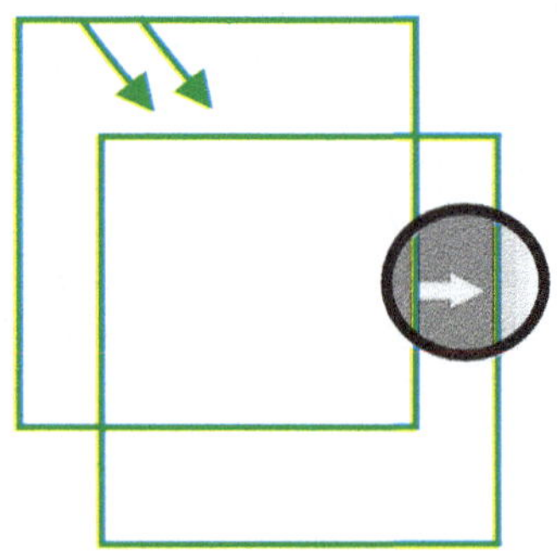

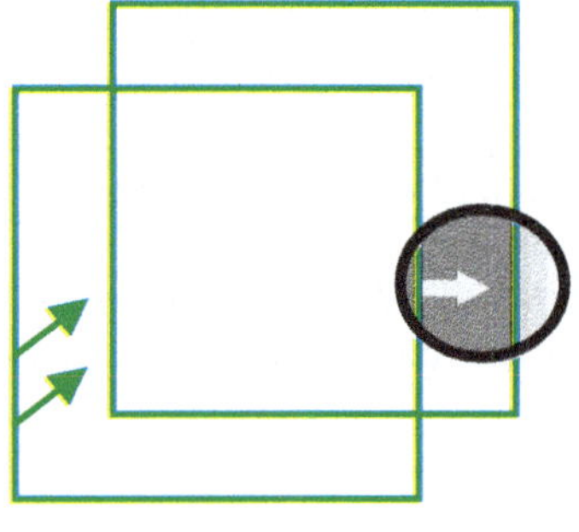

◘ **Abb. 7.2** Aperture- oder Ausschnittproblem

7.3.2 Korrespondenzproblem

Definition

Das **Korrespondenzproblem** ergibt sich dadurch, dass Punkte in einem Einzelbild mit den Punkten im zeitlich darauf folgenden Bild verglichen werden müssen, um eine Scheinbewegung zu erzeugen.

▶ **Definition Korrespondenzproblem**

Mit dem Apertureproblem eng verknüpft ist ein zweites Problem, das auch bei der Tiefenwahrnehmung auftaucht: das Korrespondenzproblem. Wenn wir die Situation der Diagonalbewegung des Quadrats etwas genauer betrachten, wird das Problem sichtbar. Markieren wir jede Linie durch eine Anzahl von Punkten und bezeichnen wir zu Demonstrationszwecken jeden Punkt, dann ergibt sich bei einem Feldausschnitt die Situation, dass das Bewegungssystem bestimmen muss, welcher Punkt der linken Linie im Ausschnitt sich zu welchem Punkt der rechten Linie im Ausschnitt bewegt. Nur mit der entsprechenden Zuordnung kann das Bewegungsmuster bestimmt werden. Dieses **Zuordnungsproblem** ist das sog. Korrespondenzproblem der Bewegungswahrnehmung.

Das Korrespondenzproblem entsteht, wenn eine Zuordnung von Elementen in einer Situation zu den Elementen in einer späteren Situation erfolgen muss, damit eine Scheinbewegung entsteht.

Ramachandran und Anstis (1986) haben zur Lösung auf eine Idee zurückgegriffen, die uns schon bekannt ist. Das visuelle System hat aus seiner Erfahrung im Umgang mit den Umwelten, in denen es sich herausgebildet hat, gewisse Regularitäten neu erworben, die es in Form von **heuristischen Regeln** oder Faustregeln zur Lösung des Korrespondenzproblems nutzen kann. Objekte bewegen sich in unserer Umwelt vorhersagbar. So bewegen sich Objekte in der Regel entlang der Bahn weiter. Eine andere Regelhaftigkeit ist, dass, wenn sich ein Objekt bewegt, sich auch seine Teile in gleicher Weise bewegen, so bewegt sich bei einer Bewegung des Körpers auch der Kopf mit. Dieses Korrespondenzproblem taucht nicht bei der Bewegung eines einzelnen Punkts auf.

Das Korrespondenzproblem wird durch heuristische Regeln gelöst.

7.4 Orientierung im Raum über die Bewegungsrichtung

Durch unsere **Eigenbewegung** ergeben sich Muster von Bewegungen der Objekte in der Umgebung. Diese Flussmuster liefern Informationen über die Richtung von Bewegungen und über mögliche gewollte oder ungewollte Kollisionen mit anderen Objekten.

Eigenbewegungen erzeugen Veränderungen der retinalen Abbilder der Objekte. Diese Flussmuster enthalten Information über Bewegungsrichtung und Bewegungsgeschwindigkeit.

Wir können uns frei in einem Gelände bewegen. Unsere Wahrnehmung scheint uns anstrengungslos die Information zu liefern, die wir zur Steuerung der Fortbewegung brauchen. Wir hatten dies als eine Grundfunktion der Wahrnehmung eingeführt. An dieser Stelle ist zu fragen, welche Information wird bei einer Eigenbewegung genutzt, um effektiv die Fortbewegung zu steuern. Ein Frage, die sich Gibson (1979) aus seiner Erfahrung mit Flugpiloten besonders gestellt hat. Er war an der Ausbildung von Piloten in den USA während des Zweiten Weltkrieges beteiligt und entwickelte aus dieser Erfahrung heraus seine ökologische Wahrnehmungstheorie mit dem zentralen Begriff der **optischen Anordnung**. Damit wird eine Anordnung von Objekten in der Umgebung bezeichnet, die der Beobachter von einem bestimmten Blickpunkt aus sieht und die sich bei Bewegung des Beobachters in charakteristischer Weise ändert. Diese Änderungen infolge der Bewegung werden auch als **optisches Fließen** bezeichnet.

Eine **optische Anordnung** ist eine Reizstruktur in der Umgebung, die der Beobachter von einem bestimmten Blickpunkt aus sieht.

Betrachten wir eine Person, die sich auf einen Punkt hinbewegt. Bei der Annäherung oder Vorwärtsbewegung verändert sich das Fließmuster, Objekte links und rechts von ihr bewegen sich schnell, während es einen Punkt vor der Person gibt, in dem keine Bewegung stattfindet, der Fokus der Expansion (◻ Abb. 7.3). Ähnlich ist es bei einer Rückwärtsbewegung. Objekte links und rechts scheinen sich auf einen Punkt hinzubewegen. Aus solchen **Flussmustern** lässt sich eine Reihe von Informationen

Flussmuster enthalten auch Informationen über den Kurs eines Objektes bei Annäherung oder Entfernung eines Objektes.

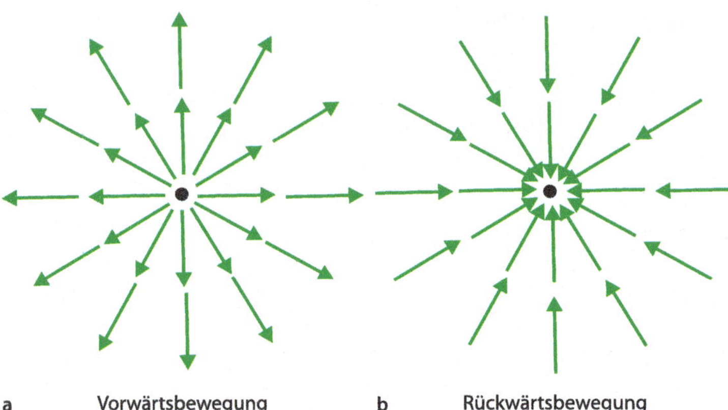

Abb. 7.3 Das optische Flussmuster: **a** Bewegung nach vorn; **b** Bewegung nach rückwärts

7

ableiten, die vom visuellen System direkt genutzt werden kann, um die Fortbewegung zu steuern. Die elementare Information ist, dass ein Flussmuster Bewegungsinformation enthält. So kann die Art des Flussmusters eben anzeigen, ob sich der Betrachter dem zentralen Punkt nähert oder sich von ihm entfernt. Im ersten Fall explodiert das Flussmuster, im zweiten Fall implodiert es. Der Fokuspunkt zeigt an, auf welchen Punkt hin man sich bewegt. In simulierten Umgebungen kann aus dem Flussmuster allein Information über die Richtung mit einer Genauigkeit von etwa 1–2 Grad entnommen werden. Die Auswertung solcher Flussmuster wurde zum Thema im Zusammenhang mit der Steuerung von Fahrzeugen, insbesondere bei kurvenreichen Fahrten.

7.5 Erkennung von Objekten über ihre Bewegung

Bewegungssignale werden auch zur Erkennung von Objekten verwendet. Aus der Körperbewegung können beispielsweise Informationen über die Person entnommen werden.

Die Bewegung eines Objekts enthält auch Information, die von einem Beobachter zur Identifikation eines Objektes genutzt werden kann. Wer hat nicht schon aus der Art der Bewegung einer Person darauf geschlossen, dass ihm diese Person bekannt vorkommt. Genau diese biologischen Bewegungen, also die **Eigenbewegungen** von Lebewesen, untersuchte Johannson (1973): Wie können wir Personen und Tiere über Bewegungsmuster identifizieren? Wenn an den Gelenken einer Person Lämpchen angebracht werden und nur die Leuchtspuren dieser Lämpchen bei der Bewegung der Person aufgezeichnet werden, so kann **aus diesen Mustern Information über die Person** entnommen werden. Beobachter können auf der Grundlage solcher Muster entscheiden, ob sich ein Mann oder eine Frau fortbewegt. Der Grund dafür liegt darin, dass der Körperschwerpunkt bei Mann und Frau und damit auch die Bewegungsmuster verschieden sind. Hinzu kommen Unterschiede in der Schulter- und Hüftbreite, die sich in den Mustern wiederfinden.

7.6 Vermeidung von Kollisionen

In der Veränderung retinaler Bilder bei Objektbewegungen stecken wertvolle Informationen. So können Kollisionszeitpunkte aus der Veränderungsgeschwindigkeit des retinalen Objektabbildes gezogen werden.

Im Tennisspiel kommt ein Ball mit einer Geschwindigkeit von 150–200 km/h geflogen. Wie schaffen wir es, einen Zusammenprall mit einem sich nähernden Objekt zu vermeiden. Ein Problem dabei ist u. a., die Zeit bis zum Kontakt mit dem Ball, den Kollisionszeitpunkt, zu bestimmen. Angenommen ein Ball bewegt sich aus einer Entfernung von 10 m mit einer Geschwindigkeit von 36 km/h auf den Beobachter zu, dann beträgt die Zeit bis zum Auftreffen 1 s. Der **Kollisionszeitpunkt** könnte also aus Weg und Geschwindigkeit berechnet werden, aber die Genauigkeit unserer Geschwindigkeitsschätzung ist nicht hoch. Zudem müsste ständig ein Verhältnis berechnet werden. Für Sportarten wie Tennis oder Baseball wäre dies viel zu langsam und zu ungenau. Lee (1976) hat in den Veränderungen retinaler Bilder, im optischen Fluss, eine Größe gefunden, die dieses Problem löst. Er nannte diese Informationsquelle »**Tau**« (τ), abgeleitet aus retinaler Information. Tau ist das Verhältnis der Größenänderung des retinalen Bildes zur Veränderungszeit. Über Tau kann die Zeit bis zur Kollision eines sich nähernden Objektes abgeschätzt werden.

7.7 Eigenbewegung und Augenbewegung

Bisher sind wir von retinalen Bewegungen und Bewegungsdetektoren als Grundlage für die Entdeckung realer Bewegungen und von Scheinbewegungen ausgegangen. Ein Beispiel zeigt, dass dabei ein Problem auftaucht: Der erste Fall ist, dass wir eine Wolke beobachten und ein Vogel vorbeifliegt. In diesem Fall bewegt sich das Abbild des Vogels auf der Retina. Dies ist der Fall, den wir bisher betrachtet haben. Wenn wir nun einen Vogel im Vorbeiflug beobachten, so folgen unsere Augen dem Vogel. Die Abbildung des Vogels auf der Retina bleibt an einem Ort. Dieser retinale Ort bewegt sich bei der **Augenfolgebewegung** nicht. Aber wieso sehen wir trotzdem eine Bewegung des Vogels? Dies muss etwas mit den Augenbewegungen zu tun haben. Daher soll zunächst etwas genauer auf verschiedene Arten von Augenbewegungen eingegangen werden.

Ein retinales Bewegungssignal ist im Hinblick auf die Trennung von Eigen- und Fremdbewegung mehrdeutig. Zur Auflösung dieser Mehrdeutigkeit nutzt das visuelle System eine zusätzliche Information, das Signal für die Eigenbewegung der Augen etwa bei der Verfolgung eines Objektes.

Das Auge wird durch drei Paare von Muskeln bewegt, die durch ein neuronales Netzwerk kontrolliert werden. Selbst wenn wir versuchen unsere Augen nicht zu bewegen, führen diese kleine Bewegungen aus. Nur durch diese kleinen unwillkürlichen Bewegungen kann die visuelle Wahrnehmung stattfinden. Unterbindet man diese Bewegungen dadurch, dass ein Bild so auf der Retina abgebildet wird, dass es sich immer auf der gleichen Stelle der Retina befindet, verschwindet nach einiger Zeit die Wahrnehmung.

Neben diesen unwillkürlichen Augenbewegungen gibt es noch **andere Augenbewegungen** (◘ Abb. 7.4):
- Augenfolgebewegungen,
- Vergenzbewegungen und
- Sakkaden.

Neben den Augenfolgebewegungen gibt es noch andere Augenbewegungen: die Vergenzbewegungen im Dienste der Fokussierung eines Objektes und die Augensakkaden als die Sprünge der Augen etwa bei Lesen.

Augenfolgebewegungen

Augenfolgebewegungen werden bei der Verfolgung eines sich bewegenden Objektes eingesetzt.

Augenfolgebewegungen treten bei der Nachverfolgung eines sich bewegenden Objektes auf.

Vergenzbewegungen

Vergenzbewegungen sind **Augenbewegungen zur Fixierung eines Objektes**, um ein scharfes Abbild auf der Retina zu erhalten. Zu diesem Zweck wird die Stellung der Augen zueinander verändert. Sie drehen sich entweder beide in Richtung der Nase (Fixierung eines Objektes in der Nähe) oder drehen sich beide von der Nase weg (Fixierung eines Objektes in der Ferne). Dadurch verändert sich der Winkel, in dem die Augen zueinander stehen. Dieser Winkel ist eine Informationsquelle zur Bestimmung der Entfernung eine Objektes, kann allerdings nur bei Objekten bis zu einer Entfernung von 2 m genutzt werden, da danach eine Entfernungsänderung kaum noch zu einer registrierbaren Winkeländerung führt.

Vergenzbewegungen ändern die Stellung der Augen zueinander und damit den Winkel, unter dem ein Objekt gesehen wird.

Sakkaden

Sakkaden sind schnelle Sprünge bzw. **ruckartige Bewegungen** bei der Betrachtung eines Bildes oder beim Lesen, um die Stelle des schärfsten Sehens an unterschiedliche Orte zu bringen. Pro Sekunde kommt es zu etwa 3–4 Sakkaden. **Inspektionssakkaden** stehen im Dienste der Exploration der Umgebung. **Zielsakkaden** sind dagegen gezielte Sprünge zu informationstragenden Orten. Die Bewegungsgeschwindigkeit dieser Sakkaden beträgt etwa 1.000 Grad/Sekunde. Während eines Sprungs des Auges findet keine Informationsaufnahme statt. Wir sprechen von **sakkadischer Suppression**. Daher

Sakkaden sind schnelle Ortsveränderungen des Fixationspunktes.

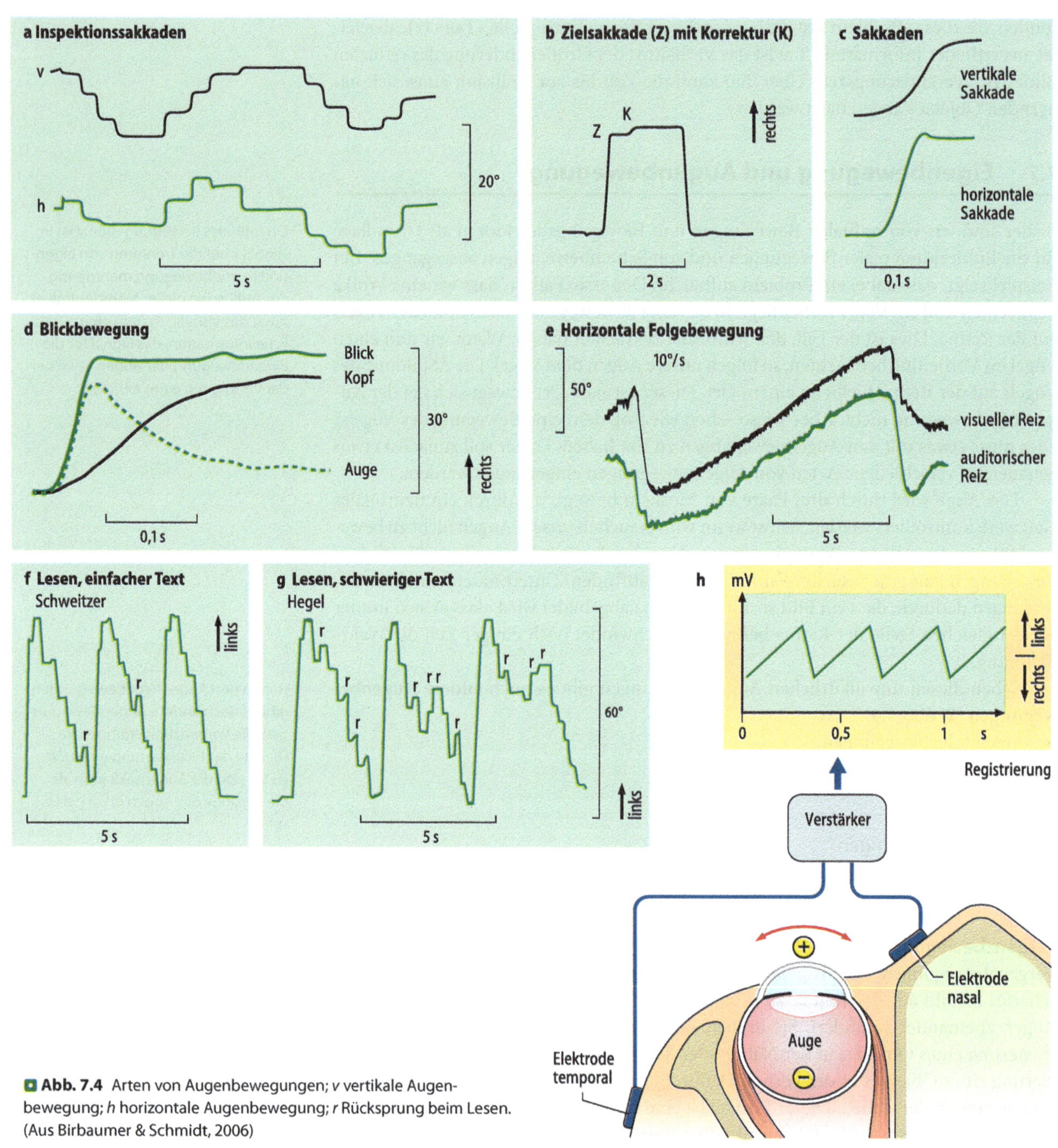

Abb. 7.4 Arten von Augenbewegungen; *v* vertikale Augenbewegung; *h* horizontale Augenbewegung; *r* Rücksprung beim Lesen. (Aus Birbaumer & Schmidt, 2006)

können wir die sakkadischen Sprünge im Spiegel auch nicht sehen. Bei Augenfolgebewegungen findet diese Suppression nicht satt.

In Abb. 7.4 sind die Augenbewegungen beim Lesen unterschiedlicher Texte dargestellt. Dabei bedeutet r, dass es einen Rücksprung des Auges gibt. Auf der Abbildung ist auch veranschaulicht, wie Augenbewegungen über die Augenmuskelaktivität ermittelt werden.

Die Wege, die sich durch die Sakkaden ergeben, sind in hohem Maße von den Absichten des Betrachters abhängig.

Sakkaden erfolgen nicht zufällig. Es wurde schon sehr früh gezeigt (Yarbus, 1967), dass besonders informative Stellen auf einem Bild angesprungen werden und dass damit der Weg des Auges auf einem Bild von den Absichten des Betrachters in hohem Maße abhängt. In einer Untersuchung von Yarbus (1967) hatten die Beobachter in

3 Minuten unterschiedliche Aufgaben mit einem Bild (ein Besucher betritt unerwartet einen Raum) zu lösen: (1) freies Betrachten; (2) Beurteilung des Vermögens der Familie auf dem Bild; (3) Beurteilung des Alters der Personen; (4) was hat die Familie gerade getan; (5) welche Bekleidung tragen die Personen; (6) wo befinden sich Personen und Gegenstände; (7) wie lange war der Besucher nicht bei der Familie. Dabei zeigten sich unterschiedliche Pfade für die einzelnen Aufgaben, d. h., die sich ergebenden **Augenbewegungsmuster** hingen bei der Betrachtung dieses Bildes von den **Aufgabenstellungen** ab. Die Kontrolle der Augenbewegungen erfolgt danach über die Aufgabenstellungen und kann auch gestört sein. Letzteres kann zu Defiziten in kognitiven Leistungen führen (▶ Studie »Augenbewegung und Lesestörung«).

Studie

Augenbewegung und Lesestörung

Fischer & Hartnig (2008) konnten zeigen, dass über 70% legasthenischer Kinder Störungen in der Kontrolle der Augenbewegungen haben. Zwei Tests wurden verwendet: Bei einem der Tests hatte die Person nach einem Fixationspunkt das Auge auf einen Reiz zu richten, der entweder links oder rechts vom Fixationsort erschien. Bei der sog. Antisakkadenaufgabe hatte die Person dagegen die Aufgabe, die Augen auf die Position zu richten, die auf der anderen Seite vom Reiz aus gesehen liegt. Die Sakkaden gehen dann nicht zur Reizposition, sondern zu einer Position gegenüber der Reizposition. Diese Leistung erfordert eine willentliche Kontrolle der Augenbewegungen.

Die Studie zeigte, dass die willentliche Kontrolle der Augenbewegungen den legasthenischen Kindern nur schlecht gelingt. Ein Training über mehrere Tage verbesserte die Leistung dieser Kinder in der Antisakkadenaufgabe. Gleichzeitig wurde die Fehlerrate beim Lesen um 50% reduziert. Damit wurde gezeigt, dass ein Training grundlegender Prozesse komplexe Leistungen wie das Lesen verbessern kann.

Wie lässt sich nun die Bewegung eines Objekts von der Bewegung des Auges trennen? In beiden Fällen kommt es zur Bewegung eines Objektabbildes auf der Retina. Das Problem kann leicht demonstriert werden: Fixieren wir bei geschlossenem linkem Auge mit dem rechten Auge einen Punkt auf einem Blatt Papier und führen Sakkaden aus, so sehen wir trotz der Augenbewegungen einen unbewegten Punkt, obwohl sich das Abbild auf der Retina verändert. Nun fixieren wir den Punkt erneut mit dem rechten Auge und drücken mit dem Zeigefinger leicht seitlich auf den Augapfel. Wir sehen eine Bewegung des Punktes, aber auch eine Bewegung des Blattes Papier. Dieses Phänomen lässt sich erklären, wenn neben dem retinalen Bewegungssignals auch die motorischen Signale für Eigenbewegungen berücksichtigt werden. Dieses sog. **Reafferenzprinzip** ist in ◘ Abb. 7.5 dargestellt.

Die Trennung einer Bewegung auf der Retina von der Eigenbewegung kann über die gleichzeitige Beachtung der retinalen Signale und der motorischen Signale an die Muskulatur gelöst werden. Erfasst wird dies im Reafferenzprinzip.

Definition

Das **Reafferenzprinzip** beinhaltet den Vergleich von zwei Signalen: des retinalen Bewegungssignals und einer Kopie des Signals für die Augenbewegungen. Die Erregungsmuster, die bei Eigenbewegung des Beobachters, insbesondere auch der Augen, entstehen, werden genutzt, um deren Auswirkungen auf die Wahrnehmung abzuschätzen. Damit wird das Problem der Trennung von Augenbewegungen und Objektbewegungen gelöst.

▶ Definition Reafferenzprinzip

Die Lösung dieser Mehrdeutigkeit eines retinalen Bewegungssignals liegt nach ◘ Abb. 7.5 im motorischen Kortex, der zwei Codes aussendet: Ein Code wird als motorisches Signal an die Augenmuskulatur geschickt und dient zur Steuerung der Bewegung der Augen. Eine zweite Kopie dieses Codes, die sog. **Efferenzkopie**, wird an eine neuronale Struktur des visuellen Systems geschickt, die auch Komparator heißt. Diese Instanz kann die Efferenzkopie bei Augenbewegungen mit den Bewegungssignalen der Retina vergleichen, die infolge der Augenbewegungen entstehen. Hat sich das Auge

In einem Komparator wird die **Efferenzkopie** des motorischen Signals mit den Bewegungssignalen aus der Retina verglichen.

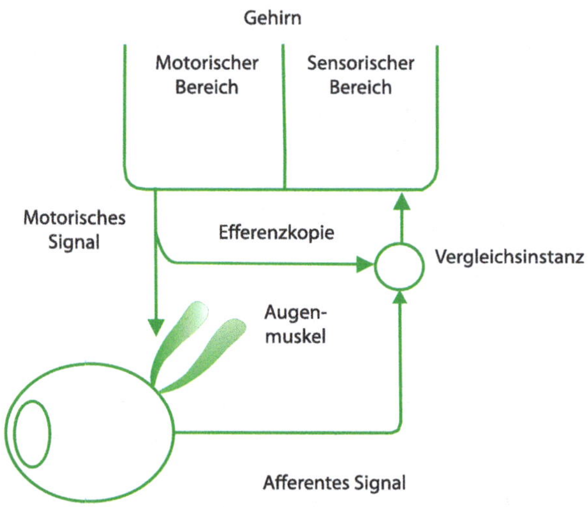

Abb. 7.5 Schematische Darstellung des Zusammenspiels von motorischen und sensorischen Signalen beim Reafferenzprinzip. (Nach Teuber, 1960. Mit freundlicher Genehmigung des American Physiological Society.)

bewegt und bewegt sich infolgedessen das Objektabbild auf der Retina, so wird das entstehende Bewegungssignal der Bewegungsdetektoren nicht als bewegtes Objekt interpretiert, weil der Komparator die Efferenzkopie hat. Der Komparator hemmt die Weiterverarbeitung des retinalen Bewegungssignals. Es kommt zur Wahrnehmung eines unbewegten Objektes.

Eine Bewegung des retinalen Bildes bei mechanisch ausgelöster Bewegung des Auges erzeugt einen Bewegungseindruck.

So erklärt sich auch der Fall, dass wir beim Drücken auf den Augapfel eine Bewegung sehen. Das Objekt verschiebt sich infolge des Druckes auf der Retina, es kommt zu einem retinalen Bewegungssignal. Dieses Bewegungssignal wird aber nicht unterdrückt, da die Augenmotorik nicht aktiv wurde. Die Augenbewegung erfolgte nicht durch die Augenmuskulatur, sondern durch äußeren Druck. Bei der Vergleichsinstanz kommt infolgedessen keine Efferenzkopie an. Es kommt infolge des retinalen Signals zu einem Bewegungseindruck.

Beispiel

Fallbeispiel

Haarmeier (2002) beschreibt einen Patienten, der bei Augenfolgebewegungen Schwindel und Übelkeit hatte. Der Patient registrierte solche Situationen beim Autofahren oder bei der Beobachtung von sich schnell bewegenden Personen. Kontrollieren konnte er diese Beeinträchtigungen, indem er die Augen schloss. Dann verschwanden Übelkeit und Schwindel. Sein Bewegungssehen war bei Abwesenheit von Augenbewegungen intakt. Die Untersuchungen ergaben, dass sein Problem bei der Interpretation von retinalen Bildbewegungen auftrat. Jede dieser Bewegung, unabhängig davon, ob sie durch Augenbewegung oder Objektbewegung hervorgerufen wurde, interpretierte er als Objektbewegung. Die Korrektur des retinalen Signals durch die Efferenzkopie war bei ihm gestört.

Kontrollfragen

1. Welche Funktion hat die Bewegungswahrnehmung in der Verhaltensorganisation?
2. Wie funktioniert ein Bewegungsdetektor?
3. Was versteht man unter Scheinbewegungen? Nennen Sie Beispiele!
4. Erläutern Sie das Ausschnitt- und das Korrespondenzproblem der Bewegungswahrnehmung!
5. Was wird unter optischem Fluss verstanden?
6. Welche Rolle spielt der Komparator beim Reafferenzprinzip?

► Weiterführende Literatur

Haarmeier, , T. (2002). Bewegungssehen, Stereopsis und ihre Störungen. In H.O. Karnath & P. Trier (Hrsg.). *Neuropsychologie*. Berlin: Springer.

Mather, G. (2006). *Foundations of perception*. Hove and New York: Psychology Press.

Wolfe, J.M., Kluender, K.R., Levi, D.M., Bartoshuk, L.M., Herz, R.S., Klatzky, R.L. & Lederman, S. J. (2006). *Sensation & perception*. Sunderland: Sinauer Ass.

8 Tiefenwahrnehmung

Lernziele

- Wie kann aus einem zweidimensionalen Abbild auf der Retina Information über die Entfernung von Objekten vom Beobachter erhalten werden?
- Welchen Vorteil bringt das beidäugige Sehen für die Tiefenwahrnehmung?
- Wie werden die verschiedenen Tiefenkriterien für die Wahrnehmung der Tiefe kombiniert?
- Wie trägt die Tiefenwahrnehmung zur Größenkonstanz bei?

Das Bild im Auge hat, wie eine Zeichnung auf Papier, nur zwei Dimensionen – egal, wo Sie sind und was Sie betrachten. Ob Sie im Wald gehen, Auto fahren, mit Freunden bei einer Party zusammensitzen – nie haben Sie drei Dimensionen im Auge, immer nur zwei. Damit sind Sie jedes Mal, wenn Sie Tiefe sehen müssen, mit einer prinzipiellen Mehrdeutigkeit konfrontiert. Diese Mehrdeutigkeit ist ein Sonderfall des Grundproblems des Sehens … Damit folgt, dass Sie die Tiefe, die Sie sehen, jedes Mal konstruieren … Sie konstruieren die Tiefe, die Sie auf der Straße, in Ihrem Büro, bei einem Fußballspiel oder vom Gipfel eines Berges sehen.
(Hoffman, 2003, S. 42)

8.1 Funktionen der Tiefenwahrnehmung

Effektives Handeln setzt eine Wahrnehmung des Raumes voraus. Daraus entsteht ein Grundproblem der Wahrnehmung: Wie wird aus einem zweidimensionalen Abbild auf der Retina eine 3D-Repäsentation aufgebaut?

Wenn wir am Straßenrand stehen und ein Auto beobachten, das sich von links nähert, müssen wir die Entfernung schätzen. Wir bewegen uns sicher in einem Gelände und müssen ständig die Unebenheiten des Geländes verarbeiten. Beim Treppensteigen muss das Wahrnehmungssystem die Höhe einer Stufe bestimmen und der Steuerung der Beinmuskulatur mitteilen. In all diesen Fällen müssen wir

Entfernungen abschätzen, müssen uns in einer dreidimensionalen Welt bewegen und gehen wir davon aus, dass diese dreidimensionale Welt, in der wir uns bewegen, den Gesetzen der euklidischen Geometrie gehorcht. Es ist offensichtlich, dass das gekrümmte Abbild auf der Retina des Auges diesen Gesetzen nicht mehr entspricht. So sind parallele Linien im retinalen Abbild nicht mehr parallel, Winkel in einem Dreieck addieren sich nicht mehr zu konstant 180 Grad. Wir müssen also aus nichteuklidischen **zweidimensionalen Abbildern** im linken und rechten Auge eine **dreidimensionale Welt** rekonstruieren, in der wir uns bewegen und in der wir handeln können.

Die Abbilder eines Objekts auf der linken und rechten Retina unterscheiden sich etwas.

Hinzu kommt noch, dass diese beiden Abbilder im rechten und linken Auge nicht identisch sind. Betrachten wir zwei Objekte in unterschiedlicher Entfernung vom rechten Auge und betrachten wir diese Anordnung nur mit dem rechten Auge, dann sehen wir ein anders Bild als mit geschlossenem rechten und geöffnetem linken Auge. Die beiden Abbilder im rechten und linken Auge sind also verschieden. An diesem Beispiel wird ein Vorteil der Beidäugigkeit sichtbar, die **Disparation** der Bilder.

▶ Definition Disparation

Definition

Der Unterschied zwischen den Abbildern eines dreidimensionalen Objekts auf der linken und rechten Retina wird als **Disparation** bezeichnet.

Die **Beidäugigkeit** hat Vorteile. Sie ermöglicht eine **verbesserte Tiefenwahrnehmung** und hat ein **vergrößertes Sehfeld** zur Folge.

In der Disparation liegt der Grund, warum wir mit beiden Augen feinmotorische Leistungen besser vollbringen können als nur mit einem Auge, z. B. einen Faden in eine Nadel einfädeln. In der **Beidäugigkeit** steckt aber auch ein anderer **adaptiver Vorteil**, denn zwei Augen führen zu einem größeren Sehfeld. Wie wichtig die Größe des Sehfeldes ist, belegt der Hase mit einem Sehfeld von 180 Grad für jedes Auge, zusammen also 360 Grad. Wir können uns dem Hasen nicht nähern, ohne dass wir gesehen werden. Das Sehfeld des Menschen beträgt etwa 190 Grad, wobei von beiden Augen gemeinsam etwa 110 Grad überstrichen werden. Nach oben sind es 60 Grad und nach unten 80 Grad. Dieser gemeinsam überstrichene Teil des Sehfeldes, auch als binokulare Summation bezeichnet, stellt also einen evolutionären Vorteil bei der Entdeckung von sich bewegenden Objekten dar.

Wir haben verschiedene Informationsquellen zur Verfügung, um dreidimensional sehen zu können. Zu unterscheiden sind die Informationen, die wir infolge unserer Beidäugigkeit erhalten (**binokulare Tiefenkriterien**), und die Informationen, die auch ein Auge allein zur Verfügung hat (**monokulare Tiefenkriterien**).

Wir wissen aber, dass wir auch mit einem Auge dreidimensional sehen können. Es gibt Hinweise in einem Abbild, die uns für diese Wahrnehmungsleistung zur Verfügung stehen, und zwar die monokularen Tiefenkriterien. Im Folgenden sollen nach einem Überblick nun zunächst die **monokularen Tiefenkriterien** dargestellt werden, also jene Kriterien zur Einschätzung der Tiefe, die aus dem retinalen Bild nur eines Auges entnommen werden können. Danach diskutieren wir die binokularen Tiefenkriterien, die uns infolge der Beidäugigkeit zur Verfügung stehen.

8.2 Tiefenkriterien

Durch Verwendung von **verschiedenen Tiefenkriterien** lässt sich auch in zweidimensionalen Bildern Tiefe vortäuschen.

Insbesondere in der darstellenden Kunst sind immer wieder Bilder zu finden, in denen mit Tiefenkriterien gespielt wird. Im Europaviertel in Berlin-Hellersdorf hat die französische Cité de la Creation die Fassaden von Wohnhäusern gestaltet und eine scheinbar echte dreidimensionale Welt vorgetäuscht, wie es auch in Deckengemälden barocker Kirchen üblich war. Wir wissen aber auch, dass in besonders reizarmen Umgebungen (Wüste, Schneelandschaft der Arktis, Nebel), in denen nur wenige Hinweise vorhanden sind, unsere Tiefenwahrnehmung schlecht funktioniert. Normalerweise stehen uns verschiedene solcher **Hinweise für die Einschätzung der Entfernung und Lage eines Objektes** zur Verfügung.

Die wichtigsten Kriterien, die vom visuellen System für die Bestimmung der Position im Raum bzw. der Lage von Objekten zueinander genutzt werden können, sind folgende:

- **Akkommodation und Vergenz:** Konvergenz und Akkommodation der Augen können über die Signale zur Steuerung der verschiedenen Muskeln im Auge ausgewertet werden.: Das Gehirn erhält Signale über die Spannung der Augenmuskulatur und die Position der Augen.
- **Informationen im retinalen Abbild**: Die Überlappung und Größe von Objekten, die Höhe im Gesichtsfeld, die atmosphärische und lineare Perspektive oder die Textur des Hintergrundes. können einem stationären zweidimensionalen Bild auf der Retina eines Auges als Bildinformation entnommen werden.
- **Informationen in Bewegungsmustern**: Infolge der Bewegung der Objekte im Sehfeld oder der Bewegung des Beobachters steht Bewegungsinformation zur Verfügung. Dazu gehören die Bewegungsparallaxe, nämlich dass sich bei der Bewegung eines Beobachters für ihn die Objekte in seiner Nähe schneller zu bewegen scheinen als weiter entfernte Objekte, bzw. das Aufdecken und Verdecken von Objektteilen durch die Bewegung des Beobachters.
- **Disparation**: Infolge der Beidäugigkeit können die Unterschiede in den Abbildern in der linken und rechten Retina verwertet werden.

Die **wichtigsten Informationsquellen** für die Wahrnehmung von Tiefe sind die Konvergenz und Akkommodation, die verschiedenen monokularen Tiefenkriterien wie Überlappung und Größe, Höhe im Gesichtsfeld, Perspektive und Hintergrundtextur, die Bewegungsparallaxe und das Auf- bzw. Verdecken von Objekten bei einer Bewegung sowie die Disparität.

Für die Praxis

Entfernungsschätzungen im Verkehr

Untersuchungen haben gezeigt, dass die Entfernungsschätzungen sehr stark von der Position der Rücklichter und den Sichtverhältnissen bestimmt sind. Schlechtere Sichtverhältnisse führen zu Entfernungsüberschätzungen und erhöhen damit die Gefahr einer Kollision. Gestalterisch kann die Position der Rücklichter optimiert werden. Die Beachtung der Sichtverhältnisse obliegt dem Fahrzeuglenker.

8.2.1 Größe, Position, Verdeckung und Perspektive

Ein Objekt, das sich von uns entfernt, ändert seine Größe auf der Retina. Je weiter weg das Objekt ist, umso kleiner ist das retinale Abbild. Insofern ist die **Größe des retinalen Abbildes** ein Hinweis auf die Entfernung. Von zwei Objekten, die unterschiedliche Größen der retinalen Abbilder haben, interpretieren wir infolge dieses genannten Zusammenhanges, das größere Abbild als das nähere. Dieses Kriterium führt bei einer Anordnung von mehreren Objekten zu einer Textur, wie wir sie von einem Steinstrand kennen (Abb. 8.1). In einer solchen Anordnung ist auch die relative Höhe im Bild entscheidend.

Da weiter entfernte Objekte kleinere retinale Abbilder liefern, ist die wahrgenommene Größe eine Information über die Tiefe.

Abb. 8.1 Texturgradient. Die Struktur einer Fläche wird als Tiefe interpretiert, wenn die Elemente der Struktur nach oben immer kleiner werden und dadurch auch dichter liegen (mehr Elemente pro Flächeneinheit). (Foto: M. Barton)

In Bildern scheinen gleichzeitig mehrere Hinweise wie relative Größe und relative Höhe benutzt zu werden, um einen Wahrnehmungs-

Abb. 8.2 Verschiedene monokulare Tiefenkriterien: Höhe, Verdeckung, Größe, Perspektive. (Aus Birbaumer & Schmidt, 2006).

Das **verdeckte Objekt** ist weiter vom Beobachter entfernt als das verdeckende Objekt.

Die verschiedenen Tiefeninformationen werden zu einem Gesamttiefeneindruck integriert.

Die wahrgenommene Verdeckung ist mit verschiedenen Objektanordnungen verträglich. Diese **Mehrdeutigkeit** kann durch die **Nutzung von Vorwissen** aufgelöst werden.

Das **Bayes-Theorem** beschreibt, wie Vorwissen zur Auswahl der wahrscheinlichsten Interpretation führt.

eindruck zu bestimmen (Abb. 8.2). Das **Objekt**, das **verdeckt** wird, befindet sich hinter dem verdeckenden Objekt.

In Abb. 8.2 wird deutlich, wie die wahrgenommene Größe eines Objektes durch verschiedene Kriterien wie objektive Größe des Objektes und wahrgenommene Entfernung determiniert wird. Damit enthält in der Umkehrung die wahrgenommene Größe des Objektes Information über seine Entfernung

Am Beispiel der **Verdeckung** kann nun demonstriert werden, wie Vorwissen zu einer Interpretation einer mehrdeutigen Situation im Hinblick auf die räumliche Lage von Objekten führt. Die Verdeckungsanordnung in Abb. 8.3A ist die wahrscheinlichere Kombination im Vergleich zu einer anderen möglichen Anordnung von zwei Bällen. Die unterschiedlichen Anordnungen führen aus einem bestimmten Blickwinkel zum gleichen retinalen Abbild. In der Umkehrung entsteht das Problem, welche Interpretation das visuelle System auswählen soll. Die **Auswertung von Vorwissen**, das über wahrscheinliche Objektkonstellationen in der Umwelt vorliegt, kann dieses Mehrdeutigkeitsproblem lösen. Das grundlegende Problem der Tiefenwahrnehmung ist diese Mehrdeutigkeit des retinalen Abbildes. Ein zweidimensionales retinale Abbild lässt viele Interpretationen zur Lage der Objekte im Raum zu. Mit dem **Bayes-Theorem** kann die Nutzung von solchem Vorwissen zur Auflösung der Mehrdeutigkeit erfasst werden (► Exkurs).

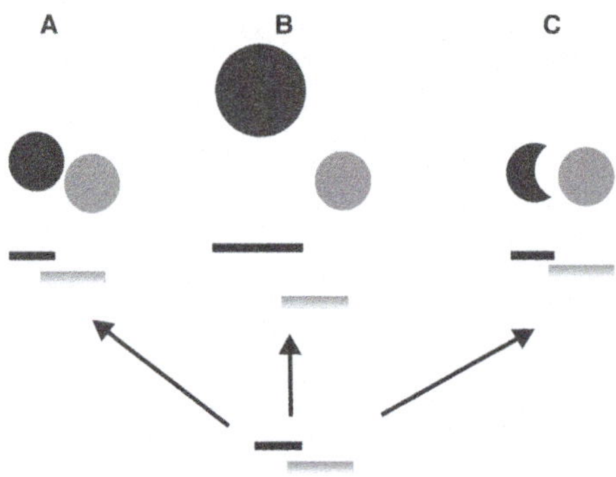

Abb. 8.3 Dargestellt sind drei mögliche Interpretationen eine Wahrnehmungssituation, bei der Personen zwei überlagerte Kreise sehen. Alle drei machen Sinn, trotzdem kommen die meisten Personen zur Interpretation in (A). (Aus Wolfe et al., 2006)

Exkurs

Bayes-Theorem und Tiefenwahrnehmung nach Mather (2006)

Eines der zentralen Probleme der Wahrnehmung ist die Auflösung der Mehrdeutigkeit eines Informationsangebotes. Die gleichen sensorischen Daten können von sehr unterschiedlichen physikalischen Situationen bestimmt sein und können damit auch sehr unterschiedlich interpretiert werden. Ein einfaches Beispiel dafür ist in ◘ Abb. 8.3 zu sehen. Ein möglicher Lösungsweg ist die Nutzung von Vorinformation, die das System hat. Solche Vorinformation kann evolutionsbiologisch im System verankert oder infolge von Lernprozessen im Gedächtnis gespeichert sein.

Eine Beschreibung, wie Vorwissen mit aktuellen Sinnesinformationen kombiniert werden kann, liefert das Bayes-Theorem. Das Theorem soll vorerst am Beispiel einer Erkrankung erläutert werden. Danach wenden wir es auf die Wahrnehmungssituation in ◘ Abb. 8.3 an.

Nehmen wir also ein Symptom I, und zwar Durchfall. Die Wahrscheinlichkeit, Durchfall zu haben, sei P(I). P(S) ist die Wahrscheinlichkeit, dass eine beliebige Person Darmkrebs hat, was man aus Statistiken entnehmen kann. Es gibt natürlich noch andere Symptome für Darmkrebs. Die Überlappung ist die Wahrscheinlichkeit $P(I \cap S)$, dass I und S gleichzeitig auftreten, d. h. dass die Person Durchfall und Darmkrebs hat. Ein Arzt kennt in der Regel aus der Erfahrung die Wahrscheinlichkeit P(I/S), dass bei Darmkrebs tatsächlich ein Durchfall auftritt. Diese Wahrscheinlichkeit steht in einer bekannte Beziehung zu P(S) und $P(I \cap S)$:

$$P(I/S)=P(I \cap S)/P(S) \text{ oder } P(I \cap S)=P(I/S)\times P(S)$$

Ähnlich kann die Wahrscheinlichkeit P(S/I), dass eine Person Darmkrebs bei Auftreten des Symptoms Durchfall I hat, bestimmt werden:

$$P(S/I)=P(I \cap S)/P(I) \text{ oder } P(I \cap S)=P(S/I)\times P(I)$$

In den beiden Gleichungen auf der rechten Seite ist die jeweils linke Seite identisch. Durch Gleichsetzung ergibt sich dann:

$$P(I/S)\times P(S)=P(S/I)\times P(I)$$

Damit kann das Bayes-Theorem formuliert werden:

$$P(S/I)=P(I/S)\times P(S)/P(I)$$

Wie ist die Gleichung zu lesen? Links steht die Wahrscheinlichkeit, dass zu dem Symptom I die Diagnose S gehört, auch Aposteriori-Wahrscheinlichkeit genannt. Die Terme auf der rechten Seite können empirisch bestimmt werden und sind bekannt. P(S) charakterisiert das Wissen, mit welcher Wahrscheinlichkeit Darmkrebs S überhaupt auftritt. P(I/S) ist die Wahrscheinlichkeit, dass bei Darmkrebs S überhaupt Durchfall auftritt, P(I) die Wahrscheinlichkeit des Auftretens von Symptom I.

In ◘ Abb. 8.3 ergeben drei verschiedene Anordnungen (S im Bayes-Theorem) das gleiche retinale Abbild (I im Bayes-Theorem): eine schwarze sichelförmige Fläche und eine graue Kreisfläche. Wir wissen, dass die beiden Kreise die gleiche Größe haben. Also ist die Apriori-Wahrscheinlichkeit für die Situation in ◘ Abb. 8.3A größer als in ◘ Abb. 8.3B oder C. Wir können auch annehmen, dass die Wahrscheinlichkeit, dass die Objekte in ◘ Abb. 8.3C das retinale Bild erzeugen, sehr gering ist. Dieses retinale Bild kann nur entstehen, wenn wir die beiden Objekte in ◘ Abb. 8.3C von einem speziellen Standpunkt aus sehen. Wenn man dies mit dem Theorem verrechnen würde, ergäbe sich die größte Wahrscheinlichkeit für die Interpretation in ◘ Abb. 8.3A.

Diese Wahrscheinlichkeit hängt nach dem Bayes-Theorem von zwei Faktoren ab:

- Sie hängt ab von der Wahrscheinlichkeit, dass eine bestimmte Objektkonstellation in der realen Welt auftritt. Manche Konstellationen (z.B. in ◘ Abb. 8.3A) sind wahrscheinlicher als andere (z.B. in ◘ Abb. 8.3C). Dieses Vorwissen bestimmt also die Interpretation.
- Sie hängt aber auch ab von der Wahrscheinlichkeit, dass das Abbild I auf der Retina bei dem Objekt S auftritt. Auch dieses Vorwissen ist also wichtig für die Interpretation. Auch diese Wahrscheinlichkeit ist in ◘ Abb. 8.3A größer als beispielsweise in ◘ Abb. 8.3C.

Eine Interpretation hängt also entscheidend vom Vorwissen einer Person ab.

8.2.2 Atmosphärische Farbverschiebung und lineare Perspektive

Zwei weitere monokulare Tiefenkriterien sind die **Perspektive** und die **atmosphärischeFarbverschiebung**.

Objekte, die sich in **unterschiedlicher Entfernung** befinden, erscheinen infolge der Lichtstreuung in der Atmosphäre, in einem **anderen Farbton**. Das Wahrnehmungssystem arbeitet hier also so, als würde es die Streuungsgesetze des Lichts kennen. Blaues

Licht wird in der Atmosphäre stärker gestreut und daher erscheint nicht nur der Himmel blau, sondern die Objekte haben einen blauen Farbton.

Das Abbildungsgesetz hinter dem Kriterium der linearen **Perspektive** besagt, dass parallele Linien in der realen Umwelt in einem zweidimensionalen Abbild in der Ferne konvergieren (Abb. 8.2).

8.2.3 Bewegungsinformation

Aus der Bewegung des Beobachters ergibt sich in Abhängigkeit von der Entfernung eine unterschiedliche Bewegung der Objekte, die **Bewegungsparallaxe**.

Bisher haben wir nur Bildmerkmale in statischen Bildern betrachtet. Wenn sich ein Beobachter an zwei unterschiedlich weit entfernten Objekten vorbei bewegt, dann scheinen die Objekte auch eine Bewegung auszuführen. Objekte in der Nähe des Auges scheinen sich schneller zu bewegen als Objekte, die weiter entfernt sind. Diese sog. **Bewegungsparallaxe** liefert metrische Information über Entfernungen. Voraussetzung ist die Bewegung des Auges oder des Beobachters. Man kann also die Genauigkeit der Tiefenwahrnehmung erhöhen, indem durch Augenbewegungen die Bewegungsparallaxe ausgenutzt wird.

8

8.2.4 Akkommodation und Vergenz

Aus der Möglichkeit, die Augen auf die beobachtete Situation einzustellen, ergeben sich zwei Kriterien: die **Akkommodation** als Anpassung der Linse und die **Vergenz** als Anpassung der Augenstellung. Die dafür benötigten Signale sind zugleich Informationen über den Ort, an dem sich ein Objekt befindet.

Die Augen müssen so eingestellt werden, dass ein Objekt scharf auf der Retina abgebildet wird. Diese Einstellungen erfolgen mit den Augenmuskeln. Die Dicke bzw. Krümmung der Linse wird eingestellt: Weit entfernte Objekt erfordern eine dünne Linse und damit eine Verringerung der Brechkraft, nahe Objekt erfordern dagegen eine Verdickung und Erhöhung der Brechkraft. Dieser Mechanismus wird **Akkommodation** genannt. Die Information über diesen Akkommodationszustand kann also zur Bestimmung der Entfernung benutzt werden. Die Augen selbst können durch **Konvergenz- oder Divergenzbewegungen** so eingestellt werden, dass eine Fixierung eines Objektes mit beiden Augen erfolgen kann. Diese Vergenzbewegung (auch ► Abschn. 7.7) führt dazu, dass der Winkel, in dem die Augen zueinander gedreht sind, ebenso Tiefeninformation enthält. Obwohl beide Kriterien Distanzinformation liefern, sind sie nur im Nahbereich bis etwa 2–3 m auswertbar.

8.2.5 Binokulare Tiefenwahrnehmung: Disparation

Für die Praxis

3D-Kino

In manchen Kinos werden sog. Shutterbrillen verwendet. Bei dieser Technik wirft der Projektor abwechselnd ein Bild für das linke bzw. für das rechte Auge auf die Leinwand. Die Shutterbrillen enthalten für jedes Auge ein dünnes LCD-Glas, welches – synchron mit dem Projektor – nur dann lichtdurchlässig wird, wenn auch das für dieses Auge vorgesehene Bild auf der Leinwand zu sehen ist. Dieser Vorgang wird durch Infrarotsignalgeber oberhalb der Leinwand für alle Brillen gleichzeitig gesteuert. Um ein Kopfschmerzen bereitendes Flimmern des Bildes zu verhindern, muss jedes linke Einzelbild viermal in Abwechslung mit dem jeweils passenden rechten Einzelbild gezeigt werden. Da die Brillen aktive Komponenten enthalten, wird diese Technik auch als »aktive« Stereoprojektion bezeichnet, im Gegensatz zu einer anderen Technik, der »passiven« Polarisationsfiltertechnik, die heute in IMAX Kinos Verwendung findet. Jedes Auge erhält über die Brille nur das passend polarisierte Licht. Damit erhalten die Augen auch zwei getrennte Bilder, die zu einem 3D-Eindruck verarbeitet werden.

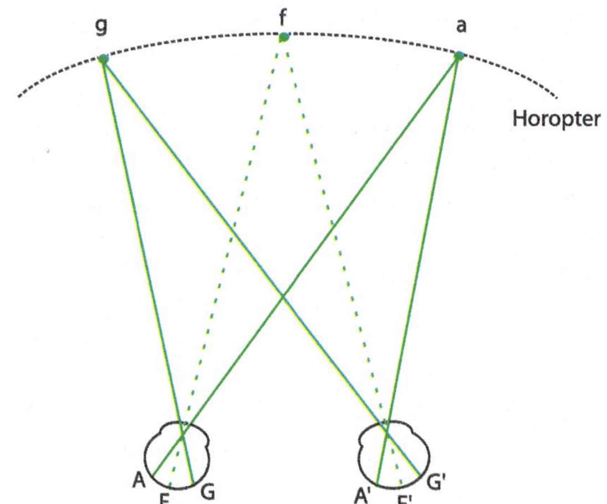

Abb. 8.4 Korrespondierende Punkte. Die Bilder der drei Personen a, f und g auf dem Horopter erzeugen Abbilder in den Augen. Legt man die beiden Augen übereinander, so liegen die Abbilder A und A', F und F' sowie G und G' jeweils an gleichen Retinaorten

Die Abbilder eines Objektes im linken und rechten Auge unterscheiden sich wegen der Abbildungseigenschaften der Augen. Dieser Unterschied, auch **binokulare Disparation** genannt, kann vom Gehirn zur Tiefenwahrnehmung ausgewertet werden.

Korrespondierende retinale Punkte liegen an vergleichbaren Stellen der linken und rechten Retina.

Die Disparation ist der Abstand nicht korrespondierender Punkte auf der Retina, also der Abstand der beiden Abbildorte eines Punkts im Raum, der nicht auf dem Horopter liegt.

Wir hatten in der Einleitung zu diesem Kapitel schon die binokulare Disparation, also den Unterschied der beiden retinalen Abbilder eines fixierten Objektes, eingeführt. Wir haben hier wieder ein Beispiel dafür, dass das visuelle System Eigenschaften der Abbildung einer dreidimensionalen Welt in ein zweidimensionales Abbild ausnutzt. Die Augen stellen sich immer so ein, dass die Objekte auf die Bereiche des schärfsten Sehens, die Fovea fallen. Jeder Punkt im Raum erzeugt genau ein Abbild an einer bestimmten Position in der linken und rechten Retina. Solche Abbilder werden **korrespondierende retinale Punkte** genannt, wenn sie den gleichen Abstand von der Fovea haben (Abb. 8.4).

Alle Punkte im Raum, die auf einem Kreis durch den Fixationspunkt im Raum und die beiden Augäpfel liegen, befinden sich auf dem sog. **Vieth-Müller-Kreis**. Objekte auf diesem Kreis führen zu korrespondierenden Punkten auf der Retina und haben demzufolge die Disparation null. Punkte im Raum mit dieser Eigenschaft bilden den **Horopter**. Alle Punkte, die vor oder hinter diesem fiktiven Kreis liegen, der durch den Fixationsort bestimmt ist, haben eine Disparation ungleich null. Die Disparation ist der Abstand nicht korrespondierender Punkt auf der Retina, also der Abstand der beiden Abbildorte eines Punkts im Raum, der nicht auf dem Horopter liegt (Abb. 8.5). Die Disparation der retinalen Position der Abbilder im linken und rechten Auge hängt von der Lage und der Entfernung des betrachteten Punktes zum Horopter ab.

In Abb. 8.5 sind die Positionen der Personen a und b nicht auf dem Horopter. Die Punkte G' und H' sind also keine korrespondierenden Punkte zu A und B. Die korre-

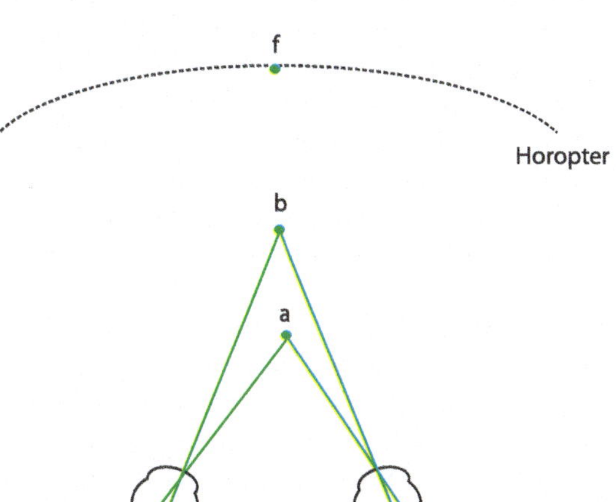

Abb. 8.5 Bilder von zwei Personen a und b, die sich nicht auf dem Horopter befinden. Die korrespondierenden Punkte zu A und B wären A' und B'. Tatsächlich liegen die Abbilder im rechten Auge an den Retinaorten G' und H'. A und H' sowie B und G' sind nichtkorrespondierende Punkte

Die Disparation ist gekreuzt, wenn ein Punkt vor dem Horopter liegt; sie ist ungekreuzt, wenn der Punkt hinter dem Horopter liegt.

spondierenden Punkte von A und B wären eigentlich A' und B'. In Abb. 8.5 ist die Disparation für Person a der Abstand A'und H', wenn man die beiden Augen übereinander legt. Diese Disparation ist größer als die für die Abbilder von Person b: A'H' ist größer als B'G'. Je weiter das Objekt vom Horopter entfernt ist, umso größer ist die Disparation. Unterschiede ergeben sich noch, je nachdem ob die Objekte vor oder hinter dem Horopter liegen. Wenn ein Objekt vom Standpunkt des Beobachters hinter dem Horopter liegt, dann ergibt sich eine ungekreuzte Disparation: Objekte im linken Auge werden nach links verschoben und im rechten Auge nach rechts. Wenn dagegen ein Objekt vor dem Horopter liegt, erfolgt eine Verschiebung im linken Auge nach rechts und im rechten Auge nach links. Die Disparation ist gekreuzt. Die Art der Disparation sagt also etwas über die Lage zum Horopter aus, die Größe der Disparation etwas über die Entfernung. So liefert die Beidäugigkeit Information über die Lage von Objekten im Raum (s. auch den ► Exkurs zur »Stereoskopie«).

Exkurs

Stereoskopie – Möglichkeiten der Erzeugung von Raumbildern

Die Disparation entsteht also durch die kleinen Lageunterschiede der Abbildungen eines Objektortes im linken und rechten Auge. Sie ist eine der Grundlagen für den Tiefeneindruck. Die Kenntnis dieser Unterschiede erlaubte es Wheatstone (1802-1875), ein Stereoskop zu bauen, in dem zwei leicht unterschiedliche Bilder einen Tiefeneindruck erzeugen. Man kann solche Bilder beispielsweise erzeugen, indem von einem Objekt zwei Bilder aus verschiedenen Positionen fotografiert werden. Eines dieser Bilder wird dem linken Auge, das andere dem rechten Auge dargeboten. Auf diese Weise entsteht eine Disparation, die zu einem Tiefeneindruck verarbeitet wird.

Bei der stereoskopischen Anaglyphdarstellung werden zwei unterschiedliche Perspektiven in einem Bild mit Rot und Grün markiert, aber gleichzeitig dargestellt. Das anaglyphische Verfahren setzt eine einfache Brille voraus: Eine Szene wird durch eine Rot-Grün-Brille betrachtet. Alle Bilder bzw. Perspektiven, die für das linke Auge bestimmt sind, werden dazu in Grün dargestellt, alle Bilder für das rechte Auge in Rot. Die gefärbten Gläser der Brille wirken wie Farbfilter, sodass nur das jeweilige Auge die dafür vorgesehenen Bilder sieht. Dadurch entsteht eine Disparation, die zu einem Tiefeneindruck führt.

In diesem Zusammenhang sei auch auf die Autostereogramme hingewiesen. Bei diesen wird die Disparation durch leicht versetzte Teile eines Bildes in einem Bild erzeugt. Diese Bilder müssen mit einer bestimmten Augenstellung betrachtet werden (Goldstein, 2002)

8.3 Korrespondenzproblem

Beim Korrespondenzproblem geht es um die Zuordnung der Abbildungspunkte im linken und rechten Auge.

Mit einer stereoskopischen Darbietungstechnik kann Objektinformation selbst aus Zufallsanordnungen von schwarzen und weißen Punkten gewonnen werden.

Bei der Bestimmung der Disparation gibt es auch das Problem der Zuordnung der Abbildungspunkte im linken und rechten Auge. Dieses **Korrespondenzproblem** kann nur durch Auswertung von Vorwissen gelöst werden.

In diesem Zusammenhang prüfte Julesz (1971) mit sog. **Zufallsstereogrammen**, inwieweit Tiefeninformation auch bei der Objekterkennung von Bedeutung ist. Er wählte eine zufällige Anordnung von schwarzen und weißen Punkten. Aus dieser Zufallsanordnung erzeugte er eine zweite Anordnung, indem er einen kleinen quadratischen Teil des Musters um einige Punkte verschob. Das Muster wurde dann wieder mit zufällig platzierten Punkten aufgefüllt. Oberflächlich betrachtet scheinen sich beide Muster nicht zu unterscheiden. Bei einer Betrachtung unter dem Stereoskop berichteten aber die Beobachter, dass sie ein kleines Quadrat schwebend über diesem Zufallsmuster sehen konnten. Der Grund dafür ist, dass die verschobene quadratische Fläche eine Disparation infolge der Verschiebung aufweist. Das visuelle System kann nicht anders, als diese Disparation als Tiefe zu interpretieren. Das Objekt wird also auf der Grundlage seiner Lage im Raum identifiziert. Dabei stellt sich allerdings die Frage, woher das visuelle System weiß, welche Punkte in diesem Zufallsmuster einander in den Abbildungen zugeordnet werden müssen. Dies ist das sog. **Korrespondenzproblem**, das auch bei der Bewegungswahrnehmung auftaucht.

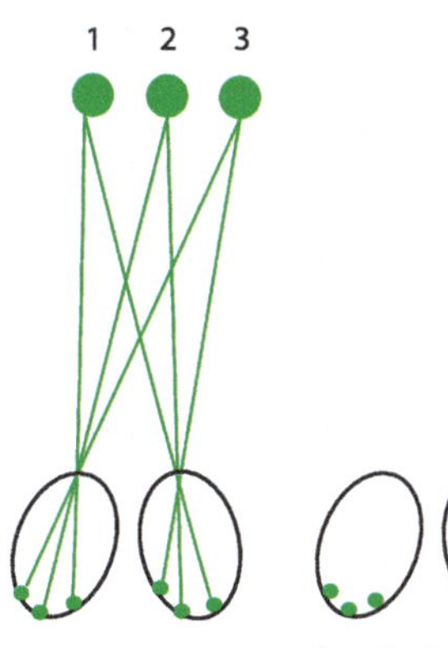

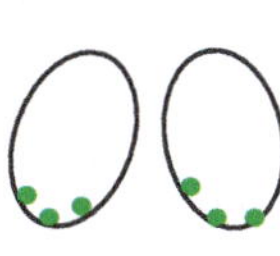

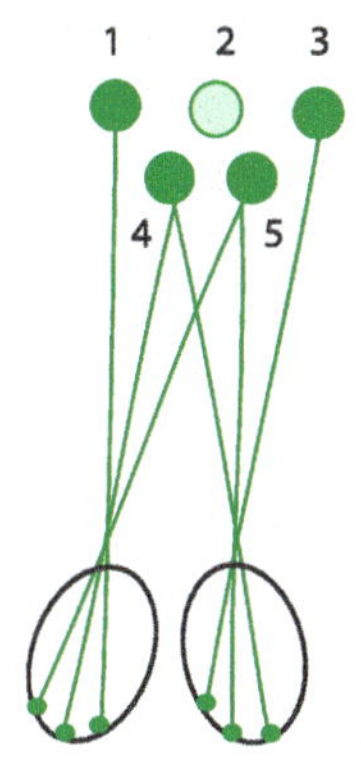

Abb. 8.6 Interpretation einer Anordnung von drei Punkten. Die aktuelle Wahrnehmungssituation (a) führt zu den Abbildungen (b) auf der Retina, die sich aber auch als spezielle Anordnung von vier Punkten interpretieren lässt (c). (Nach Wolfe et al., 2006)

Das Problem kann noch einmal am Beispiel der Abbildung von drei Punkten in Abb. 8.6a deutlich gemacht werden: Welcher Punkt im linken Abbild in Abb. 8.6b gehört zu welchem Punkt im rechten Abbild in Abb. 8.6b? Nur wenn die Zuordnung entsprechend der Zahlen in den Abbildern in Abb. 8.6a erfolgt, wird die Anordnung korrekt interpretiert. Eine andere spezielle Interpretation mit vier Punkten wie in Abb. 8.6c ergibt sich, wenn das linke retinale Bild von Punkt 2 auf das rechte retinale Abbild von Punkt 1 (neuer Punkt 4), das linke retinale Abbild von Punkt 3 auf das rechte retinale Abbild von Punkt 2 abgebildet wird (neuer Punkt 5).

Die Lösung des Korespondenzproblems beeinflusst die Interpretation eines retinalen Abbildes einer Objektanordnung.

Das Korrespondenzproblem ist bisher nicht gelöst. Es gibt einige **heuristische Regeln**, die dieses Berechnungsproblem vereinfachen. Eine Möglichkeit, verdeutlicht an den Zufallsmustern, besteht darin, nicht die einzelnen Punkte in diesen Bildern zu betrachten, sondern nur die grobe Information, die durch die niedrigen Raumfrequenzen vermittelt werden. Diese wesentlich gröbere Information vereinfacht das Problem. Eine andere Heuristik besagt, dass benachbarte Punkte in einem Objekt, soweit es nicht Kanten sind, etwa die gleiche Entfernung vom Beobachter haben. Auch damit kann das Problem vereinfacht werden.

Das Korrepondenzproblem der Tiefenwahrnehmung wird durch heuristische Regeln gelöst.

Neurone, die solche Information aus beiden Augen verarbeiten können, müssen also **binokulare Neurone** sein. Sie müssen also rezeptive Felder in beiden Augen haben. Wir wissen (▶ Abschn. 3.3), dass solche Neurone besonders im primären visuellen Kortex (V1) liegen. Viele Neurone haben ihre stärkste Aktivität bei Punkten, die auf dem Horopter liegen, also bei einer Disparation von null. Daneben gibt es aber auch Neurone, die auf bestimmte Disparationen eingestellt sind.

Im Gehirn sind Neurone identifiziert worden, die auf solche binokulare Information ansprechen.

Beispiel

Korrespondenz und Film

In Filmen scheinen sich Wagenräder oft rückwärts zu drehen. Diese Täuschung beruht auf einer falschen Korrespondenz, welche die Wahrnehmung zwischen den Speichen herstellt. Da im Film nur eine Serie von Schnappschüssen gezeigt wird, muss jedes sich bewegende Element im nächsten Bild an seiner neuen Position erkannt werden. Da sich bei einem Wagenrad völlig gleichartige Elemente bewegen, muss das System als Prinzip das der räumlichen Nähe ausnutzen. Es wird daher immer das Element im nächsten Bild verwendet, das dem betrachteten Element am nächsten ist. Der Rückwärtseffekt kommt dadurch zustande, dass sich die nächste Speiche kurz vor der Position der betrachteten Speiche befindet. Es wird damit eine Bewegung entgegen der Drehrichtung wahrgenommen.

8.4 Kombination von Tiefenkriterien

Die verschiedenen Tiefenkriterien können Information in begrenzten Entfernungsbereichen liefern. In Überlappungsbereichen entsteht die Frage nach der Integration der verschiedenen Informationen.

Wir haben gesehen, dass für die Bestimmung der Entfernung eines Objektes sehr verschiedene Informationen zur Verfügung stehen. Daraus entsteht die Frage, wie diese Informationen zu einem Tiefeneindruck kombiniert werden. Die verschiedenen Kriterien sind für bestimmte Situationen besonders geeignet, für andere wiederum nicht, d. h., die verschiedenen Tiefenkriterien haben jeweils bestimmte Bedingungen zur Voraussetzung und decken auch verschiedene Entfernungsbereiche ab: Konvergenz und Akkommodation arbeiten nur im Nahbereich, die atmosphärische Verschiebung nur bei großen Entfernungen.

Die verschiedenen Tiefenkriterien müssen zu einem Tiefeneindruck integriert werden. Dafür vorgeschlagen wurde ein gewichteter Mittelungsprozess. Neuere Untersuchungen zeigen, dass diese Verrechnung die Reliabilität der Kriterien berücksichtigt.

Wie stellt sich das System nun aber auf die **Nutzung der verschiedenen Kriterien** (◘ Tab. 8.1) ein? Für Helmholtz war diese Kombination der verschiedenen Informationen ein Beispiel für das, was er eine unbewusste Inferenz nannte. Die Kombination der Entfernungsinformationen aus unterschiedlichen Informationsquellen könnte dabei über deren Mittelung erfolgen. Da aber die Tiefenkriterien in Abhängigkeit von den Bedingungen unterschiedlich gut verfügbar sind und auch eine unterschiedliche Reliabilität haben, hat sich in Untersuchungen gezeigt, dass die **Kriterien in Abhängigkeit von den Bedingungen unterschiedlich gewichtet** werden. So werden im Nahbereich Kriterien auf der Grundlage der Beidäugigkeit stärker gewichtet. Im Fernbereich sind es z. B. Geschwindigkeitsinformationen.

◘ Tab. 8.1 Wirksamkeit der Tiefeninformationen für verschiedene Entfernungsbereiche. (Nach Cutting & Vishton, 1995)

Informationen für räumliche Tiefe	0–2 m	2–30 m	Über 30 m
Verdeckung	x	x	x
Relative Größe	x	x	x
Akkommodation und Konvergenz	x		
Bewegung	x	x	
Disparation	x	x	
Relative Höhe im Gesichtsfeld		x	x
Atmosphärische Perspektive			x

8.5 Größenkonstanz

Die Größenkonstanz ergibt sich ebenso aus einer Verrechnung von verschiedenen Informationen. Neben der retinalen Abbildgröße ist es die Information über die Entfernung des Objektes, die zur Größenschätzung verwendet wird.

Ein Versuch, das **Vorwissen** des Systems ins Spiel zu bringen, ist das schon erwähnte Bayes-Theorem. Mit der Einbeziehung von Vorwissen oder wahrscheinlich gültiger Vorannahmen kann beispielsweise die **Ponzo-Illusion** erklärt werden. Zeichnet man zwei gleich lange horizontale Linien in gleich bleibendem Abstand (eine obere und eine untere Linie) und flankiert rechts und links zwei geneigte Linien so, dass der Eindruck einer Konvegenz dieser beiden geneigten Linien in der Ferne entsteht (Ditzinger, 2008), dann ergibt sich eine Täuschung: Obwohl beide waagerechten Linien gleich lang sind, werden sie in ihrer Länge als verschieden wahrgenommen. Es liegt also eine markante Störung der Größenkonstanz vor.

Die scheinbare Entfernung eines Objektes bestimmt seine wahrgenommene Größe.

Die beiden konvergierenden Linien können als Linearperspektive interpretiert werden. Unter dieser Annahme müssen die beiden gleich langen horizontalen Linien mit ihren gleich großen Abbildern auf der Retina als verschieden große Objekte interpretiert werden: Die obere Linie liegt nach der Linearperspektive weiter weg, führt aber zu einem gleich großen Abbild. Also muss das System mit seinen impliziten »Kenntnissen« annehmen, dass die obere Linie länger ist. Genau dies berichten Beobachter. Interessant ist, dass man sich dieser Interpretation nicht entziehen kann. Man kann wissen, dass die beiden Linien gleich lang sind. Trotzdem stellt sich in der Wahrnehmung der Eindruck ein, die obere Linie sei länger.

Größentäuschungen können über die Unterschiede zwischen objektiver und wahrgenommener Objektentfernung erklärt werden.

Solche Lösungen liegen für verschiedene Täuschungen vor. Mit ähnlichen Folgerungen kann beispielsweise die **Mondtäuschung** (▶ Beispiel) erklärt werden.

Beispiel

Mondtäuschung

In einer Vollmondnacht kann die Mondtäuschung beobachtet werden. In der Regel erscheint der Mond größer, wenn er knapp über dem Horizont steht. Steht er zentral über uns, erscheint er kleiner. Eine mögliche Erklärung benutzt die Ergebnisse der Wahrnehmung von Objektentfernungen. Der Mond hat über dem Horizont und hoch am Himmel den gleichen Sehwinkel. Es wird davon ausgegangen, dass die Landschafts- und Gebäudemerkmale Tiefeninformation liefern, wenn der Mond am Horizont steht. Der Mond erscheint weiter weg. Steht er über uns, gibt es kaum Vergleichsreize, die Entfernung erscheint uns geringer. Dieser scheinbare Entfernungsunterschied bewirkt einen wahrgenommenen Größenunterschied. Bei gleichem Sehwinkel erscheint das weiter entfernte Objekt größer. In Experimenten ist gezeigt worden, dass eine Verringerung der Anzahl der Tiefenmerkmale bei tief stehendem Mond tatsächlich zu einer Abnahme der wahrgenommenen Größe führt.

Die Berücksichtigung der Entfernung eines Objektes bei der Größeneinschätzung erfolgt unbewusst.

Unbewusste Inferenzen, wie beispielsweise bei der Mondtäuschung, machen so Phänomene wie die Größenkonstanz zumindest verständlich. Die Größe des Abbildes auf der Retina verändert sich systematisch mit der Entfernung des Objektes. Die Größe eines Objekts kann also unter Zuhilfenahme der Entfernung eingeschätzt werden, dadurch kommt es nicht zu Verzerrung.

Die systematische Beeinflussung der Entfernungsschätzungen verändert auch die Größenschätzung.

Holoway und Boring (1941) haben gezeigt, dass **Entfernung und retinale Größe verrechnet** werden. Sie variierten die verfügbaren Tiefenkriterien und konnten dadurch die Genauigkeit der Tiefenwahrnehmung manipulieren. Die Testperson kann eine Testkreisscheibe sehen und muss dann eine Vergleichskreisscheibe so verändern, dass der Durchmesser dieser Scheibe dem Durchmesser der Testkreisscheibe entspricht. Dieser Durchmesser der Testkreisscheiben wurde zusammen mit der Entfernung so variiert, dass die Größe des retinalen Abbildes der Testscheibe konstant war. Die Testscheiben wurden damit unter dem gleichen Sehwinkel gesehen.

Die Entfernungsschätzung kann über die Ausschaltung von Tiefenkriterien beeinflusst werden.

Wenn sich nun die Person bei der Einstellung des Durchmessers der Vergleichsscheibe nur auf die Größe dieses retinalen Abbildes stützen würde, so sollte sie den Vergleichskreis immer gleich einstellen. Wenn die Person dagegen die Entfernung der Testkreise durch Auswertung der Tiefenkriterien mit berücksichtigen kann, so sollte sie die »wahre« Größe der Testkreisscheiben einstellen können. In verschiedenen Situationen wurde nun die Möglichkeit der Ausnutzung solcher Tiefenkriterien verändert. Ein Beispiel wäre der Übergang von beidäugigem Sehen (Ausnutzung der Disparation und von monokularen Kriterien) zu monokularem Sehen (nur noch monokulare Kriterien). In den verschiedenen Situationen ergaben sich dadurch auch Abweichungen von der Größenkonstanz. Bei Ausschaltung aller Tiefenkriterien konnte die Versuchsperson ihr Größenurteil nur auf der Grundlage der retinalen Größe angeben, also müssten drastische Veränderungen in der Wahrnehmung der Größe eines Objektes in unterschiedlicher Entfernung eintreten.

Die wahrgenommene Größe eines Objektes wird von der wahrgenommene Entfernung des Objektes vom Beobachter bestimmt.

Tatsächlich wurde ein solches Ergebnis gefunden. Wenn alle Tiefenkriterien ausgeschaltet waren, konnte nur der Sehwinkel für das Urteil benutzt werden. Dieser Winkel ist für alle Testkreisscheiben gleich. Entsprechend stellen alle Personen in allen Situationen den gleichen Durchmesser der Vergleichsscheibe ein. Das Gegenstück dazu waren die Situationen, in denen die volle Tiefeninformation zur Verfügung stand. Jetzt ergab sich Größenkonstanz, d. h., der eingestellte Durchmesser der Vergleichsscheibe entsprach dem Durchmesser der Testscheibe. Mit dem Experiment wurde nachgewiesen, dass die wahrgenommen Entfernung die **Größenschätzung** beeinflusst.

Exkurs

Zusammenwirken verschiedener Sinne

Neben den Informationen, die das visuelle System für die Wahrnehmung der Räumlichkeit einer Situation ermittelt, können auch andere Sinnessysteme Beiträge leisten. Im Nahraum kann über den Tastsinn sehr detaillierte Information über die Lage von Objekten zueinander und die Entfernung vom Beobachter ermittelt werden. Ebenso kann das auditive System Informationen über die Lage und Position einer Schallquelle ermitteln. Diese verschiedenen Informationen müssen zu einer Raumwahrnehmung integriert werden. Wir kommen darauf in ► Kap. 13 über das Zusammenwirken der Sinne zurück.

Kontrollfragen

1. Welche Funktion hat die Tiefenwahrnehmung?
2. Was unterscheidet monokulare von binokularen Tiefenkriterien?
3. Erläutern Sie die Bewegungsparallaxe und den Texturgradienten?
4. Was sind korrespondierende Punkte bei der Abbildung von Objekten auf der Retina?
5. Worin besteht das Korrespondenzproblem bei der Tiefenwahrnehmung?
6. Wie wird nach dem Ansatz von Bayes die Mehrdeutigkeit von Anordnungen aufgelöst?
7. Wie erfolgt die Kombination von Tiefenkriterien bei der Ermittlung der Objektentfernung?
8. Wie kann die Objektkonstanz über die Tiefenwahrnehmung erklärt werden?

► Weiterführende Literatur

Goldstein, E.B. (2002). *Wahrnehmungspsychologie* (6. Aufl.). Heidelberg: Spektrum.

Mather, G. (2006). *Foundations of perception*. Hove and New York: Psychology Press.

Wolfe, J.M., Kluender, K.R., Levi, D.M., Bartoshuk, L.M., Herz, R.S., Klatzky, R.L. & Lederman, S. J. (2006). *Sensation & perception*. Sunderland: Sinauer Ass.

9 Form- und Objekterkennung

Lernziele

- Welches sind die wichtigsten Stufen der Objekterkennung?
- Warum kann die Wahrnehmung der Form nicht auf die Wahrnehmung einzelner Merkmale zurückgeführt werden?
- Nach welchen Kriterien strukturiert sich die Wahrnehmung?
- Wie lassen sich diese Organisationsprinzipien interpretieren?
- Worin liegen die Grundprobleme der Objekterkennung?
- Welche Erklärungsansätze lassen sich unterscheiden?
- Wieso werden andere kognitive Prozesse zur Erklärung der Objekterkennung gebraucht?

Beispiel

Nach einer Kohlenmonoxidvergiftung und zeitweiliger Blindheit erholte sich die visuelle Wahrnehmung des Patienten S. (Benson & Greenberg, 1969) weitgehend. Allerdings ein Defizit verblieb: Er konnte keine visuell dargebotenen Objekte benennen. Dagegen hatte er keine Schwierigkeiten bei der Benennung von Objekten, wenn er sie ertasten konnte. Er hatte noch ein relativ intaktes Auflösungsvermögen. Ebenso konnte er Objekte nach Farbe, Helligkeit und Größe vergleichen. Entsprechende Tests belegten, dass er ein normales Sehfeld hatte. Das zeitliche Auflösungsvermögen des visuellen Systems war auch im Normbereich. Weitere Tests zeigten allerdings ein Defizit in der Unterscheidung visueller Formen. Neben seinem Defizit in der Objekterkennung war er auch in der Erkennung von Gesichtern beeinträchtigt. Infolge der Schwierigkeiten in der Formwahrnehmung konnte er auch nur noch schlecht lesen.

9.1 Formwahrnehmung

Unsere **visuelle Wahrnehmung** beginnt im visuellen Kortex mit Neuronen, die eine Spezialisierung für Objektmerkmale der Orientierung, der Bewegung, der Bewegungsrichtung, der Farbe oder der binokularen Disparität (► Kap. 8) haben. Ein Objektbild wird also in diese Merkmale zerlegt. Insbesondere entsteht eine **Repräsentation von**

Die neuronale Verarbeitung beginnt mit der **Auswertung orientierter Strichelemente.** Diese Information muss zu Form- und Konturinformation organisiert werden.

Strichelementen unterschiedlicher Orientierung an unterschiedlichen Positionen. Der neuronale Code eines Objekts ist damit eine Population von Neuronen, die für unterschiedliche kleine Strichelemente mit unterschiedlicher Orientierung stehen. Daraus ergibt sich das neue Problem, wie sich diese Elemente zu **Formen** mit deren **Konturen** organisieren und wie sich eine solche Form vom Hintergrund abhebt. Formen sind Bereiche im visuellen Feld, die durch Konturen begrenzt sind. Konturen grenzen damit solche Formen vom Hintergrund als auch voneinander ab. Die Frage ist also, wie solche Formen mit ihren Konturen aus den einfachen Merkmalen gebildet werden. Zu beachten ist dabei, dass Formen neben den Konturen noch andere Merkmale haben wie beispielweise Farben.

Strukturalistische Ansätze suchen eine Leistung in Grundelemente zu zerlegen und können damit nicht Erkennungsleistungen bei fehlender oder unvollständiger Information erklären.

Strukturalistische Ansätze (► Kap. 2) in der Wahrnehmung versuchten Wahrnehmungsprobleme wie das der Objekterkennung dadurch zu verstehen, dass sie nach den Grundelementen fragten, aus denen sich eine solche Leistung zusammensetzt. Dahinter stand also die Idee, eine Leistung auf **elementare Komponenten** wie beispielsweise orientierte Strichelemente zurückzuführen. Solche Grundelemente sind aus der Neurophysiologie und der Psychophysik weitgehend bekannt. Nicht gelöst wird damit aber das Problem, wie sich solche Elemente zu einer Form organisieren. Wie soll diese Organisationsleistung bei Objekten erklärt werden, bei denen wichtige Elemente einer Kontur infolge einer Verdeckung durch ein anderes Objekt fehlen? Die **subjektiven Konturen** stellen ein besonders eindrucksvolles Problem dar. Dazu betrachten wir noch einmal die ◘ Abb. 2.4, in der ein Quader zu sehen ist, obwohl die Konturinformation nur in den schwarzen Kreissegmenten steckt. Das visuelle System hat aber kein Problem, diese partiellen Informationen zum Gesamteindruck eines Quaders zu integrieren.

Die **Gestaltpsychologie** hat Prinzipien vorgeschlagen, nach denen sich Elemente zu Gestalten organisieren und nach denen sich die Trennung einer Figur vom Hintergrund vollzieht.

Die **Gestaltpsychologen** (► Abschn. 2.4.3) um Wertheimer, Köhler und Koffka gingen einen anderen Weg. Ausgehend von der Einsicht, dass Kombinationen von solchen Elementen Eigenschaften haben können, die den einzelnen Elementen nicht zukommen, entwickelten sie ein Forschungsprogramm, in dem sie als Ergebnis Prinzipien der Organisation der Wahrnehmung und der Figur-Grund-Differenzierung aufstellten.

► Definition Gestaltpsychologie

Definition

Die **Gestaltpsychologie** ist eine Richtung der Psychologie, die sich im Bereich der Wahrnehmung besonders mit den Prinzipien der Wahrnehmungsorganisation beschäftigte. Sie geht davon aus, dass das Ganze mehr ist als die Summe seiner Teile.

Emergente Merkmale

Eine wichtige Erkenntnis der Gestaltpsychologie besagt, dass Anordnungen von Elementen Eigenschaften aufweisen können, welche die einzelnen Elemente nicht haben, sog. **emergente Eigenschaften**.

In diesem Zusammenhang untersuchte Pomerantz (1981) emergente Eigenschaften, also Eigenschaften eines Musters, die den einzelnen Bestandteilen des Musters nicht zukommen. Er verwendete Kombinationen von einfachen Objekten wie auf den beiden Vorlagen in ◘ Abb. 9.1. Eine schräge Linie kombiniert mit einem Winkel ergibt ein Dreieck, eine geschlossene Figur. Die emergente Eigenschaft Geschlossenheit hat nur die Gesamtfigur. Ebenso ergibt die Kombination einer schrägen Linie mit den beiden überlagerten Quadraten eine Figur, die eine horizontale Fläche zu enthalten scheint. Das Ergebnis zeigt, dass die zusammengesetzten Objekte Eigenschaften haben, die das Wahrnehmungssystem nutzen kann.

Globale Eigenschaften wie die Symmetrie werden sehr schnell erkannt und für die Erkennung genutzt.

Eine andere solche globale Eigenschaft ist die **Symmetrie von Mustern**. Wir wissen, dass die Erkennung der Symmetrie eines komplexen Muster sehr schnell geht, wobei die Art der Symmetrie die Geschwindigkeit der Erkennung bestimmt (Ramachandran & Hirstein, 1999).

Komplexe Muster sind aus mehreren Elementen zusammengesetzt. Sie haben neue erkennungsrelevante Eigenschaften.

Im Sinne der Gestaltpsychologie haben die **komplexeren Muster**, die aus mehreren Elementen zusammengesetzt sind, andere und neue Eigenschaften, welche die Erkennung erleichtern. Die Frage ist, wie sich Elemente zu neuen Gestalten, zu Formen, verbinden.

Gestaltpsychologische Organisationsprinzipien

Die gestaltpsychologischen Prinzipien der Organisation von Elementen zu übergeordneten Formen enthalten die Bedingungen, unter denen sich Elemente zu **Gestalten** formieren (eine ausführliche Diskussion findet sich bei Palmer, 1999; einige Beispiele sind in ◘ Abb. 9.2 dargestellt).

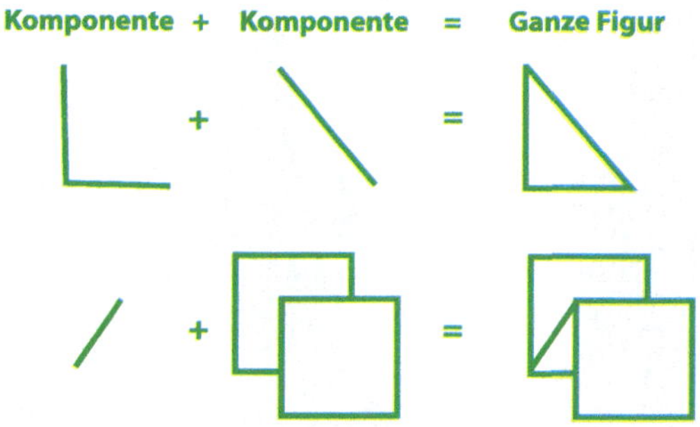

Komponente + Komponente = Ganze Figur

◘ **Abb. 9.1** Emergente Merkmale: Durch Kombination von zwei Komponenten entsteht eine neue Figur, die neue emergente Eigenschaften hat. Dargestellt sind Figuren mit den emergenten Eigenschaften Geschlossenheit und horizontale Fläche. (Nach Coren et al., 1999. © Elsevier (1999). Verwendung mit freundlicher Genehmigung von Elsevier.)

Zentral sind dabei folgende **Gestaltfaktoren**, d. h. Regeln, nach denen sich Elemente zu größeren Konfigurationen zusammenschließen sollen:

- **Kontinuität**: Verbundene Elemente werden als Teil derselben Figur gesehen.
- **Nähe**: Zwei Elemente bilden umso eher eine Einheit, je geringer der Abstand zwischen ihnen ist.
- **Ähnlichkeit**: Zwei Elemente bilden eine Einheit, wenn sie sich ähnlich sind.
- Dynamische Prinzipien, wie **gemeinsames Schicksal**, gehören ebenso dazu. Teile, die sich mit gleicher Geschwindigkeit in die gleiche Richtung bewegen, sind danach vermutlich Teile eines Objektes.
- **Gute Fortsetzung**: Linienelemente einer ähnlichen Orientierung werden als Teil einer Kontur gesehen. Daher sieht man in ◘ Abb. 9.2 zwei geschwungen Linien und nicht zwei Spitzen, die sich berühren.
- Die **Symmetrie** führt dazu, dass die Bereiche auf der Abbildung als zusammengehörend gesehen werden, die symmetrische Linien als Konturen haben.

Die **gestaltpsychologischen Prinzipien** geben Bedingungen an, unter denen sich Elemente zu Gestalten organisieren.

Die Gestalten in einer Anordnung ergeben sich auf der Grundlage der Nähe von Elementen, der Ähnlichkeit von Elementen, der Kontinuität, der Fortsetzung von Bewegungsbahnen oder der koordinierten Bewegung von Teilen der Anordnung.

Das Problem dieser **Gestaltfaktoren**, zuweilen auch **Gestaltgesetze** genannt, liegt in ihrer Kombination. In der Regel werden diese Prinzipien einzeln, so wie in diesem Buch auch, an speziell entworfenen Figuren demonstriert. Es ist viel schwieriger, an Figuren auch das Zusammenwirken der verschiedenen Gesetze vorhersagbar zu demonstrieren. Es ist davon auszugehen, dass die verschiedenen Prinzipien koordiniert wirken.

Die Gestaltgesetze lassen sich einzeln sehr gut demonstrieren. Ihr Zusammenwirken ist schwieriger vorherzusagen.

Prinzipien der Figur-Grund-Differenzierung

Unter diesen Organisationsprinzipien gibt es eine Gruppe, um die Figuren im Vordergrund vom Hintergrund zu trennen. Damit wird also eine Information über die Lage von Objekten zueinander bereitgestellt. Diese Figur-Grund-Trennung kann an Kippfiguren demonstriert werden, die mit relativ konstanter Geschwindigkeit zu einem Wechsel im Wahrnehmungseindruck führen. In ◘ Abb. 9.3 kann entweder eine Vase vor schwarzem Hintergrund oder es können zwei Gesichter vor weißem Hintergrund gesehen werden. Bei der Betrachtung des Bildes wechseln sich diese Interpretationen in regelmäßigen Zeitabständen ab.

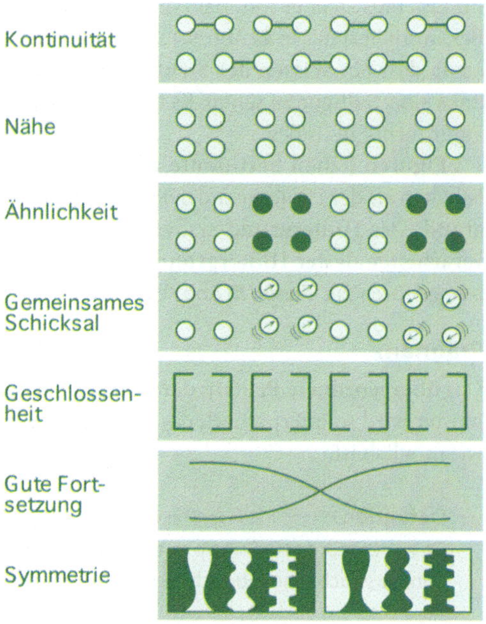

Mit den Prinzipien der **Figur-Grund-Differenzierung** wird eine Information über die Lage von Objekten im Vordergrund und im Hintergrund bereitgestellt.

Kontinuität
Nähe
Ähnlichkeit
Gemeinsames Schicksal
Geschlossenheit
Gute Fortsetzung
Symmetrie

◘ **Abb. 9.2** Darstellung einiger Gestaltkriterien. (Aus Karnath & Thier, 2003)

Abb. 9.3 Kippbild nach Rubin: Gesehen werden entweder zwei Gesichter oder eine weiße Vase. (Aus Ditzinger, 2006)

Einige **grundlegende Eigenschaften** von Reizen, die eine Figur-Grund-Differenzierung begünstigen, sind folgende (ausführlicher in Palmer, 1999):

- **Geschlossenheit**: Geschlossene Elemente wie Kreise werden als Figuren gesehen.
- **Größe**: Sind mehrere Flächenelemente in einem Bild, so wird das kleinere in der Regel als Figur gesehen.
- **Symmetrie**: Symmetrische Elemente bilden Figuren im Gegensatz zu unsymmetrischen Elementen, die den Hintergrund bilden. In Abb. 9.2 wird diese Symmetriewirkung veranschaulicht: Im linken Teil des Abbildungsteils zur Symmetrie sind infolge der Symmetrie weiße Figuren zu sehen, im rechten Teil dagegen schwarze Figuren.
- **Parallelität**: Parallele Konturen gehören zur gleichen Figur.
- **Bekanntheit oder Erfahrung**: Die Bekanntheit von Objekten in einer Szene hilft uns bei der Figur-Grund-Trennung. Welche Rolle die Erfahrung hat, zeigt sich bei dem Versuch, Schrift zu lesen, die um 180° gedreht ist.

Die Trennung einer Figur vom Hintergrund erfolgt über **Symmetrieeigenschaften**, über die **Geschlossenheit** als Merkmal einer Figur oder die **Größe** von Elementen.

9

Für die Praxis

Benutzerfreundliche Bildschirmmasken

Bildschirmmasken dienen der Strukturierung des Dialogs zwischen Benutzer und Computer. Sie sollten die verschiedenen Informationen so darstellen, dass eine schnelle Orientierung auf dem Bildschirm ohne lange visuelle Suche möglich ist. Dazu werden beispielsweise auch häufig die Gestaltgesetze ausgenutzt. Experimentell ist gezeigt worden, dass nach Gestaltgesetzen strukturierte Masken bessere Suchleistungen auf dem Bildschirm erbrachten als weniger strukturiert Masken.

Bekanntheit hilft nicht immer bei der Erkennung.

Aber nicht immer setzt sich Bekanntheit durch. Gottschaldt (1929) hat Experimente durchgeführt, bei denen Probanden eine Teilfigur in einer komplexen Figur suchen musste. Er machte die Probanden unterschiedlich intensiv mit den Teilfiguren bekannt. Im Ergebnis stellt er fest, dass die Erkennungszeit in keiner Beziehung zum Grad der Bekanntheit steht. In Abb. 9.4 sind Figuren zu sehen, an denen demonstriert werden kann, dass ein **Wissen der Strukturierung nicht immer hilft**. In Abb. 9.4 ist oben links eine Teilfigur zu sehen. Es fällt dennoch schwer, diese Teilfigur in der komplexen Figur rechts zu finden.

Figuren befinden sich räumlich immer vor dem Hintergrund. Die Figur wird schneller verarbeitet als der Hintergrund.

Figuren haben bestimmte allgemeine Eigenschaften: Figuren sind leichter zu behalten als der Hintergrund. Die Figur befindet sich räumlich immer vor dem Hintergrund. Der **Hintergrund** erstreckt sich **hinter der Figur**. Die **Figur** wird **schneller verarbeitet als der Hintergrund**. Die Konturen, die zur Figur-Grund-Trennung führen, gehören zur Figur (Abb. 9.5).

Nach der Gestaltpsychologie ordnen sich die Elemente nach einem **übergeordneten Prinzip**, dem **Prägnanzprinzip**. Danach strebt das System nach einer einfachen und stabilen Strukturierung der Gesamtsituation.

Prägnanz

Das **übergeordnete Prinzip der Gestaltpsychologie** ist das der Prägnanz: Jedes Reizmuster wird so interpretiert, dass die sich ergebende Struktur so einfach und so stabil wie möglich ist.

► **Definition Prägnanz**

Definition

Das übergeordnete Prinzip der **Prägnanz** besagt, dass Reizmuster so gesehen werden, dass sich eine möglichst einfache Struktur ergibt.

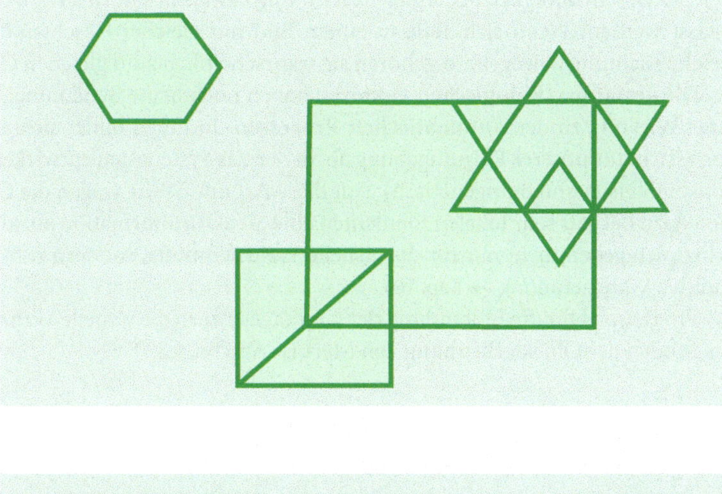

Abb. 9.4 Überlagerte Figuren: Die linke obere Figur ist in der Regel schwer in der komplexen Figur rechts zu finden

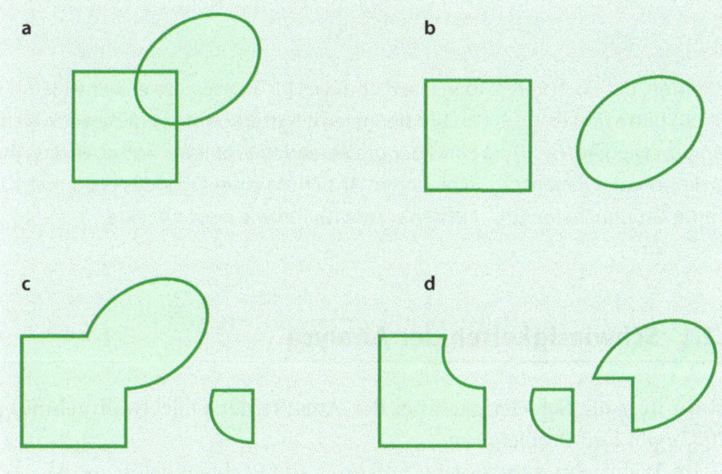

Abb. 9.5 Prägnanz als Strukturrierungsprinzip. Die Zeichnung in (**a**) kann verschieden interpretiert werden. Die Abbildungen in (**b**), (**c**) und (**d**) sind zulässige Interpretationen. In der Regel wird aber (**b**) vorgezogen, weil es die Figuren mit größter Prägnanz sind

Abb. 9.5a zeigt eine Figur, die wir als Ellipse und Quadrat (Abb. 9.5b) sehen. Ebenso denkbar wären aber auch andere Wahrnehmungen wie in den Teilabbildungen c und d zeigen. Gesehen wird allerdings die einfachste Interpretation in Teilabbildung b.

Zur Bedeutung gestaltpsychologischer Prinzipen

Die **Prinzipien** werden heute als **eine Art heuristische Regeln** aufgefasst, die in ihrem Zusammenwirken mit Vorannahmen des Wahrnehmungssystems zu Interpretationen führen. Diese Faustregeln werden benutzt, um so etwas wie eine bewährte Interpretation zu finden. Dahinter verbirgt sich eine sehr erfolgreiche Sichtweise, die Wahrnehmung mit dem Bayes-Theorem in Verbindung bringt: Wähle die Interpretation, die mit der größten **Wahrscheinlichkeit** mit den gegebenen Informationen verträglich ist. Das System »kennt« infolge seiner evolutionsbiologischen langen **Erfahrung**, infolge der physikalischen Eigenschaften, der biologischen Gegebenheiten und der sozialen Interaktionsmuster die existierende Ordnung in der Welt. Diese Ordnung kann in Form bedingter Wahrscheinlichkeiten beschrieben werden: Gegeben ist eine Information. Mit welcher Wahrscheinlichkeit ist diese Information aufgrund dieser Ordnung mit einer bestimmten Interpretation verknüpft. Mithilfe dieser Wahrscheinlichkeiten, die sich aus der Ordnung in der Welt ergeben, können verlässliche Interpretation gewählt werden. Ein Beispiel: Die Erfahrung, dass sich Teile eines Objektes in der Regel mit

Die gestaltpsychologischen Regeln werden mit der Verwertung von Vorwissen in Verbindung gebracht. Vorwissen ist dabei nicht erst das Ergebnis von ontogenetisch aktiven Lernprozessen. Es ist Wissen, in dem sich **Regularitäten der Umwelt** in der evolutionären Anpassung abbilden.

gleicher Geschwindigkeit in die gleiche Richtung bewegen, kann als Wahrscheinlichkeit gefasst werden: Wenn sich Teile in einem Bild mit gleicher Geschwindigkeit in die gleiche Richtung bewegen, so gehören sie wahrscheinlich zum gleichen Objekt.

Gestaltpsychologische Regelhaftigkeiten werden auch in relativ frühen Phasen der Modelle zur Objekterkennung genutzt.

Die **gestaltpsychologischen Faktoren** haben noch heute Bedeutung. Sie zählen in ihrer Wirkung zu den **automatischen Prozessen**. In ihnen bildet sich also die Ordnungsstruktur unserer Reizumgebung ab, in der das System sich entwickelt hat (evolutionsbiologisch und ontogenetisch). Auf diese Art und Weise tragen die Gestaltprinzipien dazu bei, aus sehr lokalen Elementen eine Strukturinformation abzuleiten. Solche Prinzipien gelten nicht nur für die visuelle Wahrnehmung, sondern z. B. auch für die auditive Wahrnehmung (▶ Kap. 10).

Ein Beispiel für die Einbindung der Gestaltgesetze in die visuelle Wahrnehmung ist das Modell der Objekterkennung von Marr (▶ Abschn. 9.2.1).

9.2 Wahrnehmung von Objekten

Beispiel

Objektansichten und Erkennung

Gregory (2001) berichtet von einem Patienten, der noch vor dem 1. Lebensjahr sein Augenlicht verloren hatte und es erst mit über 30 Jahren durch eine Operation wiedererlangte. Viele seiner taktilen Erfahrungen konnte der Patient in seine visuelle Welt übertragen. Er konnte Großbuchstaben lesen und die Uhr ablesen. Da er keine Kleinbuchstaben als Blinder gelernt hatte, konnte er diese auch nicht lesen. Eines der gravierenden Probleme war aber, dass ihn die verschiedenen Ansichten eines Objektes erstaunten. Die Ansichten waren für ihn wie neue Objekte.

9.2.1 Schwierigkeiten der Analyse

Die Wahrnehmung muss aus einem **zweidimensionalen Abbild**, das stark von den Sehbedingungen abhängt, eine reliable **dreidimensionale Objektrepräsentation** ermitteln, welche die handlungs- und zielrelevanten Informationen bereitstellt.

Ein Verständnis der **Objektwahrnehmung umfasst eine Reihe von zu lösenden Problemen**: Übergang vom zweidimensionalen Abbild in eine räumliche Repräsentation, Abhängigkeit der Erkennungsleistung von der Absicht, Strukturierung von Elementen zu größeren Einheiten, Sicherung von Konstanz der Wahrnehmung trotz variabler proximaler Reize und die starke Lernabhängigkeit.

Worin liegt die Schwierigkeit bei der Analyse der Objektwahrnehmung? Goldstein (2002) gibt fünf Probleme an:

1. Im Wahrnehmungsvorgang muss das alte Problem gelöst werden, wie aus einem **zweidimensionalen Bild** auf der Retina eine **dreidimensionale Repräsentation** entsteht.
2. Die **Wahrnehmung** kann **auf unterschiedlichen Ebenen** erfolgen, je nachdem in welchem Handlungskontext, d. h. mit welcher Absicht, die Wahrnehmung erfolgt. Die Wahrnehmung beim Greifen einer Kugel hat anderes zu leisten als die Benennung des Objektes Kugel über die Sprache oder die Bezeichnung der Farbe der Kugel.
3. Beim schon erwähnten Problem der **Kohärenz der Wahrnehmung** geht es um die Frage, wie in der Wahrnehmung die verschiedenen Merkmale zu bestimmten Einheiten organisiert werden.
4. Die **Wahrnehmung muss reliabel funktionieren**, obwohl sich die Sehbedingungen (Beleuchtung, Kontexte, Beobachtungsstandpunkt, Größenverhältnisse) sehr stark von Situation zu Situation ändern können. Die Entdeckung der Tomate unter dem Gemüse im Supermarkt beim Einkaufen ist ein ganz anderer Kontext als die Tomate auf dem Teller beim Essen. Trotz der Variabilität der sensorischen Information bleiben die Objekte konstant (Objektkonstanz).
5. Wahrnehmungsleistungen im Kontext der Objekt- und Szeneerkennung sind besonders stark durch **Lernen** beeinflusst. Wir bauen durch Erfahrung ein begriffliches Wissen über Objekte auf, das in die Objektwahrnehmung eingeht. Beispiel dafür ist die Wahrnehmungsexpertise bestimmter Berufsgruppen: der Verkoster in der Nahrungsmittelindustrie, der Röntgenologe bei der Diagnostik oder der Basketballspieler beim Spiel.

In der **Objektwahrnehmung** werden **verschiedene Phasen** bzw. Ebenen unterschieden (Bülthoff & Ruppertsberg, 2002):

1. **Merkmalsanalyse**: Einmal müssen wir uns bei der visuellen Wahrnehmung für die Erkennung der Form von Objekten auf der Grundlage elementarer Merkmale interessieren.
2. **Integration der Merkmale zu einer Objektrepräsentation**: Zum anderen müssen wir die Frage stellen, wie wir uns auf der Basis einer Objektrepräsentation an ein Objekt erinnern, das eigentliche Problem der Erkennung.
3. **Vergleich mit gespeicherten Repräsentationen**: Wie kommen wir dann dazu, verschiedene Aufgaben mit Objektrepräsentationen zu lösen: Habe ich dieses Objekt schon einmal gesehen? Kenne ich dieses Objekt? Welche Handlungen kann ich mit dem Objekt ausführen?

In der **Objektwahrnehmung** werden **verschiedene Ebenen** unterschieden: die Ebene der Merkmalsanalyse, die Integration der Merkmale zu einer Objektrepräsentation, der Vergleich mit gespeicherten Repräsentationen im Sinne der Wiedererkennung oder Klassifikation in eine Kategorie.

Denkt man an eine Tasse auf einem Frühstückstisch, können verschieden Anforderungen entstehen: Welches ist meine Tasse? Wie muss ich die Kanne halten, um Kaffee einzugießen? Ist dies eine wertvolle Tasse? Schließlich müssen Objekte mithilfe des Wissens im Gedächtnis in Objektkategorien eingeordnet werden.

Ein einflussreicher Ansatz für das **Verständnis der Objektwahrnehmung** kam von Marr (1982), der zum einen die folgende, für die modernen kognitiven Neurowissenschaften einflussreiche **Trennung von verschiedenen Betrachtungsebenen** einführte, und zwar:

- die Ebene der zu realisierenden Funktionen,
- die Ebene der Berechnung zur Realisierung einer Funktion,
- die Ebenen der Umsetzung der Berechnung in eine kognitive Architektur, also ihre Realisierbarkeit.

David Marr hat drei **Ebenen der Bearbeitung von Erkennungsproblemen** unterschieden: die Ebene der zu realisierenden Funktionen, die Ebene der Berechnungen zur Realisierung einer Funktion und die Realisierbarkeit solche Berechnungen in eine Architektur.

Andererseits hat er auf dieser Grundlage ein **Stufenmodell** entwickelt, das im Wesentlichen »bottom up« arbeitet:

1. Aus der Abbildung eines Objektes auf der Retina werden Kanten und einfache **Merkmale** bestimmt. Das Ergebnis ist die sog. primäre Rohskizze.
2. Mithilfe der Gestaltprinzipien ist danach eine Weiterverarbeitung vorzunehmen, die zu einer Repräsentation in Form von Oberflächen und deren Orientierung führt: die sog. **zweieinhalbdimensionale Skizze**.
3. Schließlich ist daraus eine **dreidimensionale Repräsentation** aufzubauen, die im Dienste der Erkennung mit gespeicherten Modellen verglichen werden kann.

Das **Stufenmodell von Marr** umfasst **drei Repräsentationsebenen**: die Merkmalsebene, die Ebene der zweidimensionalen ansichtenabhängigen Skizze und die Ebene der 3D-Modelle.

Das Modell berücksichtigt kaum Top-down-Prozesse, zeigt aber auch die **Bedeutung der Gestaltgesetze für die Strukturierung des Informationsangebotes**. Die heutige Bedeutung liegt vor allem darin, dass Marr in seinem leider unvollendeten Versuch die wichtigsten Schritte aufgezeigt hat, die bei der Konstruktion eines Erkennungssystems durchlaufen werden müssen.

Für die Praxis

Erkennung gefährlicher Objekte

In vielen Anwendungssituationen sind Objekte zu erkennen. Oft wird dabei nur eine binäre Entscheidung verlangt. Dazu gehören die Gepäckkontrolle bei Flughäfen, die optische Materialprüfung oder die Auswertung von Bildmaterial in der medizinischen Diagnostik. Unter Anwendung der Signaldetektionstheorie wurde beispielsweise gezeigt, dass sich die Erkennungsleistung für gefährliche Güter in einem Röntgenbild von Gepäckstücken nach 2 Sekunden Betrachtungszeit nicht mehr ändert. Mehr Zeitaufwand für die Erkennung gefährlicher Güter lohnt nach dieser Untersuchung nicht.

9.2.2 Komponententheorien

Merkmalsintegration nach Treisman

Das **Merkmalsintegrationsmodell nach Treisman** unterscheidet eine Ebene der Repräsentation von Merkmalen, eine Bindung von Merkmalen zu Objektrepräsentationen mit einem Aufmerksamkeitsmechanismus und einen wissensabhängigen Aufbau einer Objektrepräsentation in einem Arbeitsgedächtnis.

Vor dem Hintergrund von Marrs Ebenenbetrachtung entwickelte Treisman (1993) für einfache Objekte einen Ansatz mit mehreren Verarbeitungsstufen:

1. Zerlegung eines retinalen Bildes in Elementarmerkmale (d. h. in die Grundmerkmale einer Musters),
2. Verknüpfung der Merkmale durch einen ortsgebundenen Aufmerksamkeitsmechanismus (▶ Abschn. 15.2.1),
3. Aufbau einer zeitweiligen Objektrepräsentation in einem Arbeitsgedächtnis und Vergleich mit gespeicherten Objektrepräsentationen.

Zerlegung in Elementarmerkmale

Psychophysikalische Experimente zur **Ermittlung von elementaren Merkmalen** werten die Geschwindigkeit der Unterscheidung von Texturen, die Suche von Elementen in einer Elementanordnung oder die Fehler bei einer Merkmalsverknüpfung aus.

Dieses Modell enthält also eine Stufe, in der ein retinales Bild in Elementarmerkmale zerlegt wird. Solche Elementarmerkmale können aus neurobiologischen Ergebnissen begründet oder über psychophysikalische Experimente ermittelt werden.

Solche Experimente zur Ermittlung von Merkmalen werten verschiedene Parameter aus:

- die Geschwindigkeit der Unterscheidung von Texturen,
- die Effizienz bei der Suche von Elementen in einer Anordnung vieler Elemente oder
- die Fehler bei der Verknüpfung von Merkmalen bei kurzzeitiger Darbietung von Elementen.

Merkmalsunterschiede, die zur **schnellen Erkennung von Texturgrenzen** führen, sind Kandidaten für Elementarmerkmale.

Geschwindigkeit der Unterscheidung von Texturen. Die Unterscheidung von Texturen hängt von den jeweiligen Merkmalen der Texturelemente ab. Eine hohe Geschwindigkeit der Unterscheidung kann als Indikator für ein Elementarmerkmal dienen. In ◘ Abb. 9.6a gelingt die Erkennung der Unterschiede in der Linienorientierung sehr schnell, die Erkennung der Unterschiede zwischen verknüpften Linienelementen in ◘ Abb. 9.6b dagegen sehr langsam. Links ist die Grenzlinie schnell verfügbar, rechts dagegen nicht. Aus diesem Ergebnis kann der Schluss gezogen werden, dass die Neigung einer Linie ein Elementarmerkmal ist.

Objekte, die sich bei der visuellen Suche von den anderen Objekten in einem Elementarmerkmal unterscheiden, werden sehr schnell und **unabhängig von der Anzahl der Objekte auf der Vorlage gefunden.**

Schnelle Erkennung der Merkmale in einer Anordnung. Suchprozesse sollten unabhängig von der Anzahl der Objekte auf einer Vorlage sein, wenn die **Salienz eines Objektes hoch** ist. Die Salienz ist dann besonders hoch, wenn sich das kritische Objekt in einem Elementarmerkmal von den anderen Objekten unterscheidet, z. B. ist es einfach, einen Kreis unter Dreiecken zu finden. Der Kreis springt heraus. Unabhängig von der Anzahl der Dreiecke geht die Identifikation des Kreises sehr schnell. Wird dagegen

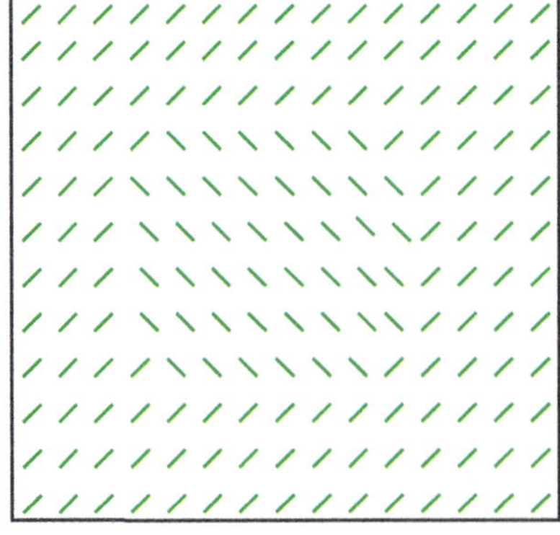

◘ **Abb. 9.6** Trennung von Texturbereichen: Die Anordnung elementarer Elemente erzeugt eine Textur: (**a**) Texturunterschiede durch elementare Merkmal e sind leicht zu erkennen. (**b**) Texturunterschiede durch Verknüpfungen sind nur mit mehr Suchaufwand zu erkennen

ein R unter mehrere P und Q gesucht, so hängt die Identifikation von der Anzahl der P und Q ab. Aus einem solchen Ergebnis konnte der Schluss gezogen werden, dass »rund« ein elementares Merkmal ist. Weitere Merkmale, die auf diesem Wege gefunden wurden, waren die Farbe oder die Bewegung eines Objektes.

Fehler bei der Verknüpfung von Merkmalen. Bei der (kurzzeitigen) Darbietung von Objekten kommt es manchmal zu Fehlern bei der Verknüpfung von Merkmalen. Zeigt man einen roten Kreis und ein blaues Dreieck, so kann es sein, dass eine Person ein rotes Dreieck sieht. Diese fehlerhaften Verknüpfungen entstehen, weil die Merkmale noch nicht gebunden sind. Dies entspricht der 1. Verarbeitungsstufe im Modell.

Verknüpfung von Merkmalen und Aufmerksamkeit

Die **Identifzierung von Elementarmerkmale erfordert** nach dem Modell **keine Aufmerksamkeit**. Daher sollten diese Merkmale auch nicht verortet werden können Die Aufmerksamkeit kommt ins Spiel, wenn Verknüpfungen von Merkmalen gefunden werden müssen. Die Aufmerksamkeit muss auf den Ort gerichtet werden, an dem sich die zu verknüpfenden Merkmale befinden. Die Folge der Verknüpfung durch eine aufmerksamkeitsgerichtete Verarbeitung ist damit, dass mit einer Verknüpfung auch der Ort bekannt ist, an dem diese Verknüpfung vorgenommen wurde. Zum anderen führt der Aufmerksamkeitsmechanismus dazu, dass die Objekte auf einer Vorlage kontrolliert abgesucht werden müssen. Die Suche eines Objektes, das sich in einer Verknüpfung von Merkmalen von anderen unterscheidet, hängt dann von der Anzahl der Objekte einer Vorlage ab. Die Suche eines einzelnen R unter mehreren P und Q hängt dann beispielsweise von der Anzahl der Buchstaben auf der Vorlage ab. Diese drei Buchstaben haben alle Linienelemente und Kreisbögen als Bestandteile. Nur die Verknüpfung dieser Linienelemente unterscheidet sich. Die **Suche nach einer spezifischen Verknüpfung** auf der Vorlage **erfordert Aufmerksamkeit**. Dies entspricht der 2. Stufe der Verarbeitung im Modell von Treisman.

Verknüpfungen von Merkmalen sind schwieriger zu finden als Elementarmerkmale.

Einfluss von Gedächtnisrepräsentationen

Über die Kontrolle der Aufmerksamkeit kommt unser Wissen ins Spiel. In realen Szenen haben wir Wissen über Objekte und ihre Positionen. Dieses Wissen kann einerseits benutzt werden, um bevorzugte Orte in einer Szene auszuwählen. Andererseits kann das Objektwissen genutzt werden, um nach bestimmten Merkmalsverknüpfungen zu suchen. Dieser Einfluss des Objektwissens auf die Objekterkennung kommt in der 3. Stufe des Modells zur Wirkung.

Unser **Objektwissen** nimmt Einfluss auf die Objekterkennung.

Der Ansatz von Treisman geht also im Kern von einem Satz elementarer Merkmale aus, die in ihrer Vielfalt der Verknüpfungen die Beschreibung von zweidimensionalen Objekten ermöglichen.

Der Ansatz von Treisman geht von einer Menge von Merkmalen aus, die über Aufmerksamkeitsprozesse zu Objektrepräsentationen verknüpft werden. Es ist also ein Komponentenansatz.

Dreidimensionalität von Objekten

Zur Wahrnehmung der Dreidimensionalität von Objekten gibt es zwei große Klassen von Theorien. Die Grundidee ist in jedem Fall eine Beschreibung von Objekten mit einem Satz von Komponenten wie in dem Modell von Treisman. Mit einem Satz solcher Grundelemente kann eine Vielzahl von Objektrepräsentationen erzeugt werden.

Es gibt zwei große Klassen von Theorien, um die Dreidimensionalität von Objekten zu erfassen.

Ansichtenabhängige Theorien

Auf der einen Seite stehen Theorien, die davon ausgehen, dass die unterschiedlichen Ansichten eines Objektes im Erkennungsprozess bedeutsam sind, wobei diese **verschiedenen Ansichten als eine Art Prototyp des jeweiligen Objektes gespeichert** sind. Ausgangspunkt der Erkennung ist dann die Information, die eben in einer bestimmten Ansicht eines Objektes zugänglich ist. Diese Information muss mit den prototypischen

Die erste Theorieklasse geht davon aus, dass es für verschiedene häufig auftretende Ansichten eines Objektes eine **ansichtenspezifische Repräsentation** gibt.

Ansichten verglichen werden. Die Konsequenz davon ist also, dass im Gedächtnis verschiedene Ansichten gespeichert sein müssen. Hinzu kommt, dass bei einer nicht gespeicherten Ansicht, die verfügbare Information so verändert (transformiert) werden muss, dass die transformierte Information mit einer gespeicherten Ansicht vergleichbar wird. Wir kennen alle ein R. Die Erkennung eines um 90° gedrehten R würde nach dieser Theorie erfordern, dass dieses gedrehte R durch einen mentalen Transformationsprozess so gedreht werden müsste, dass es mit dem Prototyp, dem vertikal ausgerichteten R, verglichen werden kann

Neue Ansichten werden verarbeitet, indem bekannte transformiert werden. Damit ist die Ansichtenabhängigkeit der Erkennung erklärbar.

Tarr und Bülthoff (1995) haben eine Theorie entwickelt, die Repräsentationen für verschiedene Ansichten unterstellt. Diese **unterschiedlichen Ansichten resultieren aus der Erfahrung mit Objekten**: Häufig verarbeitete Objekte einer bestimmten Ansicht haben auch eine strukturelle Beschreibung, die dieser Ansicht entspricht. In experimentellen Untersuchungen zeigt sich daher, dass manche Objektdarstellungen schneller benannt werden können als andere. Typische Ansichten, von denen aus die Objekte besonders gut und schnell erkannt werden, die sog. **kanonischen Ansichten**, werden dabei am schnellsten benannt. Sie sind in Abb. 9.7 in der oberen Reihe zu sehen. Die Ansichten in den beiden unteren Reihen dieser Abbildung sind untypisch und werden langsamer benannt. Dies spricht dafür, dass Repräsentationen bestimmter Ansichten gespeichert sind. Für andere Ansichten muss intern eine Transformation, eine Umformung, stattfinden, sodass die aktuelle Ansicht mit einer gespeicherten verglichen werden kann. Solche Umformungen kosten Zeit, daher dauert die Erkennung der nichtkanonischen Ansichten länger.

Abb. 9.7 Verschiedene Ansichten von Objekten: Die obere Reihe zeigt die typischen kanonischen Ansichten, die auch am schnellsten erkannt und benannt werden. (Aus Karnath & Thier, 2003)

Mit verschiedenen Objektklassen ist gezeigt worden, dass neue Ansichten längere Erkennungszeiten benötigen als eingelernte Ansichten. Erkennungszeiten sind beispielsweise vom Rotationswinkel abhängig, der eine neue Ansicht mit einer eingelernten zur Deckung bringt.

Tarr und Pinker (nach Pinker, 1998) haben mit buchstabenähnlichen unbekannten Objekten sehr intensiv experimentiert, wobei die Objekte alle eine vertikale Orientierung hatten. Zuerst führten sie ein intensives Training mit Figuren durch, die um 120 Grad nach links oder 120 Grad nach rechts gedreht gezeigt wurden. Danach wurde jede Form in 24 verschiedenen Orientierungen gezeigt, von denen die Versuchspersonen nur zwei im Training gesehen hatten. Im Ergebnis zeigte sich, dass die Erkennung der rotierten Objekte proportional zu dem Drehwinkel war. Dies lässt darauf schließen, dass für die geübte Ansicht eine Strukturbeschreibung existiert, in die die gedrehten Objekte vor dem Vergleich rotiert werden mussten. Daher ist die **Erkennungszeit proportional zum Drehwinkel**.

Ein alternativer Ansatz geht davon aus, dass es eine ansichtenunabhängige Repräsentation gibt, eine Art **Prototyprepräsentation**.

Ansichteninvariante Theorien

Neben den dargestellten ansichtenabhängigen Theorien gibt es theoretische Ansätze, die davon ausgehen, dass der **Erkennungsprozess auf der Grundlage von Information erfolgt, die nicht von der Ansicht abhängt**, sog. ansichteninvariante Theorien. Die erwähnte Theorie von David Marr verfolgt einen solchen Ansatz. Ein Beispiel für solche von der jeweiligen Ansicht unabhängigen Merkmale sind die objektinhärenten Achsen.

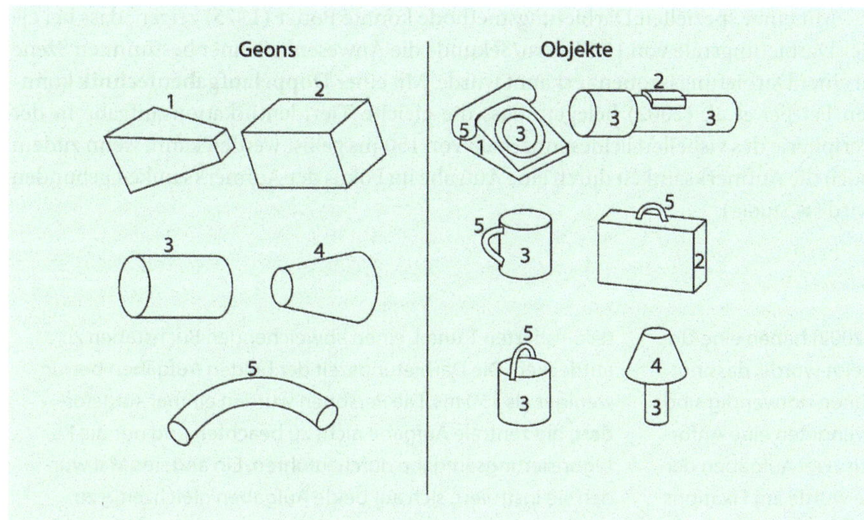

Abb. 9.8 Biederman (1987) hat Geone (*links*) als dreidimensionale Körper auf der Grundlage von Merkmalen definiert. Aus diesem endlichen Satz von Geonen können durch spezielle Anordnung Objekte (*rechts*) generiert werden. (Aus Osherson et al., 1990. © 1990 Massachusetts Institute of Technology, by permission of The MIT Press.)

Die Farbe eines Apfels kann sich mit der Ansicht ändern, die Form eines Apfels aber bleibt trotz Veränderungen im Blickpunkt und in der Beleuchtung unverändert, sie bleibt invariant. Solche **invarianten Merkmale** bilden die Grundlage für ansichtenunabhängige Theorien. Auf der Grundlage invarianter Merkmale konnten **strukturelle Beschreibungen als Objektrepräsentationen** geschaffen werden. Diese Repräsentationen in Form eines **Prototyps** sind die Grundlage für die Identifikation und Klassifikation von Objekten, also die Erkennung.

Einen **einflussreichen Modellansatz auf der Grundlage solcher invarianter Komponenten** entwickelte Biederman (1987) mit seinen **Geonen**. Sie bilden einen Satz dreidimensionaler Grundkörper, aus denen die Objekte zusammengesetzt werden können. Diese Geone (Abb. 9.8 links) sind nicht willkürlich gewählt. Er definierte einen Satz elementarer Merkmale, aus denen die Geone aufgebaut sind. Die Annahme ist, dass infolge ihrer elementaren Eigenschaften diese Geone oder Grundkörper sehr schnell und unabhängig von der verfügbaren Ansicht erkannt werden. Entscheidend sind weiterhin die Anordnungen der Geone, da die gleichen Geone in unterschiedlicher Anordnung Repräsentationen unterschiedlicher Objekte sein können. Abb. 9.8 zeigt rechts verschiedene Objekte als Zusammensetzungen solcher Geone. Diese Komponentenmodelle verfolgen die Idee, die wir aus der Chemie oder aus der Sprache kennen: Aus einer endlichen Anzahl elementarer Objekten können durch Kombination viele komplexe Objekte erzeugt werden.

Biederman hat einen Satz von Merkmalen entwickelt, die wenig ansichtenabhängig sind. Mit diesen Merkmalen hat er einen Satz von Grundkörpern (sog. **Geonen**) zusammengestellt, aus deren Anordnung sich Objektrepräsentationen aufbauen lassen.

Die Diskussion um diese beiden Ansätze ist noch nicht beendet, da sie beide Stärken und Schwächen haben. Der **Ansichtenansatz** muss sich mit der Frage auseinandersetzen, wie viele Ansichten denn gespeichert sein sollen und können. Der **ansichteninvariante Ansatz** von Biederman wirft die Frage auf, wie denn bei diesen stilisierten Grundkörpern Detailinformationen der Objekte gespeichert sind.

9.3 Szenenanalyse

Eine der beeindruckenden Leistungen unseres Alltagsgedächtnisses ist das erstaunliche Erinnerungsvermögen an Szenen, wobei Szenen Objekte in bestimmten räumlichen Relationen sind: ein Tier im Wald, eine Küchenszene etc. Shepard (1967) konnte zeigen, dass nach dem einmaligen Betrachten von 612 Bildern 98% in einem Wiedererkennungstest erkannt wurden.

Eine der beeindruckenden Wahrnehmungsleistungen ist die **hohe Erkennungsgeschwindigkeit für Szenen** als den räumlichen Anordnungen von Objekten.

Die Klassifikation einer Szene erfordert weniger als 150 ms.

Mit einer speziellen Darbietungsmethode konnte Potter (1975) zeigen, dass bei einer Darbietungsrate von 10 Bildern/Sekunde die Anwesenheit einer bestimmten Szene in einer Darbietungssequenz erkannt wurde. Mit einer **Doppelaufgabentechnik** konnten Fei-Fei et al. (2002) belegen, dass die gleiche Tieridentifikationsaufgabe in der Peripherie des visuellen Feldes innerhalb von 150 ms gelöst werden kann, wenn zudem noch die Aufmerksamkeit durch eine Aufgabe im Fokus der Aufmerksamkeit gebunden wird (▶ Studie).

Studie

Kategorisierung von Szenen

Fei-Fei, van Rullen, Koch und Perona (2002) haben eine Untersuchung durchgeführt, bei der gezeigt wurde, dass nur geringe Aufmerksamkeit und kurze Zeiten notwendig sind, um Szenen zu kategorisieren. Sie verwendeten eine Anforderung, bei der eine Person gleichzeitg zwei Aufgaben dargeboten wurde. Eine zentrale Aufgabe wurde am Fixationsort der Augen präsentiert, die andere gleichzeitig in der Peripherie, etwa 5° vom Fixationsort entfernt. Die Aufgabe in der Peripherie war eine Kategorisierungsanforderung, bei der kurzzeitig dargebotene Fotografien natürlicher Szenen danach klassifiziert werden sollten, ob ein Tier auf der Fotografie zu sehen ist. Die zentrale Aufgabe bestand darin, unter 5 rotierten T und L einen abweichenden Buchstaben zu entdecken. Die Darbietungszeit der beiden Aufgaben betrug weniger als 150 ms. Die Personen wurden einmal aufgefordert, die zentrale Aufgabe nicht zu beachten und nur die Kategorisierungsaufgabe durchzuführen. Ein anderes Mal wurden sie instruiert, sich auf beide Aufgaben gleichzeitig zu konzentrieren. Das Ergebnis zeigt, dass in beiden Fällen gute Kategorisierungsleistungen für die Szenenbilder erhalten wurden. Eine natürliche Szene kann also in sehr kurzer Zeit klassifiziert werden. Diese Leistung erfordert zudem kaum Aufmerksamkeit, da die zentrale Aufgabe die Aufmerksamkeit bindet (s. zu Doppelaufgaben auch ▶ Kap. 15 und 16).

Das Ergebnis einer **Szenenerkennung** ist **kein vollständiges Abbild einer Szene**. Es werden zuerst nur Informationen erkannt, die für eine Einordnung einer Szene in eine Kategorie wichtig sind.

Gespeichert werden aber nur sehr grobe Informationen über eine solche Szene und nicht Details, wie Rensink, O'Reagan und Clark (1997) belegen konnten. Sie führten **Untersuchungen mit dem sog. Veränderungsparadigma** durch, das in Anlehnung an die Vorgehensweise bei der Abtastung eines Bildes mit dem Auge entwickelt wurde: Und zwar werden zwei Bilder mit einer dazwischen liegenden kurzen Pause dargeboten, was dem normalen Fixationsvorgehen entspricht, bei dem zwischen zwei Fixationen des Auges ebenfalls keine Information aufgenommen wird. Mithilfe dieses Veränderungsparadigmas zeigten sie, dass bei kurzzeitiger Darbietung von zwei Bildern, die sich nur in einem Detail unterschieden und die im Abstand von 80 ms dargeboten wurden, Personen diesen Unterschied nur sehr schwer entdecken konnten.

Die Analyse einer Szene kann auf unterschiedlichen Ebenen erfolgen: »bottom up« über die Identifikation einzelner Bildteile oder »top down« durch die Analyse globaler Eigenschaften der Szene.

Ein **komplexes Bildes** kann prinzipiell auf **unterschiedlichen Ebenen** beschrieben werden. Es kann auf einer unteren Eben durch die Objekte und ihre Merkmale sowie deren Position im Bild gekennzeichnet werden. Eine andere Beschreibung auf eine höheren Eben könnte die inhaltliche Charakterisierung sein, etwa dass auf dem Bild eine Küche oder eine natürliche Szene dargestellt ist. Dementsprechend ist es denkbar, dass die Bildanalyse entweder ausgehend von den lokalen Elementen auf der unteren Ebene (»bottom up«) über die Merkmalsanalyse und die Identifikation einzelner Bildteile erfolgt oder bei den globalen Eigenschaften einer höheren Ebene (»top down«), also den globalen Merkmalen einer Szene, beginnt.

Eine **globale Eigenschaft einer Szene** ist die charakteristische räumliche Anordnung der Objekte: in einer Küche, einem Operationsraum oder einem Lehrsaal. Es ist seit Langem bekannt, dass auf ein Objekt in einer bekannten Umgebung anders reagiert wird als auf ein Objekt in einer unbekannten Umgebung.

Der Szenenkontext beeinflusst die Objekterkennung.

Die Kategorisierung von Szenen gelingt nach den Untersuchungen von Fei-Fei et al (2002) innerhalb von 150 ms. Bei einer Sakkadendauer von 200 ms ist also überhaupt keine Abtastung des Bildes möglich. Diese kurze Zeit spricht dafür, dass die globalen Eigenschaften wie die Bedeutung sehr schnell kognitiv verfügbar sind. Biederman (1981) konnte zeigen, dass die Erkennung von Objekten in einer Szene schneller geht als die Erkennung des Objektes allein (▶ Studie »Szenenerkennung und Objektwahrnehmung«). Der **Szenenkontext beschleunigt die Objekterkennung**, sofern das Objekt in einer passenden bzw. üblichen Umgebung gezeigt wird. Also wird nicht erst ein Objekt erkannt und danach die Lage der Objekte zueinander ermittelt bis dann schließlich die Bedeutung der Szene erfasst wird. Das Ergebnis spricht eher dafür, dass sehr schnell die Bedeutung der Szene erfasst wird und dass damit Wissen über Objekte und ihre Beziehungen zueinander bereitgestellt wird. Dieses Wissen kann die Objekterkennung in Form von Erwartungen leiten. Solche Erwartungen könnten etwa die charakteristische Position eines Objektes in einer Szene betreffen.

Studie

Szenenerkennung und Objektwahrnehmung

Stellen Sie sich einen Hydranten vor, der in einer Straßenszene entweder an der üblichen Position auf dem Gehweg oder an einer unüblichen Position auf einem Briefkasten steht. Biederman (1981) führte ein Experiment durch, bei dem er Personen für 150 ms solche Bilder zeigte. Die Probanden hatten dann anzugeben, ob ein benanntes Objekt an einer vorgegebene Position zu sehen war.

Die bis zur richtigen Antwort gemessenen Reaktionszeiten waren bei den unüblichen Positionen der Objekte deutlich verlängert. Der Kontext, durch die Straßenszene realisiert, beeinflusste also die Erkennung des Objektes maßgeblich. In einem Top-down-Prozess wird die Information der Szene für die Erkennung verhaltenswirksam.

Die Objekterkennung wird also vom Umgebungskontext beeinflusst. Wie kann es sein, dass globale Eigenschaften wie der Inhalt einer Szene ohne die Identifikation der elementaren Objekte einen Einfluss haben können? Eine mögliche Antwort geben Oliva und Torralba (2006): Sie gingen davon aus, dass jedes Bild in eine Menge von **Ortsfrequenzmustern** (▶ Kap. 6) zerlegt werden kann. Sie konnte zeigen, dass diese Muster von Ortsfrequenzen Eigenschaften haben, die mit den Szenen in Beziehung stehen. So konnte etwa die Eigenschaft »Offenheit einer Szene« in Landschaften wie Meeresstrand oder Seeblick mit bestimmten Eigenschaften der Ortsfrequenzmuster in Beziehung gebracht werden. Die Autoren konnte also die Klassifikation von Szenen über globale Eigenschaften der Ortsfrequenzmuster realisieren.

Grobe Eigenschaften von Szenen, die sich in Ortsfrequenzen abbilden lassen, stehen in Beziehung zu Klassifikationsmerkmalen der Szenen und können »bottom up« genutzt werden.

Hiermit ist also zumindest eine Idee vorgelegt, wie ohne die elementaren Merkmalsanalysen und ohne Aufmerksamkeitsmechanismen basale Raumfrequenzmuster einen Rückschluss auf den Typ einer komplexen Szene erlauben. Auf diese Art und Weise könnte die **Bedeutung einer Szene sehr schnell erkannt** werden, **ohne** dass eine **schrittweise Analyse** im Sinne der Identifikation einzelner Objekte erfolgen muss. Ein solcher Prozess würde auch zu lange dauern. Beim gegenwärtigen Stand ist davon auszugehen, dass solche Erkennungsvorgänge bei Szenen ohne Rückkopplungen auskommen, d. h., in einem vorwärtsgerichteten Bottom-up-Prozess erfolgen. Sonst wären die äußerst kurzen Zeiten, die für die Kategorisierung einer Szene mitgeteilt wurden, nicht denkbar.

Die Grundlage für diesen Beschleunigungseffekt könnte sein, dass nur sehr grobe Information (im Sinne der Raumfrequenzanalyse) zur Einordnung einer Szene sehr schnell bereitgestellt wird.

? Kontrollfragen

1. Was sind Scheinkonturen? Geben Sie ein Beispiel!
2. Was sind emergente Eigenschaften?
3. Erläutern Sie drei Gestaltprinzipien und das Prinzip der Prägnanz!
4. Welche Probleme müssen bei der Objekterkennung gelöst werden?
5. Erläutern Sie die wesentlichen Bestandteile der Komponententheorie von Treisman!
6. Beschreiben Sie die Unterschiede der ansichtenabhängigen und ansichtenunabhängigen Ansätze der Objekterkennung!
7. Begründen Sie die Kontextabhängigkeit der Wahrnehmung am Beispiel der Objekterkennung!

► Weiterführende Literatur

Bülthoff, H.H. & Ruppertsberg, A.I. (2002). Funktionelle Prinzipien der Objekt- und Gesichtserkennung. In H.O. Karnath & P. Trier (Hrsg.), *Neuropsychologie*. Berlin: Springer.

Goldenberg, G. (2002). Visuelle Objektagnosie und Prosopagnosie. In H.O. Karnath & P. Thier (Hrsg.), *Neuropsychologie*. Berlin: Springer.

Palmer, S.E. (1999) *Vision Science: from photons to phenomenology*. M.I.T. Press, Cambridge, USA.

9

10 Auditive Wahrnehmung

Lernziele

- Welche Funktionen übernimmt das Hören?
- Wie entsteht das elektrische Signal im Ohrinnern?
- Welches sind die wesentlichen Charakteristika der Wahrnehmung von Schall?
- Wie trägt das Hören zur Tiefenwahrnehmung bei?
- Was zeichnet die Musikwahrnehmung aus?
- Worin liegen die Schwierigkeiten der Sprachwahrnehmung?
- Wie beeinflusst das Lernen die Sprachwahrnehmung?

Ich bin so taub, wie ich blind bin. Die Probleme der Taubheit sind tiefschürfender und komplexer, eigentlich gravierender als jene der Blindheit. Die Taubheit ist das größere Unglück. Denn sie bedeutet den Verlust des vitalsten Stimulus – des Klanges der Stimme, der die Sprache übermittelt, Gedanken anregt und uns am intellektuellen Leben der Menschen teilnehmen lässt. Wenn ich nochmals auf die Welt käme, würde ich noch viel mehr für die Tauben tun, denn Taubheit ist nach meiner Erfahrung eine viel stärkere Behinderung als Blindheit.
(Helen Keller in einem Brief an J. Kerr Love, nach Ackerman, 1991)

10.1 Funktionen des Hörens

Das Hören hat eine **Warn- und Signalfunktion**, ist zentral für die **soziale Kommunikation** und die Objekt- und Raumwahrnehmung.

Das **Hören verschafft uns Informationen, die wir über das Sehen nicht erhalten können**. Ein Partygast, der uns sprechen möchte, ruft unseren Namen. Ein Zug kündigt sich im Bahnhof über die hörbaren Geräusche an. Viele Signale, die für uns wichtig sind, können wir nur durch Hören wahrnehmen. Das schreiende Kind macht uns darauf aufmerksam, dass es unsere Hilfe braucht. Der Signalruf eines Kranken signalisiert, dass ärztliche Hilfe benötigt wird. Aber es ist nicht nur die Signal- und Warnfunktion, die das Hören übernimmt. Die wohl wichtigste Funktion des Hörens hat eine soziale Komponente: Das **Hören sichert die Kommunikation im Alltag**. Daher wird dem Hören auch eine besondere Bedeutung beigemessen. Der Verlust des Hörens kann leicht zu sozialer Isolation führen. Darüber hinaus hat das Hören natürlich auch andere Funktionen. Über das Hören von Musik werden besondere **emotionale Erlebnisse** geschaffen. Über das Hören kann der Kollisionskurs eines sich nähernden Objektes abgeschätzt werden.

Für die Praxis

Schalldesign

Jedes Surren, Klacken oder Röhren eines Handrührers, Föns oder Automotors löst Gefühle aus. Die Klänge vermitteln Kunden auch einen Eindruck von der Qualität der Produkte. Sounddesigner testen für die Industrie Geräuschbilder von Produkten und gestalten sie: Eine gute zufallende Autotür schließt sich mit einem warmen Klacken. Ein schepperndes Geräusch weckt den Eindruck der Billigkeit. Helle Komponenten könnten den Eindruck einer gewissen Einmaligkeit des Klangs und damit des Produkts erzeugen. Das Zauberwort heißt daher »Corporate Sound« – angelehnt an die einheitliche gestalterische Ausrichtung eines Unternehmens, die »Corporate Identity«.

Das Hören ist für die Orientierung im Raum und die Objekterkennung wichtig.

Ohne das Hören wären die **Orientierung im Raum** und die **Objekterkennung** sehr eingeschränkt. Wir können an den Geräuschen, die Umweltereignisse begleiten, oft die Objekte erkennen. Ein heruntergefallenes Glas erzeugt ein anderes erkennbares Geräusch als ein heruntergefallener Becher. Geräusche vermitteln aber auch emotionale Bewertungen, angenehme und unangenehme. Das Hören erfüllt also vielfältige Funktionen und beschäftigt die Psychologie seit den Anfängen (Helmholtz, 1913; Hellbrück 1993).

10.2 Physikalische Grundlagen

Ein Schallereignis besteht in der Regel aus einer Mischung von reinen Tönen unterschiedlicher Frequenz. Es wird zusätzlich durch die Schalldichte charakterisiert.

Schall entsteht durch Druckwellen, die Schwingungsbewegung von Luftmolekülen auslösen. Solche **Druckwellen** entstehen bei jeder Bewegung eines Gegenstandes. Eine schwingende Saite wie auch unsere Stimmbänder erzeugen solche Schallwellen. Die Ausbreitungsgeschwindigkeit in Luft beträgt etwa 330 m/s. Licht breitet sich dagegen mit einer Geschwindigkeit von etwa 300.000 km/s aus. Deshalb sehen wir auch zuerst den Blitz und hören danach erst den Donner. Die einfachsten Schallwellen, wie sie von einer Stimmgabel produziert werden, sind reine Töne und können als **Sinuswellen** beschrieben werden. Der Ton einer Stimmgabel hat 440 Hz. Diese Beschreibung charakterisiert den Druckwellenverlauf in Abhängigkeit von der Entfernung von der Schallquelle. Da infolge der konstanten Geschwindigkeit die Entfernung auch in Zeit umgerechnet werden kann, ergibt sich auch eine zeitabhängige Funktion. In ◘ Abb. 10.1 links sind einige Töne dargestellt, deren Addition den Druckverlauf eines komplexen Tones in ◘ Abb. 10.1 rechts ergeben. Alle Tongemische wie **Klänge und Geräusche** können **als Gemische reiner Töne** dargestellt werden.

Der Schalldruckverlauf eines Tons wird durch die **Frequenz** charakterisiert. Die Energie der Druckwelle wird in Dezibel angegeben.

Die charakteristische Beschreibung des Schalldruckverlaufs eines Tons ist die **Frequenz**, d. h. die Anzahl sinusförmiger Schwingungen pro Sekunde. Die Frequenz ist der wesentliche Faktor für die wahrgenommene Tonhöhe. Die **Amplitude** charakterisiert die Energie der Druckwelle und wird in Dezibel (dB) angegeben [$dB = 20 \log(p/p_0)$]. P_0 ist dabei ein Referenzdruck, auf den alle Druckangaben bezogen werden. Ein Druckverhältnis von 10:1 ergibt danach 20 dB. Ist das Druckverhältnis 1 ergibt sich der Wert 0 dB.

▶ **Definition Schalldruckpegel**

Definition

Der **Schalldruckpegel** ist ein Maß für die Intensität des Schalls. Er wird relativ zu einem Referenzdruck in Dezibel gemessen.

Die Skala für den **Schalldruckpegel** ist eine relative und logarithmische Skala. Relativ ist sie deshalb, weil der Nullpunkt bei einem bestimmten Schalldruck festgelegt wurde, sodass jeder Schalldruck relativ zu diesem Standarddruck ausgedrückt wird. Logarithmisch wurde die Skala gewählt, damit ein großer Bereich von Druckänderungen (von 1 bis zu 1 Mio.) als kompakter Bereich von 0–140 dB abgebildet werden kann.

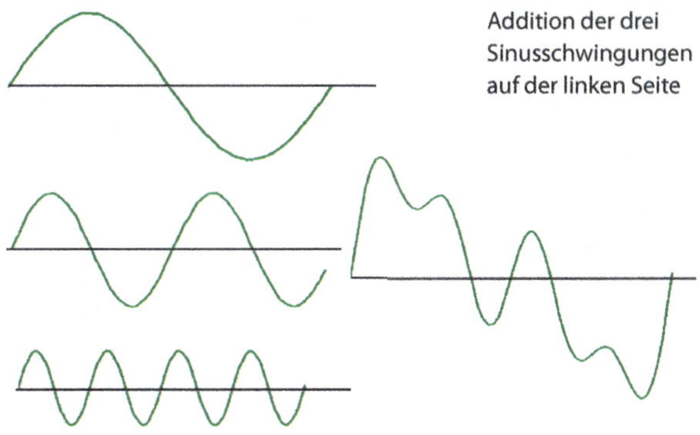

Abb. 10.1 Tonmischung. Drei Sinusschwingungen (links) mit den Frequenzen 440, 880 und 1320 Hz. Ihre Addition ergibt einen komplexen Ton (rechts), wie ihn ein Musikinstrument erzeugen kann

Die Skala für den **Schalldruckpegel** ist relativ und logarithmisch.

Umspannt eine Periode einer Schallwelle 360°, dann liegt das Maximum dieser Welle bei 90°. Verschiebt sich das Maximum einer Welle, so drückt sich dies in der **Phase** aus. Eine Phasenverschiebung von 180° bedeutet dann, dass eine zweite Schwingung ihr Maximum an der Stelle hat, wo die erste Schwingung ihr Minimum hat.

Die **Phase einer Schwingung** drückt die Verschiebung der Lage des Schwingungsmaximums gegenüber einer anderen Schwingung aus.

Komplexe Schallereignisse, wozu auch die gesprochene Sprache und Musik gehören sind Mischungen von verschiedenen Schallwellen. Infolgedessen ergeben sich im Unterschied zu den sinusförmigen Tönen komplexe Verläufe des Schalldrucks. Die Fourier-Analyse erlaubt es nun, solche komplexen Verläufe in die Sinuswellenkomponenten zu zerlegen. Das Ergebnis ist ein **Frequenzspektrum.** Abb. 10.2 zeigt für das Gemisch in Abb. 10.1 rechts eine solche Zerlegung in einem Amplituden-Frequenz-Diagramm. Dargestellt sind die an der Mischung beteiligten Frequenzen von 440, 880 und 1.320 Hz mit ihren Amplituden. Dem menschlichen Ohr gelingt eine solche Zerlegung nur nach viel Übung.

Komplexe Schallereignisse können technisch in die Grundfrequenzen zerlegt werden. Dem menschlichen Ohr gelingt eine solche analytische Wahrnehmung ohne Übung kaum.

Mit der **Fourier-Analyse**, einer mathematischen Methode, kann ein komplexer Ton in Komponenten zerlegt werden. In dieser Analyse wird aber angenommen, dass ein komplexes Schallereignis über der Zeit konstant ist. Um die zeitlichen Veränderungen zu erfassen, werden nur für kleine Zeitintervalle solche **Frequenzanalysen** durchgeführt und in einem Spektrogramm dargestellt. Aus der Physik sind Begrenzungen für dieses Zeitfenster bekannt. Die mögliche Auflösung an Frequenzen bestimmt die Größe des Zeitfensters. Die erreichbare Frequenzauflösung ist gleich dem Kehrwert der Größe des Zeitfensters. Also kann bei einem Zeitfenster von 10 ms eine Frequenzauflösung von 100 Hz erreicht werden.

Mit der **Fourier-Analyse** kann ein komplexer Ton in Komponenten zerlegt werden. Frequenzanalysen für bestimmte Zeitfenster erreichen nur eine maximale Frequenzauflösung; je kleiner das Zeitfenster, umso geringer die Frequenzauflösung.

Mithilfe einer solchen Zerlegung kann untersucht werden, wie sich die Zusammensetzung eines komplexen Schalls bei einer Übertragung verändert. Ein Beispiel ist die Veränderung eines seitlich erzeugten Schalls durch das Hindernis Kopf, wenn der Schall sich vom rechten zum linken Ohr bewegt. Der Unterschied kann durch die Frequenzen in der Analyse beschrieben werden, die nicht mehr im Schallspektrum des Innenohrs enthalten sind. Im konkreten Fall werden nur noch die niedrigen Frequenzen ankommen. Eine solche Veränderung wird durch eine **Transferfunktion** beschrieben. Diese Funktion beschreibt für jede Frequenz, wie sie durch den Filter durchkommt. Frequenzen,

Die **Transferfunktion** beschreibt, welche Frequenzen einen Filter noch durchlaufen.

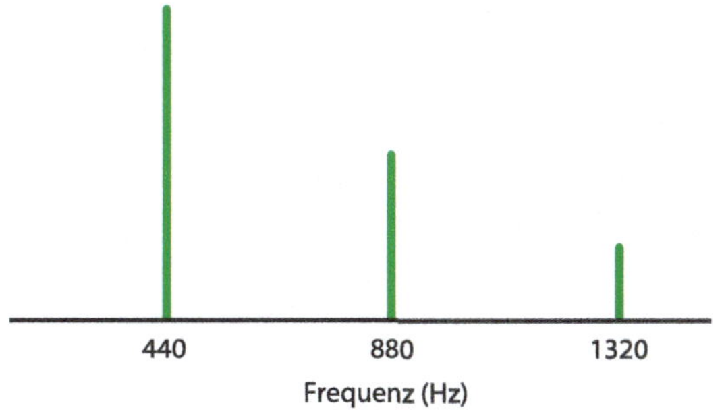

Abb. 10.2 Frequenz und Amplitude. Das Frequenzspektrum des Tons in Abb. 10.1 zeigt die drei Töne mit 440, 880 und 1320 Hz. Die Länge der Linien ist proportional zur Amplitude der Sinusschwingungen

die den Filter nicht passieren können, erhalten in einer solchen Funktion z. B. den Wert 0.

Harmonische Schallreize haben nur Frequenzen, die das Vielfache einer Grundfrequenz sind.

Eine Besonderheit sind **Klänge** oder **harmonische komplexe Schallreize**. Sie bestehen aus einer Grund- oder Fundamentalfrequenz mit zusätzlichen Obertönen, die wiederum ganzzahlige Vielfache dieser Grundfrequenz sind. Ein harmonischer Schallreiz ist in ◘ Abb. 10.2 dargestellt, die Obertöne haben die doppelte bzw. dreifache Frequenz des Grundtons von 440 Hz.

► Definition Klang

Definition

Ein **Klang** besteht aus einem Grundton und mehreren Obertönen. Die Obertöne haben Frequenzen, die ganzzahige Vielfache der Fundamentalfrequenz des Grundtons sind.

10.3 Neurophysiologie

Infolge der **Differenz zwischen linkem und rechtem Ohr** ergibt sich ein Laufzeitunterschied für Schall seitlicher Schallquellen und ein unterschiedliches Frequenzspektrum an beiden Ohren.

Die **Gemeinsamkeit von Hören und Sehen** besteht darin, dass die jeweiligen Sinnesorgane im Abstand von 15–18 cm im oberen Teil des Körpers angeordnet sind. Infolge der **Anordnung am Kopf** ergibt sich bei seitlichen Schallquellen ein Laufzeitunterschied von etwa 4,4 ms. Infolge der Differenz zwischen linkem und rechtem Ohr ergibt sich auch eine Behinderung der Ausbreitung von Schallwellen im Bereich um 2 kHz und ein unterschiedliches Frequenzspektrum an beiden Ohren.

Der Ohrkanal wirkt wie ein Resonanzkörper und verändert die spektrale Zusammensetzung des Schallsignals.

Das **periphere Hörsystem** besteht aus der **Ohrmuschel** und dem **Ohrkanal**, der den Schall bis zum Trommelfell leitet. Der Aufbau des Ohres ist in ◘ Abb. 10.3 skizziert. Die Ohrmuschel oder Pinna hat eine individuell unterschiedliche Form. Der Schall wird mehrfach reflektiert und die Intensität der einzelnen Frequenzen ändert sich in Abhängigkeit von den Reflexionen. Der Ohrkanal wirkt wie ein Resonanzkörper und verstärkt den Schall im Frequenzbereich von 2–5 kHz. Insgesamt ergibt sich durch Pinna und Ohrkanal eine frequenzabhängige Verstärkung, besonders im Frequenzbereich von 2–7 kHz. Durch die Übertragung im Ohr bis zum Rezeptorsystem wird die spektrale Zusammensetzung des Schalls, also das Frequenzspektrum, verändert.

Die **Gehörknöchelchen** verstärken den Schalldruck. Über das ovale Fenster wird der Druck auf eine Flüssigkeit übertragen.

Das **Mittelohr** besteht aus der Paukenhöhle mit den Gehörknöchelchen und der eustachischen Röhre. Die **Gehörknöchelchen** sind Hammer, Amboss und Steigbügel mit entsprechenden Muskeln. Das Mittelohr stellt die Verbindung vom Trommelfell zu den Rezeptoren des Gehörs her. Es leistet eine Druckanpassung zwischen den schallleitenden Medien Luft und Flüssigkeit. Da an Flüssigkeiten die meisten Schallwellen reflektiert werden, muss der Druck entsprechend hoch sein, wenn durch Schallwellen die in Flüssigkeiten liegenden Rezeptoren angesprochen werden sollen. Die Gehörknöchelchen wirken wie Hebel und verstärken den Schalldruck, den sie vom Trommelfell empfangen und auf das ovale Fenster als Eingang zu den Rezeptoren übertragen. Der Druck wird etwa um den Faktor 80 verstärkt.

Der Druckausgleich auf beiden Seiten des Trommelfells erfolgt über eine Verbindung zwischen Mittelohr und Mundraum, die **eustachische Röhre**.

Diese Druckeinstellung funktioniert nur, wenn der Luftdruck auf beiden Seiten des Trommelfells vergleichbar ist. Erreicht wird dies durch die **eustachische Röhre**, die eine Verbindung vom Mittelohr zum Mundraum darstellt. Die Druckanpassung muss durch öffnen des Mundes hergestellt werden, beispielsweise bei einem Flug. Ansonsten entsteht durch den fehlenden Druckausgleich ein Druckgefühl im Ohr.

Neben der Schallweiterleitung hat das Mittelohr auch die Funktion einer **Schalldämpfung** bei hohem Schalldruck.

Eine andere Funktion des Mittelohrs ist die **Dämpfung des Schalls** bei hohem Schalldruck. Dies erfolgt über kleine Muskeln, die im Mittelohr dämpfend wirken und bei einem Schalldruck über 70 dB aktiv werden. Es kommt zum Mittelohrreflex. Die relevante Zeitspanne bis zu seiner Wirkung beträgt 200 ms und der Effekt hält wegen der Muskelermüdung kaum länger als 1 s an. Der Mittelohrreflex schützt uns auch beim Schreien und lauten Singen.

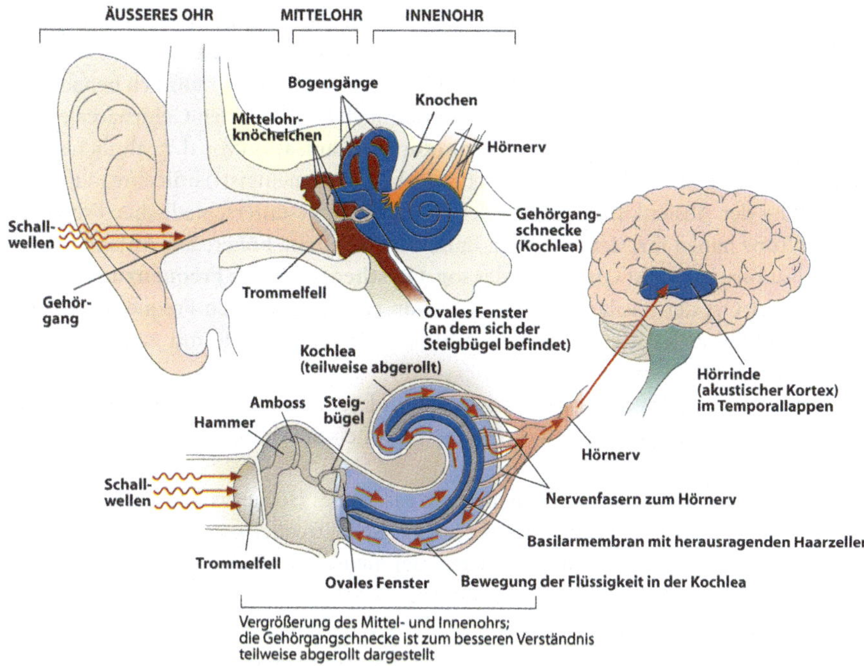

Abb. 10.3 Aufbau des Ohres: äußeres Ohr, Mittelohr mit Amboss, Hammer, Steigbügel und ovales Fenster, inneres Ohr mit Bogengängen und Kochlea. Über das ovale Fenster geht die Weiterleitung des Drucks vom Medium Luft in das Medium Flüssigkeit über. (Aus Myers, 2006. © 2007 by Worth Publishers. Used with permission.)

Im Innenohr befindet sich die **Kochlea** mit den Rezeptoren. Der Ort der Reizung auf der dort befindlichen Basilarmembran steht in Beziehung zur Tonhöhe.

Das **Innenohr** enthält die **Kochlea** (Schnecke; Abb. 10.3), ein 35 mm langes, zweieinhalbmal gewundenes knöchernes Gebilde von 10 mm Durchmesser, in dem sich das **Corti-Organ** befindet. Die Kochlea ist in zwei Kammern geteilt, die Scala vestibuli und die Scala tympani. Im Innenohr findet die Umwandlung von Druckschwankungen der Lymphe in neuronale Signale statt. Zum Innenohr gehört auch das **Gleichgewichtsorgan** mit seinen Bogengängen. Der Druck gelangt über das flexible ovale Fenster am basalen Ende der Scala vestibuli in die Schnecke (Kochlea) und wandert über eine kleine Öffnung an der Spitze der Schnecke von der Scala vestibui in die Scala tympani. Von dort wandert er dann zurück bis zum runden Fenster am basalen Ende der Scala tympani. Auf dieser Wanderung werden die Basilarmembran und die Tektorialmebran ausgelenkt und in Schwingungen versetzt. Die Haarzellen oder **Zilien**, die sich auf de **Basilarmembran** im Corti-Organ befinden, werden dadurch ausgelenkt und erregt. Sie reagieren auf die Frequenz, also die Tonhöhe, und Amplitude der Druckwellen. Durch diese Scherung werden besonders durch die sog. inneren Haarzellen die Druckinformationen in elektrische Aktivität umgewandelt. Im Unterschied zum visuellen System hat der Hörnerv mehr Nervenfasern als es Haarzellen gibt. Dies verweist darauf, dass die Rezeptorausgänge sehr stark verschaltet sind, um von den wenigen Rezeptoren auf die vielen Fasern zu kommen.

Die Umwandlung der Schallwellen in bioelektrische Aktivität erfolgt durch **Haarzellen**, deren Spitzen die Zilien sind, die durch Flüssigkeitsbewegungen ausgelenkt werden.

Die etwa 15.000 **Zilien** erzeugen elektrische Aktivität, wenn die Spitzen gegenüber dem eigentlichen Zellkörper verbogen werden. Es gibt **zwei Gruppen von Haarzellen**, die 3.500 inneren und die etwa 12.000 äußeren. Während die inneren Haarzellen in der Nähe der Achse der Basilarmembran durch die Flüssigkeitsbewegung in Bewegung gesetzt werden, führen die äußeren Haarzellen aktive Bewegungen aus. Die inneren Haarzellen wandeln die Auslenkung in Aktionspotenziale um. 90% der Nervenfaser des Hörnervs bündeln die Aktivität dieser inneren Sinneszellen. Infolge der Eigenschaften der Basilarmebran und der Sinneszellen haben unterschiedliche Töne ihre Auslenkungsmaxima an unterschiedlichen Orten der Membran.

Eigenbewegungen an den Haarzellen führen zu spontaten otoakustischen Schallaussendungen.

Eigenbewegungen an den Haarzellen führen auch zu sponaten otoakustischen Emissionen, d. h. Schallaussendungen. Diese im Ohr reproduzierten Töne kann man mit empfindlichen Mikrophonen im Ohr messen. Sie sind außerdem bei jeder Person

Die Ortstheorie des Hörens besagt, dass die Tonhöhe durch den Ort der Erregung auf der Basilarmembran kodiert ist.

anders. Man kann solche otoakustischen Emissionen allerdings auch durch einen Klick auslösen. Sie treten als eine Art Echo 5–60 ms nach einem Klick auf.

Im Vergleich zur räumlichen Topie im visuellen System (d. h. räumlich benachbarte Punkte im visuellen Feld werden auch in räumlich benachbarten Gehirnarealen abgebildet) liegt beim Hörorgan also eine **tonotope Organisation** vor, d. h. ähnliche Töne werden in benachbarten Gehirnregionen verarbeitet. Gemeint ist damit eine räumliche Abbildung der Auslenkungsmaxima der Zilien für Töne unterschiedlicher Frequenz: Tiefere Töne haben ihr Maximum am Ende der Membran, höhere am Anfang. Dieses Organisationsprinzip ist Grundlage der sog. **Ortstheorie für die Frequenzunterscheidung**: Jeder Ort der Basilarmembran wird von einer bestimmten Frequenz maximal erregt. Allerdings hat sie ihre Grenzen, da die Erregungsbreite mit zunehmendem Schallpegel immer weiter ansteigt.

Eine andere Möglichkeit der Kodierung der Frequenz ist die Entladungsrate von Neuronen.

Neben der Ortstheorie gibt es noch ein anderes Prinzip, das **Frequenzprinzip**. Danach wird die Frequenz durch die Entladungsrate von Neuronen kodiert (dazu u. a. Goldstein, 2002).

Nervenfasern haben eine charakteristische Frequenz, bei der sie am stärksten erregt sind.

Die elektrischen Signale werden über die Fasern des Hörnervs weitergeleitet. Nicht alle Fasern des auditiven Nervs reagieren auf alle Schallfrequenzen. Jede Faser hat einen relativ engen Bereich von Basisfrequenzen, bei niedrigen Schallpegeln sogar nur eine charakteristische Frequenz. Die Intensität eines Schalls wird daher über die Anzahl der erregten Fasern kodiert.

Mit zunehmender kortikaler Verarbeitung werden akustische Änderungsinformationen wie Pegel- und Frequenzänderungen relevant.

Das zentrale Hörsystem zeigt, dass die Information von beiden Ohren schon sehr früh gemeinsam verarbeitet wird. Während in frühen Phasen der Erregungsleitung noch eine Ansprechbarkeit auf Sinustöne vorliegt, werden **mit zunehmend kortikaler Verarbeitung** vor allem **akustische Änderungsinformationen** relevant (Pegel-, Frequenzänderungen, Unterschiede zwischen rechtem und linkem Ohr in Laufzeit und Lautstärke.).

Kortikale Reaktionen sind für akustische Reize früher nachweisbar als für visuelle Reize.

Auf dem Weg der Erregungsleitung von den Rezeptoren zu zentralen Hirnarealen ergeben sich im Vergleich zum visuellen System schon relativ früh Verbindungen zu nichtauditiven Arealen. Solche Areale übernehmen z. B. Aufgaben der motorischen Steuerung. Vermutlich führen daher akustische Reize auch etwa 50 ms früher als visuelle Reize zu kortikalen Antworten. Durch direkte Verbindungen zum Cerebellum ergeben sich auch um etwa 40 ms kürzere Reaktionszeiten auf akustische Signale.

Für die Praxis

Raumakustik

Die gleichen Schallsignale erzeugen unterschiedliche Wahrnehmungseindrücke, wenn sie in unterschiedlichen Raumumgebungen angewandt werden. Von einer Schallquelle gelangt ein Teil des Schalls direkt zum Ohr, andere Teile werden an unterschiedlichen Stellen der Wände und der Decke reflektiert und gelangen als reflektierter Schall etwas später an das Ohr. Diese Menge an reflektiertem Schall wird in der Nachhallzeit erfasst und ist für Bauakustiker ein wesentliches Charakteristikum. Konzertsäle erfordern Nachhallzeiten von 1,8–2,2 Sekunden. Für das Sprechtheater werden Nachhallzeiten unter 1 Sekunde gefordert.

10.4 Hörschwelle

Die **Hörschwelle** ist **frequenzabhängig**. Sie ist am niedrigsten beim Hören gesprochener Sprache.

Wie die Kontrastschwelle von der Raumfrequenz beeinflusst wird, ist auch die **Hörschwelle frequenzabhängig**. Bei 1 kHz beträgt der gerade noch wahrnehmbare Schalldruck 20 µPa [Pascal (Pa) ist die Einheit für Druck. Dieser Schalldruck bildet den Referenzdruck für die Dezibelskala; ▶ Abschn. 10.2]. Ein Schall mit diesem Druck hat 0 dB der SDL-Skala (»sound pressure level«). Diese Dezibelskala ist logarithmischer Natur

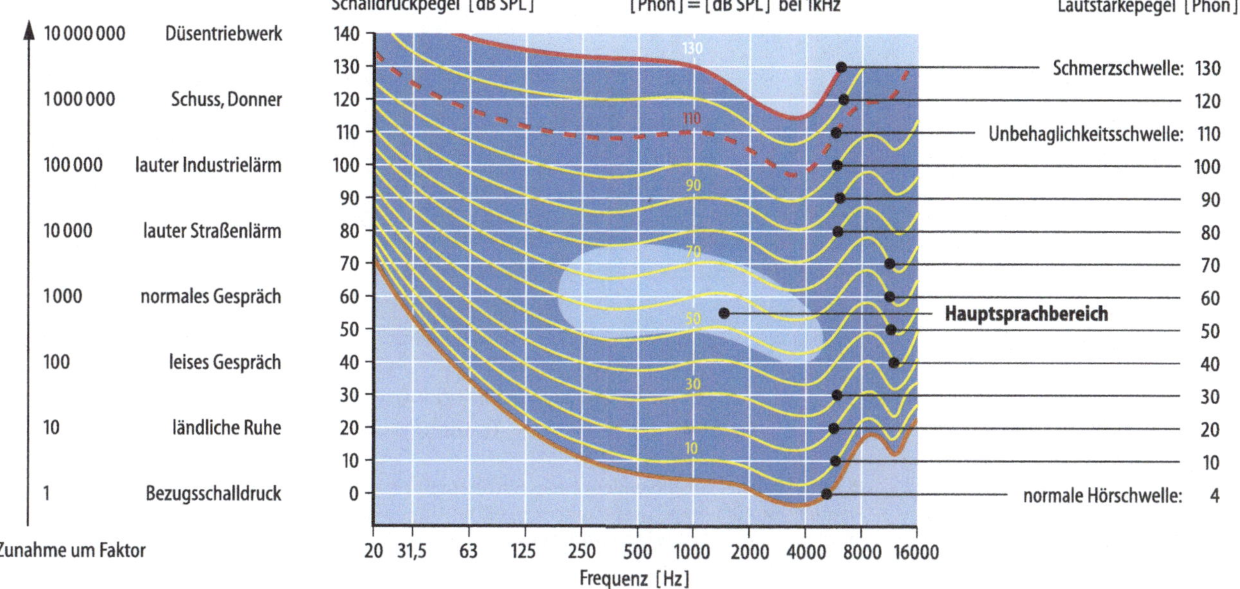

Abb. 10.4 Kurven gleicher Lautstärke für Töne von 20 Hz bis 16 kHz. Der Schalldruckpegel in dB (Dezibel) bildet die linke Skala. Angegeben sind die Schalldruckpegel für einige typische Geräusche. Der Lautstärkepegel ist in der rechten Skala aufgetragen. Die oberste Kurve zeigt die Schmerzschwelle. Die unterste Kurve ist die Hörschwelle für verschiedene Töne. Eingezeichnet ist auch der Bereich, in dem Sprache liegt. (Aus Birbaumer & Schmidt, 2006)

und dient dazu, die ungeheure Breite des Arbeitsbereiches des Gehörs abzubilden. Sinustöne von 30 Hz können erst bei einem Schalldruckpegel von 60 dB wahrgenommen werden. In Abb. 10.4 werden für unterschiedliche Frequenzen Kurven gleicher Lautheit (Phon) dargestellt (Phon ist ein Maß für die subjektive Größe Lautheit). Die Kurven zwischen der Schwelle für Töne unterschiedlicher Frequenz (Hörschwellenkurve) und der Kurve für die Schmerzgrenze stellen Schalldruckpegel für unterschiedliche Töne dar. Ein Ton der Frequenz von 100 Hertz hat als Schwelle einen viel höheren Pegel als ein Ton der Frequenz von 5.000 Hz. Daher wird auch von **Isophonen** gesprochen, also von Kurven gleicher Lautheit für Töne unterschiedlicher Frequenz. Die Sprache umfasst Töne von 200–5.000 Hz.

Die Hörschwelle verändert sich mit dem Alter, besonders im Bereich höherer Frequenzen. Normalerweise können Kinder und Jugendliche Töne bis 20 kHz hören, alte Menschen dann nur noch bis 12 kHz. In Abb. 10.5 ist der fortschreitende Hörverlust bei der **Altersschwerhörigkeit** in Dezibel angegeben. Altersschwerhörigkeit ist eine Variante eines Hördefizits durch Schädigung der Kochlea, die mit dem Alter eintritt. Sie äußert sich besonders bei hohen Frequenzen. Das Ausmaß dieses Hörverlustes hängt auch von der lebenslangen Lärmbelastung ab.

Die **Hörschwellen** sind stark **alters- und expositionsabhängig**. Längere Verarbeitung großer Schalldrucke schädigt die Zilien.

In der Literatur werden vorübergehende von dauerhaften **Verschiebungen der Hörschwelle** unterschieden. Bei einer vorübergehenden Verschiebung erlangt das Ohr nach einiger Zeit seine Empfindlichkeit zurück. Bei der dauerhaften Verschiebung bleiben die Schäden erhalten. Eine **Lärmschwerhörgkeit** liegt vor, wenn laute Geräusche zu einer Degeneration von Haarzellen im Ohr geführt haben. Messbare Verschiebungen beginnen in der Regel oberhalb von 60–80 dB. Die stärksten Effekte ergeben sich bei Störschall von 2–6 kHz. Nach einer Untersuchung von Dieroff (1975) an Arbeitern in einem Autowerk lag die Hörempfindlichkeit im Bereich von 4 kHz um 15 dB unterhalb der altersgemäßen Empfindlichkeit. Solche Schädigungen treten auch dann auf, wenn Personen längere Zeit laute Musik hören. Daher wird von Musikern in Orchestern auch zunehmend Ohrschutz benutzt.

Werden Personen hohen Schalldruckpegeln ausgesetzt, können dauerhafte **Hörschäden** entstehen.

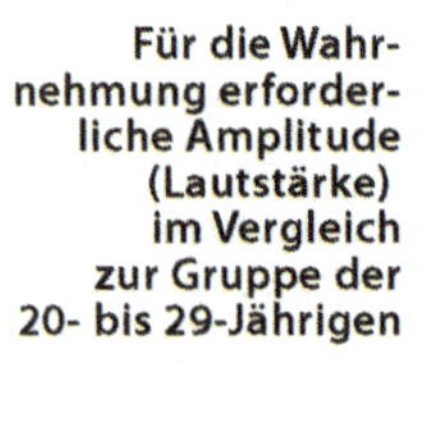

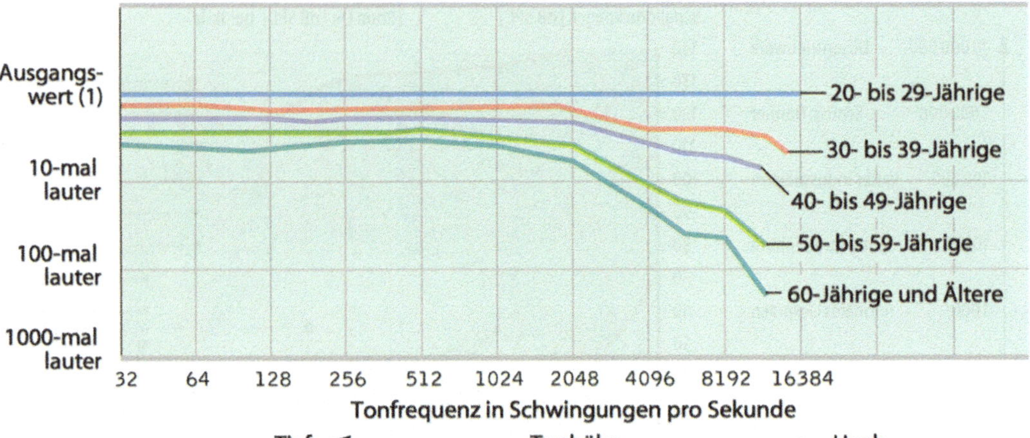

Abb. 10.5 Mit zunehmendem Alter verschlechtert sich das Hörvermögen, besonders bei höheren Frequenzen. Aufgetragen ist für unterschiedliche Altersgruppen die für die Wahrnehmung erforderliche Amplitude im Vergleich zu 20-Jährigen. (Aus Myers, 2006. © 2007 by Worth Publishers. Used with permission.)

Hörschäden haben Auswirkungen auf die Kommunikationsfähigkeit.

Einschränkungen des Hörvermögens entstehen also, wenn Personen bei der Arbeit oder in der Freizeit hohen Lärmpegeln ausgesetzt sind. Die dadurch entstehenden **Hörschäden** haben Auswirkungen auf die Kommunikationsfähigkeit der betreffenden Personen und haben damit weitreichende Folgen im sozialen Kontext.

Beispiel

Lesen und Hören

Verschiedene Leistungen der auditiven Differenzierung werden nicht nur mit dem Verstehen von Sprache in Verbindung gebracht. Richtiges Hören ist auch Voraussetzung für eine korrekte Rechtschreibung. Wenn dieser Zusammenhang gilt, sollte auch ein Training von Hörleistungen Auswirkungen auf die Rechtschreibung haben.

In einer Untersuchung (Fischer, 2007) wurden einfache Hörtests durchgeführt: Lautstärkeunterscheidung, Tonhöhenunterscheidung, Erkennung einer kurzen Unterbrechung in einem Ton, Erkennung der zeitlichen Ordnung von zwei Tönen. Untersucht wurden Legastheniker und entsprechende Kontrollkinder. Besonders beeinträchtigt bei den Legasthenikern waren die Erkennung der zeitlichen Ordnung und die Tonhöhenunterscheidung. Mit diesen Aufgaben wurde ein Training durchgeführt, in dem die Testaufgaben wiederholt durchgeführt wurden. Die nachgewiesenen aufgabenspezifischen Trainingseffekte hatten auch die erwarteten Transferwirkungen auf die Leistung in der Rechtschreibung.

Diese Untersuchung zeigt, dass einfache Höraufgaben sehr wohl in Verbindung mit komplexen Leistungen wie der Rechtschreibung stehen. Das Training dieser Hörleistungen verbessert die Rechtschreibleistung.

10.5 Lautstärke

Die **Lautstärke** gehorcht bezogen auf den Schalldruck auch dem **Potenzgesetz nach Stevens**.

Die Nervenfasern im Hörnerv unterscheiden sich in der Ansprechschwelle.

Die Lautstärke ist eine **subjektive Empfindungsgröße** wie die Helligkeit. Der Exponent nach Stevens ist 0,3., d. h., einer Erhöhung des Schalldrucks um 10 dB entspricht einer Erhöhung der Lautstärke um den Faktor 2.

Der neuronale Code, der in Beziehung zur Lautheit steht, ist die neuronale Aktivität im auditiven Nerv. Ein Problem dieses Codes ist es, dass eine Nervenfaser nur einen relativ engen Bereich der Aktivität umfasst, etwa 60 dB. Das menschliche Gehör kann aber bis zu 140 dB verarbeiten. Der Grund hierfür ist, dass **Nervenfasern** eine **unterschiedlich hohe Ansprechschwelle** haben und damit auch einen unterschiedlichen

Bereich überstreichen – manche nur bis etwa 20 dB, andere beginnen auf einem höheren Niveau und arbeiten bis zu 120 dB. Auf diese Art und Weise kann der gesamte Bereich überstrichen werden.

Die Wahrnehmung der Lautstärke hängt neben dem Schalldruck auch von kognitiven Faktoren ab.

Die **Lautstärke** hängt vom **Schalldruckpegel**, von der **Frequenz** und von **kognitiven Faktoren** ab. Charakteristisch ist beispielsweise, dass Schall, der selbst erzeugt wurde, als weniger laut empfunden wird als fremd erzeugter Schall. Auch die Vorhersagbarkeit eines Schallereignisses beeinflusst die Lautheit. Die in ◘ Abb. 10.4 dargestellten Isophone werden auch für die Beurteilung von Lärm benutzt. Lärm ist ein Geräusch, das als unangenehm empfunden wird (▶ Exkurs).

Exkurs

Was ist Lärm?

Wenn von Lärm gesprochen wird, denkt jeder an eine messbare Größe. Lärm ist aber ein sehr subjektives Phänomen. Die Unterschiede zwischen Personen sind beträchtlich. Selbst erzeugte Geräusche werden beispielsweise weniger störend empfunden als von anderen erzeugte. Die eine Person mag Technomusik, die andere empfindet sie als Lärm. Guski (1987) definiert Lärm als Schall, der für Betroffene unerwünscht ist oder geeignet, sie psychisch, sozial oder ökonomisch zu beeinträchtigen. Besonders belästigend sind Einzeltöne, die auffällig aus einem Geräusch herausragen. So sind auch ständig schwankende Geräusche wie auf einem Fußballplatz lästiger als gleichbleibende Geräusche.

10.6 Tonhöhe

Die Tonhöhe hängt mit der Frequenz zusammen.

Ein typisches **subjektives Merkmal von Höreindrücken** ist die Tonhöhe. Sprachen wie Mandarin kämen ohne Tonhöhenwahrnehmung nicht aus. Auch in unserer Sprache und in der Musik ist die Tonhöhe nicht wegzudenken. In der Evolution hat die Tonhöhe für die Erkennung von Tierlauten als den charakteristischen gezielt erzeugten Kommunikationslauten eine Rolle gespielt. Die Tonhöhe entsteht infolge der periodischen Änderungen in der Zeit. Die **Tonhöhe** eines Sinustones wird daher vor allem durch seine **Frequenz** bestimmt, aber nicht nur. So hängt die Tonhöhe auch von der **Lautstärke** des Tons ab. Daher ist die subjektive Größe Tonhöhe zu unterscheiden von der Frequenz des Tons als physikalischer Größe. In ▶ Abschn. 10.3 hatten wir festgestellt, dass die unterschiedlichen Bestandteile eines komplexen Tons Zilien an unterschiedlichen Orten auf der Basilarmembran erregen. Es ergibt sich also für die Nervenfasern, die diese Erregungen weiterleiten, eine Frequenzspezifik.

Töne können durch andere Töne in ihrer Frequenznachbarschaft maskiert werden. Jeder Ton hat ein eigenes Frequenzband.

Die Genauigkeit der Frequenzselektivität wird durch **Maskierungsexperimente** sichtbar. Maskierung ist eine Verdeckung oder Schwächung eines Tons durch einen anderen. Im Alltag haben wir gelernt eine bestimmte Tonhöhe aus vielen anderen herauszufiltern. Beim Maskieren wird ein Ton einer bestimmten Frequenz eingespielt. Daneben gibt es als **maskierendes Rauschen** ein Gemisch von verschiedenen Frequenzen. Gefragt wird, unter welchen Rauschsignalen der kritische Ton noch entdeckt werden kann. Je nachdem, aus welchem Bereich diese Frequenzen mit konstanter Amplitude ausgewählt werden, wird vom Frequenzband dieses Rauschens gesprochen. Frequenzbandgefiltertes Rauschen ist dann eine **Mischung von Frequenzen**, die um den kritischen Ton in einem Frequenzband schwanken. Ein 400-Hz-Rauschen um einen 2-kHz-Ton enthält dann Frequenzen von 1.800–2.200 Hz, also eine Band von 400 Hz. Für jedes **Frequenzband** kann nun der Schalldruck des betrachteten Tons bestimmt werden, der noch zu seiner Wahrnehmung in diesem Rauschen führt.

Frequenzen außerhalb dieses kritischen Frequenzbandes haben keinen Einfluss auf die Maskierung.

Dabei zeigt sich, dass es eine **kritische Breite des Frequenzbandes** gibt. Wenn Töne mit Frequenzen außerhalb dieses kritischen Frequenzbandes liegen, ist eine weitere Erhöhung des Schalldrucks für die Wahrnehmung des kritischen Tons nicht mehr notwendig. Dies ist die kritische Bandbreite für diesen Ton. In diesem Bereich werden alle weiteren Töne durch diesen einen Ton maskiert, andere, außerhalb des kritischen

Frequenzbandes liegende Töne sind nicht von der Maskierung betroffen. Diese kritischen Bänder sprechen auch für die **Ortstheorie**, da sie in Beziehung zu den Abständen auf der Basilarmembran gesetzt werden können. Höhere Töne entsprechen kleineren Abschnitten auf der Basilarmembran. Neben dieser Art der Maskierung gibt es auch eine **zeitliche Maskierung**. Ein Ton maskiert andere Töne etwa 300 ms vor und nach dem Ton.

Für die Praxis

Maskierung im Alltag

Die Wahrnehmungsschwelle für einen akustischen Reiz hängt nicht von dem Reiz selbst ab, sondern auch von gleichzeitig vorhandenen anderen Geräuschen. Ein Vortragender kann leise sprechen und wird gehört, wenn die Zuhörer sich nicht unterhalten. Bei einem Geflüster der Zuhörer muss er lauter sprechen, weil seine Stimme durch das Geflüster maskiert wird. Die Maskierung nimmt immer weiter ab, je weiter sich der Maskierungsreiz vom Testreiz entfernt befindet. Solche Maskierungseffekte werden zur Dämpfung unerwünschten Schalls oder bei der Behandlung von Tinnitus eingesetzt. Dieses psychoakustische Phänomen steht auch hinter der Reduktionstechnik der MP3-Spieler: Töne, die durch andere maskiert werden, können ausgeblendet werden und reduzieren so den Übertragungsaufwand.

Die Tonhöhe ist auch vom Schalldruck abhängig.

Die **Tonhöhe ist ein subjektiver Eindruck**. Dieser subjektive Eindruck unterliegt wiederum verschiedenen Einflüssen. So verschiebt sich der Tonhöheneindruck eines Sinustones mit dem Schalldruckpegel. Die Frequenzspezifik ist am besten bei niedrigen Schalldruckpegeln. Dieser Effekt hat etwas mit der Sättigungsrate für Nervenfasern zu tun. Die Isosensitivitätskurven für bestimmte Nervenfasern werden mit wachsendem Schalldruckpegel immer weniger selektiv.

10.7 Klangfarbe

Die Klangfarbe eines Tons wird durch die Anzahl und Verteilung der Obertöne bestimmt.

Die Klangfarbe eins Tones ist eine mehrdimensionale Empfindung. Sie spielt beim Musikhören eine wichtige Rolle. Es ist schwierig, eine verbindliche Zerlegung dieser Empfindung in elementare Größen anzugeben. Charakteristische physikalische Parameter sind die **Anzahl**, die **Verteilung** und die **Amplitude der Obertöne**. Obertöne haben Frequenzen, die das Vielfache von Grundtönen sind. Diese Obertöne sind es, die einem Musikinstrument seinen charakteristischen Klang verleihen. Es ist leicht zu unterscheiden, ob eine Geige oder eine Klarinette eine bestimmte Note spielt (bei gleichem Grundton und gleicher Lautstärke), da sich sowohl die Anzahl der Obertöne als auch ihre relative Amplitude zueinander unterscheidet.

Das Einschwing- und Ausklingverhalten eines Tons bestimmt den Klang wesentlich mit.

Ein anderer Parameter ist der **Zeitverlauf**. Wichtig für den Klang ist daher der Anfang und das Ende eines Tons, weil das auditive System gegenüber solchen Änderungen im Verlauf sehr empfindlich ist. Eine Ausblendung der Anfangszehntelsekunden eines Instrumentalklanges führt daher auch zu Schwierigkeiten der Erkennung des schallproduzierenden Instruments. Für die Nachbildung des Klangs eines Musikinstruments mit elektronischen Mitteln ist dieses **Einschwing- und Ausklingverhalten** wichtig. Dieses zeitliche Einschwingmuster ist z. B. bei Sprachlauten verschieden und für die Erkennung wichtig. Auch beim Zupfen einer Violinsaite und dem Anstreichen mit dem Bogen unterscheidet sich dieser Anfangsteil des Tons. Die Frequenzzusammensetzung ändert sich nicht, aber die Amplitudenverteilung über die Zeit. Da ein Ton mit der gleichen Obertonverteilung rückwärts abgespielt werden kann und damit ein anderes Einschwingverhalten hat, ist die Erkennung des erzeugenden Musikinstruments schwierig.

Die Klangfarbe kann Selektionskriterium für die Aufmerksamkeit sein.

Die Klangfarbe kann der Aufmerksamkeit auch als Selektionskriterium dienen. Wir können also ein Instrument mit einer bestimmten Klangfarbe oder einen Sprecher in Abgrenzung zu anderen mit fokussierter Aufmerksamkeit aus einer auditiven Szene heraushören.

10.8 Räumliches Hören

Exkurs

Hinderniswahrnehmung

Schall wird von Objekten in Abhängigkeit von den Objekteigenschaften reflektiert. Durch Erzeugung von Schallsignalen kann eine Person aus der Reflexion auf das Objekt und sein Entfernung schließen. So haben Untersuchungen gezeigt, dass bei verbundenen Augen Personen Hindernisse in Entfernungen von 2–10 m wahrnehmen können. Sie konnten rechtzeitig vor dem Hindernis stoppen. Wurde dagegen das Hören durch Ohrstöpsel erschwert, erfolgten häufiger Zusammenstöße mit dem Hindernis. In einer Untersuchung mit blinden Personen wurde sogar eine psychometrische Funktion für eine Abstandsschätzung erhoben. Die Personen hatten den Abstand von zwei Scheiben zu schätzen. Dazu konnten sie frei wählbare selbst erzeugt Laute nutzen, um aus dem Echo auf die Entfernung der etwa 30 cm großen Scheiben zu schließen.

Das Gehör hat eine **Überwachungsfunktion** (s. auch den ► Exkurs zur »Hinderniswahrnehmung«). Dazu ist die Verortung eines Schalls wichtig, für die dem akustischen System verschieden Parameter zur Verfügung stehen. Zum einen gibt es für einen seitlichen Schall einen interauralen Intensitätsunterschied zwischen dem Ohr, das auf der Seite der Schallquelle liegt, und dem anderen Ohr. Da in der horizontalen Ebene der Unterschied zwischen den beiden Ohren vom Einfallswinkel abhängt, kann der **interaurale Intensitätsunterschied zur Lokalisierung der Schallquelle** in der horizontalen Eben genutzt werden. Dies funktioniert wegen der physikalischen Eigenschaften besonders gut für hochfrequenten Schall. Der niederfrequente Schall wird gut gebeugt und kann dadurch Hindernisse wie den Kopf gut umlaufen, sodass die Intensitätsunterschiede an beiden Ohren bei niederfrequentem Schall gering sind.

Intensitätsunterschiede eines Schalls an beiden Ohren können zur **Verortung der Schallquelle** verwendet werden.

Der **interauralen Laufzeitunterschied** des Schalls, der bei seitlichem Einfall bis zu 1 ms betragen kann, eignet sich besonders gut für die Verortung von niederfrequentem Schall. Laufzeit- und Intensitätsunterschiede können auch bei konstanter Schallquelle durch Kopfbewegungen erzeugt werden. Damit kann ebenfalls die Verortung einer Schallquelle erreicht werden.

Interaurale Laufzeitunterschiede können zur Verortung von Schallquellen genutzt werden.

Damit stehen zwei Parameter des Schalls, die sich über den Frequenzbereich ergänzen, für die Lokalisierung von Schallquellen zur Verfügung. Das Problem liegt nun darin, dass es viele Positionen bezogen auf die Lage der beiden Ohren gibt, die zu den gleichen Laufzeit- und Intensitätsunterschieden führen. Es besteht also ein **Mehrdeutigkeitsproblem** bei der Lokalisierung einer Schallquelle. Infolge dieser Mehrdeutigkeiten erhält man einen Kegelmantel (»cone of confusion«), der alle Orte umfasst, die in ihrer Position nicht unterschieden werden können. Jeder Schall, dessen Quelle auf der Medianebene des Kopfes (Punkt auf dieser Ebene haben den gleichen Abstand von den Ohren) liegt, hat keinerlei Laufzeit- und Intensitätsunterschiede zu anderen Schallereignissen auf dieser Medianebene.

Die Verortung einer Schallquelle auf der Grundlage von Intensitäts- und Laufzeitunterschieden ist nicht eindeutig. Es liegt eine Problem der Mehrdeutigkeit vor.

Es gibt auch noch andrere Größen, die **zur Lokalisierung** genutzt werden können. Hier kommen die **Eigenschaften des Außenohrs** ins Spiel. Infolge der Filtereigenschaften des Außenohres verändert sich der weitergeleitete Schall etwas, je nachdem wo sich bezogen auf den Kopf die Schallquelle befindet. Dies gilt vor allem für Schall mit mehreren Frequenzen. Da dieser Filter frequenzabhängig ist, verändern sich die Anteile unterschiedlich. Man spricht von einer **kopfbezogenen Transferfunktion** (HRTF, »head related transfer function«). Diese kann ausgenutzt werden, wenn der Schall in seiner Frequenzzusammensetzung aus der Erfahrung bekannt ist. Dies gilt z. B. für Sprache und für Alltagsgeräusche, die auch mithilfe dieser Filterfunktion verortet werden können. Diese Transferfunktion kann technisch auch ausgenutzt werden, um einen Raumeindruck beim Hören zu erzeugen. Wenn also in das linke und rechte Ohr entsprechend dieser Funktion gefilterte komplexe Tone eingespielt werden, ergibt dies

Dem auditiven System steht zur Verortung noch die frequenzbezogenen Veränderungen im Schall infolge der Lage der Schallquelle zur Verfügung.

einen Richtungseindruck. Das Problem ist nur, dass diese Transferfunktion personenspezifisch ist.

10.9 Auditive Szenenanalyse

Die auditive Szenenanalyse zerlegt einen komplexen Schall in unterschiedliche Schallströme, die von unterschiedlichen Schallquellen erzeugt werden.

In Analogie zur visuellen Objekt- und Szenenerkennung wurde von Bregman (1990) der Begriff der auditiven Szenenanalyse eingeführt. Ausgangspunkt seiner Überlegungen ist, dass wir es oft mit mehreren Schallquellen zu tun haben. Am Ohr kommt also in der Regel eine Mischung von Schall verschiedener Schallquellen an. Trotzdem sind wir in der Lage, die verschiedenen Schallquellen zu filtern und uns beispielsweise auf eine Person im Geräuschwirrwarr einer Party konzentrieren. Die auditive Szenenanalyse zerlegt eine Mischung nun so, dass die diese Mischung erzeugenden Schallquellen erkannt werden. Diese Szenenanalyse ist die **Grundlage der Kommunikation mit anderen Gesprächspartnern** oder der Verfolgung einer Melodie, gespielt von einem bestimmten Instrument im Orchester. Eine solche **Trennung von Schallquellen** kann auf der Grundlage der Lokalisierung der Schallquellen und auf der Grundlage ihrer spektralen und zeitlichen Eigenschaften erfolgen. Für diese Trennung lassen sich **Gestaltprinzipien** wie für die visuelle Wahrnehmung angeben. Die Zerlegung einer komplexen Schallmischung in der auditiven Szenenanalyse wird auch als Aufteilung in Schallströme bezeichnet.

In der auditiven Szeneanalyse gelten ebenso **Gestaltgesetze** wie das der Nähe oder Ähnlichkeit in der Klangfarbe wie in der visuellen Wahrnehmung.

Das klassische Beispiel für die Wirkung von **Gruppierungsprinzipien** sind zwei Töne, die im schnellen Wechsel dargeboten werden. Bei ähnlichen Frequenzen wird dieser Wechsel gehört. Wird der Frequenzabstand aber groß genug, werden zwei Ströme gehört, eine Folgen von Tönen höherer Frequenz und eine Folge von Tönen niedriger Frequenz. Dies entspricht einer Art **Ähnlichkeitsgesetz**, wie wir es aus der Gestaltpsychologie bei der visuellen Wahrnehmung kennen.

Ein Prinzip der auditiven Gruppierung beruht auf dem Klang.

Ein Gruppierungsprinzip ist auch die schon erwähnte **Klangfarbe**. Dahinter scheint die Vorannahme des Systems zu stecken, dass Klänge mit unterschiedlicher Klangfarbe von unterschiedlichen Schallquellen kommen. Dieses Gruppierungsprinzip steht in Beziehung zur Gruppierung nach Ähnlichkeit.

Ein weiteres Gruppierungsprinzip nutzt die Einsatzzeit des Schalls.

Ein anders **Gruppierungsmerkmal** ist auch der **zeitliche Einsatz eines Schalls**. Es wurde z. B. gezeigt, dass zwei Töne leichter als getrennt Töne wahrgenommen werden können, wenn ihr zeitlicher Abstand etwa 30 ms beträgt. Nach Wolfe et al. (2006) spielen Musiker mit solchen Verzögerungen zusammen, um die Melodien, die verschiedene Instrumente spielen, leichter für den Hörer erkennbar zu machen. Diesem Grundprinzip entspricht in der visuellen Wahrnehmung das **Gesetz der guten Fortsetzung**.

Über die Schalleinsatzzeiten können komplexe Erkennungsleistungen bei Zustandsänderungen von Objekten realisiert werden.

Ein anderes **Beispiel für die Rolle der Schalleinsatzzeiten** ist das Zerbrechen ein Tasse auf dem Fußboden. Jedes Objekt erzeugt beim Aufprall auf ein anderes Objekt ein charakteristisches Muster an Obertönen entsprechend seiner Größe, seiner Form und seines Materials. Wenn nun eine Tasse zerbricht, werden die unterschiedlichen Teile zu unterschiedlichen Zeiten auf den Boden fallen und charakteristische Obertöne erzeugen, aber eben mit verschiedenen Einsatzzeiten. Auf diese Weise kann erkannt werden, wenn die Tasse zerbricht. Zerbricht die Tasse nicht, ergibt sich ein wiederholendes Muster von Frequenzen mit abnehmender Amplitude.

Hinter dem **Restorationseffekt** verbirgt sich eine konstruktive Leistung der auditiven Wahrnehmung.

Ein weiteres Gruppierungsprinzip kann am **Restorationseffekt** demonstriert werden. Es entspricht dem Gestaltprinzip der guten Fortsetzung dass kurze Lücken in einem charakteristischen komplexen Schallereignis nicht gehört werden, wenn sie durch Rauschen gefüllt sind. So wie die Fortsetzung einer Linie hinter einem Schirm in der visuellen Wahrnehmung stattfindet, wird die Lücke entsprechend dem Obertonmuster des unterbrochenen Schalls ergänzt. Selbst Lücken in komplexen Sprachsignalen werden aufgefüllt, wenn die Lücken mit weißem Rauschen ergänzt werden (s. auch den ► Exkurs zum »Phonemergänzungseffekt«).

Exkurs

Phonemergänzungseffekt

In einem Experiment spielte Warren (1970) Personen vom Tonband einen Satz vor, in dem ein Laut durch ein Hustengeräusch ersetzt war. Die Personen sollten sagen, wo im Satz dieses Geräusch auftrat. Das Überraschende war, dass viele Personen dieses Geräusch überhaupt nicht hörten. Das Phänomen wurde Phonemergänzungseffekt genannt. Dieser Effekt tritt sogar dann auf, wenn erst die nachfolgenden Worte die Bedeutung des Wortes mit dem fehlenden Phonem festlegen. Der Effekt ist ein Beispiel dafür, wie Erwartungen infolge des Satzkontextes die Verarbeitung des akustischen Sprachsignals beeinflussen.

Die auditive Szenenanalyse verläuft hierarchisch. Man kann ein Orchester gegen Störschall abgrenzen, aber auch eine einzelne Orchesterstimme gegen den Rest des Orchesters. Maximal scheinen drei bis vier solcher Ströme gegeneinander in der Wahrnehmung abgrenzbar zu sein.

Für die Praxis

Signalwirkung von Schall

Akustische Informationen liefern dem Autofahrer Informationen über den Betriebszustand des Fahrzeugs. Der Trend, die Geräuschbelastung im Innern eines Fahrzeugs immer geringer zu machen, hat dann den Nachteil, dass für den Fahrzeugführer diese akustische Rückmeldung wegfällt. Daher werden heute auch sog. Sounddesigner beauftragt, einerseits nicht informative Geräusche im Fahrzeug zu dämpfen, andererseits die charakteristischen Geräusche für den Fahrer gut verwertbar zu machen. So wird für Elektroautos diskutiert, wie über akustische Signale der Fahrer eine Rückmeldung über den Fahrzustand bekommen kann oder ob Elektroautos Geräusche produzieren sollen, die Fahrern anderer Autos die Annäherung eines Fahrzeugs signalisiert. Bekannt ist auch die gezielte Gestaltung der Motorengeräusche über die Wahl der Auspuffanlage (nach Markus Schleufe, ZeitOnline vom 16.2.2010).

10.10 Sprache und Musik

10.10.1 Musik

Musik hat Wirkungen auf die emotionale und geistige Befindlichkeit einer Person.

Musik und Sprache haben mit der visuellen Kunst gemeinsam, dass sie der Kommunikation dienen. Beide können Bedeutungen und Emotionen übermitteln. Musik ist seit mehr als 3.000 Jahre als Kommunikationsmittel bekannt. Einerseits drücken sich Personen in der Musik aus, andererseits beeinflussen sie die emotionale und geistige Befindlichkeit einer Person. In der Emotionspsychologie wird seit Langem ausgenutzt, dass eine bestimmte Art von Musik die Verarbeitung von Worten als Träger emotionaler Bewertungen beeinflusst. Diese Möglichkeiten der Musik werden heute in der Psychologie in musiktherapeutischen Konzepten genutzt. Effekte der Musik können sogar in neurophysiologischen Parametern wie der Ausschüttung von Neurotransmittern nachgewiesen werden.

Merkmale von Musik

Charakteristische Merkmale von Musik sind Tonhöhe, Lautheit, Klangfarbe.

Ein Ton ist die primäre Einheit in der westlichen Musik. Die drei **wichtigsten Merkmale** sind uns schon bekannt:
- Tonhöhe,
- Lautheit und
- Klangfarbe.

Die **Tonhöhe** steht in Beziehung zur Fundamentalfrequenz eines harmonischen komplexen Tons. Sie wird im Bereich von 20–5.000 Hz gehört. Dies ist der Bereich, in dem auch die meisten Musikinstrumente mit ihrer Tonhöhe liegen. Die Fundamentalfrequenz selbst muss gar nicht im Frequenzspektrum eines Tons enthalten sein, sie wird als virtueller Ton trotzdem gehört. Voraussetzung für diese Leistung ist nur, dass das Frequenzspektrum des Tons aus ganzzahligen Vielfachen (Obertöne, harmonische Töne) besteht.

Die **Lautheit** ist weniger differenziert als die Tonhöhe. Sie drückt sich in der Sprache der Musik in Bezeichnungen wie pianissimo und fortissimo aus.

Die **Klangfarbe** gibt einem Ton seinen einmaligen Charakter. Zwei Töne mit gleicher Tonhöhe und Lautheit können auf der Grundlage der Klangfarbe noch unterschieden werden.

Daneben gibt es noch **andere charakteristische Merkmale von Musik**:

Töne, die mindestens den Abstand des kritischen Frequenzbandes haben, werden als **konsonant** wahrgenommen.

Konsonanz. Wenn zwei Töne gleichzeitig gespielt werden, so kann dies eine als angenehm bewertete Mischung sein – sie sind konsonant. Reine Töne müssen mindestens den Abstand des kritischen Frequenzbandes haben, damit sie konsonant sind, bei einem kleineren Abstand klingen sie dissonant. Töne mit Frequenzen im Verhältnis 1:2 bilden eine Oktave, im Verhältnis von 3:2 eine Quinte. Komplexe Töne bilden Akkorde, wenn die Frequenzen der Töne in ganzzahligen Verhältnissen zueinander stehen.

Eine **Melodie** hat im Sinne der Gestaltpsychologie eine Gestalt.

Melodie. Wenn sich die Tonhöhe mit der Zeit ändert, entsteht eine Ganzheit, eine Melodie. Eine Melodie ist eine Art Konturmerkmal einer Folge von Tönen. Die Melodie hängt nicht von den konkreten Einzeltönen ab, sondern nur von den Eigenschaften der Tonfolge. Daher kann eine Melodie auch transponiert werden. Hinter dieser Integration von Tönen in ein Gesamtereignis, in die Melodie, stehen die erwähnten Gruppierungsprozesse der auditiven Szenenanalyse.

Der **Rhythmus** beschreibt die zeitliche Struktur.

Rhythmus. Eine Melodie erstreckt sich über längere Zeitintervalle. Relativ kurzfristige Zeitintervalle werden in ihrer Struktur durch den Rhythmus beschrieben. Der Rhythmus ist also eine kurze Sequenz von Ereignissen, der durch die Zeit zwischen aufeinanderfolgenden Ereignissen charakterisiert ist. Diese Zeit liegt etwa zwischen 200 ms und 2 s. Der Rhythmus hat wenigstens zwei Komponenten:

- die Segmentierung oder die Wiederholung von Elementen und
- das Metrum oder den regulären Wechsel von starken und schwachen Elementen.

Ein Beispiel ist das starke Metrum in moderner Popmusik. Daher hat solche Musik auch eine starke motorische Komponente. Dies verweist auf die tiefliegenden Zusammenhänge zwischen Musik und Tanz.

Funktionale Bedeutung

Unterschiedliche Betrachtungsweisen sehen Musik als besondere adaptive Leistung in der Evolution oder als Nebenprodukt der Sprache.

Die grundlegenden Eigenschaften der Musik werden durch die Grundleistungen des auditorischen Systems erklärt. Offen bleibt dabei aber, wieso überhaupt Musik als Merkmal unserer Kultur entstanden ist. Die adaptive Funktion der Musik ist universell, wir finden Musik in allen Kulturen. Musik kann auch rezitiert werden ohne formale Bildung in Musik. Musik wird gemeinsam mit Sprache als eine besondere adaptive Leistung in der Evolution gesehen. Eine andere Sichtweise sieht in der Musik nur ein Nebenprodukt der Sprache.

Musik und Sprache

Musik und Sprache haben eine Reihe gemeinsamer Merkmale.

Nach dieser Konzeption (Pinker, 1998) ist Musik ein Nebenprodukt der Herausbildung der Sprache und hat keine besondere Funktion. Einige Autoren betonen die **Gemeinsamkeiten von Musik und Sprache**: Beide haben eine kommunikative Funktion und beinhalten strukturierte und hierarchische Sequenzen von diskreten Elementen. Tonhöhe und Klangfarbe sind auch unterscheidende Merkmale für individuelle Stimmen,

Melodie und Rhythmus beziehen sich auf Intonation und Prosodie in der Sprache. Für die Gemeinsamkeiten sprechen Untersuchungen zu Gemeinsamkeiten in der syntaktische Struktur von Sprache und Musik. Analysen mit bildgebenden Verfahren verweisen auf ähnliche Erregungsmuster im Gehirn.

Musik und Evolution

Die andere Sichtweise betont die adaptive Funktion der Musik. Wenigsten drei Gründe lassen sich dazu anführen:

1. Musik hat eine Funktion in der Partnerwahl. Über die Musik werden attraktive Partner angezogen.
2. Musik dient dazu, den Zusammenhalt einer Gruppe, ihre Kohäsion und Kooperation zu sichern. Rhythmische Musik hilft bei der kooperativen Zusammenarbeit in einem Aufgabenlösungsprozess. Konflikte in Gruppen könnten durch Musik vermindert werden.
3. Musikähnliche Kommunikation ist charakteristisch in frühen Phasen der Kind-Mutter-Interaktion. Sie spielt eine Rolle bei der Herstellung von Bindung und der Aufrechterhaltung von Interaktionen und ist damit bedeutsam für die Sozialisation.

Die Eigenständigkeit der Entwicklung von Musik lässt sich über die Funktionen der Musik begründen: Zusammenhalt einer Gruppe gewähren oder Kommunikation mit Kleinkindern erfolgt teilweise durch musikalische Reize.

Neuropsychologische Ergebnisse sprechen für eine relative Unabhängigkeit von Sprache und Musik, da es Patienten mit selektiven Ausfällen in der Sprache und in der Musik gibt.

Sprache und Musik scheinen auf der neurologischen Ebene voneinander unabhängig zu sein.

10.10.2 Sprache

Beschreibung von Sprachsignalen

Sprache wird wie jeder Schall durch Vibrationen, in diesem Fall Vibrationen der Stimmbänder erzeugt. Dieser harmonische Schall wird im Rachenraum selektiv verändert, da der Rachenraum als eine Art Resonanzraum wirkt. Ausgewählte Frequenzen werden in Abhängigkeit von der Form des Rachenraumes verstärkt. Das Ergebnis kann in Form eines **Spektrogramms** dargestellt werden. Es enthält die auftretenden Frequenzen im gesprochenen Wort, den Zeitbereich ihres Auftretens und im Schwärzungsgrad ist die Intensität kodiert.

Im **Spektrogramm** eines Sprachsignals werden die auftretenden Frequenzen in ihrer Intensität zu einem gegebenem Zeitpunkt charakterisiert.

Bereiche von Frequenzen, die besonders hohe Intensitäten haben, werden auch **Formanten** genannt. Schematisierte Spektrogramme betonen die Lage dieser Frequenzbänder. Oft werden in schematisierten Darstellungen nur die Formanten – also die Bänder von Frequenzen mit einer starken Schallenergie – gezeigt, wie in ▪ Abb. 10.6. Zu erkennen sind auf dieser Abbildung auch rasche Änderungen am Anfang der For-

Das Einschwingverhalten eines Formanten ist nicht eindeutig mit einem Laut verknüpft.

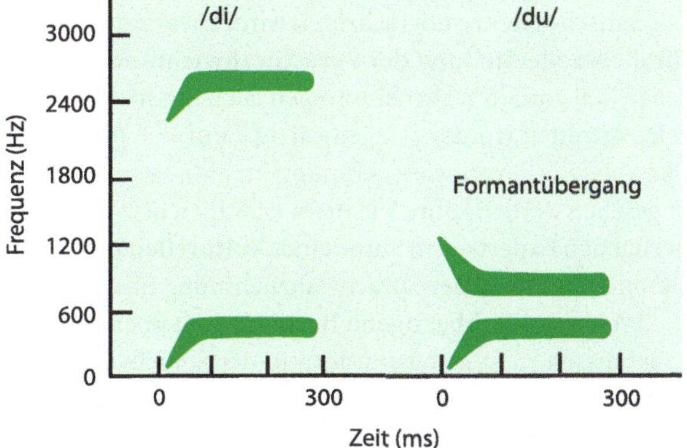

▪ **Abb. 10.6** Schematisierte Darstellung der Formanten für /di/ und /du/. Die Formantenübergänge am Anfang unterscheiden sich, obwohl beide Laute mit /d/ beginnen

manten, die **Formantenübergänge**. Die Abbildung zeigt auch, dass mit den beiden Lauten /di/ und /du/ mit einem /d/ am Anfang unterschiedliche Formantenübergänge verknüpft sind. An den Formantenübergängen ist nicht zu erkennen, dass beide Laute mit /d/ beginnen.

Die **Formanten** stellen Frequenzbereiche mit hoher Energie dar. **Phoneme** sind die kleinsten Einheiten in einem Sprachlaut, die noch einen Bedeutungsunterschied anzeigen.

Formanten sind also energiereiche Frequenzbereiche im Spektrum eines Sprachlautes, die von der kleinsten zur größten Frequenz angeordnet werden. Sie haben charakteristische **Anschwingzeiten** in der Größenordnung von 50 ms. Die Laute /ba/, /da/ und /ga/ unterschieden sich z. B. in diesen Anfangsintervallen in den Übergangsmustern. Die Frage ist, ob und wie solche Merkmale von Sprachsignalen, also beispielsweise Eigenschaften von Formanten, für die Spracherkennung genutzt werden. **Phoneme** sind z. B. die kleinsten Einheiten der Sprache, die Bedeutungsunterschiede anzeigen (z. B. den Unterschied zwischen /ba/ und /da/ oder zwischen /hut/ und /mut/), Die Frage ist dann, welche und wie Merkmale des Spektrogramms für die Phonemerkennung genutzt werden.

Kategoriale Wahrnehmung

Kategoriale Wahrnehmung liegt vor, wenn kleine Änderungen eines physikalischen Parameters zu großen Wahrnehmungsänderungen führen.

Bei Sprachlauten gibt es das Phänomen der **kategorialen Wahrnehmung**. Kleine Änderungen eines physikalischen Parameters bewirken eine große Änderung im Wahrnehmungseindruck. Ein solcher physikalischer Parameter ist die **Vokaleinsatzzeit** bei Vokalen nach Konsonanten. Eine kleine Änderung der Vokaleinsatzzeit – also der Zeit zwischen dem Einsetzen des Lautes und dem Einsetzen der Stimmhaftigkeit bzw. der Schwingung der Stimmlippen – ändert beispielsweise die Lautwahrnehmung sprunghaft. Eine der interessanten Fragen ist, ob dieses Phänomen nur bei der Sprachwahrnehmung auftritt und damit eine Sonderstellung der Sprachwahrnehmung im Rahmen der Wahrnehmung anderer akustischer Ereignisse begründen würde.

Eine schrittweise Änderung eines Parameters wie der Frequenz führt bei nichtsprachlichen Ereignissen in der Regel zu einer schrittweisen Änderung der Wahrnehmung.

Wenn sich dagegen bei nichtsprachlichen Reizen die Grundfrequenz langsam ändert, dann ändert sich auch die Wahrnehmung in kleinen Schritten. Bei Sprachlauten ist dies eben anders.

Die **Variation der Vokaleinsatzzeit** führt über relativ große Intervalle zu keinen Änderungen in der Wahrnehmung. Erst bei Änderungen in einem kleinen Intervall um einen **kritischen Punkt** kommt es zur Wahrnehmungsänderung.

Die Spektrogramme für die Laute /da/ und /ta/ zeigen beispielsweise vor allem Unterschiede am Beginn. Die Zeit bis zum Einsetzen des Vokals beträgt bei /da/ 17 ms und bei /ta/ 91 ms. Bezogen auf diesen Zeitunterschied schufen Eimas und Corbitt (1973) künstliche Reize, in denen sich in einem Sprachlaut die Vokaleinsatzzeit von 0–80 ms schrittweise änderte. Man kann nun für jeden Reiz mit einer bestimmten Vokaleinsatzzeit bestimmen, was die Person hört. In ■ Abb. 10.7 ist das Ergebnis zu sehen. Eine **schrittweise Erhöhung der Einsatzzeit** führt nicht etwa zu einer allmählichen Abnahme der /da/-Antworten, sondern es führt zu einer sprunghaften Änderung. Dabei zeigte sich also, dass es entlang dieser Folge an einer bestimmten Stelle eine **plötzliche Änderung in der Wahrnehmung** gab. Alle Reize mit einer Einsatzzeit links von diesem kritischen Reiz werden als /da/ gehört, unabhängig von dem konkreten Wert. Alle Reize rechts von dieser Stelle werden als /ta/ gehört.

Sprachwahrnehmung ist weitgehend das Ergebnis eines kulturellen Lernprozesses.

Das plötzliche **Umspringen der Wahrnehmung** geschieht an Stellen, an denen eine phonetische Grenze überschritten wird. Diese kategoriale Wahrnehmung wird als Beleg für die **Sonderstellung der Sprachwahrnehmung** genommen. Allerdings sind inzwischen kategoriale Wahrnehmungen auch mit nichtsprachlichem Material und im Tierreich ermittelt worden. Gegenwärtig kann also nicht einfach davon ausgegangen werden, dass die Sprachwahrnehmung im Sinne von Fodor (1983) als ein separates Modul angesehen werden kann. Vielmehr ist wahrscheinlich, dass der Erwerb einer Art sprachbezogenen Expertise im Sinne eines **kulturellen Lernprozesses** zur Herausbildung von Besonderheiten in der Sprachwahrnehmung führt.

Lokale Störungen in kortikalen Bereichen führen zu unterschiedlichen Störungsmustern der Sprachverarbeitung.

Weitere **sprachbezogene Besonderheiten** ergeben sich aus neurophysiologischen Ergebnissen zu Störungsmustern in der Sprachverarbeitung und aus Untersuchungen mit neurowissenschaftlichen Methoden. Solche Besonderheiten stellen die **Lokalisationen kortikale Areale** für die Verarbeitung von Sprache dar. Am Ende des 19. Jahr-

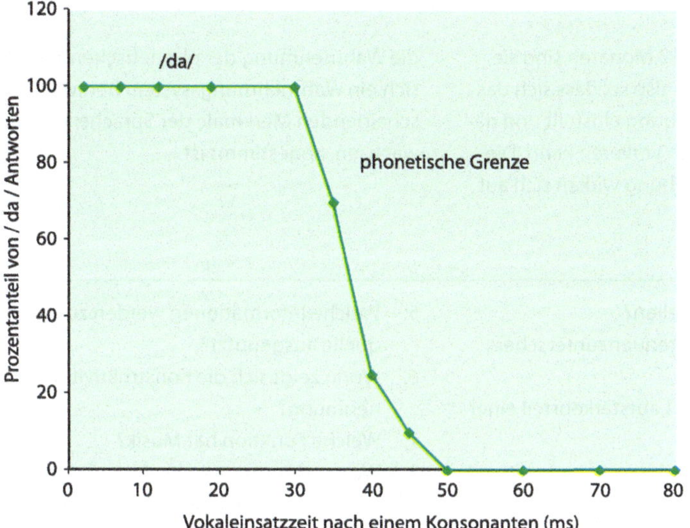

Abb. 10.7 Kategoriale Wahrnehmung: Bei Vokaleinsatzzeiten links von der Grenze wird /da/ gehört, bei Vokaleinsatzzeiten rechts von der Grenze dagegen /ta/

hunderts entdeckte Wernicke, dass eine Läsion in einem kleinen Bereich der linken Hemisphäre (nach dem Entdecker benannt als **Wernicke-Zentrum**) zu Schwierigkeiten im Sprachverstehen führt, der sog. Wernicke-Aphasie. Solche Patienten fallen nicht durch Störungen in der akustischen Wahrnehmung auf, sondern nur durch Schwierigkeiten bei der Wahrnehmung von Sprache. Es könnte sein, dass dieses Areal für die Verknüpfung der auditiven neuronalen Repräsentationen mit den Bedeutungen verantwortlich ist.

Erlernen der Sprache

Wenn Sprachwahrnehmung eine Art Expertise ist, dann kann der Erwerbsprozess interessante Einblicke geben. Es ist heute bekannt, dass schon in der pränatalen Phase die Grundlagen für die Sprachwahrnehmung gelegt werden. Kinder zeigen schon wenige Tage nach der Geburt eine **Präferenz für die Sprache der Mutter** (Hernandez, Aldridge & Bower, 2001). Charakteristisch für die Sprachwahrnehmung ist die Tatsache, dass der zugrunde liegende Reiz durch eine Vielzahl von Merkmalen beschrieben werden kann. Daraus ergibt sich fast zwangsläufig, dass unterscheidende Merkmale in einer Sprache irrelevant für die Trennung von Sprachlauten einer anderen Sprache sind. Die Trennung der Laute /l/ und /r/ in der englischen Sprache ist für die japanische Sprache z. B. irrelevant. Japaner haben daher nach einer langen Phase des Erwerbs ihrer Muttersprache Schwierigkeiten, die beiden Laute zu trennen. Interessanterweise hat sich in Untersuchungen gezeigt, dass Kinder, schon lange bevor sie selbst sprechen, die **irrelevanten Lautunterscheidungen verlernen** (▶ Studie). Die Unterscheidung der relevanten Lautunterscheidungen verbessert sich dagegen weiter.

Die Phonemdiskrimination ist ein Beispiel für einen entwicklungsbedingten Verlernprozess. Phonemunterscheidungen, die in der eigenen Sprache nicht gebraucht werden, unterliegen einem Verlernen.

Studie

Verlernen der Phonemdiskrimination

Ein Beispiel für diesen Prozess ist eine Untersuchung von Kuhl, Stevens, Hayashi, Kiritani, Deguchi und Iverson (2006) mit amerikanischen und japanischen Kindern. Sie testeten die Wahrnehmung eines phonetischen Kontrasts im amerikanischen Englisch, den Kontrast zwischen /ra/ und /la/. Im Japanischen ist dieser Kontrast nicht relevant. In der Untersuchung zeigte sich, dass Kinder in einer englischen Sprachumgebung die Konsonanten schon mit 6–8 Monaten unterscheiden können. Im Alter von 10–11 Monaten haben sie sich in dieser Diskriminationsleistung noch weiter verbessert. Die Diskriminationsleistung der japanischen Kinder ist im Alter von 6–8 Monaten noch vergleichbar zu der von ameri-

▼

kanischen Kindern. Im Alter von 11–12 Monaten sind sie dagegen schlechter geworden. Es ist also so, dass sich das auditive System auf die Sprachumgebung einstellt und dabei Unterscheidungsfähigkeiten auch verlieren kann. Die Anforderungen aus der Sprachumgebung wirken sich auf die Wahrnehmung der phonetischen Kontraste aus. Es bildet sich ein Wahrnehmungssystem heraus, das auf die unterscheidenden Merkmale der Sprache, in der die Kinder aufwachsen, abgestimmt ist.

? Kontrollfragen

1. Wie lässt sich ein Geräusch darstellen?
2. Was besagt die Ortstheorie der Frequenzunterscheidung?
3. Welche Faktoren bestimmen das Lautstärkeurteil einer Person?
4. Was versteht man unter einer Maskierung im auditiven Bereich?
5. Welche Informationen werden zu Ortung einer Schallquelle ausgenutzt?
6. Worin zeigt sich die Konstruktivität der auditiven Wahrnehmung?
7. Welche Funktion hat Musik?
8. Was sind Formanten in einem Spektrogramm?
9. Was versteht man unter kategorialer Wahrnehmung?

► Weiterführende Literatur

Guski, R. (1996). *Wahrnehmen-ein Lehrbuch*. Stuttgart: Kohlhammer.

Hellbrück, J. (1993). *Hören. Physiologie, Psychologie und Pathologie*. Göttingen: Hogrefe.

Dowling, W.J. (2001). Perception of music. In E.B. Goldstein (Ed), *Blackwell handbook of perception*. Malden, MA: Blackwell.

Wolfe, J.M., Kluender, K.R., Levi, D.M., Bartoshuk, L.M., Herz, R.S., Klatzky, R.L. & Lederman, S. J. (2006). *Sensation & perception*. Sunderland: Sinauer.

10

11 Hautsinne und Schmerz

Lernziele

- Welche Funktion haben die Hautsinne?
- Wie unterscheiden sich die verschiedenen Rezeptoren der Haut?
- Was wird unter dem sensorischen Homunkulus verstanden?
- Welche Faktoren beeinflussen die Schmerzwahrnehmung?
- Wie beeinflussen Nichtgebrauch von Körperteilen und Übung die Kartierung der Körperregionen im Gehirn?
- Welche Funktion hat die Aktivität des Wahrnehmenden für die haptische Wahrnehmung?

Beispiel

Beim Ergreifen eines Gegenstandes melden spezielle Rezeptoren in Gelenken und Muskeln die Stellung von Armen, Beinen und Körper an das Gehirn. Die Tastrezeptoren der Haut vermitteln die Wahrnehmung der aufgewendeten Kraft und die Wirkungen des Gewichts des zu greifenden Gegenstandes. Schließlich muss auch der Druck der Füße zur Erhaltung des Gleichgewichts kontrolliert werden. All dies gelang Ian Waterman nicht mehr. Er hatte durch eine virale Infektion seine gesamte Körperwahrnehmung verloren. In einem aufwendigen Training gelang es ihm, über den intakten visuellen Sinn seine Körperbewegungen wieder zu kontrollieren. Allerdings musste er für diese Kontrolle die einzelnen Gliedmaßen ständig im Blick behalten. Er kompensierte den Verlust der Körperwahrnehmung durch die intakte visuelle Wahrnehmung. Der Sehsinn übernahm die Rolle eines ausgefallenen Sinns (Cole, 1995).

11.1 Hautsinne

Die Hautsinne übermitteln eine Vielfalt von Informationen. Besonders bedeutsam sind das Berühren und der Schmerz.

Die Haut ist mit 1,8 m^3 und einem Gewicht von etwa 4 kg das **größte Organ des Menschen**. In ihr ist eine Reihe von Rezeptoren enthalten, die verschiedene Funktionen erfüllen. Die **wichtigsten Aufgaben** sind:

- Hautsinne vermitteln verschiedene **Informationen über unsere Außenwelt**, wie Temperatur, Materialoberflächen und Gewicht.
- Hautsinne haben eine **protektive Funktion**. Schmerz- und Temperaturwahrnehmung stehen in diesem Dienst.
- Ohne die Hautsinne könnten wir viele **Bewegungssteuerungen** nicht realisieren. Ein Präzisionsgriff kommt ohne Hautsinne nicht aus.

▶ **Definition Hautsinn**

Definition

Über den **Hautsinn** werden die Erregungen der Rezeptoren in der Haut vermittelt: Berührung, Schmerz und Temperatur.

Die Berührungswahrnehmung ist die Grundlage für die Funktion des Körperkontakts in der sozial-emotionalen Entwicklung.

Ganz wichtig ist die **Berührungswahrnehmung** im Dienste unserer sozial-emotionalen und Sexualentwicklung. Soziale Berührungen werden emotional positiv erlebt und spielen daher besonders in der frühen Entwicklung bei der Herstellung eines sozialen Zusammenhalts eine wichtige Rolle (Harlow, 1958).

Es werden Tastsinn, Temperatursinn und Schmerzsinn unterschieden.

Unterschieden werden

- der **Tastsinn** (Mechanorezeption; Berührung, Druck, Vibration);
- der **Temperatursinn** (Wärme, Kälte) sowie
- der **Schmerzsinn** (Schmerz, Jucken).

Daneben gibt es

- die gesamte **Haptik** als aktives Berühren und Abtasten und
- die **Propriozeption** als Wahrnehmungsleistung für die Bewegung und Stellung der Gliedmaßen.

Haptik und Proprionzeption sind in unser Handeln eingebettet.

Die Besonderheit ist, dass diese Wahrnehmungsleistungen in unser Handeln eingebettet sind.

11.2 Sinnesphysiologie

Die **verschiedenen Rezeptoren** der Haut werden differenziert nach dem Typ der Stimulation, auf den sie ansprechen, nach der Größe des rezeptiven Feldes und der Adaptationsgeschwindigkeit.

Die Rezeptoren, die die Grundlage der verschiedenen Sinnesleistungen bilden, befinden sich in der Haut **über den gesamten Körper verteilt**, aber auch im Mund und innerhalb der Muskeln und Gelenke. Die **Sinnesrezeptoren** können eingeteilt werden nach

1. dem Typ der Stimulation,
2. der Größe des rezeptiven Feldes und
3. der Geschwindigkeit der Adaptation.

Zu unterscheiden sind Rezeptoren, die nur auf das Ändern der Stimulation reagieren, von Rezeptoren, die während der Dauer einer Stimulation aktiv sind.

Schnell adaptierende Rezeptoren reagieren auf den Anfang der Stimulation mit einer Serie von Impulsen und auf die Beendigung der Stimulation ebenso. Dazwischen zeigen sie keine Aktivität. **Langsam adaptierende Rezeptoren** bleiben dagegen während der gesamten Stimulation aktiv.

Es sind **vier Typen von Mechanorezeptoren** bekannt, die auf Vibration und Druck reagieren: Meißner-Tastkörperchen, Merkel-Zellen, Pacini-Körperchen und Ruffini-Körperchen (Tab. 11.1).

An einer erfolgreichen **Greifbewegung** sind beispielsweise die **verschiedenen Rezeptoren beteiligt**.

Ähnlich wie die Rezeptoren der Retina arbeiten diese Rezeptoren der Haut immer zusammen. Ein Beispiel mag dies veranschaulichen: das Öffnen einer Tür mit einem Schlüssel. Diese Handlung kann wie folgt zerlegt werden:

1. Das Ertasten der Schlüsselform in der Tasche erfordert die Merkel-Zellen;
2. das Erfassen des Schlüssels erfolgt mit Beteiligung der Ruffini-Körperchen;
3. beim Aufschließen verändert sich die Griffstärke mithilfe der Meißner-Tastkörperchen und
4. die Ruffini-Körperchen zeigen an, wenn der Schlüssel das Ende des Schlüssellochs erreicht hat.

Tab. 11.1 Übersicht über die verschiedenen Mechanorezeptoren

Typ	Adaptation	Rezeptives Feld	Adäquater Reiz	Frequenz	Merkmal
Meißner	Schnell	Klein	Zeitliche Änderung bei Hautdeformation	3–40 Hz	Vibration geringer Frequenz
Pacini	Schnell	Groß	Zeitliche Änderungen bei Hautdeformation	40–500 Hz	Vibration hoher Frequenz
Merkel	Langsam	Klein	Anhaltender Druck	0,4–3 Hz	Muster-und Formerkennung, Textur
Ruffini	Langsam	Groß	Anhaltender Druck	100–500 Hz	Fingerposition, stabiler Griff

Kinästhetische Rezeptoren in den Muskeln und Gelenken zeigen uns an, wo sich unsere Extremitäten befinden. Zugleich wird die Spannung der Muskeln signalisiert. Die Bedeutung all dieser Rezeptoren wird am obigen Beispiel des Patienten Ian Waterman mit einer Schädigung dieses Sinnessystems infolge einer Erkrankung deutlich.

Kinästhetische Rezeptoren vermitteln Informationen aus den Extremitäten.

Die **Wärmerezeptoren** informieren uns über Temperaturveränderungen. Die Wärmerezeptoren zeigen Erhöhungen der Temperatur an, die **Kälterezeptoren** eine Verringerung bezogen auf die normale Hauttemperatur von 30–36 Grad. In Abhängigkeit von der Leitfähigkeit eines Materials stellt sich z. B. bei der Berührung eines kalten Material ein unterschiedliches Gefühl ein: Ein Material mit hoher Leitfähigkeit wird schnell die Temperatur der Haut annehmen, also entsteht nur eine kurzzeitige Aktivierung der Kälterezeptoren, ein schlecht leitendes Material wird längere Zeit kälter sein als die Haut. Infolgedessen haben wir ein lang anhaltendes Kältegefühl bei Berührung.

Wärmerezeptoren informieren über den Wärmeeindruck auf der Haut. Bei der Berührung von Flächen hängt der Wärmeeindruck stark von der Wärmeleitfähigkeit des Materials ab.

Die **Weiterleitung des Signals** erfolgt über das Rückenmark. Die Signale werden über Schaltstationen im somatosensorischen Kortex des Gehirns somatotopisch repräsentiert, d. h., benachbarte Areale auf der Haut sind auch in benachbarten Gehirnarealen repräsentiert. Daher sprechen wir auch im Gehirn von einem **sensorischen Homunkulus** in jeder Hemisphäre. Die rechte Körperseite ist infolge der Umschaltungen bei der Signalweiterleitung in der linken Hemisphäre repräsentiert, die linke Körperseite in der rechten Hemisphäre.

Die Repräsentation der Signale erfolgt somatotopisch. Es wird von einem **sensorischen Homunkulus** im Gehirn gesprochen, in dem die einzelnen Körperteile wie Hand, Arm oder Kopf repräsentiert sind.

Die grundlegenden **Untersuchungen** dazu machten Penfield und Rasmussen (1950) **an epileptischen Patienten**, die sie über eine Elektrode in unterschiedlichen Gehirnarealen reizten. Diese Reizungen wurden von den Patienten als Empfindungen in Armen, Beinen, Gesicht etc. beschreiben. Die Größe der Areale entspricht der Dichte der Rezeptoren in den entsprechenden Körperarealen (Abb. 11.1).

Die **Verarbeitung der Signale** erfolgt ähnlich wie im visuellen System **in einer Wo- und einer Was-Bahn**. Sowohl Patientenstudien als auch fMRT-Untersuchungen haben gezeigt, dass Lokalisierungsaufgaben andere neuronale Areale ansprechen als Objektidentifikationsaufgaben.

Die Verarbeitung der Signale erfolgt im Gehirn entlang einer Wo- und einer Was-Bahn.

11.3 Wahrnehmung von taktilen Reizen

Die Sensitivität für taktile Reize hängt von der Körperregion ab. In Abb. 11.1 entspricht einer größeren Sensitivität ein größeres Areal im somatosensorischen Kortex. Die Sensitivität ist auch bei Männern und Frauen verschieden.

Die Empfindlichkeit für taktile Reize ist von der Körperregion abhängig.

Die Messung der Empfindlichkeit für die **räumliche Unterscheidung von taktilen Reizen** (Berührungsreizen) stand am Anfang der Entwicklung der Psychophysik. Gemessen wurde die **Zweipunktschwelle**, die angibt, bei welchem Abstand zwei Berührungsreize als zwei einzelne Reize wahrgenommen werden. Diese Empfindlich-

Die **Zweipunktschwelle** ist der kleinste Abstand von zwei Hautpunkten, die gerade noch als zwei einzelne Punkte wahrgenommen werden können.

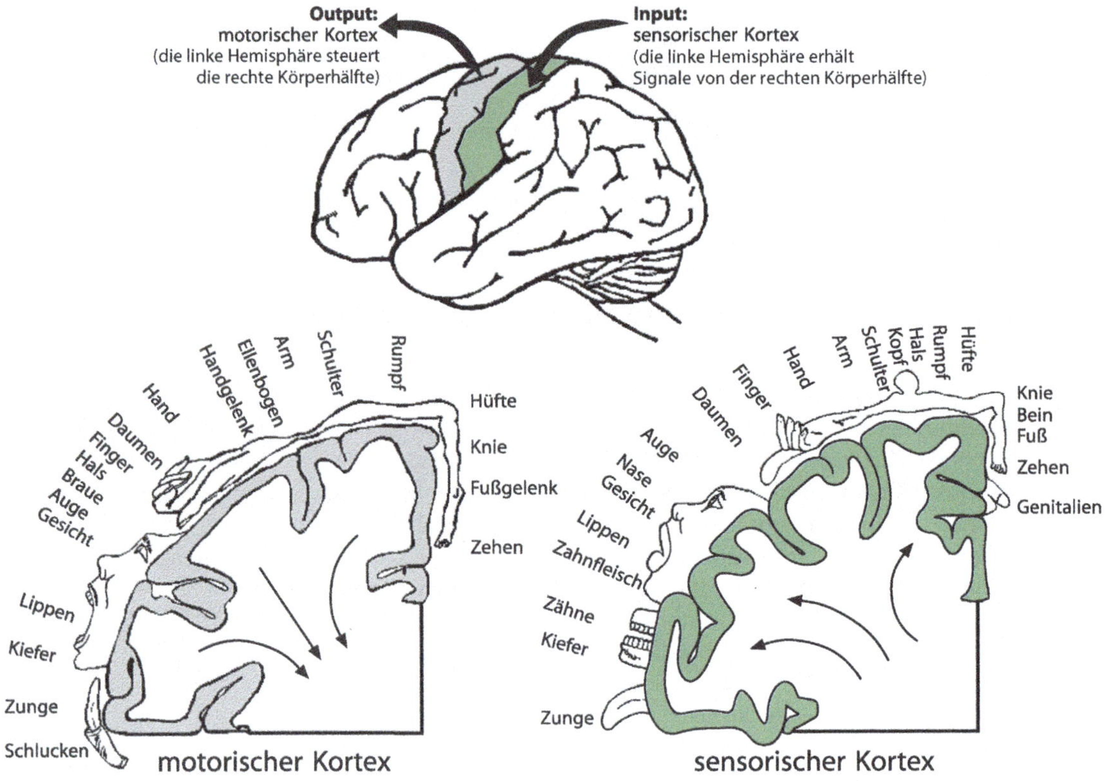

Abb. 11.1 Sensorischer Homunkulus auf dem somatosensorischen Kortex (rechts) und motorischer Homunkulus (links). Die Größe der Areale im sensorischen Homunkulus zeigt jeweils an, wie ausgeprägt das taktile Unterscheidungsvermögen in den dargestellten Körperbereichen ist

keitsschwelle ist sowohl von der jeweiligen Körperregion als auch vom Geschlecht (Abb. 11.2) abhängig: So können wir an den Fingerkuppen eine Reizung von zwei Druckreizen mit einer Entfernung von 1 mm als getrennte Reize wahrnehmen, am Rücken dagegen erst bei etwa 35 mm.

Der taktile Sinn ist auch für Vibrationen sensibel.

Eine andere Leistung ist die **Erkennung der Vibrationen** auf der Haut. So wurde die zeitliche Empfindlichkeit am Finger für Vibrationsreize mit unterschiedlicher Kontaktfläche ausgemessen (Weisenberger, 2001). Danach können Vibrationen bis zu einer Frequenz von 700 Hz, d. h. mit einem Zyklus von 1,4 ms, registriert werden. Die Sensitivität für Vibrationsreize steigt mit der Größe der Kontaktfläche. Das Sehen hat eine obere Empfindlichkeitsgrenze bei nur 50 Hz, das Hören dagegen bei 20.000 Hz. Bei etwa 250 Hz ist die Empfindlichkeit am größten.

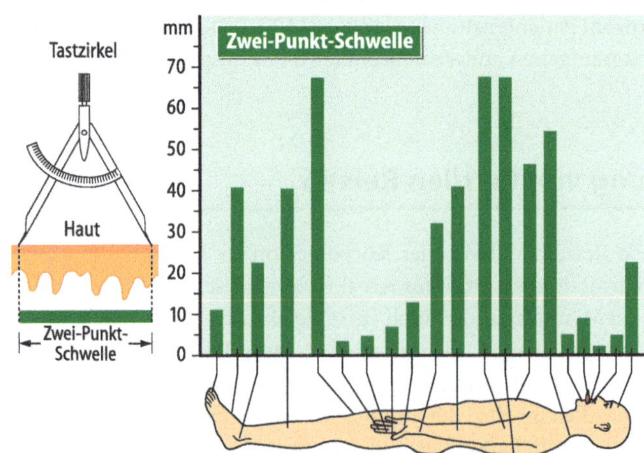

Abb. 11.2 Die taktile Zweipunktschwelle bei Männern. (Aus Birbaumer & Schmidt, 2006)

11.4 Schmerzwahrnehmung

Der Schmerz ist eine schwierig zu untersuchende Wahrnehmung, weil die Verbalisierung nur schwer gelingt und auch die Angaben zur Intensität unzuverlässig sind.

Definition
Schmerz wird definiert als unangenehme sensorische oder emotionale Erfahrung, die mit einer aktuellen oder potenziellen Gewebeschädigung verbunden ist.

▶ Definition Schmerz

Der subjektive Charakter kann noch verstärkt werden, da Schmerz sehr stark von den speziellen auslösenden Bedingungen, den Erfahrungen der Person mit Schmerz und dem aktuellen mentalen Zustand abhängt.

Der **Schmerzeindruck** wird durch eine Vielfalt von Faktoren beeinflusst.

Schmerz hat eine **adaptive Funktion**. Schmerz ist ein Warnsignal für den Körper. Chronischer Schmerz führt dazu, dass das betroffene Organ nicht benutzt wird.

Schmerz hat eine **adaptive Funktion** als Warnsignal.

In empirischen Untersuchungen wird Schmerz durch verschiedene Reize ausgelöst. Dazu gehören die Erzeugung von extremer Hitze oder Kälte auf einer begrenzten Hautfläche, das Auftragen von bestimmten Stoffen wie Capsaicin (Chilischote), die Ausübung eines bestimmten Druckreizes oder elektrische Stromreize. Jede **Stimulation führt zu neuronaler Aktivität** in bestimmten Rezeptoren, den Nozirezeptoren, die unter den freien Nervenendigungen in der Haut liegen. Diese neuronale Aktivität gelangt in den Thalamus, den somatosensorischen Kortex und in den Frontalkortex sowie in Bereiche des limbischen Systems.

Schmerz umfasst sensorische, kognitive und emotionale Komponenten, wie die beteiligten Hirnareale zeigen.

Besonders hervorzuheben ist, dass Schmerz auch sehr stark **kognitiven Einflüssen** unterliegt. Schmerz führt oft zu einer **Fokussierung der Aufmerksamkeit** auf den entsprechenden Teil des Körpers. Bedingungen, die diese Fokussierung verändern, haben daher auch Konsequenzen für die Schmerzwahrnehmung. Zu solchen Bedingungen zählen:

Praktisch bedeutsam ist, dass u. a. der Schmerzeindruck auch durch kognitive Faktoren wie **Verschiebung des Aufmerksamkeitsfokus** beeinflusst werden kann.

- **Erwartungen**: Durch spezifische Erwartungen lassen sich beispielsweise die mittlerweile gut belegten Placeboeffekte erklären. In einer Studie (Zubieta et al., 2005) wurde Personen ein Placebo verabreicht, das angeblich die Schmerzen senken sollte. Damit wurde eine Erwartung über die schmerzverringernde Wirkung eines Medikaments aufgebaut. Mit neurowissenschaftlichen Methoden konnte gezeigt werden, dass diese Erwartungen die physiologischen und emotionalen Reaktionen der Person bei der Wahrnehmung eines Schmerzreizes änderten.
- **Aufmerksamkeitsverschiebung**: Durch ablenkende Aufgaben lässt sich die wahrgenommene Schmerzintensität verringern.
- **Emotionale Ablenkung**: Ablenkung funktioniert noch besser, wenn die Ablenkung aus einer emotionalen Aufgabe besteht, z. B. positiv bewertete Bilder anschauen oder positiv bewertete Musik hören.
- **Interindividuelle Unterschiede**: Diese Unterschiede können einmal aufgrund unterschiedlicher Erfahrungen im Umgang mit Schmerzen oder durch physiologische Unterschiede bedingt sein. Berichte von Personen bei gleichem Schmerzreiz unterscheiden sich.

Die Schmerzwahrnehmung kann neben den Aufmerksamkeitsverschiebungen durch Erwartungen und emotionale Ablenkungen beeinflusst werden.

11.5 Funktionale Reorganisation infolge Übung und Nichtgebrauch

Am somatosenorischen Kortex sind überzeugende Belege für die strukturelle und funktionale Reorganisation des Gehirns durch Lernen und Übung erbracht worden. Dieser Teil des Kortex wird je nach Ausmaß der Stimulation (Übung oder Nichtgebrauch) verändert, d. h. bestimmte **Gehirnareale können neue Funktionen** übernehmen.

Die strukturelle und funktionale Reorganisation durch Übung und Nichtgebrauch wurde am somatosensorischen Kortex nachgewiesen.

Abb. 11.3 Reorganisation durch Übung. Die *durchnummerierten Bereiche* entsprechen den Arealen für die fünf Finger im somatosensorischen Kortex. *Grün* ist der Bereich markiert, der zur stimulierten Fingerkuppe gehört. Nach der Stimulation hat sich das Areal für die Fingerkuppe vergrößert

vor der Stimulation der Fingerkuppe des Zeigefingers

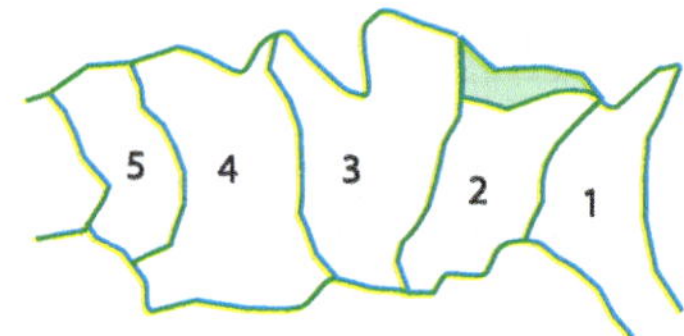

nach der Stimulation der Fingerkuppe des Zeigefingers

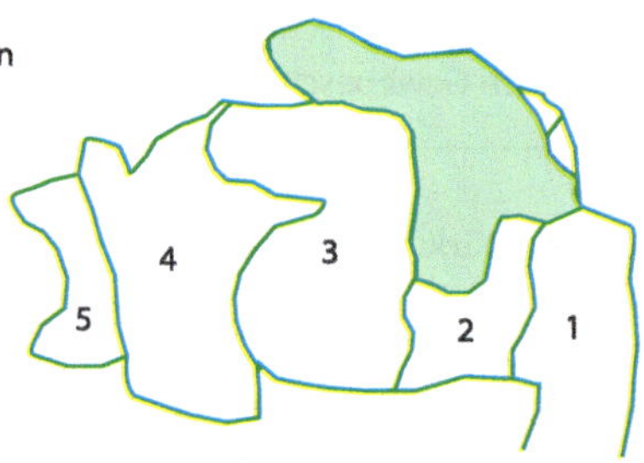

Die Repräsentation eines Körperbereichs im somatosensorischen Kortex entspricht der Empfindlichkeit in diesem Körperbereich.

Es ist bekannt, dass im Kortex diejenigen Bereiche des Körpers am umfangreichsten repräsentiert sind, welche die größte Empfindlichkeit haben. Werden beispielsweise Affen systematisch belohnt, wenn sie erfolgreich eine Aufgabe lösen, die besonders die Fingerkuppe ihres Zeigefingers beansprucht, dann vergrößert sich das für diese Fingerkuppe zuständige Gehirnareal. In Abb. 11.3 sind die Areale für die Finger vor und nach der Übung dargestellt.

Berufsbedingte indirekte Übung führt ebenso zu plastischen Veränderungen in den Arealen des somatosensorischen Kortex.

So haben Aufzeichnungen der Gehirnaktivität mit bildgebenden Verfahren gezeigt, dass Streicher im Orchester infolge der **massiven Übung der Finger** der linken Hand **vergrößerte Areale** für die linke Hand haben. Solche plastischen Veränderungen können also Unterschiede zwischen Personen erklären. Andererseits kann auf dieser Grundlage gezielt ein Trainingsprogramm aufgebaut werden, um unerwünschte Veränderungen rückgängig zu machen (▶ Exkurs »Phantomschmerz«).

Neuronale Areale können **andere Funktionen übernehmen**, wenn sie wegen Ausfalls eines Sinnessystems nicht mehr gebraucht werden.

Fehlt einer Person eine Rezeptorklasse, fällt also ein Wahrnehmungssinn aus, dann können diese neuronale Areale von anderen Sinnessystemen übernommen werden. Braille ließ sich bei seiner Konstruktion der nach ihm benannten **Braille-Blindenschrift** davon leiten, dass die taktile Wahrnehmung von Blinden infolge eines solchen Mechanismus besser ist. Bei Brailleschriftleser konnte tatsächlich gezeigt werden, dass der nicht mehr gebrauchte visuelle Kortex beim Lesen dieser Schrift aktiv ist, der taktile Sinn also die Neuronen des visuellen Kortex mit übernimmt.

Gezielte Stimulation eines Körperabschnitts bewirkt eine **kortikale Reorganisation**.

Es konnte auch nachgewiesen werden, dass es **nach Fingeramputationen zu einer kortikalen Reorganisation** kommt: Nervenimpulse aus benachbarten Gebieten wandern in das Areal ein, das zuvor vom amputierten Finger besetzt wurde. Auch Stimulationen bewirken kortikale Umorganisationen. Mit dieser Reorganisation könnte auch der quälende **Phantomschmerz** nach Amputationen oder der chronische Rückenschmerz zusammenhängen (▶ Exkurs). Flor (2000) konnte zeigen, dass bei Personen mit größerem chronischem Rückenschmerz auch das Ausmaß der kortikalen Reorganisation umfangreicher war, d. h., das Areal für sensorische Signale vom Rücken war vergrößert.

Exkurs

Phantomschmerz

Manche Personen, denen ein Körperglied amputiert wurde, nehmen dieses Körperglied weiterhin wahr. Oftmals werden in einem solchen »Phantomglied« auch Schmerzen verspürt. Diese Phantomglieder sind kortikaler Natur. Eine Frau, die fast ohne Gliedmaßen geboren wurde, berichtete, dass sie Phantomglieder wahrnimmt. In verschiedenen Untersuchungen hat sich gezeigt, dass hinter dem Phantomschmerz eine Reorganisation des Gehirns steht. Da heu-

▼

te Verfahren zur Verfügung stehen, eine solche Reorganisation zu messen, konnte beispielsweise gezeigt werden, dass das Ausmaß der Reorganisation mit dem Phantomschmerz in Verbindung steht (Flor, 2002). Ein therapeutischer Ansatz geht davon aus, über Lernprozesse diese Reorganisation zu korrigieren (Flor, Denke & Grüsser, 2001).

In einer Therapiestudie wurde versucht, mithilfe eines zielgerichteten Wahrnehmungstrainings die kortikale Reorganisation zu beeinflussen. Wenn die Phantomschmerzen etwas mit der Reorganisation zu tun haben, dann sollten auf diesem Weg auch die Phantomschmerzen der Patienten verringert werden. Im Wahrnehmungstraining wurde beispielsweise der Armstumpf mit hoher, jedoch nicht schmerzhafter Intensität elektrisch gereizt. Die Patienten wurden auf die Erkennung der zeitlichen Folge und des Ortes der Reize orientiert. Das Training von täglich 90 Minuten erstreckte sich über 2 Wochen. Die Teilnehmer erhielten eine Rückmeldung über ihre Fähigkeit, die Reize voneinander zu unterscheiden. Bei den derart behandelten Patienten zeigte sich im Vergleich mit einer herkömmlich behandelten Kontrollgruppe eine deutlich verbesserte Unterscheidungsfähigkeit der am Armstumpf gesetzten Reize. Der Phantomschmerz reduzierte sich um mehr als 60%, die kortikale Reorganisation verringerte sich in den relevanten Gehirnarealen.

11.6 Haptische Wahrnehmung

Definition

Unter **Haptik** versteht man die Wahrnehmung von Form und Oberfläche von Objekten.

▶ **Definition Haptik**

Die Haptik umfasst die Verarbeitung von Eingängen aus den verschiedenen Rezeptoren. Dabei handelt es sich um eine **aktive Form der Wahrnehmung**. Mit einem Objekt passiv in Berührung zu kommen, ermöglicht in der Regel nicht die Wahrnehmung seiner Form. Das aktive Berühren (eines Objektes, bei dem ein Beobachter ein Objekt aktiv mit den Händen untersucht, ermöglicht dagegen eine differenzierter Aussage über die Form und Beschaffenheit eines Objektes. Die haptische Wahrnehmung bildet die Grundlage der Braille-Blindenschrift. Hier wird auch die Bedeutung aktiver Handlungen für die Wahrnehmung deutlich.

Die Haptik setzt eine **Integration der Signale verschiedener Sinnessystem** voraus. Charakteristisch ist, dass die eigene Aktivität beim Berühren und Abtasten Informationen für die Objekterkennung bereitstellt.

Mit dem **aktiven Abtasten** lassen sich die Form und die Oberflächenbeschaffenheit von Objekten erkennen. Dabei sind **mehrere Systeme** beteiligt:

1. Die **sensorischen Systeme** vermitteln über die Haut Information wie Textur der Oberfläche, Temperatur der Oberfläche oder die Stellung der Finger und der Hand.
2. Die Steuerung der Hände erfolgt auf dieser Grundlage durch die **Motorik**.
3. Schließlich muss die Erkennung der Form und Lage eines Objektes durch **kognitive Prozesse** geleistet werden.

An der haptischen Wahrnehmung sind sensorische Systeme, kognitive Erkennungsprozesse und motorische Steuerung beteiligt.

Dieser komplexe Vorgang, der uns so nicht bewusst ist, schafft es in wenigen Sekunden dreidimensionale Objekte zu erkennen. Aus verschiedenen Untersuchungen sind typische Abtastbewegungen der Hand etwa für die Konturwahrnehmung oder die Texturermittlung bekannt. Solche Ergebnisse sind wichtig für die Entwicklung von haptischen Displays.

Die haptische Wahrnehmung leistet einen Beitrag zur Erkennung dreidimensionaler Objekte.

Für die Praxis

Haptische Displays

Ein haptisches Display ist eine Vorrichtung, die dem menschlichen Tastsinn – der Haptik – Reize darbietet. Damit können virtuelle Umgebungen berührt, manipuliert und gespürt werden, ohne sie zu sehen. Man bedenke nur, wie viele Informationen man durch die Berührung mit der Hand oder die Bewegung der Finger beim Schreiben oder das Drehen des Lenkrades beim Automobil erhält. In Computerspielen sind sie selbstverständlich geworden. Insbesondere in komplexen Arbeitsumfeldern, z. B. der Medizintechnik, hat der Tastsinn darüber hinaus wichtige Funk-

▼

tionen zur Diagnostik und zur Handhabung weicher Objekte. Den Vibrationsalarm sind wir schließlich schon vom Handy gewöhnt. Zur Information des Fahrers könnte man »haptische Displays« entwickeln, die mit den Fingerkuppen »gelesen« werden. Auf Gefahren könnten winzige Hitzeschocks an der Lenkradoberfläche aufmerksam machen. Andersherum wären Sensoren in diesem Bereich in der Lage, Herz und Kreislauf bei älteren Fahrern zu überwachen. Einnickende Fahrzeuglenker würde das Auto mit einem Schlag auf den Rücken wecken. Für eine aktive Sitzlehne kein Problem: Massieren kann sie schließlich schon seit einiger Zeit.

Greifbewegungen sind auf intakte Rückmeldungen von den Hautrezeptoren angewiesen.

Umgekehrt steht die haptische Wahrnehmung auch im Dienste von Handlungen, etwa beim Greifen und bei der Aufrechterhaltung unserer Körperhaltung. So macht eine Ausschaltung der Signalweiterleitung der Rezeptoren in der Hand Greifbewegungen nahezu unmöglich, weil die Rückkopplung von den Rezeptoren zur Einstellung der Griffe fehlt.

Explorative Bewegungen von Hand und Fingern sind die Grundlage für die Wahrnehmung unterschiedlicher Objekteigenschaften.

Lederman & Klatzky (1987) untersuchten die **explorativen Handlungen** im Dienste der Objekterkennung, d. h., sie beschäftigten sich mit dem Zusammenhang zwischen verschiedenen explorativen Bewegungen und der Wahrnehmung von bestimmten Objekteigenschaften. So ist für die Bestimmung der Oberfläche eine seitliche Bewegung des Fingers sehr informativ, das Umfassen eines Objektes gibt uns Forminformation und das statische Berühren liefert Temperaturinformation.

Verschiedene Sinnessysteme sind für die Wahrnehmung unterschiedlicher Objektinformationen unterschiedlich gut geeignet.

Diese explorativen Bewegungen erlauben es, Objekte in kurzer Zeit über die ermittelten Eigenschaften zu identifizieren. Untersuchungen ergaben, dass die Erkennungszeit für Objekte bei etwa 2 s lag. Obwohl die Erkennung gelingt, werden bei der **visuellen und der taktile Objekterkennung jeweils unterschiedliche Merkmale** in den Vordergrund gerückt: Im taktilen Bereich werden besonders gut Materialeigenschaften wie die Oberflächenstruktur wahrgenommen, im visuellen Bereich geht dies schlechter. Dafür können Formeigenschaften gut wahrgenommen werden (▶ Studie »Gestörte Körperwahrnehmung und Haptik«).

Studie

Gestörte Körperwahrnehmung und Haptik

In einer Untersuchung mit Patientinnen, die an Anorexia nervosa (Magersucht) litten, und einer entsprechenden Kontrollgruppe untersuchte Grunwald et al. (2001) die Haptik. Die Annahme war, dass infolge der gestörten Körperwahrnehmung die Patientinnen auch eine gestörte haptische Wahrnehmung haben sollten. Dazu entwickelten die Autoren eine Tastaufgabe, bei der die Versuchspersonen mit geschlossenen Augen Profile in einer Fläche abtasten und in einer Zeichnung reproduzieren mussten. Die Aufgabe war durch exploratives Abtasten der Profile zu lösen. Im Ergebnis zeigte sich, dass die Patientengruppe eine deutlich verschlechterte Qualität der erfassten Profile und eine geringere Zeitdauer der explorativen Bewegungen hatte. Die Ergebnisse bestätigen also für die Patientengruppe eine gestörte Wahrnehmung von komplexen Tastreizen.

Kontrollfragen

1. Was sind die wichtigsten Rezeptoren in der Haut?
2. Was versteht man unter Zweipunktschwelle?
3. Wodurch wird die Schmerzwahrnehmung bestimmt?
4. Was ist der sensorische Homunkulus und wie verändert er sich erfahrungsabhängig?
5. Was versteht man unter der haptischen Wahrnehmung?

▶ Weiterführende Literatur

Grunwald, M. & Beyer, L. (2004). *Der bewegte Sinn*. Basel: Birkhäuser.

Guski, R. (1996). *Wahrnehmen. Ein Lehrbuch*. Stuttgart: Kohlhammer.

Klatzky, R. L., & Lederman, S. J. (2002). Touch. In A. F. Healy & R. W. Proctor (Eds.), Experimental Psychology (pp. 147–176).Volume 4 in I. B. Weiner (Editor-in-Chief) *Handbook of psychology*. New York: Wiley.

Cole, J. (1995). *Pride and a daily marathon*. Cambridge: MIT Press

Weisenberger, J.M. (2000). Cutaneous perception. In Goldstein, E.B. (Ed), *Blackwell handbook of perception*. Malden, MA: Blackwell.

12 Geschmack und Geruch

Lernziele

- Welche Funktion haben Riechen und Schmecken im Alltag?
- Wodurch wird die Leistungsfähigkeit des Riechens bestimmt?
- Wonach kann ein Geschmack klassifiziert werden?
- Was sind die Besonderheiten der Wahrnehmung von Aromen?
- Wie zeigen sich individuelle Unterschiede in der Aromawahrnehmung?
- Wie erfolgt die Adaptation beim Riechen?
- Warum ist der Zusammenhang zwischen Riechen und emotionaler Bewertung so eng?
- Welche Rolle spielen kognitive Faktoren beim Riechen?

Der Duft ist ein mächtiger Zauberer, der uns über Tausende Meilen hinwegträgt, über all die Jahre, die wir gelebt haben. Der Duft der Früchte trägt mich in meine Heimat im Süden, erinnert mich an mein kindliches Herumtollen zwischen Pfirsichbäumen. Andere Düfte, spontan und flüchtig, öffnen mein Herz vor Freude oder verkrampfen es in schmerzlicher Erinnerung. Allein der Gedanke an Düfte weckt in mir liebe Erinnerungen an längst vergangene Sommertage und reifende Weizenfelder in der Ferne.
(Helen Keller, nach Diane Ackerman, 1991).

12.1 Geschmack

12.1.1 Geschmack versus Aroma

Aus einer evolutionsbiologischen Perspektive ist sofort klar, dass eine der frühesten Wahrnehmungsleistungen von Organismen die Entdeckung von chemischen Stoffen zur Ernährung war. Damit sind zwei Sinnessystem angesprochen, die für die Entdeckung von Molekülen zuständig sind: der Geruchssinn und der Geschmackssinn.

Die chemischen Sinne für Geruch und Geschmack arbeiten bei der Aromawahrnehmung zusammen.

Geschmack und Geruch als die **chemischen Sinne** sprechen auf chemische Stoffe an. Jede Nahrung, die wir zu uns nehmen, löst also Geschmacksempfindungen und Geruchsempfindungen aus. Zusammen mit den taktilen, visuellen und akustischen Wahrnehmungen machen sie das aus, was wir das Aroma nennen.

▶ Definition Aroma

Definition

Die Wahrnehmung des **Aromas** beruht wesentlich auf einer Interaktion von Geruchs- und Geschmackswahrnehmung.

Aromawahrnehmung ist das Ergebnis der Zusammenarbeit der Sinne.

Die **Aromawahrnehmung** (▶ Abschn. 12.2) ist also eine typische Leistung der Zusammenarbeit verschiedener Sinne. Zunächst soll jedoch der Geschmackssinn isoliert betrachtet werden.

Die **Geschmacksrezeptoren** befinden sich in den Papillen auf der Zunge.

Um **Geschmack** wahrnehmen zu können, wird die Nahrung zunächst im Mund zerkleinert, die Moleküle lösen sich im Speichel und gelangen so in die Geschmackspapillen, die auf der Zunge sitzen. In diesen Geschmackspapillen liegen die **Geschmacksknospen** (etwa 5.000) mit den Sinneszellen.

Die zentrale Verarbeitung erfolgt in **multimodalen Neuronen** des orbitofrontalen Kortex.

Über drei Nerven gelangen die Signale von den Sinneszellen über den Thalamus in den Kortex. In einem Teil, dem orbitofrontalen Kortex, befinden sich **multimodale Neurone**, die Signale verschiedener Modalitäten verarbeiten.

Am Geschmackssinn ist gezeigt worden, dass die **neuronale Aktivität** mit der Konzentration eines Geschmacksstoffes in einer Lösung steigt. Die **Qualität** einer Geschmackswahrnehmung ist durch ein **Muster an Aktivierungen** in verschiedenen Nervenfasern codiert.

Die **Intensität** ist durch **erhöhte neuronale Aktivität** codiert. Es ist für Salzlösungen gezeigt worden, dass die neuronale Aktivität proportional zum Logarithmus der Konzentration ist. Damit ist aber noch nicht klar, wie eigentlich die Qualität einer Geschmackswahrnehmung codiert ist, da die meisten Rezeptorzellen auf alle Geschmacksqualitäten ansprechen, allerdings mit unterschiedlicher Aktivität. Die verschiedenen Nervenfasern zeigen also unterschiedliche Aktivität auf einen Geschmacksreiz. Daher kann weder die **Qualität** noch die **Intensität** eines Geschmacksreizes durch die Akti-

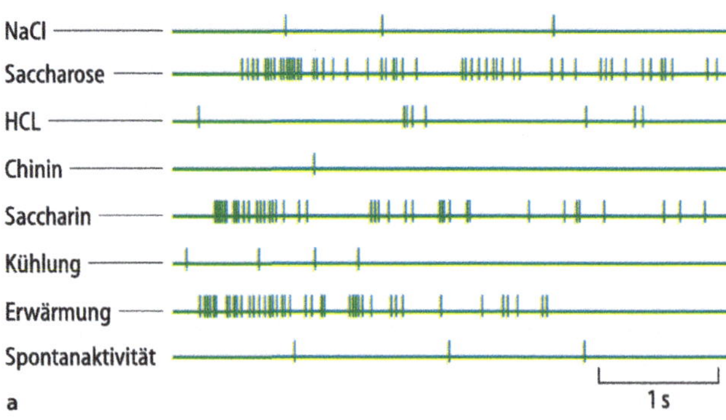

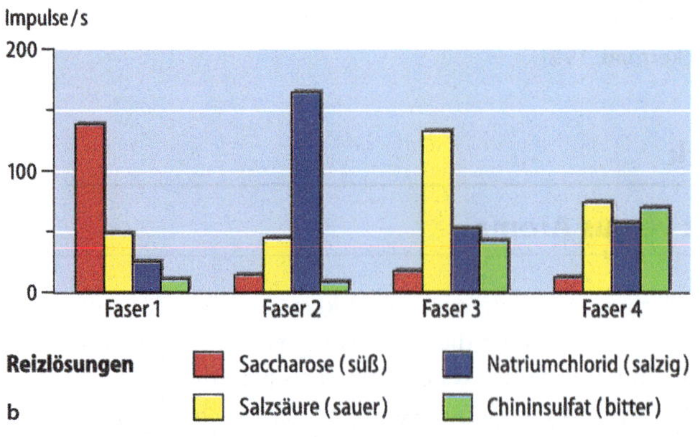

Abb. 12.1 Codierung von Geschmacksqualitäten. **a)** Impulsraten von Nervenfasern einer Ratte bei verschiedenen Geschmacksqualitäten. **b)** Die Impulsraten an vier Fasern einer Ratte für vier Reizlösungen belegen, dass jede Reizfaser Aktivität bei jeder Lösung zeigt, dass aber jede Reizfaser auch maximale Aktivität bei unterschiedlichen Lösungen hat. Faser 1 zeigt bevorzugte Aktivität bei Saccharose, könnte also für süß stehen. (Aus Birbaumer & Schmidt, 2006)

vität in einer einzelnen Nervenfaser codiert werden, sondern nur **durch das Muster an Aktivitäten über allen Nervenfasern.** Erickson (1963) konnte solche Muster nachweisen (◘ Abb. 12.1). Die einzelnen Nervenfasern zeigen Aktivität bei allen Stoffen. Diese Aktivität ist aber für die einzelnen Geschmacksstoffe verschieden.

Eine andere Herangehensweise wurde bereits in ▶ Abschn. 3.4 dargestellt: die Annahme von »**labeled lines**«. Dabei wird davon ausgegangen, dass jede Nervenfaser eine bestimmte Qualität vermittelt. In ◘ Abb. 12.1 könnte also die Faser 1 für süß stehen, da die Aktivität bei süß am stärksten ist. Die Faser 2 könnte für die Qualität salzig stehen usw. Nach dieser Auffassung ist die Qualität ein Aktivitätsprofil über einige Nervenfasern, die für bestimmte Grundqualitäten stehen.

Eine andere Herangehensweise geht davon aus, dass die **Aktivität von bestimmten Nervenfasern** bevorzugt **für eine bestimmte Qualität** steht.

12.1.2 Grundqualitäten

Im Allgemeinen werden nach Hennig (1915) **vier Grundqualitäten** unterschieden:
- **salzig**,
- **sauer**,
- **bitter** und
- **süß**.

In der Geschmackswahrnehmung werden **vier Grundqualitäten** unterschieden: salzig, sauer, bitter und süß.

Diesen Qualitäten am nächsten kommen Natriumchlorid, Salzsäure, Chinin und Saccharose. Probanden können ihre Geschmacksempfindungen durch diese vier Qualitäten beschreiben.

Nach neueren Untersuchungen (Chaudhari, Landin und Roper, 2000) gibt es noch eine fünfte Qualität, den Geschmackseindruck **Umami**, benannt nach einem japanischen Wort. Umami geht zurück auf die Entdeckung eines Glutamats in einer Alge, die besonders häufig in Japan zur Geschmacksverstärkung eingesetzt wird. Hervorgerufen wird dieser Geschmack durch Glutamatsäure, die u. a. in Parmesankäse, Tomaten, Pilzen und Erbsen enthalten ist. Insbesondere gehört dazu auch Mononatriumglutamat (MSG), das auch zur Verbesserung der Geschmacksqualität industriell gefertigter Nahrungsmittel eingesetzt wird, besonders in der fernöstlichen Küche. Höhere Dosen von MSG führen zum »Chinarestaurantsyndrom«, einer Glutatmatunverträglichkeit bestimmter Personengruppen, die sich u. a. in Kopf-, Magen- und Gliederschmerzen äußert. Die Bedeutung der Geschmacksqualität Umami liegt darin, dass Glutamat ein Neurotransmitter ist.

Neu ist noch der Geschmackseindruck Umami, charakteristisch für die fernöstliche Küche.

Wie in anderen sensorischen Systemen findet auch beim Geschmack **Adaptation** statt. Ein Wahrnehmungseindruck von salzig wird schwächer, wenn vorher ein salziger Reiz gegeben wurde. Dieser zeitliche Kontexteffekt erreicht seine stärkste Ausprägung nach mehreren Sekunden. Die Beseitigung des konstanten Reizes führt nach Minuten oder sogar Stunden (bei Bittergeschmack) zur alten Empfindlichkeit zurück. Es gibt auch ein Phänomen der **Kreuzadaptation**, d. h., die konstante Reizung in einer Geschmacksqualität kann den Wahrnehmungseindruck in einer anderen Qualität ändern. Nach einer süßen Nachspeise wird ein süßsaures Getränk saurer schmecken.

Das ständige Vorhandensein einer Reizkonzentration mit einer bestimmten Geschmacksqualität führt zu einer Abnahme der Geschmacksintensität. Diese **Adaptation** findet auch beim beim Wechsel der Qualitäten als Kreuzadaptation statt.

Wie intensiv ein Geschmack wahrgenommen wird, hängt von der genetisch bedingten Anzahl der Geschmacksknospen auf der Zunge ab. Personen unterscheiden sich in dieser Anzahl. Unterschiede im Geschmack müssen also nicht auf gelernte Faktoren zurückgehen. Eine neuere Studie aus England mit eineiigen Zwillingen belegt den **genetischen Einfluss** am Beispiel der Geschmackspräferenzen (Teucher et al., 2007).

Die wahrgenommene **Intensität** eines Geschmacks hängt auch von **genetischen Faktoren** ab.

Die **Empfindlichkeit für die einzelnen Geschmacksqualitäten** hängt einerseits entsprechend der Verteilung der Rezeptoren auf der Zunge vom **Ort der Reizung** ab. Andererseits ist die Empfindlichkeit auch von der **Temperatur** abhängig. Mit höherer Temperatur verbessert sich die Wahrnehmung von süß, die von salzig und bitter nimmt

Die **Wahrnehmung von Geschmacksqualitäten** wird zudem vom Ort der Stimulation, von der Temperatur und von der Farbe bestimmt.

dagegen ab. Die Wahrnehmung von sauer bleibt von der Temperatur relativ unbeeinflusst. Auch die **Farbe** hat einen Einfluss auf den Geschmack, so wird die Geschmacksintensität einer grün eingefärbten Milch anders eingeschätzt als die einer weißen Milch. Die Nahrungsmittelindustrie nutzt diese Wahrnehmungsunterschiede bei der Einfärbung von Nahrungsmitteln.

Daneben haben die einzelnen **Wahrnehmungsqualitäten** noch spezifische **Besonderheiten**:

Die Gewöhnung an eine niedrige Salzaufnahme verändert den Wahrnehmungseindruck von **salzig**.

Salzig. Die Fähigkeit zur **Wahrnehmung von salzig ist nicht konstant**. Wenn wir die Aufnahme von Salz in einer Diät verringern, wird eine Nahrung als salziger erlebt als vor einer solchen Diät. Auf diese Art und Weise kann die Aufnahme von Salz dauerhaft verringert werden. Mit der Konzentration ändert sich auch die Wahrnehmungsqualität: Bei geringen Salzkonzentrationen wird eher der Eindruck süß berichtet.

Die Wahrnehmungsschwelle für den Geschmackseindruck **bitter** ist besonders niedrig.

Bitter. Ein typischer Bitterstoff ist Chinin. Die **Schwelle für bitter ist besonders niedrig**, zur Wahrnehmung reichen 0,005g/l im Wasser aus. Dies wird damit in Verbindung gebracht, dass viele bittere Stoffe oft toxische Wirkung haben und wir diese deshalb erkennen müssen. Obwohl damit eine angeborene Empfindlichkeit für bitter nahegelegt wird, ist diese negative Besetzung von bitter nicht allgemeingültig. Positive Bewertungen für bittere Substanzen können auch gelernt werden. Beispiel dafür sind Getränke wie »Tonic Water« und Campari (▶ Exkurs »PTC-Schmecker und -Nichtschmecker«).

Exkurs

PTC-Schmecker und -Nichtschmecker

Der Stoff PTC (Phenythicarbanide) ist bekannt geworden, weil es eine genetische Veranlagung zur Wahrnehmung des damit verbundenen Bittergeschmacks gibt. Man spricht von sog. PTC-Schmeckern und PTC-Nichtschmeckern. Dieser Stoff hat Konsequenzen für die Geschmackwahrnehmung, da er in vielen Nahrungsmitteln enthalten ist, z. B. im Kaffee. Personen mit PTC-Empfindlichkeit schmecken den Kaffee also »bitter«. Insgesamt gibt es aber sehr verschiedene Stoffe, die die Geschmackswahrnehmung »bitter« auslösen.

Die Wahrnehmung von **süß** gilt als angeboren.

Süß. Auch als süß werden viele unterschiedliche Stoffe wahrgenommen, sodass sich kein charakteristisches chemisches Merkmal angeben lässt, das mit süß korreliert. Die **Wahrnehmung von süß gilt als angeboren**. Auch hier gilt, dass sich die emotionale Bewertung von süß mit der Intensität ändert.

12.2 Aromawahrnehmung

Die **Aromawahrnehmung** ist eine **komplexe Leistung**, die durch Geschmack und Riechen maßgeblich beeinflusst wird. Aber auch andere Sinnessysteme beeinflussen die Aromawahrnehmung.

Der Geschmackseindruck entsteht, wenn beim Verkosten durch den Rachen eingeatmet wird. Im Rachenraum erwärmen sich die Aromastoffe und gelangen über die Rachen-Nasen-Verbindung (eustachische Röhre) auch an die Rezeptoren der Nase. Hinzu kommen die visuellen Eindrücke sowie die Tastempfindungen auf der Zunge. **Aromawahrnehmung ist** also **eine komplexe Leistung**, die nur durch Zusammenarbeit der verschiedenen Sinnessystem entsteht, besonders von Geruchs- und Geschmackssinn, d. h., das **Riechen beeinflusst stark die Aromawahrnehmung**.

Beispiel

Ein einfacher Test zeigt dies: Nimmt man ein Getränk wie Kaffee mit zugehaltener Nase zu sich, so können Duftmoleküle kaum aufgenommen werden und erreichen die Riechsinneszellen auf der Riechschleimhaut nicht. Wir können dann u. U. gar nicht erkennen, dass wir Kaffee trinken.

Viele Empfindungen, die wir als Geschmack bezeichnen, hängen also stark von Erregung der Riechsinneszellen ab, nicht nur von der Stimulation der Zunge (▶ Studie). **Geschmacks- und Geruchssinn** leisten Beiträge zur Aromawahrnehmung, die wir aber nicht getrennt erleben. Wir vermuten normalerweise die Quelle der Aromaempfindung auf der Zunge, obwohl der Beitrag des Riechens ganz wesentlich ist. Manche schätzen sogar, dass die Wahrnehmungsleistung zu 80% vom Riechen bestimmt wird. Solche Interaktionen sind für die Verarbeitung von Nahrung und Getränken wesentlich.

Die Aromawahrnehmung ist das Ergebnis der Zusammenarbeit von Geruch und Geschmack.

Studie

Riechen und Geschmack

Mozell et al. (1969) führten ein entsprechendes Experiment mit 21 Substanzen durch. Eine Substanz wurde bei geschlossenen Augen auf die Zunge geträufelt. Die Substanz war bei offener und bei zugehaltener Nase zu identifizieren. Die Identifikationsleistungen sanken bei Kaffee von 90% auf 0%, bei Zitrone von 85% auf 40% und bei Schokolade von 85% auf nahezu 0%. Der Geruchssinn verbessert die Erkennungsleitung wesentlich.

Wie wichtig der Geruch für den Geschmack ist, kann am Verhalten von **Weinverkostern** nachvollzogen werden: Zunächst wird der Wein auf Zimmertemperatur gebracht, damit die Geruchsstoffe auch verfügbar sind. Dann wird er im Glas geschwenkt. Damit werden die flüchtigen Stoffe besser freigesetzt, sodass optimale Bedingungen für die Inhalation der Dämpfe hergestellt werden. Hinzu kommt, dass selbst visuelle Formmerkmale des Weinglases den Wahrnehmungseindruck des Weines beeinflussen (Hummel et al., 2003).

Das Beispiel der Weinverkostung zeigt die Zusammenarbeit von Riechen und Geschmack.

Auch **beim Essen** findet eine **Geschmacksadaptation** statt, die die Aromawahrnehmung verändert: Wir alle haben Vorlieben für bestimmte Speisen und Getränke. In diesen Vorlieben drücken sich emotionale Bewertungen aus, die wir in der Regel in sozialen Situationen erworben haben. Essen findet meistens in einer sozialen Situation statt. Allgemein gilt, dass die positive Bewertung einer Speise im Verlauf des Essens abnimmt. Diese Empfindungsveränderung wird auch als Alloästhesie bezeichnet. In einer Untersuchung wurde dies mit einer einfachen Zuckerlösung gezeigt: Wenn Probanden wiederholt nur die Lösung kosteten, aber sofort wieder ausspuckten, veränderten sich mit der Dauer die Urteile der Angenehmheit nicht. Tranken die Personen aber wiederholt einen kleinen Schluck, so ging die Beurteilung ins Negative über. Der Effekt ist natürlich von einem Sättigungsgefühl überlagert.

Adaptationsvorgänge verändern die Aromawahrnehmung während des Essens.

12.3 Superschmecker

Durch einen Zufallsbefund in Experimenten mit **Phenylthiocarbamid** (PTC) entdeckte Fox (1931), dass manche Personen diesen Stoff als bitter schmecken, andere überhaupt nichts schmecken (▶ Exkurs »PTC-Schmecker und -Nichtschmecker«). Ein anderer, leichter handhabbarer Stoff, **Propylthioracil** (PROP), führte zu der Erkenntnis, dass die Entdeckungsschwellen für diesen Stoff bimodal über Personen verteilt sind. Es gibt also Personen, die eine hohe Schwelle haben und nichts schmecken. Auf der anderen Seite gibt es Personen, die einen Bittergeschmack registrieren und sehr kleine Schwellen für diesen Stoff haben. Es zeigte sich sogar, dass diese Empfindlichkeit geschlechts- und kulturspezifisch ist.

Es gibt große Unterschiede im der Geschmackswahrnehmung.

Mit der **Methode des intermodalen Vergleichs** (▶ Abschn. 4.5.3) konnte dies bestätigt werden (Bartoshuk, 2000). Daraufhin wurde der Begriff des **Superschmeckers** eingeführt. Diese unterschiedliche Empfindlichkeit geht auf eine **unterschiedliche Verteilung der Papillen auf der Zunge** zurück. Es zeigte sich, dass die Superschmecker bei fast allen Geschmacksreizen eine größere Empfindlichkeit haben.

Die unterschiedlichen Empfindlichkeiten gehen auf eine individuell unterschiedliche Rezeptordichte auf der Zunge zurück.

Die individuellen Unterschiede in der Geschmackswahrnehmung können **Unterschiede in den Reaktionen auf Nahrungsmittel** hervorrufen und damit Diäten beeinflussen.

Infolge dieser individuellen **Unterschiede in der Intensität von Geschmacksempfindungen** müssen auch **Unterschiede in den Reaktionen auf Nahrungsmittel** erwartet werden. Dies wiederum kann erwünschte und unerwünschte Konsequenzen für Nahrungsmittelpräferenzen und die Akzeptanz von empfohlenen Diäten haben (Duffy, Lucchina & Bartoshuk, 2004). Superschmecker schmecken manche Gemüse als zu bitter und lehnen sie daher ab. Gemüse ist aber wichtig in der Vorsorge von Darmkrebs. Daher steigt bei Supertastern das Risiko für Darmkrebs. Auf der anderen Seite lehnen Superschmecker auch die Aufnahme bestimmter Fette wegen des für sie intensiven Geschmacks ab. Aufgrund dieser Ablehnung ergibt sich ein günstiger Effekt für die Vorsorge in Hinblick auf kardiovaskuläre Erkrankungen.

12.4 Geruch

12.4.1 Das sensorische System

Beispiel

In der Literatur wird von einem Mann berichtet, der durch einen Unfall eine Kopfverletzung erlitt und infolgedessen sein Riechvermögen verloren hatte – ein Verlust, der ihn als Gourmet besonders traf. Er konnte noch süß, salzig, sauer und bitter unterscheiden, aber er konnte die Speisen nicht mehr genießen. Infolge des Verlustes des Geruchsvermögens war er zudem gefährdet, da er den Rauch bei einem Wohnungsbrand nicht mehr riechen konnte. Auch den Geruch verdorbener Speisen konnte er nicht wahrnehmen. Der Verlust traf ihn besonders, weil auch das Erinnerungsvermögen beeinträchtigt war, da die erinnerungsauslösende Funktion der Gerüche wegfiel.

Eine Reihe flüchtiger und wasserlöslicher chemischer Stoffe können wir riechen.

Unser Riechen entscheidet über Lust und Ekel, über Sympathie und Antipathie, über Genuss oder Ablehnung. Die **Reize für die Wahrnehmung eines Geruchs** sind besondere chemische Stoffe. Sie **müssen flüchtig und wasserlöslich sein**. Dies ist notwendig, aber nicht hinreichend. Jeder weiß, dass bestimmte Stoffe wie Methan diese Eigenschaften haben, aber trotzdem keinen Geruch erzeugen. Es ist schon eine adaptive Funktion, dass wir die Stoffe, die wir einatmen, nicht riechen.

Von den Riechzellen in der Nase erfolgt über eine Verschaltung von zwei Synapsen der Kontakt mit dem Riechkolben im Gehirn.

Das sensorische System für den Geruch befindet sich in einem Organ, das auch noch eine Reihe anderer Funktionen hat: Die **Nase** (Abb. 12.2) ist dazu da, die Atemluft zu filtern, zu erwärmen und anzufeuchten. In der Nase befindet sich in der hinteren Nasenhöhle auch die **Riechschleimhaut** mit einer Fläche von etwa 5 cm^2. Über ihr liegt der **Riechkolben** (Bulbus olfactorius), der aus dem Gehirn bis fast an die **Riechsinneszellen** heranreicht. In der Riechschleimhaut liegen neben anderen Zellen (Basalzellen, Stützzellen) etwa 6–10 Mio. Sinneszellen. Das ist deutlich weniger als etwa bei einem Hund, der das 10-fache an Geruchssinneszellen hat. Die Moleküle eines Geruchsstoffes erregen die Sinneszellen. Eine Sinneszelle besteht aus Neuronen, die sich in verschiedene Zilien aufspalten, an deren Ende Geruchsrezeptoren sitzen. In diesen Rezeptoren findet die Transduktion von den Molekülen zu den neuronalen Signalen statt. Die Anzahl unterschiedlicher Rezeptoren wird auf etwa 1.000 geschätzt. Die Sinneszellen senden ihre Signale direkt an den Riechkolben. Damit ein Signal entsteht, müssen etwa 8 Geruchsmoleküle gebunden werden und es müssen ungefähr 40 solche Signale für eine Geruchswahrnehmung entstehen.

Unterschiede in Leistungen des Geruchssystems zeigen sich vor allem bezüglich der Detektionsschwelle.

Geruchsspezialisten wie Hunde, Schweine oder Lachse könne nicht unbedingt mehr Gerüche als wir unterscheiden, sie können aber geringere Konzentrationen von Geruchsmolekülen riechen, haben also **geringere Schwellen**.

Wegen der anatomischen Lage der Verarbeitungszentren ergeben sich direkte Kontakte zu Bereichen, die für die **Emotionsverarbeitung** zuständig sind.

Die Signale werden entlang der 10 Mio. Nervenfasern auf einem sehr kurzen Weg ins Gehirn übertragen. Dabei werden etwa 5.000–10.000 Nervenfasern im Riechkolben in einem von etwa 10.000 Glomeruli gebündelt. Von dort werden die **Signale in verschiedene Zentren des Gehirns weitergeleitet**: den primären olfaktorischen Kortex,

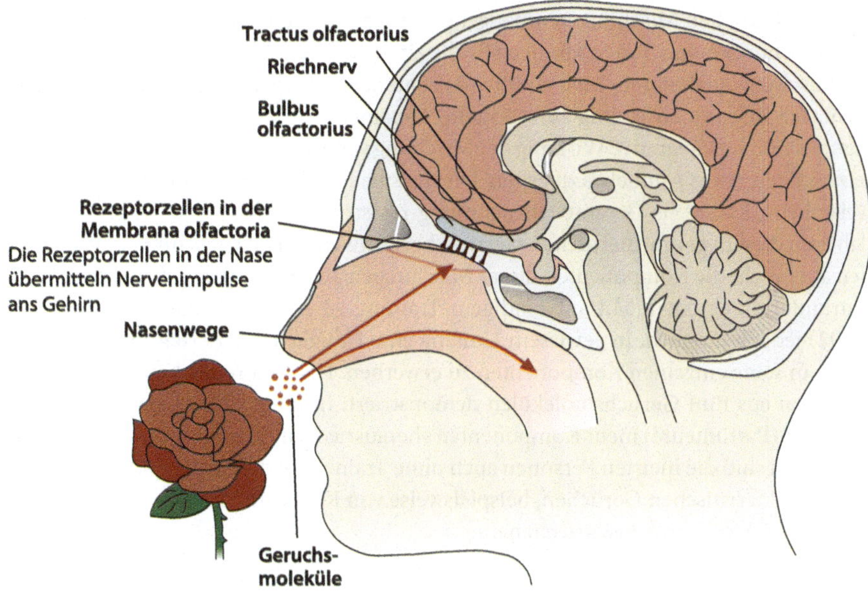

Abb. 12.2 Die Nase. Geruchsstoffe können über die Nase oder über den nasalen Teil des Rachens (Pfeil) an die Riechschleimhaut gelangen. (Aus Myers, 2006. © 2007 by Worth Publishers. Used with permission.)

die Amygdala und den Hippocampus sowie den entorhinalen Kortex. Diese Bereiche gehören zum limbischen System, oder haben Verbindungen dorthin. Das **limbische System** hat eine besondere Bedeutung für die Entstehung von **Emotionen**. Daher erklärt sich auch, dass Geruchsreize mit emotionalen Bewertungen verknüpft sind.

Die Weiterleitung der neuronalen Signale bis zum Gehirn erfolgt relativ langsam.

Die Zeit von den ungeschützten Sinneszellen zum Gehirn ist relativ lang, weil nur dünne und langsame Nervenfasern die Signale weiterleiten. Es dauert ungefähr eine halbe Sekunde, bis die Signale im Gehirn ankommen.

Geruchsreize werden auch durch den Trigeminusnerv verarbeitet und erzeugen beispielsweise Zustände wie Kühle oder Brennen.

Ein wichtiger Aspekt des Riechens ist, dass die **Geruchsmoleküle** auch eine Reihe von polymodalen **Schmerzrezeptoren erregen**. Daher erzeugt Menthol ein Gefühl der Kühle oder Ammoniak ein brennendes Gefühl. Diese Empfindungen werden durch den Trigeminusnerv vermittelt. Dieser trigeminale Weg ist oft von dem über die Riechschleimhaut nicht zu unterscheiden und ist auch verantwortlich dafür, dass wir beim Schneiden von Zwiebeln weinen oder dass wir beim Riechen von Pfeffer niesen müssen.

12.4.2 Codierung

Jeder Geruchsstoff erregt eine ganze Population von Riechzellen. Die **Geruchsqualität** ist also in einem **Erregungsmuster vieler Sinneszellen** kodiert.

Ableitungen von Sinneszellen zeigen, dass eine Sinneszelle bei verschiedenen Geruchsstoffen Aktivität zeigt. Jeder Geruchsstoff erregt also eine ganze Gruppe von Sinneszellen. Es gib also in der Regel **kein spezifisches Ansprechen einer Sinneszelle auf einen bestimmten Geruchsstoff**. Die Geruchsqualität ist demnach in dem Erregungsmuster über viele Sinneszellen codiert (Zou, Li & Buck, 2005). So wie die Farbe am Erregungsmuster der drei Zapfentypen ablesbar ist, sind Geruchsqualitäten in dem Erregungsmuster der Riechzellen codiert. Da mit erhöhter Intensität mehr Sinneszellen aktiv sind, kann sich der Geruch auch in Abhängigkeit von der Konzentration ändern.

12.4.3 Mischungen

Gerüche sind das Ergebnis einer Mischung aus vielen Duftstoffen. Nur durch langes Training lässt sich die Fähigkeit zur Zerlegung eines Geruchs in seine Komponenten erwerben.

So wie wir kaum reine Töne in der Natur hören, riechen wir kaum reine Gerüche, also bestimmte Moleküle. In der Regel haben wir es mit **Mischungen verschiedener Moleküle** zu tun. Im Kaffee sind über 500 Duftstoffe enthalten. Wir kennen zwei Möglichkeiten, mit solchen Mischungen umzugehen. Wir kennen dies von Tönen und Farben: Aus Mischungen von Tönen können wir die einzelnen Töne heraushören; wir können die Mischung analysieren. Eine additive Mischung von Farben erlaubt es uns dagegen nicht, die Zusammensetzung zu ermitteln. Metamere Farben sind Ausdruck dessen, dass wir nur die integrative Wirkung der Mischung wahrnehmen können. Für Geruchsreize scheint etwas Ähnliches zu gelten. Die meisten Mischungen werden wie beispielsweise beim Kaffee als Gesamtwahrnehmung registriert. Viele Objekte erkennen wir daher an diesem **gesamtheitlichen Geruch**, beispielweise auch den Schinken. Wir können aber nicht die Komponenten dieser Mischungen angeben – dies gilt zumindest für untrainierte Personen. Mit aufwendigem Training ist es nach Laing und Glemarec (1992) jedoch möglich, in gewissem Umfang eine Fähigkeit zur **Zerlegung eines Geruchs** in seine einzelnen Komponenten zu erwerben. Die Autoren haben dies mit Mischungen aus fünf Geruchsmolekülen demonstriert: In ihrer Untersuchung konnten Experten (Parfümeure) mehr Komponenten »herausriechen« als untrainierte Personen. Allerdings sind die meisten Personen auch ohne Training in der Lage, aus Mischungen von charakteristischen Gerüchen, beispielsweise von Kaffee und frischem Kuchen, die einzelnen Objekte »herauszuriechen«.

12.4.4 Detektion und Diskrimination

Das Geruchsvermögen schwankt individuell stark, ist aber gut trainierbar.

Die Konzentrationen, bei denen ein Wahrnehmungseindruck beim Riechen berichtet wird, erlauben noch keine Unterscheidung von Qualitäten. Diese **Detektionsschwelle** hängt auch beim Riechen von einer Reihe von Faktoren ab: Zunächst haben verschiedene Stoffe unterschiedliche Detektionsschwellen. Ein Stoff mit niedriger Detektionsschwelle ist beispielsweise Vanillin als Aromastoff der Vanille. Außerdem haben Frauen in der Regel geringere Detektionsschwellen als Männer. Rauchen wiederum erhöht die Schwelle. Eine gesunde Person kann Tausende von Gerüchen unterschieden. Diese Diskriminationsleistung kann trainiert werden.

Der Geruch eines Stoffes kann über lange Zeit erinnert werden.

Gegenüber der Entdeckung eines Reizes muss für die **Wiedererkennung** eine deutlich höhere Konzentration eines Duftstoffes vorliegen. Diese Wiedererkennungsleistung sinkt zwar in den ersten 30 Sekunden deutlich ab, bleibt dann aber über eine lange Zeit relativ konstant. Nach Herz (1997) ist unser Gedächtnis für Gerüche sehr leistungsfähig, insbesondere die mit den Gerüchen verknüpften Emotionen.

12.4.5 Identifikation

Die Benennung von Gerüchen erfolgt meisten nach charakteristischen Objekten.

So wie die Zuordnung eines Namens zu einem Gesicht eine besondere Leistung ist, so ist auch die Identifikation oder **verbale Benennung eines Geruchs eine besondere kognitive Leistung**. Die Schwelle für diese Leistung liegt deutlich über der Detektionsschwelle Jeder kennt die frustrierende Situation, einen Geruch als bekannt einzustufen, ohne ihn benennen zu können. In der Sprache gibt es kaum spezifische Worte zur Beschreibung von Gerüchen (z. B. aromatisch), meistens werden Gerüche nach Objekten benannt, die Gerüche produzieren (z. B. fruchtig). Dieses Problem im Umgang mit der Sprache im Zusammenhang mit Gerüchen hat zu Hypothesen geführt, dass Sprachverarbeitung und Geruchsverarbeitung vergleichbare neuronalen Strukturen beanspruchen und daher eine Konkurrenzsituation auftritt.

In der Geruchsidentifikation sind Frauen besser als Männer.

Unsere **Identifikationsleistung** umfasst etwa 10.000 Gerüche. In einem Test mit 80 unterschiedlichen Gerüchen konnte Cain (1982) zeigen, dass in 15 Fällen **Frauen** die Gerüche besser identifizieren konnten als **Männer**. Diese besseren Leistungen waren besonders auffällig bei Kokosnuss, Kaugummi und Katzenfutter. Bei einigen Gerüchen waren aber auch die Männer besser: Ammoniak und Sherry.

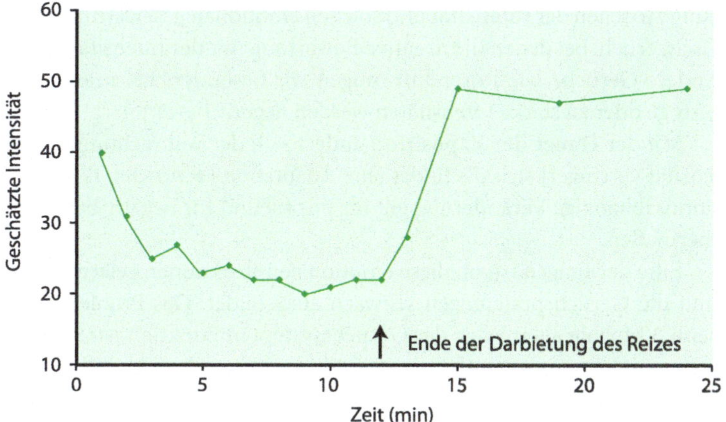

Abb. 12.3 Adaptation an einen Geruch. Die Intensität des Geruchs wurde im Zeitraum von 12 Minuten in regulären Abständen gemessen. Nach der Entfernung des Reizes erholte sich die Wahrnehmung

Trotz dieses Problems gibt es Versuche, Gerüche zu klassifizieren. Von Hennig (1915) stammt ein solches **Geruchsschema**. Heute akzeptiert ist ein Schema von Amoore, das von **sieben Bezeichnungen** ausgeht: faulig (verfaulte Stoffe), blumig, (Rosen) ätherisch (Birne), kampferartig (Kampher), moschusartig (Moschus), schweißig, (Schweiß) und stechend (Essig).

Ein **Klassifikationsschema** geht von **sieben Gerüchen** aus: faulig, blumig, ätherisch, kampferartig, moschusartig, schweißig und stechend.

12.4.6 Adaptation

Wir riechen selten Gerüche an unserem Körper. Den Geruch der Wohnung, in der wir leben, registrieren wir erst nach längerer Abwesenheit. Der Grund dafür ist, dass der Riechsinn vor allem Änderungen registriert. Er ist darauf eingestellt, neu auftauchende Moleküle zu registrieren. Es findet eine **Rezeptoradaptation** statt. Dieser Adaptationsprozess variiert von Person zu Person und von Molekül zu Molekül. Er dauert in der Regel etwa 20 Minuten, danach wird ein Molekül nicht mehr gerochen, obwohl es noch an die Riechschleimhaut gelangt. In Abb. 12.3 ist ein solcher Adaptationsvorgang für das Riechen dargestellt. Nach Entfernung des Reizes erholt sich das Wahrnehmungssystem wieder. Diese Adaptation kann auf der Ebene des Rezeptorsystems oder auf zentraler kognitive Ebene stattfinden. Wenn schnell hintereinander verschiedene Stoffe gerochen werden sollen, muss wegen dieser Adaptation die Nase zwischendurch durch einen neutralen Stoff »gereinigt« werden, d. h., die Empfindlichkeit für bestimmte Gerüche wiederhergestellt werden. Professionelle »Riecher« nutzen diese Strategie, um das Riechvermögen über einen längeren Zeitraum aufrechtzuerhalten.

Der Geruchssinn adaptiert sehr stark. Die Zeitdauer reicht bis zu 20 Minuten.

Auch bei Gerüchen gibt es das Phänomen der **Kreuzadaptation**, dass sich also verschiedene Gerüche gegenseitig beeinflussen. Als verschieden eingestufte Düfte können sich gegenseitig beeinflussen, indem der eine Geruch die Empfindlichkeit des zweiten Geruchs herabsetzt. Diese Kreuzadaptation ist für zwei Gerüche nicht symmetrisch.

Für Gerüche gibt es auch die **Kreuzadaptation**, d. h., die Herabsetzung der Empfindlichkeit für einen Geruch durch einen anderen.

Interessanterweise können wir während des Schlafs nicht riechen. Neuere neurowissenschaftliche Untersuchungen zeigen, dass bestimmte **neuronale Aufmerksamkeitsnetzwerke** aktiv sein müssen, damit wir etwas riechen können.

Riechen ist an Aufmerksamkeitszustände gebunden.

12.4.7 Bewertung

Die stärkste Reaktion auf einen Geruch ist eine **emotionale Bewertung**, d. h., wir reagieren positiv oder negativ auf einen Geruch. Wie für andere Reize gilt auch für Geruchsreize, dass die Bekanntheit Gerüche beliebter macht. Komplizierter ist die Bezie-

Gerüche werden immer **emotional bewertet**. Der Zusammenhang mit der Intensität ist nicht eindeutig.

hung zwischen der **Intensität** und solchen emotionalen Bewertungen: Es gibt Düfte wie Fischgeruch, bei denen die negative Bewertung mit der Intensität in der Regel ansteigt. Andere Gerüche wie Rosenduft mögen wir besonders bei mittleren Intensitäten, zu geringe oder zu starke Intensitäten werden negativ bewertet.

Mit der **Dauer der Exposition** findet eine Abnahme der Intensität eines Geruchs statt.

Mit der **Dauer der Exposition** ändert sich der wahrgenommene Geruch. Die Intensität verringert sich. Es findet eine Adaptation (▶ Abschn. 12.4.6) statt. Diese expositionsabhängige Veränderung gilt für positiv und für negativ bewertete Gerüche gleichermaßen.

Emotionale Reaktionen werden im größeren Ausmaß **gelernt**. Kulturvergleichende Studien stützen diese Annahme. Einige **Geruchspräferenzen** existieren schon bei der Geburt.

Eine der Fragen ist, ob diese emotionalen Reaktionen gelernt sind. Bei der Geburt sind die Geruchspräferenzen schwach ausgebildet. Das Problem ist nur, dass schon beim 3 Monate alten Fetus das Geruchssystem in Funktion ist. So ist es nicht kontrollierbar, welche Geruchserfahrung ein Neugeborenes hat. Als sicher gilt, dass die **Präferenz für bestimmte Geruchsstoffe** während der Schwangerschaft und der Stillzeit das Präferenzmuster des Heranwachsenden bestimmt. Dies spricht für den **Einfluss des Lernens auf die Geruchswahrnehmung**. Auch kulturvergleichende Studien stützen diese These, da Nahrungspräferenzen weit auseinander liegen. Vergleiche asiatischer Kulturen mit westlichen Kulturen zeigen solche Unterschiede (Beispiel: Käse gilt bei uns als Delikatesse und ist für Chinesen als Essen bisher wenig akzeptabel). Ein Beleg für die Lernhypothese stammt von Herz (2001), die für neue Gerüche Bewertungen über einen Lernprozess aufbauen konnte. Ein Beispiel für die Rolle des Lernens bei der Bewertung von Gerüchen ist auch die erlernte Geschmacksaversion.

Gerüche haben eine besondere Alarmfunktion für den Organismus.

Der Grund für diese Dominanz hedonischer Aspekte des Geruchs ist die direkte Kopplung vom sensorischen Kortex zur Amygdala. Da nach Engen (1982) die Mehrzahl der Gerüche negativ bewertet ist, wurde die These formuliert, dass **Gerüche** eine besonders **wichtige Alarmfunktion** für den Organismus haben.

12

Kontrollfragen

1. Was sind die Grundqualitäten der Geschmackswahrnehmung?
2. Worin bestehen die Besonderheiten der Aromawahrnehmung?
3. Wie lassen sich individuelle Unterschiede in der Geschmackswahrnehmung begründen?
4. In welchem Zusammenhang stehen Geruchsintensität und emotionale Bewertung?
5. Erläutern Sie die Geruchsadaptation!

▶ Weiterführende Literatur

Cowart, B. J. & Rawson, N.E. (2001). Olfaction. In Goldstein, E.B. (Ed), *Blackwell handbook of perception*. Malden, MA: Blackwell.

Hummel, Th. & Welge-Lüssel, A. (2008). *Riech- und Schmeckstörungen: Physiologie, Pathophysiologie und therapeutische Ansätze*. Stuttgart: Thieme.

Lawless, H.T. (2001). Taste. In Goldstein, E.B. (Ed), *Blackwell handbook of perception*. Malden, MA: Blackwell.

13 Zusammenwirken der Sinne

Lernziele

- Wie kann das Zusammenwirken der verschiedenen Sinnessysteme erfasst werden?
- Nach welchen Kriterien wird konflikthafte Information ausgewertet?
- Wie können sich Sinnessysteme unterstützen?
- Was geschieht bei Ausfall eines Sinnessystems?
- Was macht die Synästhesie für die Wahrnehmungspsychologie so interessant?

Für die Praxis

Farbe und Geschmack

In der modernen Gastronomie werden die gewohnten Farben von Speisen radikal geändert. Die Alltagserfahrung zeigt aber, dass die Farben von Nahrungsmitteln für die Bewertung wichtig sind. Allein die Werbeaktivitäten und Supermarktangebote zeigen, welche Rolle der Farbe zugewiesen wird. Entsprechende Untersuchungen belegen, dass die Farben einen Einfluss auf Geruch und Geschmack haben. So wurde gezeigt, dass die Erkennung eines Nahrungsmittels über den Geschmack verschlechtert wird, wenn die Farbe künstlich verändert wurde. Identifikationsleistungen sind besser, wenn neben dem Geschmack auch die gewohnte Farbe verwendet werden kann: das Rot der Tomate oder das Blau der Heidelbeere. Ähnliche Ergebnisse wurden auch beim Riechen erzielt. Möglicherweise liefert die Farbe eine Zusatzinformation, die »top down« auf die Identifikation von Objekten beim Riechen oder Schmecken Einfluss nimmt.

Marketing und Multisensorik

Im Marketing setzt sich zunehmend eine Strategie durch, die auf multisensorische Wahrnehmung setzt. Um ein neues Markenbild zu etablieren, werden immer häufiger multisensorische Merkmale genutzt. Aus der Forschung ist bekannt, dass sich fast 90% der Markenkommunikation an das Sehvermögen richtet. Es wird aber auch davon ausgegangen, dass fast drei Viertel der Emotionen durch Geruchssignale vermittelt werden. Verpackungsdesigner versuchen daher, möglichst viele Sinne in das Design einer Verpackung einzubeziehen. Es soll toll aussehen, interessante Geräusche beim Öffnen ergeben und beim Reiben auch noch gut riechen. Die Kundenansprache soll zunehmend alle Sinne einbeziehen. Dazu werden Ergebnisse der Wahrnehmungsforschung als Basis genutzt.

13.1 Multimodalität der Wahrnehmung

Die Wahrnehmung erfordert ein Zusammenwirken der verschiedenen Sinnessysteme.

Bisher haben wir Wahrnehmungsleistungen nur im Kontext einer Modalität betrachtet. Wir nehmen aber ein Objekt »Hund« wahr und nicht ein Objekt mit den Merkmalen »fühlt sich weich an«, »es sind vier Beine zu sehen« und »Bellen ist zu hören«. Die verschiedenen Merkmale werden zu einer Repräsentation integriert. Die **Interaktion und Integration der verschiedenen modalitätsspezifischen Merkmale** ist der Normalfall. Obwohl also die verschiedenen Sinnesorgane auf verschiedene physikalische Energien ansprechen, die Energien in neuronale Signale übersetzen und die Informationen in verschiedene Gebiete im Gehirn weiterleiten und verarbeiten, wird der sensorische Input aufeinander bezogen. In der Regel sind mehrere Modalitäten an einer Wahrnehmungsleistung beteiligt. Wir sehen ein Objekt, ertasten es und hören objekttypische Geräusche. Ein Beispiel für diesen multimodalen Charakter der Wahrnehmung ist die Zusammenarbeit von visueller, auditiver und taktiler Wahrnehmung bei einem Tastendruck auf einer Tastatur. Andere Beispiele sind die Zusammenarbeit des olfaktorischen und des gustatorischen Systems bei der Geschmackswahrnehmung oder die Zusammenarbeit des kinästhetischen, des visuellen und des Gleichgewichtssinnes bei der Aufrechterhaltung des Gleichgewichts. Wie wichtig gerade dabei das visuelle System ist, zeigt der Versuch bei geschlossenen Augen auf einem Bein zu stehen.

Verschiedene Sinnessysteme liefern Informationen, die aufeinander bezogen werden können. Dies betrifft die Intensitätsdimension, die Dauer, die zeitliche Struktur, die Bewegung oder den Ort.

Es gibt oft **verschiedene Informationsquellen für eine bestimmte Eigenschaft der Umwelt**. Verschiedene Modalitäten liefern Informationen über die Intensität, die Dauer, die zeitliche Struktur, die Bewegung oder die Raumposition eines Reizes. Wir sprechen von supramodalen Eigenschaften, da diese Information in jeder Modalität ermittelt werden kann, wenn auch mit unterschiedlicher Genauigkeit. Die Bedeutung der einzelnen Modalitäten kann sich ändern. Beim Kleinkind sind es Geruch, Geschmack und Berührung, die beim Erkunden der Welt im Vordergrund stehen. Beim Erwachsenen sind es optische und akustische Informationen, die eine besondere Rolle spielen und zuweilen zur Vernachlässigung anderer Sinne führen.

In Abhängigkeit von den Wahrnehmungsbedingungen verändert sich die **Dominanz eines Sinnessystems** gegenüber den anderen.

Die zentrale **Frage** ist nun, **wie diese verschiedenen Informationen** die Wahrnehmungsleistung bestimmen bzw. wie sie **integriert werden**. Dabei ist ebenfalls von Interesse, was passiert, wenn eine sensorische Quelle ausfällt. In der Dunkelheit oder bei Nebel ist die Verarbeitung visueller Information beeinträchtigt. Es kann aber auch sein, dass durch Krankheit eine bestimmte Information nicht zur Verfügung steht, z. B. bei Blindheit oder Taubheit oder infolge einer neurologischen Erkrankung. Ein Beispiel dafür ist die veränderte Geschmackswahrnehmung bei einer verstopften Nase, wenn also die Geruchswahrnehmung weitgehend ausfällt. Durch solche Einschränkungen **verändert** sich die **Dominanz des jeweiligen Sinnessystems** und es kommt zu verzerrten Wahrnehmungen. Beispielsweise ist ein Fahrzeugführer auf das auditive und das visuelle System angewiesen. Er würde ohne ein intaktes auditives System ein Fahrzeug eventuell zu spät sehen, wenn es sich von hinten nähert.

13.2 Konflikte in der Wahrnehmung

Wenn Sinnessysteme **konflikthafte Information** bereitstellen, kommt es in der Regel zu einer **Dominanz eines Sinnessystems**. Der Bauchrednereffekt resultiert aus der Dominanz der visuellen Verarbeitung bei der Lokalisierung eines Reizes.

Bei der multimodalen Wahrnehmung kann es zu einer **Wettbewerbssituation** kommen, wenn zwei **verschiedene Modalitäten** konflikthafte, also **unterschiedliche Information** liefern. Ein bekanntes Beispiel dafür ist der **Bauchrednereffekt**, ein Effekt der Verzerrung der Schallrichtung durch einen visuellen Reiz. Der Bauchredner spricht ohne wahrnehmbare Bewegung von Lippen und Mund. Gleichzeitig lässt er aber eine Puppe Mund-, Lippen- und Kopfbewegungen synchron zu der von ihm erzeugten Sprache ausführen. Beim Betrachter entsteht der Eindruck, die Puppe würde sprechen. Das visuelle System ist also hier dominant: Der Ort der Erzeugung der Sprache ist der Ort, an dem das visuelle System die sprachsynchronen Bewegungen registriert, nicht der Ort, an dem die Sprache erzeugt wird (zur »Bauchrednerillusion« auch ► Abschn. 15.2.2).

Sie kennen dies auch vom Fernsehen, da in der Regel die Lautsprecher nicht am Ort der sprechenden Person sind. Ein anderes bekanntes Beispiel mit einer anderen Lösung für diese Konkurrenz ist der **McGurk-Effekt** (McGurk & MacDonald, 1976; auch ► Abschn. 15.2.2), eine veränderte Sprachwahrnehmung bei konflikthafter visueller und auditiver Information. Wenn ein Sprecher auf einen Bildschirm die Lippenbewegungen entsprechend der Silben »ba-ba« macht und das Sprachsignal unabhängig, aber synchron dazu »ga-ga« ist, hören die Beobachter »da-da«. Die konflikthafte Information wird hier zu einem neuen Wahrnehmungseindruck verarbeitet.

Konflikthafte Information kann in der Wahrnehmung aber auch zu einem **neuen Wahrnehmungseindruck** führen, wie der McGurk-Effekt aus der Sprachwahrnehmung zeigt.

13.3 Integrative Verarbeitung

Studie

Auditive und visuelle Verarbeitung

In der Regel ergeben sich auf einen visuell oder akustisch dargebotenen Reiz mittlere Reaktionszeiten von 200–300 Sekunden. Ausnahmen bilden hier Sprinter mit deutlich kürzeren Reaktionszeiten. In ihrem Experiment kombinierten Shimojo & Shams (2001) einen optischen mit einem akustischen Reiz, wodurch sich die Reaktionszeiten um etwa 30% verkürzten. Sie stellten auch fest, dass begleitende akustische Reize die Entdeckung der zeitlichen Reihenfolge von zwei optischen Reizen verbessern, unter bestimmten Bedingungen aber auch verschlechtern können. Werden die beiden visuellen Reize durch zwei irrelevante akustische Reize eingerahmt, so verbessert dies die Wahrnehmung der Reihenfolge der beiden optischen Reize. Werden die beiden akustischen Reize aber zwischen den beiden visuellen dargeboten, so ergibt sich eine Verschlechterung. Hier scheint ein crossmodaler Effekt der Aufmerksamkeit (► Abschn. 15.2.2) vorzuliegen.

Informationen aus verschiedenen Sinnessystemen können integriert werden, was die **Wahrnehmungsleistung verbessert** oder die **Mehrdeutigkeit in einer Wahrnehmungssituation verringert** (► Studie). Dabei können sich die Gewichte, welche die einzelnen Modalitäten an der Gesamtleistung haben, verschieben. Diese Problem tauchte schon bei der Tiefenwahrnehmung (► Kap. 8) auf, weil auch dort verschiedene Hinweise auf die Tiefe zur Verfügung stehen, die für die Wahrnehmungsleistung gewichtet werden müssen.

Informationen aus verschiedenen Sinneskanälen können aber auch interaktiv verarbeitet werden.

Wird eine der Sinnesleistungen ausgeschlossen, verringert sich u. U. die Gesamtleistung dramatisch. Untersuchungen an Tennisspielern zeigen, dass eine Ausschaltung des auditiven Systems beim Reagieren auf den Aufschlag des Gegners effektives Handeln kaum möglich macht, da Schallreize ja deutlich schneller sind als die Fluggeschwindigkeit des Balls. Auditive und visuelle Informationen sind zur Verortung des Balles und zur Ermittlung der Flugbahn notwendig. In der Sprachwahrnehmung verstehen wir einen Sprecher besser, wenn wir seine Lippenbewegungen sehen und ihn zugleich hören. In solchen Fällen ist die **multimodale Leistung besser als** aufgrund der **modalitätsspezifischen Leistungen allein** zu erwarten wäre. Einige Beispiele sollen nun genauer betrachtet werden.

Wird eine integrative Verarbeitung unterbunden, kann es zu beträchtlichen Einbußen in der Leistungsfähigkeit der Wahrnehmung kommen.

Veränderung der visuellen Wahrnehmung durch einen irrelevanten auditiven Reiz. In einer Untersuchung von Lovelac, Stein und Wallace (2003) wurde ein visueller Reiz entweder im rechten oder linken visuellen Feld mit einem irrelevanten auditiven Reiz gepaart, der entsprechend auch im rechten oder linken Ohr zu hören war. Zu reagieren war mit einer linken oder rechten Taste nur auf die Position des visuellen Reizes. Die Reize im auditiven und visuellen Kanal waren unkorreliert, d. h., sie konnten manchmal auf die gleiche Seite verweisen, aber manchmal auch auf verschiedene Seiten. Damit konnte dem auditiven Reiz keinerlei Information über die zu drückende Taste entnom-

Irrelevante Information kann trotzdem die **Verarbeitung** der relevanten Information **beeinflussen**.

men werden. Mithilfe der Signalerdetektionstheorie (▶ Kap. 4.3) wurde ermittelt, dass der irrelevante auditive Reiz die Kategorisierung der visuellen Reize verbesserte, wenn der auditive Reiz auf der Seite zu hören war, auf der sich auch der visuelle Reiz befand. Irrelevante auditive Reize können danach die Reaktionszeit auf visuelle Reize um etwa 30% beschleunigen, obwohl sie keine Information über die auszuwählende Handlung tragen.

Die **Information der verschiedenen Sinnessysteme** wird **konstruktiv** bei der Reizidentifikation **genutzt**.

Zusammenarbeit der Sinnessysteme bei der Reizidentifikation. Nicht nur bei der Klassifikation wie in dem eben genannten Beispiel, auch bei der Identifikation eines Reizes kann die Zusammenarbeit verschiedener Sinnessysteme helfen. Jeder kennt die Schwierigkeit, ein Telefongespräch in einer Fremdsprache zu führen, wenn Gestik und Mimik des Gesprächspartners nicht zur Verfügung stehen. Ein zusätzlicher Kanal wirkt sich so aus, als würde das Signal-Rausch-Verhältnis verbessert werden. Der schon erwähnte McGurk-Effekt zeigt sogar, dass der gehörte Sprachlaut weder dem gesehenen noch dem akustisch dargebotenen Sprachlaut entsprechen muss, das Wahrnehmungssystem sucht eine konstruktive neue Lösung. Der Flasheffekt (▶ Studie) ist ein anderes Beispiel für die qualitative Veränderung der visuellen Wahrnehmung durch Schallreize.

Studie

Flasheffekt

Das auditive System kann auch die visuelle Wahrnehmung beeinflussen. In einem Experiment (Shams, Kamitsu, & Shimojo, 2000) wurde Probanden ein kurzer Lichtblitz gezeigt. Wurde dieser Lichtblitz von einer Serie sehr kurzer akustischer Signale begleitet, so stellte sich eine Wahrnehmungstäuschung ein. Die Probanden sahen nicht einen Blitz, sondern sie sahen eine Folge von kurzen Lichtblitzen. Die akustischen Reize änderten also die visuelle Wahrnehmung.

Die Umkehrung des Experimentes funktionierte nicht. Eine Folge von Lichtblitzen wurde durch ein anhaltendes akustisches Signal nicht integriert. Probanden sehen dann weiterhin eine Folge von Lichtblitzen. Diese Täuschung tritt sogar noch auf, wenn die Probanden um die Täuschung wissen. Die visuelle Wahrnehmung kann also qualitativ durch Schallreize geändert werden.

13

Die **Leistungsfähigkeit der einzelnen Sinnessysteme** für bestimmte Umgebungsinformationen **regelt das Zusammenwirken**. So dominiert der visuelle Sinn bei Ortsaufgabe, der akustische eher bei zeitbezogenen Aufgaben.

Dominanz eines Sinnessystems. Betrachten wir noch einmal den Bauchrednereffekt, bei dem ja der visuelle Sinn dominiert. Wonach regelt sich diese Dominanz? Welch und Warren (1986) formulierten die Hypothese, dass die Modalität mit der höchsten Präzision bezogen auf das relevante Merkmal dominant ist. Danach sollte bei der Zusammenarbeit der visuellen und der auditiven Modalität bei ortsbezogenen Aufgaben die visuelle Modalität wegen des besseren räumlichen Auflösungsvermögens des visuellen Systems dominant sein. So könnte der Bauchrednereffekt erklärt werden. Bei zeitbezogenen Aufgaben sollte dagegen das auditive System wegen des deutlich besseren zeitlichen Auflösungsvermögens dominant sein.

Bei mehreren beteiligten Sinnessystemen dominiert dasjenige, welches die **verlässlichste Information** liefert.

Zudem konnte gezeigt werden, dass sich der Beitrag eines Sinnessystems zu einer Wahrnehmung nach der Verlässlichkeit der von diesem System bereitgestellten Information richtet (▶ Studie).

Studie

Verlässlichkeit der Information und Verschiebung der dominanten Modalität

Ernst und Banks (2002) haben eine solche Verschiebung der Dominanz für den taktilen und den visuellen Sinn untersucht. Es waren Balken zu beurteilen, die zu sehen waren und ertastet werden konnten. Die Besonderheit bestand darin, dass die Balken virtuell waren und damit die visuelle und die taktil zur Verfügung stehende Information unabhängig variiert werden konnten. Auf diese Art und Weise war es möglich, den Einfluss der visuellen und der taktilen Informa-

▼

tion auf die Urteile der Personen abzuschätzen. Variiert wurde die Verlässlichkeit der einzelnen Informationsquellen. Es zeigt sich, dass die Urteile der Probanden nach einem Gewichtungsmodell verrechnet werden, wobei die Gewichte mit der Verlässlichkeit der Informationsquellen in Verbindung stehen. War die taktile Information verlässlicher, richteten sich die Personen nach dieser Informationsquelle. War die visuelle Information ein verlässlicher Indikator, so richteten sich die Personen besonders nach der visuellen Informationsquelle. Es konnte also gezeigt werden, dass die Modalität das größte Gewicht erhält, welche die größere Verlässlichkeit hat. Das heißt, die Dominanz richtet sich nach der Verlässlichkeit der Informationsquelle.

Auflösung von Mehrdeutigkeit. Als letztes Beispiel soll die Auflösung eine Mehrdeutigkeit in einer Modalität durch einen irrelevanten Reiz in einer anderen Modalität behandelt werden. Shimojo und Shams (2001) berichten **Bewegungsphänomene** in der visuellen Wahrnehmung: Zwei Punkte bewegen sich auf einer Diagonale über den Bildschirm (Abb. 13.1). Nach den Gestaltgesetzen sind zwei Interpretationen dieser dynamischen Situation möglich: Die Punkte bewegen sich übereinander hinweg entlang der diagonalen Bahnen oder die Punkte stoßen wie bei einem Billardstoß am Kreuzungspunkt zusammen und verändern dadurch ihre Bewegungsrichtung. Etwa 90% der Personen interpretieren diese mehrdeutige Situation als eine Bewegung der beiden Punkte entlang der Diagonalen. Wird nun zum Zeitpunkt der Kreuzung des Weges der beiden Punkte ein irrelevantes akustisches Signal dargeboten, verschiebt sich die Wahrnehmung in Richtung des Zusammenstoßes. Nahezu 80% der Beobachter sehen dann plötzlich einen Zusammenstoß. Der akustische Reiz hat also die Wahrnehmung verändert.

Durch die **Zusammenarbeit der Sinne** kann auch die **Mehrdeutigkeit** in bestimmten Situationen **aufgelöst** werden.

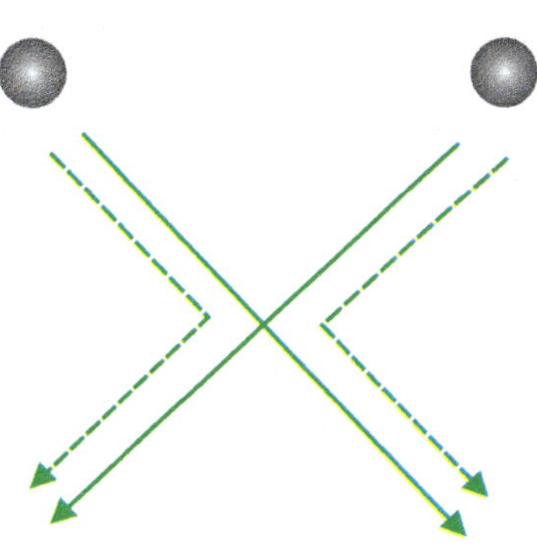

Abb. 13.1 Mehrdeutigkeit der Bewegungswahrnehmung. Der mehrdeutige Bewegungsreiz zeigt zwei Objekte, die sich entlang der ausgezogenen Pfeile bewegen. Personen sehen auch diese Bewegung. Wird aber zum Zeitpunkt der Kreuzung ein akustisches Signal dargeboten, so verändert sich die Wahrnehmung. Personen sehen jetzt Bewegungen, die den gestrichelten Pfeilen entsprechen

Mittlerweile ist bekannt, dass nicht nur ein auditiver Reiz diese Veränderung der visuellen Wahrnehmung erzeugen kann, auch taktile Reiz oder irrelevante visuelle Reize in zeitlicher Nähe zum Kreuzungspunkt erzeugen diese veränderte Interpretation der visuellen Wahrnehmung.

Ein irrelevanter Reiz in einer anderen Modalität kann die Mehrdeutigkeit einer Wahrnehmungssituation auflösen.

In der Zusammenarbeit der verschiedenen Sinnessysteme treten also verschiedene Lösungen auf:

1. Die multisensorische Wahrnehmungsleistung (Detektion, Identifikation, Diskrimination) ist besser als die einzelnen modalitätsspezifischen Leistungen.
2. Die Wahrnehmung in der multisensorischen Situation führt zu einer veränderten Wahrnehmungsrepräsentation.

13.4 Ausfall eines Sinnessystems und Reizentzug

Im Kontext der Zusammenarbeit der Sinne stellt sich die Frage, was eigentlich passiert, wenn ein Sinnessystem ausfällt, z. B. bei blinden oder gehörlosen Menschen. Noch dramatischer stellt sich die Frage beim Verlust von zwei Sinnessystemen, wie bei der gehörlosen und blinden Schriftstellerin Helen Keller. Dieser Verlust kann von Geburt an da sein, kann aber auch in unterschiedlichen Entwicklungsstadien der Wahrnehmung infolge von Krankheit oder Unfall entstehen. Helen Keller erlitt den Verlust der beiden Sinnenkanäle mit etwa 2 Jahren. Allgemein besteht die Meinung, dass der **Ausfall eines Sinnessystems** dazu führt, dass **intakte Sinnessysteme leistungsfähiger** werden.

Durch den Ausfall eines Sinnessystems ergeben sich in bestimmten Bereichen erhöhte Anforderungen an die intakten Sinnessysteme. Dies kann zu **indirekten Übungseffekten** und damit Verbesserungen der Leistungen der intakten Sinnessysteme führen.

13.4.1 Blindheit

Beispiel

G.V. ein blinder Jugendlicher, der Biologie studieren wollte, wurde, um seine Bewerbung zu prüfen, in ein Museum gebracht und hatte eine Muschel zu identifizieren. Eigentlich wollte man ihm Hinweise geben, dass ein solches Studium doch nichts für ihn sei. G.V. konnte aber durch sein geschultes Tasten sehr wohl die Muscheln erkennen und überzeugte seine Lehrer. Seine Tastfähigkeiten sind hoch entwickelt. (Nach Goldstein, 2002).

Der Verlust eines Sinnessystems kann durch Verbesserungen in den intakten Sinnessystemen kompensiert werden.

Röder und Rösler (2004) beschäftigten sich mit der Frage, ob insbesondere bei supramodalen Merkmalen wie Raumposition und Bewegung eines Reizes – also Eigenschaften, die über unterschiedliche Modalitäten bestimmt werden können – der Verlust eines Sinnessystems durch Verbesserungen in den verbleibenden intakten Sinnesssystemen kompensiert werden kann, sodass die Betroffenen keine Beeinträchtigung ihrer Wahrnehmungsleistung erfahren. Wir sprechen von **sensorischer Substitution**. Es könnte aber auch sein, dass die Leistung der intakten Sinnessysteme durch den verstärken Gebrauch zwar besser wird, die Betroffenen aber nicht das gleiche Niveau wie die von einem solchen Ausfall nicht Betroffenen erreichen. Wir sprechen von **sensorischer Kompensation**.

Infolge einer **Blindheit** kommt es zur intensiven Nutzung des Tastsinns und zu einer **Verbesserung** der Zweipunktschwelle **der taktilen Wahrnehmung**.

Röder und Neville (2003) verglichen Leistungen des **Tastsinnes bei Blinden und Nichtblinden**. Sie fanden, dass die Drucksensitivität in beiden Gruppen vergleichbar ist. Dagegen ist die Zweipunktschwelle, also der Abstand von zwei taktilen Reizen, bei dem noch zwei Punkte wahrgenommen werden können, bei Blinden, die Brailleschriftleser sind, deutlich verbessert. Das **Lesen der Brailleschrift erfordert ein hochauflösendes taktiles System**, um schnell die Muster aus 6 Punkten für einen Buchstaben identifizieren zu können. Gute Brailleleser können tatsächlich in der Minute bis zu 200 Wörter lesen. Dabei konnte gezeigt werden, dass beim Lesen der Brailleschrift blinde Personen die visuellen Areale für die Verarbeitung taktiler Reize benutzen. Schaltet man bei ihnen durch eine spezielle neurophysiologische Methodik solche visuellen Areale aus, verschlechtern sich ihre taktilen Erkennungsleistungen wieder.

Die **Verortung akustischer Reize** gelingt Blinden **besser** als Sehenden.

Ähnlich konnte gezeigt werden, dass blinde Personen akustische Reize, die von der Seite kommen, besser orten können als sehende Personen. **Blinde haben** also auch **überlegene Schallortungsfähigkeiten**, die einen Teil der fehlenden Ortung durch das visuelle System kompensieren.

Die Veränderungen in der Wahrnehmung sind auch mit **funktionalen Änderungen bei neuronalen Systemen** verbunden.

Mit solchen Veränderungen der Wahrnehmung gehen bei blinden Personen aber auch **funktionelle Änderungen des Gehirns** einher. Die Verarbeitungseffizienz innerhalb sensorischer Areale verändert sich und in multisensorischen Arealen findet eine Reorganisation statt. Beispielweise verändert sich das somatosensorische Areal, das bei der Berührung eines bestimmten Fingers aktiv ist, durch Übung ebenso wie das auditive Areal, das für eine bestimmte Schallfrequenz zuständig ist. Es konnte gezeigt werden, dass die Unterscheidungsfähigkeit für Töne besser ist, je jünger die Personen zum Zeitpunkt einer Erblindung waren.

Außerdem konnte gezeigt werden, dass **Reizentzug** durch Verlust des Sehvermögens über einen längeren Zeitraum zu bleibenden Beeinträchtigungen bei bestimmten Wahrnehmungsleistungen führen kann (► Studie).

13.4.2 Taubheit

Taubheit verbessert ausgewählte visuelle Leistungen wie die Bewegungswahrnehmung und hat Effekte auf die Aufmerksamkeitsverteilung.

Die Frage, ob bei gehörlosen Personen die visuelle Wahrnehmung verbessert ist, konnte allerdings nicht generell bejaht werden Bestimmte Leistungen sind zwar besser, andere dagegen nicht und wieder andere sind sogar schlechter (Bavelier & Neville, 2007). So existieren beispielsweise keine Unterschiede bezüglich der Kontrastschwellen, der

Studie

Reizentzug

Fine et al. (2002) beschreiben die Auswirkungen eines langen Reizentzugs auf die visuelle Wahrnehmung. Sie berichten über einen Patienten, der mit etwa 3 Jahren sein Sehvermögen verlor. Mit 43 Jahren wurde sein Sehvermögen durch eine Stammzellentransplantation wiederhergestellt. Zwei Jahre später wurden seine visuellen Leistungen in Form-, Tiefen- und Bewegungswahrnehmung mit verschiedenen Methoden getestet. Während einige Leistungen gut waren, hatte er Defizite bei der Entdeckung subjektiver Konturen (▶ Abschn. 2.1.6) und in der 3D-Wahrnehmung. Er hatte Schwierigkeiten bei der Objekterkennung und bei der Beurteilung von Gesichtern in Hinblick auf Geschlecht und Ausdruck. Bei Aufgaben zur Bewegungswahrnehmung erreichte er die Leistungen einer Kontrollgruppe.

Die Ergebnisse zeigen, dass sich manche Leistungen schon vor dem 3. Lebensjahr recht gut entwickelt haben müssen (Bewegungswahrnehmung), während komplexere Leistungen wie 3D-Wahrnehmung und Objekterkennung wohl erst in einem höheren Alter erworben werden. Das Beispiel zeigt, wie elementare Leistungen der Wahrnehmung benutzt werden, um ein differenziertes Bild von den Wahrnehmungsleistungen zu erhalten Der Reizentzug hat zu Veränderungen geführt, die zu bleibenden Beeinträchtigungen in einigen Wahrnehmungsleistungen geführt haben.

Flickerfrequenz oder der Detektionsschwellen zwischen gehörlosen und hörenden Personen. Allerdings ist unter bestimmten Aufmerksamkeitsbedingungen die Detektion der Bewegung eines Reizes in der Peripherie bei Gehörlosen besser als bei Hörenden (Neville & Lawson, 1987). Allgemein zeigt sich, dass besonders die **Verteilung der Aufmerksamkeit bei gehörlosen Personen eine andere** ist als bei hörenden. Periphere Distraktoren wirken sich in der visuellen Suche bei gehörlosen Personen stärker aus als zentrale Distraktoren. Andere Beispiele zeigen, dass die crossmodalen Effekte sehr spezifisch sind bezogen auf die veränderte sensorische Erfahrung.

13.5 Synästhesie

Beispiel

Wenn die Musikerin Elisabeth S. Musik hört, sieht sie dazu Farben, und mehr noch: Sie kann die Töne sogar schmecken! Quinten schmecken nach Wasser, eine Terz nach Zucker, eine kleine Sexte nach Sahne. Zeitgenössische Popmusik ist für sie überwiegend ungenießbar. Durch ihre ungewöhnliche Synästhesie ist sie ihren Musikerkollegen gegenüber im Vorteil: Sie kann Tonarten und Intervalle schneller erkennen. Besonders schnell ist sie, wenn die gehörten Intervalle mit ihren entsprechenden Geschmackswahrnehmungen übereinstimmen. Das zeigte ein Experiment an der Universität Zürich, bei dem die Wissenschaftler der Musikerin zu einem vorgespielten Intervall einen Geschmacksreiz anboten. Ihre Intervall-Geschmack-Zuordnungen blieben auch nach Monaten noch stabil.

Synästhesie ereignet sich, wenn ein in einer Modalität wahrgenommener Sinneseindruck gleichzeitig zu einem Wahrnehmungseindruck in einer oder mehreren anderen Sinnesmodalität(en) führt, demnach **zwei oder mehrere Sinneswahrnehmungen aneinander gekoppelt** oder miteinander in Beziehung gesetzt werden (Werner, 1966). Das Phänomen der Synästhesie war lange bekannt, bevor der Begriff dafür, dass ein sinnlicher Eindruck im Bewusstsein des wahrnehmenden Subjekts eine zweite Sinnesempfindung hervorruft, gebraucht wurde. Die Synästhesie wird heute als Besonderheit der Wahrnehmung angesehen (Emerich, Schneider & Zedler, 2002). Damit wird diese Besonderheit auch eine Quelle zum Verständnis der Wahrnehmung.

Eine extreme Variante des Zusammenwirkens verschiedener Sinneseindrücke ist die **Synästhesie**: Ein Reiz in einer Modalität löst auch **Wahrnehmungseindrücke einer anderen Modalität** aus.

Die häufigste Form synästhetischer Wahrnehmung ist der Spezialfall des **Farbenhörens** bzw. **Tönesehens**: Ein gehörter Klang (Musik, Sprache oder Geräusche) löst gleichzeitig einen Farb- oder Gestalteindruck aus (Phonismus) oder umgekehrt (Photismen). Andere Zuordnungen die den Geruchs-, Geschmacks- Tast- und Gleichgewichtssinn mit einbeziehen treten dagegen weitaus seltener auf. Beispielweise wurde

Die häufigsten Formen syästhetischer Wahrnehmung sind das **Farbenhören** und das **Tönesehen**.

eine Musikerin untersucht, die einerseits zu Tönen Farben sieht, andererseits aber auch mit bestimmten musikalischen Intervallen einen Geschmack verbindet (▶ Beispiel). Dies ist der seltene Fall, dass ein Reiz drei verschiedene Empfindungen auslöst.

Synästhesie wird unwillentlich **durch objektive Reize ausgelöst** und bleibt über einen längeren Zeitraum erhalten. Das Wahrgenommene wird als real angesehen.

Sie ist zu unterscheiden von gelernten Assoziationen zwischen Reizen oder vom methaphorischen Gebrauch der Inbeziehungsetzung verschiedener Sinneseindrücke in der Sprache.

In verschiedenen kognitiven Prozessen (Suchprozesse, Behaltensprozesse) wirkt sich die dem Synästhetiker zur Verfügung stehende zusätzliche Sinnesempfindung aus.

Cytowic (1989; S. 1) definiert **Synästhesie** als »an involuntary joining in which the real information of one sense is accompanied by a perception in another sense«. Fünf **Merkmale** unterscheiden seiner Auffassung nach die genuine Wahrnehmungssynästhesie von »der metaphorischen Synästhesie« oder gelernten »intermodalen Assoziationen«.

1. Synästhesie ist nicht unterdrückbar. Sie ist unwillentlich, wird aber von einem objektiven Stimulus hervorgerufen.
2. Die Assoziationen, z. B. zwischen Tönen und Farben, sind unveränderlich und bleiben über einen längeren Zeitraum konstant.
3. Synästhesie hat durch die doppelte Codierung auch eine gedächtnisstützende Funktion.
4. Das Wahrgenommene wird als real vorhanden eingestuft.
5. Es ergeben sich Konsequenzen für andere kognitive Prozesse, beispielsweise für Suchprozesse oder Behaltensprozesse. Die experimentelle Forschung hat gezeigt, dass infolge der zusätzlichen Empfindungen in einer anderen Modalität bei diesen Prozessen andere Ergebnisse auftreten als bei Personen, die keine Synästhetiker sind: Die im ▶ Beispiel erwähnte Musikerin konnte beispielsweise infolge ihrer Synätsthesie Tonintervalle schneller identifizieren als andere Musiker.

? Kontrollfragen

1. Welche Arten des Zusammenwirkens verschiedener Modalitäten können unterschieden werden?
2. Geben Sie ein Beispiel für eine konstruktive Lösung beim Zusammenwirken verschiedener Modalitäten!
3. Welche Auswirkungen kann der Ausfall einer Informationsquelle für die neuronale Organisation der Wahrnehmung haben?
4. Was versteht man unter Synästhesie und wie äußert sie sich in Wahrnehmungs- und Gedächtnisleistungen?

13

▶ Weiterführende Literatur

Cytowic, R. E: (1989). *Synesthesia. A union of the senses.* Berlin: Springer
Goldstein, E. B. (2002). *Wahrnehmungspsychologie* (6. Aufl.). Heidelberg: Spektrum.
Guski, R. (1996). *Wahrnehmen – ein Lehrbuch.* Stuttgart: Kohlhammer.
Vermeij, G. (1996). *Privileged hands. A scientific life.* New York: Freeman

14 Individuelle Unterschiede

Lernziele

- Warum sind individuelle Unterschiede in der Wahrnehmung so wichtig?
- Wie zeigen sich kulturelle Erfahrungen in der Wahrnehmung?
- Wie kann Lernen die neuronale Verarbeitung beeinflussen?
- Was kann Lernen in der Wahrnehmung verändern?
- Welche entwicklungsbedingten Unterschiede sind in der Wahrnehmung zu erwarten?

Beispiel

Gebärdensprache und visuelle Wahrnehmung

Die Gebärdensprache ist räumlich gegliedert. Dies wirft die Frage auf, ob die Erfahrung im Umgang mit der Gebärdensprache die Fähigkeit zur räumlichen Wahrnehmung von Personen beeinflusst. In verschiedenen Experimenten ist tatsächlich gezeigt worden, dass Kinder, welche die Gebärdensprache beherrschen, bessere Leistungen in ausgewählten Bereichen der räumlichen Wahrnehmung haben als Kinder, die diese Sprache nicht beherrschen. Die Erfahrung im Umgang mit der Gebärdensprache führt zu einem Lerneffekt bei Leistungen wie Zergliederung einer Bewegung, Erkennung von Formen und Objekten, Unterscheidung von Gesichtern und mimischen Ausdrucksverhaltens.

14.1 Kulturelle Einflüsse

Das Vorwissen beeinflusst die Wahrnehmung. So ergeben sich auch kulturelle Einflüsse auf die Wahrnehmung.

Stellen Sie sich vor, ein Autofahrer fährt im Gebirge eine Serpentine entlang und kommt an eine 110°-Kurve, die er nicht einsehen kann. Wie verhält er sich? Würde er nur auf die Daten des visuellen Systems angewiesen sein, müsste er aussteigen und nachsehen wie es in der Kurve weitergeht. Da das visuelle System aber das kulturelle Wissen um Straßenverläufe einbezieht, wird er tatsächlich einfach weiterfahren, da im Normalfall die Straße nicht an der Kurve endet. Dieses einfache Beispiel zeigt den **Einfluss kulturellen Wissens** auf die Wahrnehmung. Es handelt sich um einen **Top-down-Einfluss auf die Wahrnehmung**, die kulturspezifische Erfahrung wirkt sich auf die Wahrnehmung aus.

Im »New Look« der Wahrnehmungsforschung wurde der **Einfluss von Erwartungen, Bedürfnissen und emotionalen Bewertungen** auf die Wahrnehmung untersucht.

Im Hinblick auf den Einfluss des Lernens auf die Wahrnehmung ist daher immer wieder gefragt worden, welche Rolle der kulturelle Kontext für die Wahrnehmung spielt. In den 50er Jahren des vergangenen Jahrhunderts war die These des sog. **»New Look in Perception«**, dass die **Wahrnehmung durch Erwartungen, Bedürfnisse, Werte, Emotionen** und andere Faktoren **beeinflusst** ist. Bruner und Goodman (1947) führten eine der bekanntesten Untersuchung dazu durch. Sie zeigten Kindern unterschiedlicher sozialer Schichten Münzen und ließen deren Größe schätzen. Sie stellten in dieser Untersuchung fest, dass die geschätzte Größe vom Wert der Münze für die Kinder beeinflusst war. Kinder unterer Sozialschichten überschätzen die Münzgröße stärker als Kinder anderer Schichten. Auch wenn diese und andere Untersuchungen methodisch kritisiert wurden (z. B. ist anzunehmen, dass die ärmeren Kinder die Münzen weniger häufig gesehen haben als die Kinder von Reichen), lenken sie doch die Aufmerksamkeit auf den Einfluss von Kultur und Erfahrung auf die Wahrnehmung.

Eine praktisch relevante Frage ist, wie die Wahrnehmung von Objekten und Szenen durch den kulturellen Hintergrund beeinflusst ist.

Dabei lassen sich unterschiedliche Fragen diskutieren, z. B.: Inwieweit hängt die Wahrnehmung von Objekten und Szenen vom kulturellen Hintergrund des Wahrnehmenden ab? Antworten auf diese Frage sind in einer globalisierten Welt äußerst wichtig, haben aber eher etwas mit der Interpretation sensorisch vermittelter Information zu tun und sind daher theoretisch nicht besonders interessant.

Die Ergebnisse zur **Phonemdiskrimination** zeigen, dass der kulturelle Sprachkontext die Entwicklung dieser Fähigkeit beeinflusst.

Interessanter ist schon die folgende Frage: Können bestimmte, relativ invariante Eigenschaften der kulturellen Umwelt den Wahrnehmungsprozess selbst beeinflussen? Ein typisches Beispiel dazu sind die Untersuchungen zur Sprachwahrnehmung, insbesondere zur **Phonemdiskrimination** (Eimas & Corbitt, 1973). Verschiedene Sprachen unterscheiden sich in den Phonemen, die beherrscht werden müssen, um die entsprechende Sprache zu verstehen. Ein bekanntes Beispiel ist die Unterscheidung von /l/ und /r/ in der englischen Sprache, die in der japanischen Sprache nicht gebraucht wird. Kinder erlernen ihre Muttersprache, ohne dass ein rückmeldungsgesteuerter Lernprozess stattfindet. Dabei stellt sich die Frage, ob bestimmte Erfahrungen im Kontext einer Sprache notwendig sind, um diese Unterscheidungen in den Phonemen zu beherrschen. Also für das Beispiel: Muss ein Kind eine englische Sprachumgebung haben, um die Fähigkeit zur Unterscheidung von /l/ und /r/ zu entwickeln?

Unterschiede in der Phonemdiskrimination

Kinder haben eine differenziertere Phonemdiskrimination als Erwachsene.

Englisch benötigt also den Kontrast zwischen /l/ und /r/, welcher im Japanischen nicht existiert. Erwachsene Japaner haben daher Schwierigkeiten, diesen Kontrast zu erkennen, weil er in ihrer Sprache nicht gebraucht wird. Interessant ist nun, dass japanische Kleinkinder diesen Unterschied aber erkennen. Kinder haben also eine differenziertere Phonemdiskrimination als Erwachsene (Kuhl et al., 1992). In einer ► Studie konnte gezeigt werden, dass Kinder im Alter von 12 Monaten die Laute ihrer Muttersprache sehr gut differenzieren können. Die Diskriminationsleistung für Phoneme einer anderen Sprache geht aber verloren und passt sich damit der Erkennungsleistung von Erwachsenen an.

Unterschiede in Wahrnehmungsurteilen

Personen aus ostasiatischen Kulturen scheinen kontextabhängiger zu urteilen als Personen westlicher Kulturen.

Eine andere neuere Untersuchungslinie bezieht sich auf die **Unterschiede in kognitiven Prozessen** durch Einflüsse beispielsweise westlicher und ostasiatischer Kulturen. Aus philosophisch-historischer Sicht wurde über einen Vergleich der alten griechischen und der alten chinesischen Kultur begründet (Nisbett & Miyamoto, 2005), dass Personen aus ostasiatischen Kulturen kontextabhängiger wahrnehmen sollten als Personen westlicher Kulturen.

Studie

Phonemdiskrimination bei Kindern

Eine Untersuchung von Werker und Teas (1984) zeigte, dass Kinder im Alter von 6 Monaten nicht nur die Unterscheidungen von Phonemen in ihrer Muttersprache schon recht gut beherrschen, sondern auch Phonemunterschiede in Sprachen wahrnehmen, die sie bis zu diesem Zeitpunkt nicht gehört haben. Die Untersuchung wurde mit zwei Phonemen aus der Hindi-Sprache durchgeführt, die im Englischen als /t/ gehört werden. Kinder, die in englischsprachiger Umgebung aufwuchsen, konnten im Alter von einem halben Jahr Phoneme der für sie unbekannten Sprache Hindi unterscheiden. Sie verschlechterten sich bei der Diskrimination dieser Phoneme bis zum Alter von etwa 12 Monaten. Die Kinder aus der Hindi sprechenden Umgebung hatten dagegen mit 11–12 Monaten die Kompetenz zur Unterscheidung der Laute.

Die Kontextabhängigkeit der Wahrnehmung lässt sich beispielsweise mit dem **Rod-and-Frame-Test** untersuchen. Bei diesem Test (▣ Abb. 14.1) sehen Personen ein großes Quadrat mit einer Linie in der Mitte, darunter befinden sich zwei verkleinerte Quadrate. Die Personen sollen nun eine zur gezeigten identische Linie einzeichnen. In ▣ Abb. 14.1 sind mögliche Lösungen dargestellt: Im rechten Quadrat ist die Linie aus dem oberen Quadrat im entsprechenden Maßstab (Linienlänge relativ zur Seitenlänge des Quadrats) verkleinert. Im linken Quadrat ist die Linie aus dem oberen Quadrat direkt übernommen. Die Frage ist, welche Linie im Längenvergleich eingezeichnet wird.

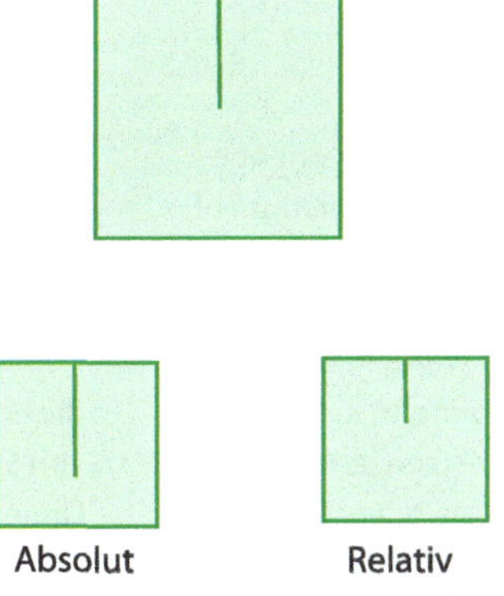

▣ **Abb. 14.1** Rod-and-Frame-Test: Gezeigt wird das Quadrat oben mit einer vertikalen Linie. Dann wird ein neues Quadrat gezeigt. Personen haben eine Linie zu zeichnen, die identisch zur ersten Linie ist. In der Absolutaufgabe soll dabei entweder die Linie genau gleich lang (*kleines Quadrat links unten*), in der Relativaufgabe entsprechend dem Verhältnis der Linienlänge zur Seitenlänge des Quadrats (*kleines Quadrat rechts unten*) gezeichnet werden

Mit dem Rod-and-Frame-Test wurden nach Berichten von Nisbett et al. (2005) tatsächlich bei der **Beurteilung von Linienlängen kulturelle Unterschiede** gefunden. Personen hatten die absolute Aufgabe oder die relative Aufgabe zu lösen (▣ Abb. 14.1). Die Ergebnisse zeigen, dass Japaner als Vertreter einer ostasiatischen Kultur ungenauer arbeiteten als Amerikaner, also Vertreter einer westlichen Kultur, wenn es sich um eine kontextunabhängige absolute Aufgabe handelt. Bei relativen Aufgaben mit Kontextausnutzung sind dagegen die Japaner besser als die Amerikaner. Vermutlich gelingt es diesen beiden Gruppen unterschiedlich gut, ihre Aufmerksamkeit auf aufgabenrelevante Aspekte der Situation zu fokussieren

Mit dem **Rod-and-Frame-Test** lässt sich die Kontextabhängigkeit der Wahrnehmung untersuchen.

Der kulturelle Hintergrund beeinflusst die Lösung von Wahrnehmungsurteilen. Vermutlich erfolgt dies über die Steuerung der Aufmerksamkeit.

Unterschiede in der Kodierung von Szenen

Bei der **Szenenanalyse** wurde kulturelle **Unterschiede in den Augenbewegungsmustern** gefunden, also in der Art der Kodierung einer Szene.

Um genauer zu lokalisieren, auf welcher Ebene der Verarbeitung ein solcher Unterschied zustande kommt, gingen Nisbett et al. (2005) auf die Ebene der Steuerung von Augenbewegungen. Sie verglichen amerikanische und chinesische Studierende als Vertreter der westlichen und der ostasiatischen Kultur. Die Annahme war, dass die Art der Enkodierung einer Szene aus den Bewegungen und **Fixationen des Auges** abzulesen ist. Bei der Betrachtung von Szenen mit einem Vordergrundobjekt (z. B Landschaft mit einem Tier) zeigte sich in den Augenbewegungen, dass bei den amerikanischen Studierenden das Auge stärker auf das Vordergrundobjekt konzentriert ist, während bei chinesischen Studierenden stärker der Hintergrund analysiert wird. Aus anderen Studien ist bekannt, dass die bevorzugten Augenpositionen den informativen Teilen einer Szene entsprechen. Daher kann aus den Ergebnissen geschlossen werden, dass diese **informativen Teile einer Szene vom kulturellen Kontext abhängig** sind. Damit ist dieses Ergebnis auch ein Beleg für die Sichtweise, dass die Objekt- und Szenenerkennung in starkem Maße kontextabhängig ist. Zu beachten ist in diesen Untersuchungen, dass damit noch nicht klar ist, wie es zu diesen Unterschieden in der Wahrnehmung und im wahrnehmungsbasierten Urteilen kommt. Im Folgenden sollen deshalb zwei weitere Einflussfaktoren auf die Unterschiede zwischen Personen diskutiert werden.

14.2 Erfahrung und Lernen

Die Auseinandersetzung mit bestimmten Reizklassen ist für die Ausbildung und den Erhalt von Wahrnehmungsleistungen notwendig.

Die Ergebnisse zur Phonemdiskrimination haben gezeigt, dass für die Ausbildung bestimmter Wahrnehmungsleistungen die Auseinandersetzung mit Reizen, in diesem Fall mit Sprachlauten, notwendig ist. In der Umkehrung ist auch zu erwarten, dass das **Fehlen bestimmter Reize** in bestimmten Entwicklungsphasen **Konsequenzen für die neuronale Entwicklung** hat. Die ▶ Studie zur Deprivation in der Entwicklung belegt, dass die Ausbildung der Spezifik von Neuronen ganz bestimmte Seherfahrungen voraussetzt.

Studie

Deprivation und Entwicklung

Katzen haben schon 6 Wochen nach der Geburt orientierungsspezifische Neurone ausgebildet, die bevorzugt auf Linien einer bestimmten Orientierung ansprechen. Solche Neurone gibt es für alle möglichen Richtungen. Diese Neuroneneigenschaften können geändert werden, wenn die Katzen in künstlich gestalteten Umgebungen aufwachsen. Blakemore & Cooper (1970) brachten Katzen jeden Tag für 5 Stunden in eine Röhre, die nur vertikale oder nur horizontale Streifen an der Wand enthielt. Dies war für 14 Tage die einzige visuelle Erfahrung, ansonsten wuchsen die Katzen im Dunkeln auf. In Untersuchungen nach etwa 5 Wochen zeigte sich, dass diese Katzen für die Streifenmuster, die sie nicht gesehen hatten, blind geworden waren. Sie schienen die unbekannten Streifenmuster gar nicht wahrzunehmen, wie an ihrem Orientierungsverhalten abzulesen war. Die neurologische Untersuchung ergab, dass keine Neurone gefunden wurden, die auf unbekannte Orientierungen ansprechen.

Das Ergebnis zeigt, dass die Entwicklung der Spezifik der Neurone auch bestimmte Seherfahrungen voraussetzt. Ohne die Erfahrung im Umgang mit bestimmten Orientierungen von Streifenmustern können sich keine Neurone mit dieser Orientierungsspezifik ausbilden. Das Ergebnis hatte weitreichende Konsequenzen für die Auffassung von der neuronalen Entwicklung. Später wurde noch gezeigt, dass es nicht die Erfahrung allein ist. Die Katzen müssen sich auch frei bewegen können. Die sich aus der Steuerung der Motorik ergebenden Anforderungen sind für die visuelle Entwicklung ebenfalls wichtig.

Erfahrungen in bestimmten Wahrnehmungssituationen verändern Wahrnehmungsleistungen.

Es ist daher davon auszugehen, dass die Auseinandersetzung mit bestimmten Klassen von Reizen im Umfeld einer Person die Wahrnehmung verändert. Solche besonderen **Erfahrungen** könnten kulturell bedingt sein oder könnten **bestimmte Berufsgruppen** und deren Expertise betreffen. Ein Weinverkoster hat gehäuft Geruchs- und Geschmacksreize zu verarbeiten. Dies sollte Konsequenzen für die besondere Leistungsfähigkeit seiner Wahrnehmung erwarten lassen. Generell gilt, dass Berufsmusiker die besseren psychoakustischen Fähigkeiten haben. So können sie beispielsweise die Klangfarben von komplexen Tönen besser unterscheiden Es gibt also eine Reihe von Ergebnissen, die auf die Rolle der Erfahrung für perzeptive Leistungen verweisen.

Erfahrungen mit bestimmten Reizklassen führen zu Veränderungen in den relevanten neuronalen Arealen.

Solche **Unterschiede** ergeben sich **sogar auf neuronaler Ebene**. Pantev et al. (2001) konnten zeigen, dass infolge der Plastizität des Gehirns die neuronalen Areale im somatosensorischen Kortex der linken Hand bei Geigenspielern stärker ausgeprägt sind. Die neuronalen Veränderungen stehen in Beziehung zu den Leistungsänderungen (▶ Kap. 10).

Visuelle Künstler haben veränderte visuelle Wahrnehmungsleistungen.

Thouless (1932) interessierte sich für die individuellen **Unterschiede in Konstanzphänomenen**, insbesondere in der Formkonstanz der visuellen Wahrnehmung. Er stellte fest, dass visuelle Künstler eine verringerte Formkonstanz gegenüber Nichtkünstlern haben. Formkonstanz bedeutet, dass eine Form unabhängig vom Blickwinkel, unter dem sie gesehen wird, als solche erkannt wird. Ein Kreis wird auch als solcher erkannt, wenn beim Betrachten von schräg oben sein Abbild auf der Retina eine Ellipse ist. In anderen Untersuchungen an Kunststudenten wurde auch ermittelt, dass diese bessere Leistungen bei der Identifikation von verrauschten Bildern, dem Auffinden eingebetteter Bilder oder fragmentierter Bilder zeigen.

Auch für das **Geruchssystem** wurden erfahrungsbedingte Veränderungen von Wahrnehmungsleistungen nachgewiesen.

Solche **erfahrungsbedingten individuellen Unterschiede** treten **auch bei anderen Sinnessystemen** auf. Rabin (1988) hat solche übungsbedingten Veränderungen mit Gerüchen dokumentiert. Er wählte die **Gerüche** so aus, dass sie relativ unbekannt waren. Dann führte er mit verschiedenen Gruppen von Personen ein Training durch. Eine besonders effektive Variante war das Erlernen einer Benennung der Gerüche. Er konnte zeigen, dass in einer Diskriminationsanforderung die Trainingsgruppe, die Begriffe für die Gerüche gelernt hatte, eine deutlich bessere Leistung zeigte. In einem zweiten Experiment nutzte er das unterschiedliche Geruchswissen der Personen und konnte nachweisen, dass die **Bekanntheit eines Geruchs**, die **Diskrimination erleichtert**, auch wenn er in einer Geruchsmischung enthalten ist. Durch diese Ergebnisse wurde somit die Alltagserfahrung gestützt, dass nämlich **bestimmte Berufsgruppen** – wie beispielsweise Weinverkoster und Parfümeure – ein **besseres Diskriminationsvermögen** für bestimmte Reizklassen haben (Hummel et al., 2003; Wysocky & Beauchamp, 1988), das sich aus dem auf Lernerfahrung gegründeten Vorwissen ergibt.

Für die Praxis

Verbesserung des Geruchssinns

Es ist bekannt, dass sich die Riechzellen alle 4–6 Wochen regenerieren. Die verbesserte Sensibilität durch Übung des Geruchssinns zeigt sich bei Parfümeuren und Sommeliers. Die regelmäßige Exposition von Gerüchen verbessert nachweislich die Empfindlichkeit des Geruchssystems. Dies lässt sich auch therapeutisch ausnutzen. Eine Patientin, die durch einen Fahrradunfall das Geruchsvermögen verloren hatte, konnte durch kontinuierliches, tägliches Üben eine Verbesserung ihres Geruchsvermögens erreichen.

Lernbedingten Veränderungen bei elementaren perzeptuellen Anforderungen können mit der **Noniusaufgabe** oder der **Texturunterscheidung** untersucht werden.

Übungsbedingte Veränderungen in der Wahrnehmung können an unterschiedlichen Stellen im Wahrnehmungsprozess auftreten. Wir hatten gesehen, dass berufliche Expertise bei Musikern mit neuronalen Veränderungen im Kortex in Verbindung gebracht werden kann. Es gibt andere **erfahrungsbedingte Veränderungen**, die mehr **in den peripheren Teilen Sinnessystemen** zu lokalisieren sind. Solche lernbedingten Veränderungen hat bei elementaren perzeptuellen Anforderungen besonders Fahle (2003b) untersucht. Aufgaben, die er untersuchte, waren die **Noniusaufgabe** oder die **Texturunterscheidung**. Bei einer typischen Noniusaufgabe ist zu beurteilen, z. B. ob der untere von zwei vertikalen Strichen rechts oder links vom oberen Strich angeordnet ist. Bei der Texturunterscheidung ist in einer quadratischen Anordnung von horizontalen Strichelementen bei drei schräg orientierten Strichelementen, die ein kleines Rechteck bilden, die Orientierung (vertikal, horizontal) des Rechtecks anzugeben.

Wahrnehmungslernen erweist sich in kontrollierten Untersuchungen als sehr spezifisch für den Übungskontext, es findet kaum Transfer statt.

Fahle (2003b) verwendete beispielsweise eine Aufgabe, bei der drei Punkte zu beurteilen waren. Einmal war das eine Noniusaufgabe, bei der in einer vertikalen Anordnung von drei Punkten zu beurteilen war, ob der mittlere Punkt eine Links-rechts-Abweichung von der Vertikalen zwischen dem oberen und dem unteren Punkt hat. In der anderen Aufgabe war zu beurteilen, ob der mittlere Punkt den gleichen Abstand vom oberen und unteren Punkt hat. Eine Stunde Übung verbesserte dabei die Leistung um etwa 10%. Diese Aufgaben können an unterschiedlichen Positionen im Gesichtsfeld dargeboten werden. Es zeigt sich, dass **kaum ein Transfer** von einer Gesichtsfeldposition auf eine andere stattfindet. Das **perzeptuelle Lernen hat also eine hohe Spezifität für den Übungskontext**. Solche Übungskontexte waren neben der Position im Gesichtsfeld, das trainierte Auge oder die Orientierung der Reize. Einerseits wird die Erlernbarkeit solcher Wahrnehmungsleistungen belegt. Andererseits muss im Lernen der Kontext beachtet werden, um Transfer zu erreichen. Besonders für rehabilitative Maßnahmen im Bereich elementarer Wahrnehmungsleistungen ist dies wichtig. Zu beachten sind aber noch andere Einflüsse auf das Lernen wie der Aufgabentyp (Fine & Jacobs,

2002, Ahissar & Hochstein, 1997) oder die Rückmeldung in Lerndurchgängen (Kim, Seitz & Watanabe, 2009). Dass dieses Lernen auf unterschiedlichen neuronalen Ebenen stattfinden kann zeigt die ▶ Studie zum »Lernen von Objektkategorien«.

Studie

Lernen von Objektkategorien

Es ist bekannt, dass bei der Erkennung von Gesichtern ein bestimmtes Areal im Kortex aktiv ist. Untersuchungen mit bildgebenden Verfahren, welche die neuronale Aktivität von Gehirnarealen anzeigen, belegen dies. Gauthier et. al. (1998) führten ein Lernexperiment mit unbekannten Objekten durch. Diese Objekte sehen aus wie unbekannte Lebewesen und sind in der Literatur als Greebles bekannt geworden. Es wurde ein Benennungsexperiment mit Gesichtern und Greebles durchgeführt. Am Anfang war das gesichterspezifische Areal nur bei der Darbietung von Gesichtern aktiv, bei Greebles nicht. Nach einem mehrtägigen Training mit den Greebles waren die Personen zu Greeble-Experten geworden. Neuronal zeigt sich, dass jetzt das gesichterspezifische Areal auch bei den Greeble-Aufgaben eine erhöhte Aktivität hatte. Später konnte gezeigt werden, dass Personen, die im Erkennen von Objekten einer bestimmten Klasse Experten geworden waren, Aktivität in diesem Gesichterareal zeigten. Diese Anpassung der Aktivität neuronaler Systeme durch Lernen ist ein Beispiel für die Plastizität des Gehirns. Erfahrungen, die wir machen, verändern die neuronalen Aktivitätsmuster und damit unsere Wahrnehmung. Durch den Erwerb einer Expertise im Umgang mit bestimmten Reizen ergeben sich Veränderungen im Gehirn.

Wahrnehmungslernen erhöht die Selektivität der Verarbeitung und verbessert die **Anpassung der Wahrnehmung an die Handlungserfordernisse**.

Perzeptuelle Lernvorgänge haben in den letzten Jahren besonderes Interesse erhalten (Ahisssar, 2001). Lernen erhöht allgemeine die Selektivität der Verarbeitung und **verbessert die Anpassung des Wahrnehmungssystems** an die Handlungserfordernisse. Solche lernbedingten Veränderungen führen auch zu einer **Anpassung der Spezifik des neuronalen Systems** (▶ Studie »Neuronale Anpassung und Lernen«).

Studie

Neuronale Anpassung und Lernen

Neurone im Kortex reagieren auf spezifische Reizmuster. Diese Selektivität kann durch die Anpassungsprozesse in der Evolution oder durch die Auswertung von Erfahrungen in einem Lernprozess entstehen. Belege für die Wirkung der Evolution ergeben sich u. a. aus der Untersuchung von Neugeborenen. Logothetis, Paul und Poggio (1995) wiesen nach, dass auch Lernprozesse eine solche neuronale Spezifik erzeugen. Sie führten Erkennungsuntersuchungen mit unbekannten Objekten an Affen durch. Affen wurden trainiert, ein bestimmtes Objekt wiederzuerkennen, wobei verschiedene Ansichten (von vorn, von hinten, von der Seite etc.) verwendet wurden. Danach erfolgte ein Wiedererkennungstest mit weiteren unbekannten Objekten und mit bekannten Objekten in unbekannten Orientierungen. Sowohl mit psychophysikalischen Methoden (Prozentsatz richtigen Erkennens) als auch mit neurobiologischen Methoden (Entladungsrate eines bestimmen Neurons) konnte gezeigt werden, dass die Affen ein bekanntes Objekt um so schlechter wiedererkannten, je stärker die Darbietung von der trainierten Sicht abwich. Die Erfahrung führt also zu Anpassungen im Antwortverhalten neuronaler System.

Das **Wahrnehmungslernen** ergänzt **in Verbindung mit der Reifung** die Ausstattung des Menschen, um den handlungsrelevanten Verarbeitungserfordernissen gerecht zu werden.

Dieses **Wahrnehmungslernen ergänzt** in Verbindung mit den neuronalen Reifungsvorgängen **die vorgegebene Ausstattung des Menschen**, um für bestimmte Verarbeitungserfordernisse in seine sozialen und physikalischen Umwelt vorbereitet zu sein. Die **Wahrnehmungssysteme** sind dabei **in unterschiedlichem Maße modifizierbar**, und dies trifft auch auf die verschiedenen Ebenen innerhalb eines betrachteten Wahrnehmungssystems zu. Die Zapfen in der Retina gehören sicher zu den peripheren Bausteinen des visuellen Systems, die durch Übung nicht verändert werden. Die Selektivität eines Neurons im visuellen Kortex kann dagegen wie in der Fallstudie gezeigt durch Übung durchaus verändert werden.

Störungen in der Verarbeitung können korrigiert werden, wenn **aktives Handeln** stattfindet.

Doch auch **aktives Handeln führt zu einer Korrektur der Wahrnehmung**: Das bekannteste Beispiel dafür sind die Brillenversuche von Kohler (1915–1985). Er führte eine Störung der Wahrnehmung ein, indem seine Probanden mehrere Tage eine

Prismenbrille trugen, mit der ein verzerrtes Bild auf das Auge projiziert wird (Kohler, 1962). Dadurch ergaben sich beträchtliche Störungen im Handlungsablauf. Nach einer gewissen Zeit hatte sich das visuelle System jedoch an die Störung angepasst und konnte die gewohnte Funktion bei der Steuerung der Alltagshandlungen wieder übernehmen.

Solche Einsichten in die **Veränderbarkeit von Wahrnehmungsprozessen** bilden die **Grundlage für die Gestaltung von Lernprozessen und rehabilitativen Maßnahmen**. Schäffler, Sonntag und Fischer (2004) führten bei Legasthenikern erfolgreich perzeptuelles Lernen mit dem Ziel durch, sprachliche Kompetenzen der Trainingsgruppe zu verbessern. Das Training der Frequenz- und Intensitätsunterscheidung von Tönen war erfolgreich. Die Trainingsgruppe verbesserte sich auch in Leistungen der sprachgebunden Lautdiskrimination und in der Rechtschreibung.

Die **Veränderbarkeit von Wahrnehmungsprozessen** bildet auch die Grundlage für **rehabilitative Maßnahmen**.

14.3 Entwicklung

Im Laufe der Darstellung wurden bereits verschiedene Besonderheiten von Personen in Wahrnehmungsleistungen angesprochen. Dazu gehören Agnosien, Anosmien, Blindheit, Taubheit, Supertaster oder Synästhetiker. Die gesamte Darstellung war aber auf den normalen gesunden Erwachsenen ausgerichtet. In diesem Abschnitt werden wir einige **entwicklungsbedingte Besonderheiten der Wahrnehmung** betrachten.

Wahrnehmungsleistungen hängen auch vom Entwicklungsstand einer Person ab.

Im Kontext einer modernen Entwicklungspsychologie mit ihrer Orientierung auf die gesamte Lebenszeit stellt sich angesichts der Bedeutung der Wahrnehmungsleistungen für die geistige Entwicklung (Lindenberger & Baltes, 1994) die Frage nach **altersbedingten Veränderungen**. Solche Erkenntnisse sind für das Verständnis der Entwicklung wichtig, haben aber auch eine besondere Bedeutung im Hinblick auf die Gestaltung von altersgerechtem Spielzeug, Werkzeugen und Lernumgebungen. Generell gilt, dass die **Spitzenleistungen in der Wahrnehmung im 3. Lebensjahrzehnt** erbracht werden. Danach verschlechtern sich die elementaren Wahrnehmungsleistungen. Das räumliche Auflösungsvermögen beim Sehen nimmt ab und die Hörschwelle nimmt deutlich zu. Die Fehlerrate bei der Geruchsidentifikation steigt auf etwa 30% im Alter von 70 Jahren, während die Zweipunktschwelle beim Tasten von 3 mm auf fast 5 mm steigt.

Angesichts des Zusammenhangs zwischen Wahrnehmungsleistungen und kognitiver Leistungsfähigkeit ist zu beachten, dass die **Wahrnehmungsleistungen in der Regel nach dem 3. Lebensjahrzehnt abnehmen.**

Für die Praxis

Selektivität und Verkehr

In der Verkehrspsychologie hat sich zur Charakterisierung der Leistungsfähigkeit ein leicht zu ermittelnder Parameter durchgesetzt, das UFOV(»useful field of view«, Gebrauchssichtfeld; Edwards et al. 2006). Damit wird der Bereich des Sehfeldes erfasst, in dem irrelevante Information effektiv ausgefiltert und die verhaltensrelevante Information herausgehoben werden kann. Ermittelt wird dies mit Verfahren, die sowohl die Leistungen in der Diskrimination von Zeichen, in der Selektion relevanter Information und bei Doppelaufgaben erfassen. Das UFOV nimmt mit dem Alter systematisch ab. Die Verringerung der Größe dieses Sehfeldbereiches korreliert zudem mit dem Risiko für einen Verkehrsunfall.

Im Alter treten eine Reihe von **Veränderungen in den visuellen Leistungen** auf. Besonders dramatisch ist die **verringerte Dynamik der Pupille**. Sie bleibt relativ klein und kann mit zunehmendem Alter immer weniger in der Größe verstellt werden. Ähnlich **verringert** sich auch die **Flexibilität der Linse**. Die Akkommodation ist eingeschränkt, was zu der bekannten altersbedingten Fehlsichtigkeit führt. Das verringerte Akkommodationsverhalten ist verkehrspsychologisch wichtig, weil bei der Lenkung eines Fahrzeuges über die Akkommodation ständig eine Neueinstellung auf die veränderten Sehbedingungen anfällt, beispielsweise vom Betrachten des Armaturenbrettes zum Blick auf die Straße. Die **Linse verfärbt sich**, was die spektralen Eigenschaften des

Ein Teil **altersbedingter** Veränderungen von visuellen Leistungen kann auf **Veränderungen innerhalb des Auges** zurückgeführt werden.

durchgelassenen Lichtes verändert. Es kommt zu **Degenerationserscheinungen der Retina**. Die retinalen Rezeptoren verringern sich.

Die **Veränderungen auditiver Leistungen** stehen in Beziehung zu Veränderungen in der Weiterleitung von Schallwellen im Ohr und der Resonanzeigenschaften der Basilarmembran.

Für das **Hören** gilt ein ähnliches Ergebnis. Die **Hörschwelle sinkt** in den ersten 4 Lebensjahren, insbesondere im 1. Lebensjahr rapide ab. Die Verluste im Alter, ausgedrückt in der Erhöhung der Schwelle, sind dramatisch, insbesondere bei höheren Frequenzen. Es gibt eine Reihe von Faktoren, die für diese Veränderungen verantwortlich sind: So verändern sich z. B. die Resonanzeigenschaften des äußeren Ohres, es kommt zu Veränderungen in der Weiterleitung im Mittelohr, die Flexibilität der Basilarmembran verringert sich und es zeigt sich eine Verkümmerung der kochlearen Haarzellen. Hinzu kommen mögliche Veränderungen in der zentralen Verarbeitung.

Veränderungen der Geruchswahrnehmung hängen mit Veränderungen im Rezeptorsystem zusammen.

Die **Geruchsleistungen** bei der Identifikation verbessern sich bis zum Alter von 10 Jahren. Der Abbau in diesen Leistungen beginnt etwa im 7. Lebensjahrzehnt. Neurobiologische Befunde stützen die Erklärung des Abbaus, da sich sowohl die Anzahl als auch die Selektivität der Geruchsrezeptoren verringert.

14.4 Wahrnehmungsleistungen von Kleinkindern

In den ersten Lebensmonaten liegen besondere Leistungen bei der Erkennung von Gesicht und Stimme der Bezugsperson vor.

Die kognitiven und insbesondere die Wahrnehmungsleistungen von Kleinkindern wurden in der Entwicklungspsychologie lange Zeit unterschätzt. So zeigt die Sehschärfe bis zum 6. Monat einen schnellen Anstieg. Zu den bemerkenswerten Leistungen in dieser Entwicklungsperiode gehören die Differenzierung des Gesichts der Mutter von anderen Gesichtern sowie die Erkennung der Stimme der Mutter.

In ◻ Abb. 14.2 sind einige visuelle Leistungen mit den Altersangaben ihres Auftretens dargestellt.

Eine der frühen Leistungen in der Wahrnehmung von Kleinkindern ist der intermodale Vergleich zwischen Tasten und Sehen.

Eine Leistung soll hier beispielhaft genauer betrachtet werden. Der **intermodale Vergleich zwischen Tasten und Sehen**. Wir können einen Gegenstand ertasten und ihn dann visuell aus einer Menge auswählen. Diese Zusammenarbeit der Sinnessysteme (▶ Kap. 13) bei einem solchen intermodalen Vergleich kann entwicklungspsychologisch hinterfragt werden: Ist es eine Leistung, die wir im Laufe der Entwicklung erlernt haben, oder ist es eine Leistung, die zur Grundausstattung gehört?

Diese frühe Korrespondenz zwischen Tasten und Sehen scheint nicht gelernt zu sein, sondern beruht wohl auf einer **amodalen Repräsentation**.

In der Regel haben wir keine Schwierigkeiten, ein ertastetes Objekt mit einem gesehenen Objekt zu vergleichen. Ein solcher Vergleich erfordert **intermodale Korrespondenz**. Meltzoff und Burton (1979) untersuchten mit Schnullern bei Kindern im Alter von 1 Monat, ob sie gefühlte und gesehene Formen miteinander vergleichen kön-

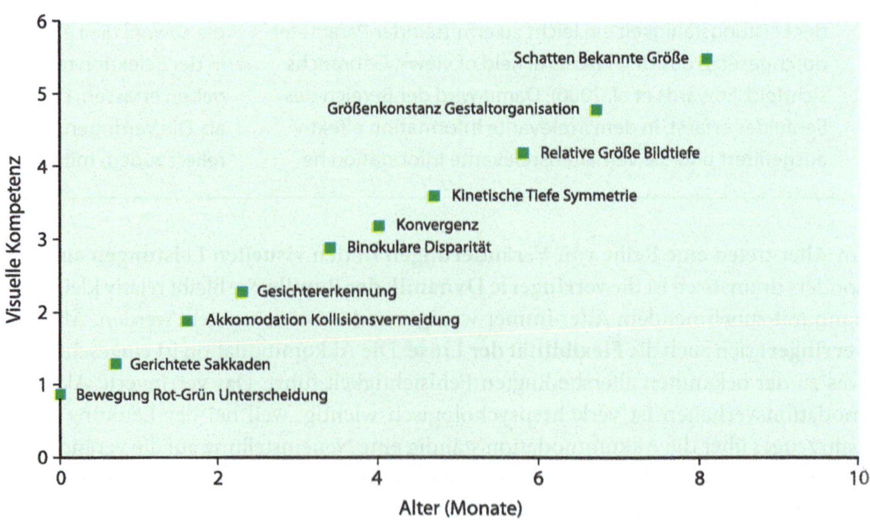

◻ **Abb. 14.2** Verschiedene Leistungen des visuellen Systems werden in unterschiedlichem Alter erreicht

nen. Sie wollten also wissen, ob die Zusammenarbeit des Tastsinns und des Sehsinns funktioniert und ob dahinter ein Lernprozess steckt. Die Säuglinge hatten in der Untersuchung Schnuller unterschiedlicher Form visuell oder durch Tasten mit dem Mund zu vergleichen. Es gab beispielsweise eine runde Form mit genoppter Oberfläche und eine Form mit glatter Oberfläche. Dabei zeigte sich, dass sie die runde Form mit einer genoppten Oberfläche beim Tasten und Sehen in Verbindung bringen konnten Die Kinder schauten die Schnullerform, an der sie vorher gesaugt hatten, länger an. Daraus schlossen die Autoren, dass eine solche frühe Erkennung der Korrespondenz zwischen Tasten und Sehen nicht gelernt sein kann. Die Annahme ist, dass die Kinder aus den ertasteten und gesehenen Oberflächen eine **amodale Repräsentation** aufbauten, die diesen Vergleich ermöglicht.

Kontrollfragen

1. Mit welchen theoretischen Ansätzen lässt sich begründen, dass kulturelle Einflüsse auf die Wahrnehmung zu erwarten sind?
2. Was konnten Werker und Teas mit ihren Experimenten zur Phonemdiskrimination zeigen?
3. Welche Unterschiede in der Kontextabhängigkeit wurden mit welchem Test gefunden?
4. Was ist für Lernprozesse in der Wahrnehmung charakteristisch?
5. Welche altersbedingten Veränderungen in der Wahrnehmung sind zu erwarten?
6. Was macht die Analyse der Wahrnehmungsprozesse von Kleinkindern neben ihrem praktischen Wert für die Wahrnehmungspsychologie so bedeutsam?

► Weiterführende Literatur

Coren, S., Ward, L.M. & Enns, J.T. (1999). *Sensation and perception, Fifth Edition*. Orlando, FL: Harcourt.
Mather, G. (2006). *Foundations of perception*. Hove and New York: Psychology Press.

II Aufmerksamkeit

J. Krummenacher, H.-J. Müller, T. Schubert

15 Selektive Aufmerksamkeit[1]

Lernziele

- Welche Befunde sprechen für eine frühe, welche für eine späte Selektion sensorischer Information, und wie können diese Befunde in theoretischen Modellen erklärt werden?
- Wie lassen sich Mechanismen der orts-, objekt-, und merkmalsbasierten visuellen Aufmerksamkeit auf der Ebene behavioraler und neurokognitiver Analyse differenzieren?
- Welche Beiträge leistet die Methode der visuellen Suche zum Verständnis der Informationsselektion und Objektwahrnehmung?
- Wie können behaviorale und neuronale Befunde zur visuellen Aufmerksamkeit integriert werden?

Die Bedeutung der **Selektionsfunktion der Aufmerksamkeit** wird deutlich, wenn man sich vergegenwärtigt, dass zu einem gegebenen Zeitpunkt eine große Menge von auditiven, visuellen, taktilen etc. Reizen auf unsere verschiedenen Sinnesorgane einwirkt und sensorische Rezeptionsprozesse in Gang setzt. Allerdings wird uns nur ein kleiner Ausschnitt dieser Informationsmenge bewusst bzw. nur ein kleiner Ausschnitt aus dieser Menge determiniert unsere fortlaufende Interaktion mit der Umwelt. Das bedeutet, dass aus der Gesamtmenge der eingehenden sowie der im Gedächtnis gespeicherten Information immer wieder die relevante Teilmenge ausgewählt werden muss, um effizientes und störungsfreies Handeln zu ermöglichen.

Selektive Aufmerksamkeit bezeichnet die kognitiven Fähigkeiten, die eine Teilmenge sensorischer Reize höheren Prozessen der Kontrolle von Denken und Handeln zugänglich machen.

Auf welche Weise die Aufmerksamkeit diese Funktion erfüllt, ist Gegenstand der Forschung zur selektiven Aufmerksamkeit. Im Folgenden werden zunächst »klassische« Paradigmen, Befunde und theoretische Ansätze der experimentalpsychologischen Forschung zur selektiven auditiven Aufmerksamkeit dargestellt – nicht zuletzt, weil diese Forschung eine Reihe von theoretischen Kontroversen aufwarf, die die aktuelle Diskussion nach wie vor bestimmen. Sodann folgt eine Darstellung neuerer Forschungsarbei-

»Klassische« experimentelle Paradigmen befassten sich mit der auditiven Selektion. Die dabei entwickelten theoretischen Modelle bestimmen auch die aktuelle Forschung.

[1]) Dieses Kapitel ist in weiten Teilen eine verkürzte Fassung des Textes aus: Müller, H. J. & Krummenacher, J. (2008). Aufmerksamkeit. In: Müsseler, J.: *Allgemeine Psychologie*, 2. Aufl. Heidelberg: Spektrum Akademiker Verlag.

ten zur visuellen Aufmerksamkeit, die auch Schlüsselstudien zu den neurokognitiven Mechanismen einbezieht, die der visuellen Selektion zugrunde liegen.

15.1 Klassische Ansätze zur selektiven Aufmerksamkeit

Beispiel

»Cocktailparty-Phänomen«

Erinnern Sie sich an Ihren letzten Abend in einer Disco oder einem Club. Sie unterhalten sich in einer kleinen Gruppe von Leuten. Den akustischen Hintergrund dieser Unterhaltung bilden die Musik, Geräusche wie das Klingen von Gläsern und die vielen anderen gleichzeitigen Gespräche. In einer solchen Situation können Sie leicht an sich selbst beobachten, dass Sie fast alle der vorhandenen akustischen Signale gleichzeitig – als undifferenzierte Geräuschkulisse – »hören« können. Hauptsächlich sind Sie aber an der Unterhaltung interessiert, und Sie konzentrieren sich auf die jeweils sprechende Person. Sie sind dann gut in der Lage, den Äußerungen Ihrer Gesprächspartner zu folgen. Dabei nehmen Sie die umgebende Geräuschkulisse als solche nicht mehr wahr (obwohl Sie sie natürlich immer noch »im Ohr« haben); Sie nehmen auch die Unterhaltungen der anderen Leute nicht wahr, obwohl die dort gerade sprechende Person Ihnen möglicherweise näher (z. B. Rücken an Rücken) ist als die Person, mit der Sie sich gerade unterhalten.

Nennt aber jemand Ihren Namen, so kann es passieren, dass Sie plötzlich für eine Zeit lang den Äußerungen der Person folgen, die Ihren Namen genannt hat (um zu erfahren, was von anderen über Sie gesagt wird, wie Sie eingeschätzt werden, welche Gerüchte über Sie im Umlauf sind usw.). Anschließend wenden Sie sich wieder der ursprünglichen Unterhaltung zu. Von dieser haben Sie aber in der Zwischenzeit einen Teil verpasst, sodass etwas Zeit vergeht, bis Sie sich wieder in dieses Gespräch einfinden.

Mithilfe von Aufmerksamkeit stellt sich der Wahrnehmungsapparat auf einen Ausschnitt der sensorischen Stimulation ein.

Die Situation einer lauten Umgebung (► Beispiel »Cocktailparty-Phänomen«) veranschaulicht einige der wesentlichen Aspekte der Aufmerksamkeit, die im Weiteren thematisiert werden. Obwohl alle an unserem Ohr ankommenden akustischen Reize sensorisch kodiert werden, können wir nur einen kleinen Ausschnitt der in diesen Signalen enthaltenen Information zu einer gegebenen Zeit (bewusst) wahrnehmen. Wir richten also unsere Aufmerksamkeit auf einen Ausschnitt dieser Reize, d. h., wir stellen unseren Wahrnehmungsapparat auf die entsprechenden Signale ein und blenden damit den Rest der Signale mehr oder weniger effektiv aus. Worauf wir aufmerken, wird in der Regel durch unsere aktuellen Motive, Absichten bzw. Ziele bestimmt (z. B. nützliche Neuigkeiten zu erfahren, über die in der eigenen Gruppe gerade gesprochen wird). Unsere Aufmerksamkeit kann aber auch ungewollt durch externe, für unsere augenblicklichen Ziele irrelevante Reize abgelenkt werden.

Wahrnehmung und Aufmerksamkeit dienen dazu, Informationen für erfolgreiches zielgerichtetes Denken und Verhalten auszuwählen.

Wahrnehmung beinhaltet also zu einem wesentlichen Anteil **Aufmerksamkeit**, die dazu dient, dass die für zielgerichtete Handlungen erforderlichen Informationen fortlaufend aus der Fülle der sensorischen Eingangssignale ausgelesen werden. Wie diese Auslese bzw. die selektive Aufmerksamkeit funktioniert, ist eine zentrale Fragen, der wir uns anhand des ersten einflussreichen Modells der Selektion, der sog. Filtertheorie von Broadbent (1958) zuwenden.

15.1.1 Filtertheorie der Aufmerksamkeit

Broadbents Filtertheorie ist eines der ersten Modelle der selektiven Aufmerksamkeit.
Der Aufbau (die Architektur) des Selektionsmechanismus findet sich in aktuellen Modellen wieder.

Broadbent (1958) integrierte **drei wichtige Befundmuster** in seine Filtertheorie der Aufmerksamkeit (■ Abb. 15.1).

Der erste Befund stammt aus Experimenten von Cherry (1953), der das **Paradigma des dichotischen Hörens** einsetzte, um zu untersuchen, warum es möglich ist, einem bestimmten Gespräch zu folgen und andere zu ignorieren. Das Experiment sah wie folgt aus: Dem linken und dem rechten Ohr einer Probandin wurde gleichzeitig je eine »Nachricht« zugespielt, wobei eine der Nachrichten zu »beschatten«, d. h. laut nachzusprechen (und damit zu beachten) war. Die Methode wird auch als »shadowing« bezeichnet. Die Frage war, was die Probanden im Anschluss an das Experiment von der nicht beachteten Nachricht wiederzugeben oder zu berichten in der Lage waren. Sie bemerkten es beispielsweise nicht, wenn dieselbe Stimme die Nachricht plötzlich in einer anderen Sprache (Englisch statt Deutsch) sprach. Allerdings bemerkten die Probanden, wenn die Stimme von der eines Mannes auf die einer Frau wechselte oder wenn ein nicht zur Nachricht gehörender Ton präsentiert wurde.

Beim **dichotischen Hören** ist die Aufgabe, Information zu »beschatten«, die einem Ohr dargeboten wird, während die Information des anderen Ohrs irrelevant ist.
Veränderungen physikalischer Eigenschaften der nicht beschatteten Information werden entdeckt.

Der zweite Befund stammte von Broadbent selbst. Broadbent (1954) präsentierte ebenfalls Nachrichten an das linke und rechte Ohr. Die Nachrichten waren **simultan dargebotene Sequenzen von Ziffernpaaren**, die eine Ziffer an das linke und die andere an das rechte Ohr (z. B. 2–7, 6–9, 1–5). Die Probanden hatten die Aufgabe, die Ziffern möglichst vollständig wiederzugeben. Dabei zeigte sich, dass die Wiedergabe bevorzugt nach Ohr (2–6–1, 7–9–5), nicht jedoch nach Darbietungspaaren (2–7, 6–9, 1–5), erfolgte. Broadbent schloss daraus, dass physikalische Merkmale der Eingangsinformation (die Quelle, d. h. das Ohr) effektive Hinweisreize (»cues«) sind, um die unterschiedlichen Nachrichten auseinanderzuhalten.

Wenn simultan ans rechte und linke Ohr gerichtete Informationen berichtet werden müssen, erfolgt der **Bericht getrennt nach Quellen**; die Wiedergabe folgt also nicht der zeitlichen Struktur der Darbietung.

Der dritte Befund stammte aus Welfords (1952) **Untersuchungen zur psychologischen Refraktärperiode** (PRP). Einem Probanden wurden zwei Reize in schneller Aufeinanderfolge dargeboten, wobei so rasch wie möglich auf jeden der Reize (durch einen Tastendruck) reagiert werden musste. Dabei zeigte sich, dass die Reaktionszeit auf den zweiten Reiz von der Zeitverzögerung zwischen dem Einsetzen des ersten und dem des zweiten Reizes abhängt (»stimulus onset asynchrony«, SOA): Die Reaktionszeit ist umso länger, je kürzer die SOA ist. Welford interpretierte die Reaktionszeitverlängerung im Sinne einer psychologischen Refraktärperiode, die auf einen Engpass (»bottleneck«) im Verarbeitungssystem zurückgeht: Die Verarbeitung des ersten Reizes muss abgeschlossen sein, bevor die des zweiten Reizes beginnen kann (serielle Verarbeitung). Da die zwei Reize sensorisch (d. h. peripher) unmittelbar registriert werden, betrachtete man die PRP als Evidenz für eine zentrale Beschränkung in der menschlichen Informationsverarbeitungskapazität.

Die Reaktionszeit auf den zweiten von zwei fast gleichzeitig dargebotenen Reizen ist von der SOA zwischen den Reizen abhängig.
Diese Limitation deutet auf einen **Engpass im Verarbeitungssystem** hin.

Broadbent versuchte nun, diese drei Befunde in einem theoretischen Rahmen zu erklären. Nach seiner Filtertheorie erlangen zwei gleichzeitig dargebotene Eingangsreize (Nachrichten) parallel und gleichzeitig Zugang zu einem sensorischen Speicher. Nur einer der Reize darf auf der Basis seiner physikalischen Merkmale (z. B. Ohr) einen selektiven Filter passieren. Der andere Reiz wird abgeblockt, verbleibt aber vorübergehend im Speicher für eventuellen späteren Zugriff. Der Filter ist notwendig, um ein kapazitätslimitiertes, strikt serielles Verarbeitungssystem (»limited-capacity channel«) jenseits des Filters vor Überlastung zu schützen. Der Reiz, der es durch den Filter schafft, wird dann von diesem Verarbeitungssystem gründlich, d. h. bis zu einer semantischen Repräsentation, verarbeitet. Nur Information, die dieses System durchläuft, kann bewusst und ins Langzeitgedächtnis eingespeichert werden.

Der theoretische Rahmen der Filtertheorie bietet eine integrierte Erklärung für die physikalischen Aspekte der Selektion (selektiver Filter sowie Kurzzeitspeicher) und den Engpass (strikt serielles Verarbeitungssystem).

Die **Filtertheorie** macht also die folgenden »starken« **Grundannahmen**:

- Der Ort der Nachrichtenselektion ist früh (»early selection«);
- die Selektion erfolgt auf der Basis physikalischer Reizmerkmale (z. B. Reizort, Ohr, Frequenz etc.);
- die Weiterleitung von Nachrichten erfolgt nach dem Alles-oder-nichts-Prinzip;
- die Art des Hinweisreizes, der der Nachrichtenselektion dient (d. h. physikalische Merkmale), reflektiert die Verarbeitungsstufe, die nicht beachtete Nachrichten erreichen und
- es gibt nur einen seriellen, kapazitätslimitierten zentraler Prozessor (Einkanalhypothese).

Die Filtertheorie nimmt an, dass Information nach dem **Alles-oder-nichts-Prinzip** durch einen Prozessor (Verarbeitungskanal) verarbeitet wird.
Geteilte Aufmerksamkeit erfordert **schnelles Umschalten zwischen Kanälen**.

Daraus folgt, dass eine Teilung der Aufmerksamkeit zwischen zwei (oder mehr) Eingangskanälen ein rasches Umschalten des Filters zwischen den Kanälen erfordert (dieses schnelle Umschalten wird als »multiplexing« bezeichnet).

Treismans Attenuationstheorie erklärt eine Reihe von Befunden, die der Filtertheorie widersprechen.

Recht bald zeigte sich jedoch in einer Reihe von Untersuchungen, dass die Grundannahmen der Filtertheorie in ihrer starken Form nicht aufrechterhalten werden konnten, und dass die Filtertheorie revidiert werden musste. Die revidierte Form wird als Attenuationstheorie der Aufmerksamkeit bezeichnet und wurde von Anne Treisman (1964) vorgeschlagen.

15.1.2 Attenuationstheorie der Aufmerksamkeit

Ein **Hauptproblem für die Filtertheorie** ist der **Durchbruch nicht beachteter Information** durch den Filter, sodass die Verarbeitung auf der semantischen Ebene beeinflusst wird.

Befunde, die mit der Filtertheorie nicht vereinbar waren, betrafen die Frage, ob und wie viel Information vom nicht beachteten Kanal verarbeitet wird. Es zeigte sich, dass es im Gegensatz zum angenommen Alles-oder-nichts-Prinzip zum **Durchbruch nicht beachteter Information durch den Filter** kommen kann. Moray (1959) berichtete beispielsweise, dass etwa ein Drittel der Probanden ihren eigenen Namen im nicht beachteten Kanal entdeckten. Information im nicht beachteten Kanal kann weiterhin auch semantisch bis zu einer bestimmten Stufe verarbeitet werden und die Interpretation von Information im beachteten Kanal beeinflussen (z. B. von Wright, Anderson & Stenman, 1975). Zudem kann die Entdeckung kritischer Informationen im »nicht beachteten« Kanal durch Übung wesentlich gesteigert werden (z. B. Underwood, 1974).

Die **Attenuationstheorie** geht davon aus, dass **nicht beachtete Information** in abgeschwächter (attenuierter) Weise **weiterverarbeitet** wird. Je mehr Kapazität vorhanden ist, umso höher ist die erreichte Verarbeitungsebene.

Treisman (1964) versuchte, diesen neuen Ergebnissen in ihrer Attenuationstheorie der Aufmerksamkeit Rechnung zu tragen (◘ Abb. 15.1). Wichtig ist, dass diese Theorie eine **abgeschwächte Weiterleitung und Verarbeitung nicht beachteter Information** zulässt (anders ausgedrückt erfolgt die Weiterleitung nach dem Mehr-oder-weniger-

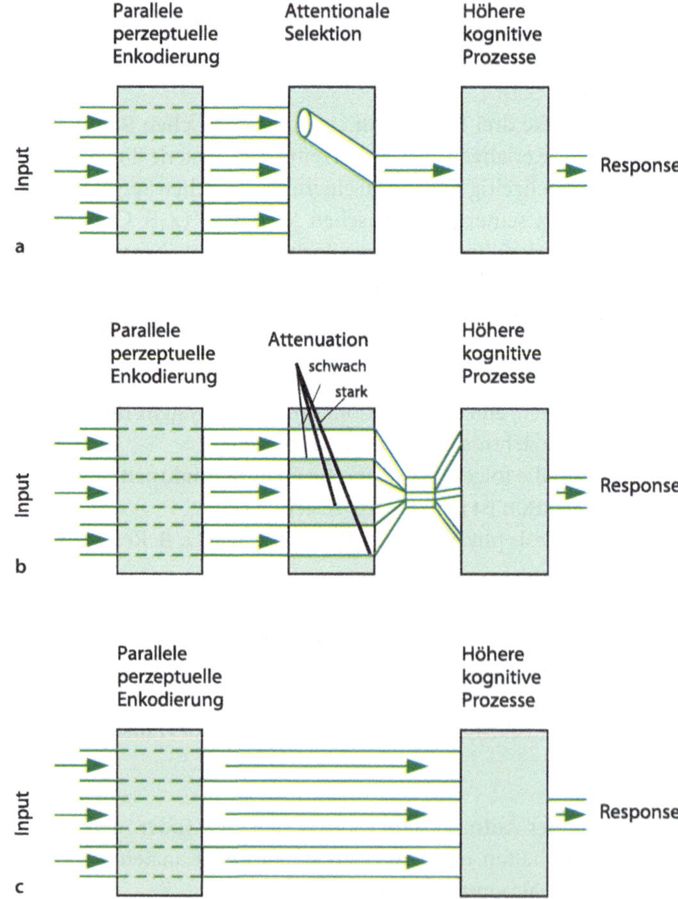

◘ **Abb. 15.1a–c** Schematische Gegenüberstellung der klassischen Ansätze zur selektiven Aufmerksamkeit. **a** Filtertheorie Broadbent (1958), **b** Attenuationstheorie Treisman (1964), **c** Theorie der späten Selektion (Deutsch & Deutsch, 1963). Nach Broadbent wird ein selektiver Filtermechanismus auf einen von mehreren parallel arbeitenden Eingangskanälen gerichtet; den höheren, kapazitätslimitierten Verarbeitungsprozessen wird nur über diesen Kanal Information zugeleitet. Nach Treisman wird Information über alle Kanäle parallel übertragen, der Informationsfluss wird aber von einem Attenuatormechanismus mehr oder weniger stark abgeschwächt (die Gesamtmenge an übertragener Information bleibt konstant). Nach Deutsch und Deutsch erfolgt keine Informationsselektion vor den höheren (semantischen) Verarbeitungsprozessen. (15.1a aus Broadbent, 1958. 15.1c aus Deutsch & Deutsch, 1963. Beide: Mit freundlicher Genehmigung der APA, 15.1b aus Treisman, 1964. Mit freundlicher Genehmigung der Oxford University Press.)

Prinzip). Der Ort, an dem die Selektion stattfindet, ist im Verarbeitungsstrom auf einer frühen, perzeptiven Stufe angesiedelt, er ist aber flexibel. Nach Treisman durchläuft die Analyse der Eingangsinformation eine **Hierarchie von Verarbeitungsstufen** (physikalisches Reizmuster → Silben → Wörter → usw.); das erreichte Analyseniveau hängt jedoch von der verfügbaren Verarbeitungskapazität ab. Je mehr Kapazität vorhanden ist, desto höher ist die erreichte Verarbeitungsstufe.

Wenn der Abschwächungsfilter eine Reduktion des perzeptiven Inputs bewirkt, wie beim nicht beachteten Kanal, so kann eine Einheit nur dann aktiviert werden, wenn ihre **Aktivationsschwelle** niedrig ist. Dies trifft z. B. auf die Einheit für den eigenen Namen zu und dadurch wird erklärbar, warum der eigene Name selbst durch den nicht beachteten Kanal, d. h. in dem Kanal, dessen Information abgeschwächt wird, aktiviert wird.

Repräsentationen mit einer niedrigen Schwelle (wie die des eigenen Namens) können auch bei attenuierter Verarbeitung aktiviert werden.

15.1.3 Theorie der »späten« Selektion

Die Modelle von Broadbent und Treisman können der Idee der perzeptiven Selektion zugerechnet werden, da beide Vorschläge annehmen, dass die Selektion (relativ) »früh« – bei den Eingangskomponenten des Verarbeitungssystems – erfolgt. Ein anderer Vorschlag wurde von Deutsch und Deutsch (1963) in einer theoretischen Arbeit gemacht. Ihr Ansatz kann dem Konzept der **handlungssteuernden Selektion** zugerechnet werden, und dementsprechend argumentieren Deutsch und Deutsch, dass die Selektion »spät« – bei den Ausgabekomponenten (d. h. der Reaktion) des Systems – erfolgt (»late selection«; ◘ Abb. 15.1). Das bedeutet auch, dass Deutsch und Deutsch annehmen, dass alle Eingangsreize vollständig analysiert werden:

Ein alternativer Ansatz der **handlungssteuernden Selektion** geht davon aus, dass Selektion auf der Ebene der Handlungssteuerung erfolgt.
Alle Eingangsreize werden vollständig verarbeitet.

> A message will reach the same perceptual and discriminatory mechanisms whether attention is paid to it or not; and such information is then grouped or segregated by these mechanisms.
> (Deutsch & Deutsch 1963, S. 83)

Eine Weiterverarbeitung (wie z. B. Speicherung im Gedächtnis bzw. Determination der motorischen Reaktion) erfolgt dann nur für die Reize, die für die momentane Aufgabe am relevantesten sind. Dies setzt einen effizienten Prozess der **Gewichtung aller Eingangsreize nach ihrer Relevanz** voraus. Es ist allerdings leicht nachvollziehbar, dass ein seriell arbeitender Prozessor nicht in der Lage wäre, die erforderlichen multiplen Vergleiche (Gruppierungen bzw. Segregationen) in extrem kurzer Zeit zu leisten. Als Alternative zu einer seriellen Verarbeitung der Relevanz vollständig verarbeiteter Reize schlagen Deutsch und Deutsch vor, dass die Analyse von Eingangsreizen in einer parallelen Weise verläuft. Sie illustrieren den Ablauf anhand einer Analogie: Der größte Schüler in einer Klasse kann durch das Absenken einer einzigen Messlatte über den Köpfen aller Schüler ermittelt werden: Der Schüler, dessen Kopf die Latte berührt, ist der größte. Das heißt, dass unter der Annahme einer geeigneten Vorgehensweise das Problem der zeitaufwändigen multiplen Vergleiche umgangen werden kann.

Für aktuelle Ziele **relevante Reize** werden weiterverarbeitet; die Festlegung der Relevanz erfordert einen Gewichtungsprozess, der Eingangsreize in einer parallelen Weise vergleicht.

15.2 Selektive visuelle Aufmerksamkeit

In der Folge wandte sich die Aufmerksamkeitsforschung zunehmend der Frage der Selektion in der visuellen Umwelt zu. Dabei haben sich im Wesentlichen drei Ansätze herausgebildet, die die selektive visuelle Aufmerksamkeit entweder als **ortsbasiert**, **objektbasiert** oder **dimensionsbasiert** begreifen. Diese Ansätze werden im Folgenden dargestellt.

Forschungsansätze zur selektiven Aufmerksamkeit können in drei Kategorien gegliedert werden: ortsbasiert, objektbasiert und dimensionsbasiert.

15.2.1 Ortsbasierte visuelle Aufmerksamkeit

Paradigmen und Modelle

Forschung zur ortsbasierten Aufmerksamkeit basiert auf den Paradigmen räumlicher Hinweis- und Flankierreize.

Der Ansatz der ortsbasierten Aufmerksamkeit beruht im Wesentlichen auf **zwei Paradigmen**:

- dem **Spatial-Cueing-Paradigma** von Posner (1980) sowie
- dem **Flankierreizparadigma** von Eriksen und Eriksen (1974).

Im folgenden ▸ Exkurs wird die experimentelle Vorgehensweise beim Spatial-Cueing-Paradigma von Posner ausführlich diskutiert.

Im **Spatial-Cueing-Paradigma** bekommen die Probanden Vorabinformationen über den Zielreizort.

Im **Spatial-Cueing-Paradigma** von Posner wird den Probanden ein ortsbezogener Hinweisreiz (»spatial cue«) dargeboten, d. h. ein Hinweisreiz, der die Position eines nachfolgenden Zielreizes mit einer bestimmten Wahrscheinlichkeit (Validität) indiziert. Auf das Erscheinen des Zielreizes hat der Proband so schnell wie möglich eine einfache Entdeckungsreaktion auszuführen.

Die **Lichtkegelmetapher** wurde als Erklärung der Vor- bzw. Nachteile der Reaktionszeit bei validen bzw. invaliden Cues vorgeschlagen.

Die Untersuchungen von Posner und Kollegen (Posner, 1978, 1980; Posner, Snyder & Davidson, 1980) führten zu der Vorstellung, dass die visuelle Aufmerksamkeit wie ein »Lichtkegel« (»spotlight«) funktioniert, der einen bestimmten Ort beleuchtet (**Lichtkegelmetapher der Aufmerksamkeit**). Stimuli, die an einem attentional illuminierten Ort erscheinen, werden rascher und gründlicher verarbeitet als Stimuli an anderen Orten. Zwei kontroverse Annahmen des »Lichtkegelansatzes« sind, dass der Durchmesser des attentionalen Lichtkegels von konstanter Größe ist und dass der Lichtkegel in kontinuierlich-analoger Weise, ähnlich einer glatten Augenfolgebewegung, von einem Ort an den anderen verlagert wird.

Räumliche Aufmerksamkeitsorientierung involviert drei **Teilmechanismen**: Disengage – Move – Engage.

Posner (1988) schlug vor, dass die Orientierung der **Aufmerksamkeit durch drei separate Mechanismen gesteuert** wird:

- einen »**Move**«-Mechanismus, der für die Verlagerung der Aufmerksamkeit von einem Ort an einen anderen verantwortlich ist;
- einen »**Disengage**«-Mechanismus, der die Aufmerksamkeit (vor der Verlagerung) von einem gegebenen Ort bzw. Objekt ablöst, und
- einen »**Engage**«-Mechanismus, der die Aufmerksamkeit (nach der Verlagerung) an den neuen Ort bzw. ein dort befindliches Objekt »anbindet«.

Das **Flankierreizparadigma** zeigt, dass der Fokus der Aufmerksamkeit variabel ist (**Gummilinse**) und dass er einen minimalen Durchmesser von 1° Sehwinkel hat.
Bei minimalem Durchmesser ist die Auflösung des Aufmerksamkeitsfokus hoch, bei großem Durchmesser gering.

Untersuchungen mittels des sog. **Flankierreizparadigmas** (z. B. Eriksen & Eriksen, 1974; Eriksen & Yeh, 1985; Eriksen & St. James, 1986) haben zu einer alternativen Vorstellung geführt, die die Aufmerksamkeit als eine variable »**Gummilinse**« (»zoom lens«) konzipiert. Beim Flankierreizparadigma müssen die Probanden einen Buchstaben mittels eines Tastendrucks einer von zwei Kategorien zuordnen. Neben dem relevanten Buchstaben sind weitere Buchstaben (Flankierer) angeordnet, die entweder derselben Kategorie angehören wie der Zielbuchstabe oder aber der anderen Kategorie. Die Reaktionszeiten sind schneller, wenn Zielbuchstabe und Flankierer derselben Kategorie angehören, allerdings nur, wenn die Flankierer sich innerhalb eines Bereichs mit einem Durchmesser von rund 1° Sehwinkel neben dem Zielbuchstaben befinden. Dieser Befund wurde so interpretiert, dass die Aufmerksamkeit entweder auf einen kleinen Bereich (von minimal 1° Sehwinkel Durchmesser) fokussiert werden kann und dabei eine hohe »Auflösung« hat (fokussierte Einstellung), oder dass sie alternativ über einen weiten Bereich eingestellt werden kann, wobei sich entsprechend die Auflösung verringert (unfokussierte Einstellung).

Gemäß **Gradientenmodell** ist die Auflösung des Aufmerksamkeitsfokus im Zentrum hoch und fällt zur Peripherie in ab.

Einer anderen Vorstellungen zufolge ist die ortsbezogene visuelle Aufmerksamkeit im Sinne eines **Gradientenmodells** zu begreifen (z. B. Downing, 1988; LaBerge & Brown, 1989), demzufolge die attentionale »Auflösungskraft« innerhalb der beachteten Region vom Maximum im Zentrum kontinuierlich zur Peripherie hin abfällt.

Exkurs

Das Spatial-Cueing-Paradigma von Posner

Im Cueing-Paradigma von Posner (▣ Abb. 15.2) wird den Probanden ein ortsbezogener Hinweisreiz (»spatial cue«) dargeboten, ein Hinweisreiz also, der die Position eines nachfolgenden Zielreizes mit einer bestimmten Wahrscheinlichkeit (Validität) indiziert. Ein Beispiel ist ein zentraler Fixationspunkt mit zwei Kästchen links und rechts, wobei der Hinweisreiz z. B. das rechte Kästchen als wahrscheinlichen Ort des Zielreizes anzeigt. In der Standardsituation hat der Proband die Aufgabe, auf das Erscheinen des Zielreizes mit einem einfachen Tastendruck so schnell wie möglich zu reagieren (»einfache« Reaktionszeitaufgabe). Eine wichtige Variable ist die Validität des Hinweisreizes. Zum Beispiel erscheint der Zielreiz mit einer Wahrscheinlichkeit von 80% am indizierten und mit einer Wahrscheinlichkeit von 20% am nicht indizierten Ort. Neben validen und invaliden Durchgängen gibt es auch neutrale Durchgänge, in denen der Cue nur als zeitliches Warnsignal (z. B. ein zentrales Kreuz), nicht aber als ortsbezogener Hinweisreiz fungiert (d. h. auf einen neutralen Cue hin erscheint der Zielreiz gleichwahrscheinlich im linken bzw. im rechten Kästchen).

Eine weitere wichtige Variable ist die Art des Cues: Man unterscheidet **zentrale Cues**, in der Regel ein symbolischer Stimulus am Fixationsort (z. B. ein nach rechts zeigender Pfeil), und **periphere Cues**, in der Regel eine kurzzeitige Luminanzänderung direkt am indizierten Ort (z. B. ein Aufleuchten des rechten Kästchens). Der Hinweisreiz dient dazu, die Probanden zu veranlassen, ihre ortsbezogene Aufmerksamkeit auf die angezeigte (d. h. bei hoher Cue-Validität die wahrscheinliche Zielreiz-) Position zu richten und die nicht indizierte (d. h. wenig wahrscheinliche Zielreiz-)Position zu ignorieren. Die Logik ist also analog zu der im Paradigma des dichotischen Hörens, in dem die Aufmerksamkeit des Probanden dadurch auf einen Kanal bzw. Ohr konzentriert wird, dass er instruiert wird, die dort dargebotene Nachricht zu beschatten (s. oben).

In Posners Cueing-Experimenten zeigte sich, dass die einfache Reaktionszeit auf den Zielreiz schneller erfolgte, wenn dieser am angezeigten Ort erschien (valider Cue) im Vergleich zum nicht angezeigten Ort (invalider Cue). Genauer ergaben sich Reaktionszeitgewinne für valide Cues und Kosten für invalide Cues relativ zu neutralen Cues (▣ Abb. 15.2).

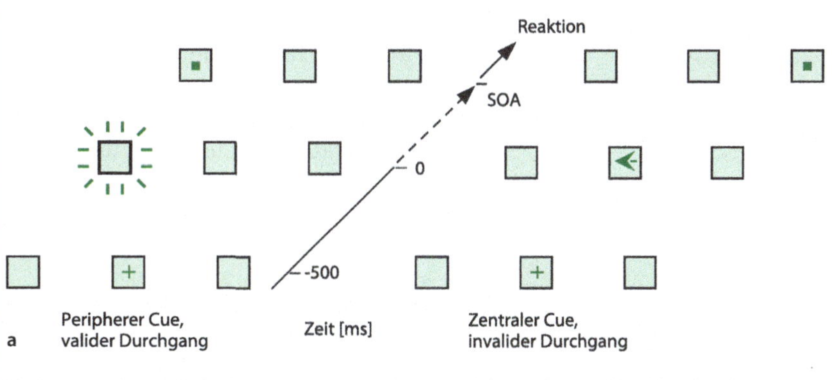

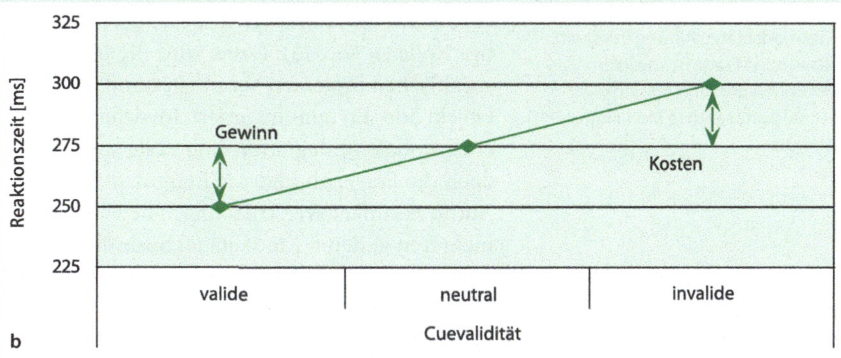

▣ **Abb. 15.2a, b** Das Paradigma des Spatial Cueing (Aus Posner, 1980. Mit freundlicher Genehmigung der APA.). **a** *links* Ein peripherer Hinweisreiz und ein nachfolgender Zielreiz an der indizierten Position (valider Durchgang), *rechts* ein zentraler (Pfeil-) Hinweisreiz und ein nachfolgender Zielreiz an der nicht indizierten Position (invalider Durchgang). In beiden Fällen fixiert der Proband zunächst ein Fixationskreuz im Zentrum. **b** Reaktionszeit auf den Zielreiz als Funktion der Cue-Validität. Es ergeben sich Gewinne für valide Durchgänge (Zielreiz an indizierter Position) relativ zu einer Neutralbedingung und Kosten für invalide Durchgänge (Zielreiz an nichtindizierter Position)

Die **Orientierung der Aufmerksamkeit** kann sowohl durch externe Stimuli als auch durch interne Intentionen kontrolliert werden.

Mechanismen der Aufmerksamkeitsorientierung

Die **Ausrichtung der Aufmerksamkeit** auf einen Ort kann durch **zwei komplementäre Mechanismen** vermittelt werden (z. B. Müller & Rabbitt, 1989):

- **exogene (reizgetriggerte, reflexive) Orientierung** auf periphere Cues ist durch eine kurze Latenz (~50 ms), eine transiente Aktivation (50 – 200 ms) und eine relativ **automatische Funktionsweise** gekennzeichnet;
- **endogene (intentionale, willentliche) Orientierung** auf zentrale Cues ist durch eine relativ lange Latenz (>200 ms), relativ lange aufrechterhaltene Aktivation (> 500 ms) und eine **kontrollierte Funktionsweise** gekennzeichnet.

Luminanzänderungen sind hocheffektive Reize für Aufmerksamkeitsverschiebungen.
Exogene Reize können endogene Aufmerksamkeitsorientierungen überschreiben.

Besonders effektive **exogene Auslösereize** für Aufmerksamkeitsverlagerungen sind vorübergehende (transiente) **Luminanzänderungen**. Eine Reihe von Untersuchungen hat sich mit der Frage beschäftigt, auf welche Weise die beiden Mechanismen der Aufmerksamkeitsorientierung (reflexiv »automatisch« bzw. willentlich »kontrolliert«) funktionieren. Diese Untersuchungen zeigten, dass exogene Orientierung, im Gegensatz zu endogener Orientierung, unabhängig von einer Zweitaufgabe ablaufen und selbst durch örtlich nicht informative Hinweisreize ausgelöst werden kann (Jonides, 1980). Weiter kann endogene Orientierung auf valide Cues durch exogene, die Aufmerksamkeit anziehende Triggerreize unterbrochen werden (Müller & Rabbitt, 1989). Dabei hängt die Unterbrechung von der Cue-Validität ab: Der Unterbrechungseffekt ist bei sehr hoher Validität reduziert (Yantis & Jonides, 1990). Dieses Befundmuster legt es nahe, dass die exogene Aufmerksamkeitsorientierung »top-down« modulierbar (z. B. Folk, Remington & Johnston, 1992) und somit nur »partiell« automatisch ist, während die endogene Orientierung kontrolliert abläuft.

Die Unterbrechung der willentlich kontrollierten (endogenen) Aufmerksamkeit durch einen (exogenen) Reiz ermöglicht es dem Organismus, rasch auf potenziell wichtige neue Umweltreize zu reagieren.

Bezüglich der **Informationsselektion im täglichen Leben** können diese Befunde so interpretiert werden, dass eine willentlich gesteuerte (endogene) Verarbeitung durch einen plötzlich auftauchenden (exogenen) Reiz unterbrochen wird, wobei der exogene Reiz die Kontrolle an sich zieht. Ein Beispiel ist eine Fahrt mit dem Auto, während der ständig willentlich relevante Informationen (umschaltende Ampeln; Fußgänger, die die Straße überqueren wollen; etc.) verarbeitet werden; tritt jedoch ein unerwartetes Ereignis auf, wie etwa ein Ball der auf die Straße rollt, so unterbricht dieses Ereignis die willentliche Verarbeitung, und zieht die Aufmerksamkeit auf sich und ermöglicht so eine angemessene Reaktion auf das Ereignis (z. B. so schnell wie möglich die Fahrt verlangsamen).

15.2.2 Crossmodale Aufmerksamkeitsorientierung

Information wird erst in separaten, modalitätsspezifischen Systemen verarbeitet und anschließend über Sinnesmodalitäten hinweg integriert. Eine wichtige Frage ist, inwiefern Veränderungen der Aufmerksamkeit in einer Modalität andere Modalitäten beeinflussen.

Was wir sehen, dominiert unsere Wahrnehmungswelt, aber Objekte sind uns selten nur visuell präsent. Vielmehr spielen bei der Objekt- und Ereigniswahrnehmung auch **andere Sinnesmodalitäten**, insbesondere der Hör- und der Berührungssinn, eine wichtige Rolle (▶ Kap. 13). Dabei wird die Information zunächst in separaten, modalitätsspezifischen Systemen verarbeitet und dann in ein einheitliches (wahrgenommenes) Objekt oder Ereignis integriert. Inwiefern Aufmerksamkeit bei dieser (objektbasierten) crossmodalen Integration eine Rolle spielt, ist noch unklar. Davon unabhängig ist jedoch die Frage, ob und wie Ereignisse – z. B. Cues – in einer sensorischen Modalität Aufmerksamkeitsverschiebungen bewirken können, die die Verarbeitung in einer oder mehreren anderen Modalitäten beeinflussen. Dabei richtete sich das Forschungsinteresse insbesondere darauf, **inwiefern Aufmerksamkeitsverschiebungen in der visuellen Modalität** die Verarbeitung von Stimuli in anderen Modalitäten, vor allem dem **Hör- und** dem **Tastsinn, beeinflussen**.

Unter Verwendung von **symbolischen visuellen und taktilen Cues** konnten crossmodale **Aufmerksamkeitsverschiebungen** zwischen Modalitäten nachgewiesen werden.

Eine Reihe von Studien, die crossmodale Aufmerksamkeits-Cues und Zielreize verwendeten, konnte zuverlässig Effekte **symbolischer bzw. zentraler Cues** darstellen

(z. B. Spence & Driver, 1996; Spence, Pavani, & Driver, 2000). Spence et al. (2000) untersuchten den Effekt zentraler visueller Pfeil-Cues auf die Reaktion auf einen taktilen bzw. visuellen Zielreiz. Die Zielreize wurden mittels eines kleinen in jeder Hand gehaltenen Kästchens dargeboten, das einen taktilen (Vibrations-) sowie einen visuellen (Licht-) Reiz generieren konnte. Mit solchen Anordnungen konnten mittlerweile **Aufmerksamkeitsverschiebungen zwischen jedem möglichen (crossmodalen) Paar** von visuellem, auditivem und taktilem Cue und Zielreiz experimentell demonstriert werden.

Experimente mit **direkten (peripheren) Hinweisreizen** zeigen, dass visuelle Cues sowohl visuelle als auch auditive Reaktionen beschleunigen; auditive Cues beschleunigen scheinbar nur auditive Reaktionen.

Während die Befundlage in Hinblick auf symbolische Cueing-Effekte also klar ist, führte die Untersuchung von **peripheren Cues** zu widersprüchlichen Befunden und theoretischen Interpretationen. Eine der ersten systematischen Studien mit direkten Hinweisreizen wurde von Ward (1994) durchgeführt. Ward verwendete eine Zielreiz-Lokalisationsaufgabe, in der die Probanden per Knopfdruck so rasch wie möglich anzeigen mussten, ob ein Zielreiz in einem Platzhalter (einem kleinen Quadrat, mit dem mögliche Zielreizorte gekennzeichnet werden) links oder rechts vom Fixationspunkt erschienen war. Zielreize wurden entweder durch einen direkten visuellen Cue (ein Aufblitzen z. B. des linken Platzhalters für den visuellen Zielreiz), einen auditiven Cue (ein z. B. auf einem linken Lautsprecher neben dem Platzhalter präsentierter Ton), beide Cues oder aber durch gar keinen Cue indiziert. Einer der Hauptbefunde in der Studie von Ward (1994) bestand darin, dass visuelle Cues (bei einer für direkte Cues optimalen SOA zwischen Cue- und Zielreiz von 100 ms) die Reaktionen auf sowohl visuelle als auch auditive Zielreize beschleunigte, wohingegen auditive Cues eine solche Wirkung nur auf auditive Zielreize hatten.

Fehlende Effekte von Cues in der Kombination von auditiver und visueller Verarbeitung würden auf fehlende Verbindungen zwischen Modalitäten hindeuten. Dies würde implizieren, dass **Aufmerksamkeit modalitätsspezifisch** ist.

Allerdings zeigten zwei Studien von Spence und Driver (1994, 1997) genau das gegenteilige Befundmuster: Auditive Cues beschleunigten Reaktionen sowohl auf auditive als auch visuelle Zielreize auf der indizierten Seite, visuelle Cues dagegen beschleunigten nur Reaktionen auf visuelle Zielreize. Spence und Driver (1994) schlossen daraus, dass visuelle Cues keine reizgesteuerte Aufmerksamkeitsverschiebung im auditiven Raum auslösen könnten – was auf einen »missing link« in der Architektur crossmodaler Verarbeitung hinweise. Dieses hypothetische »fehlende Glied« würde implizieren, dass es mehr als eine Art von Aufmerksamkeit gibt, d. h. **jede Modalität verfügt über ihr eigenes Aufmerksamkeitssubsystem.**

Anschließend durchgeführte Untersuchungen zeigten allerdings, dass die Asymmetrie zwischen visuellen und auditiven Effekten stark von intrinsischen Unterschieden in der Verarbeitung von Ortsinformation im visuellen und im auditiven System abhängt. Der Einfluss der crossmodalen Aufmerksamkeit auf die multisensorische Integration zeigt sich bei der Bauchrednerillusion (▶ Exkurs). Welche Modalität dominiert, wenn sich die Informationen des visuellen und des auditiven Kanals widersprechen, wird im McGurk-Effekt deutlich (▶ Exkurs).

Exkurs

Bauchrednerillusion

Hat die crossmodale Aufmerksamkeit einen Einfluss auf die multisensorische Integration? Ein bekanntes Beispiel für multisensorische Integration ist die Bauchredner- (oder »Ventriloquismus«-) Illusion: Der Bauchredner macht den Beobachter glauben, dass ein von ihm (mit minimalen Mundbewegungen) geäußerter Sprachstrom tatsächlich aus dem bewegten Mund seiner Puppe kommt. Der visuelle Stimulus (Mundbewegungen der Puppe) kann den auditiven Stimulus (die Stimmäußerung des Bauchredners) sozusagen kapern. Dies ist wohl nicht zuletzt deshalb möglich, weil die Mechanismen akustischer Lokalisation viel weniger präzise sind als die der Ortung visueller Reize. Bertelson und Kollegen (z. B. Bertelson, 1999; Bertelson et al., 2000) konnten zeigen, dass der Bauchrednereffekt durch präattentive Mechanismen crossmodaler Stimulusintegration vermittelt wird. Der Ventriloquismuseffekt – die visuelle Kaperung der Quelle des relevanten Audiostroms – kann also unsere Fähigkeit verstärken, Ströme auditiver Nachrichten auseinanderzuhalten.

McGurk-Effekt

Welche Modalität dominiert, wenn sich die Informationen des visuellen und des auditiven Kanals widersprechen? McGurk und MacDonald (1976) untersuchten die Integration der gesehenen Mundbewegung eines Sprechers mit seiner lautlichen Äußerung und beschrieben ein Phänomen, das als der McGurk-Effekt bezeichnet wird. Wenn z. B. die Mundbewegung einem »bah« entspricht, die Lautäußerung aber einem »gah«, dann berichtet der Beobachter in der Regel, den Laut »dah« gehört zu haben – also eine Art Kompromiss zwischen den konfligierenden Phonemen, die über das Sehen bzw. das Hören vermittelt werden. Obwohl visuelle Information für das Sprachverstehen nicht kritisch ist, so kann sie dieses doch unterstützen. Aber auch der McGurk-Effekt entsteht wahrscheinlich auf einer präattentiven Stufe der Verarbeitung auditiver Information.

15.2.3 Objektbezogene visuelle Aufmerksamkeit

Aufmerksamkeit kann auf Objekte ausgerichtet werden.

Ist es tatsächlich so, dass Aufmerksamkeit auf einen definierten Ort ausgerichtet ist? Legt nicht die alltägliche Erfahrung nahe, dass Aufmerksamkeit nicht auf einen abstrakten Ort im visuellen Feld gerichtet wird, sondern auf ein Objekt an einem bestimmten Ort? Im Zusammenhang mit diesen Fragen wird von **objektbezogener Aufmerksamkeit** gesprochen. In Posners Cueing-Paradigma werden die möglichen Zielreizorte durch Kästchen markiert, innerhalb derer ein Zielreiz erscheinen kann, sodass die Aufmerksamkeit auf das indizierte Kästchen ausgerichtet wird. Mit anderen Worten, die visuelle Selektion ist möglicherweise nicht orts-, sondern vielmehr objektbasiert.

Müssen Beobachter zwei Urteile über die Eigenschaften von zwei einander überlagert dargebotenen Objekten abgeben, so ist die Urteilsgenauigkeit höher, wenn sich beide Urteile auf dasselbe Objekt beziehen.

Eine einflussreiche **Demonstration objektbasierter Selektion** stammt von Duncan (1984; ◻ Abb. 15.3). Er bot seinen Probanden für eine sehr kurze Zeit zwei überlappende Objekte dar: Das eine Objekt war ein vertikal orientiertes Rechteck, das entweder groß oder klein (d. h. mehr oder weniger lang) war und entweder in der linken oder der rechten Seite eine kleine Lücke hatte; das zweite Objekt war eine dem Rechteck überlagerte Linie, die entweder aus Punkten oder aus Strichen bestand und die leicht nach links oder nach rechts geneigt war. Jedes Objekt war also durch zwei unabhängige Attribute gekennzeichnet: das Rechteck durch Größe und Lückenseite, die Linie durch Textur und Orientierung. Die Probanden hatten die Aufgabe, entweder ein Attribut eines der Objekte zu beurteilen (z. B. Größe des Rechtecks) oder duale Urteile zu fällen, die sich entweder nur auf ein Objekt bezogen (z. B. Größe des Rechtecks und Lückenseite) oder die sich auf beide Objekte bezogen (z. B. Größe des Rechtecks und Textur

15

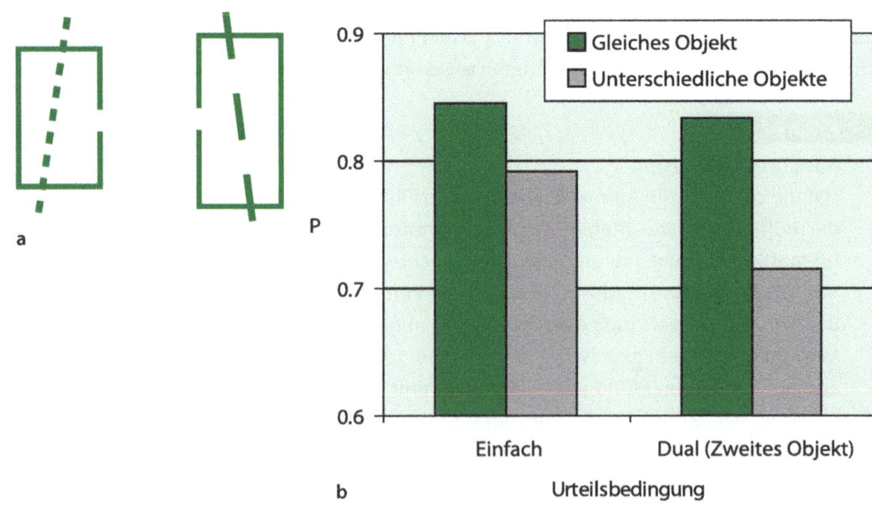

◻ **Abb. 15.3a, b** Das Paradigma von Duncan (1984) zur experimentellen Darstellung objektbezogener Aufmerksamkeit. **a** Zwei von vier möglichen Stimuluskonfigurationen (Rechteck groß/klein mit Lücke links/rechts; Linie rechts-/linksgeneigt und gepunktet/gestrichelt). **b** Urteilsgenauigkeit (p = Wahrscheinlichkeit korrekt) für zwei Probandengruppen: Bei der ersten Gruppe bezogen sich Einzel- und duale Urteile auf die beiden Attribute ein und desselben Objekts (gleiches Objekt), bei der zweiten bezogen sie sich auf ein Attribut des einen und ein Attribut des anderen Objekts (unterschiedliches Objekt). Das abgebildete Maß für duale Urteile ist die Genauigkeit des als zweites abgegebenen Urteils. (Mit freundlicher Genehmigung der APA.)

der Linie). Duncan fand, dass duale Urteile, die sich auf ein Objekt bezogen, genauso akkurat ausfielen wie Einzelurteile für dieses Objekt. Dagegen war die Genauigkeit von dualen Urteilen reduziert, wenn sich ein Urteil auf das eine Objekt und das andere Urteil auf das andere Objekt bezog. Dies, obwohl beide Objekte am selben Ort (überlappend) dargeboten wurden und kleiner als 1° Sehwinkel (der nach Eriksen & Eriksen, 1974, engsten Einstellung der Aufmerksamkeit) waren.

Duncan schloss aus diesem Ergebnis, dass die entscheidende attentionale Limitation nicht in der ortsbezogenen Aufmerksamkeit liegt, sondern vielmehr darin, dass man **nur auf ein Objekt zu einem gegebenen Zeitpunkt aufmerken** kann. Die objektbezogene Aufmerksamkeit macht dann die Attribute des entsprechenden Objekts der weiteren Verarbeitung zugänglich.

Die höhere Genauigkeit dualer Urteile bezüglich der Merkmale, die ein Objekt beschreiben spricht dafür, dass Aufmerksamkeit objektbezogen ist.

15.2.4 Dimensionsbasierte Aufmerksamkeit

Wie erfolgt die **Selektion** aber, **wenn alle zur Auswahl stehenden Objekte fast identisch** sind? Wie wähle ich beispielsweise einen Apfel aus einem Korb gleicher Äpfel aus? In dieser Situation ist die visuelle Aufmerksamkeit wesentlich durch Objektmerkmale bestimmt. Anders formuliert ist die Selektion durch die Art der geforderten Diskriminationen zwischen unterschiedlichen Stimulusmerkmalen, genauer zwischen Dimensionen von Attributen (wie z. B. Farbe, Form, Bewegung etc.), limitiert. Bevor die Annahmen und Modelle dimensionsbasierter Aufmerksamkeit diskutiert werden, ist es notwendig, eine in der Aufmerksamkeitsforschung weit verbreitete Methode einzuführen: die Methode der visuellen Suche. Die Methode ist u. a. deswegen so erfolgreich, weil sie sehr einfach zu variieren ist und so an immer neue Fragestellungen angepasst werden kann.

In Situationen, in denen Objekte sich sehr ähnlich sind, ist visuelle Aufmerksamkeit durch Merkmale bzw. Dimensionen von Attributen wie Farbe, Form, Größe determiniert.

15.3 Visuelle Suche

15.3.1 Parallele und serielle Suche

In Experimenten, in denen die **Methode der visuellen Suche** (»visual search«) angewandt wird, bekommen die Probanden (meist auf einem Computermonitor) ein Suchdisplay zu sehen, das unter einer variablen Anzahl von Distraktorstimuli einen Zielreiz enthalten kann oder nicht. Die Aufgabe der Probanden ist es, zu entscheiden, ob ein Zielreiz im Display vorhanden ist oder nicht, und diese Entscheidung durch das Drücken einer von zwei Antworttasten so schnell wie möglich auszudrücken (◘ Abb. 15.4). Die Reaktionszeit wird nun in Bezug gesetzt zu der Anzahl der Items im Display (der Displaygröße) und es ergeben sich die sog. **Such-Reaktionszeit-Funktionen**. Ein wichtiger Kennwert solcher Funktionen ist deren Steigung. Die Steigung der Funktion wird auch als die »Suchrate« bezeichnet, und sie gibt die Zeit an, die zur Verarbeitung eines Display-Items benötigt wird.

Visuelle Suche ist eine in der Aufmerksamkeitsforschung sehr häufig verwendete Methode. Probanden haben die Aufgabe, zu entscheiden, ob in einer Anordnung von Suchitems ein Zielreiz anwesend ist oder nicht.
Reaktionszeiten werden in Bezug gesetzt zur Anzahl der Suchitems; daraus ergibt sich die **Such-Reaktionszeit-Funktion.**

Aufgrund der in verschiedenen Suchexperimenten beobachteten Suchfunktionen wurde eine Unterscheidung zwischen **zwei Modi der visuellen Suche** vorgeschlagen (z. B. Treisman & Gelade, 1980): **parallele Suche** und **serielle Suche**. Steigt die Suchfunktion nur wenig mit zunehmender Displaygröße an (Suchrate ≤10 ms/Item), so geht man davon aus, dass alle Items im Display simultan, d. h. »parallel« abgesucht werden. Dagegen nimmt man bei linear ansteigenden Suchfunktionen (Suchrate >10 ms/Item) an, dass die einzelnen Display-Items sukzessiv, d. h. »seriell« abgesucht werden.

Mithilfe der Such-Reaktionszeit-Funktion lassen sich **zwei Suchmodi** unterscheiden: parallele Suche und serielle Suche.

Damit ist allerdings noch nicht erklärt, warum manche Suchen parallel und manche seriell erfolgen. Um dies zu erklären, wurde eine Reihe von Theorien der visuellen Suche entwickelt, bei denen es sich eigentlich um generelle Theorien der selektiven visuellen Aufmerksamkeit handelt. Eine der einflussreichsten dieser Theorien ist die **Merk-**

Die **Merkmalsintegrationstheorie** ist ein Ansatz zur Erklärung, welche Suchen parallel ablaufen und welche serielle Verarbeitung erfordern.

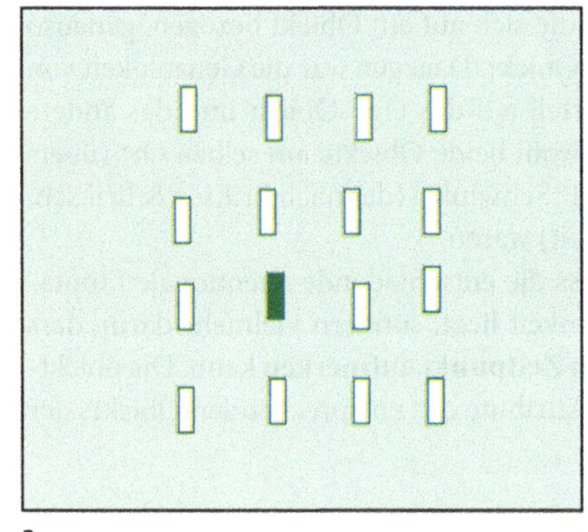

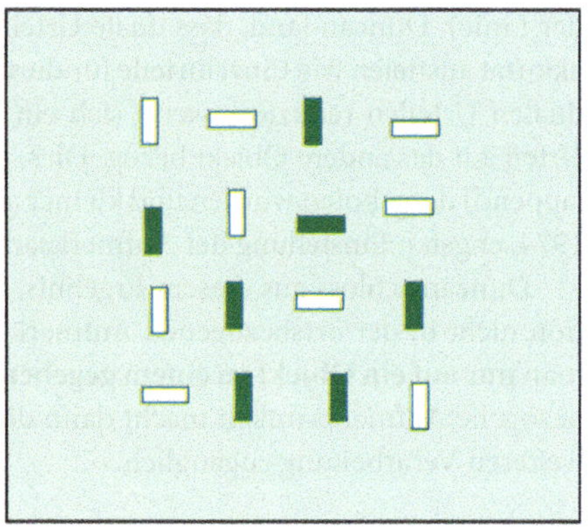

a

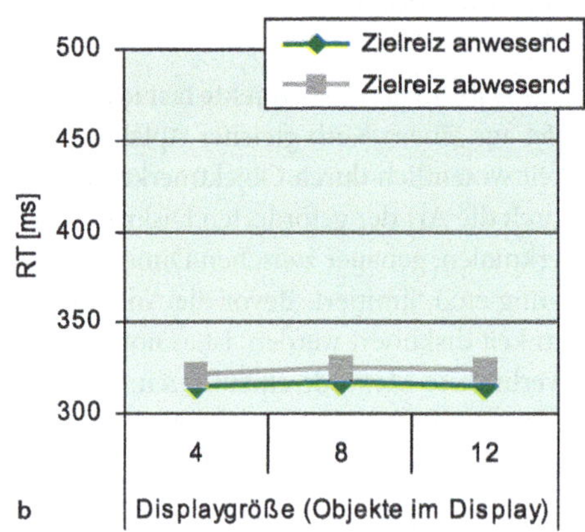

b

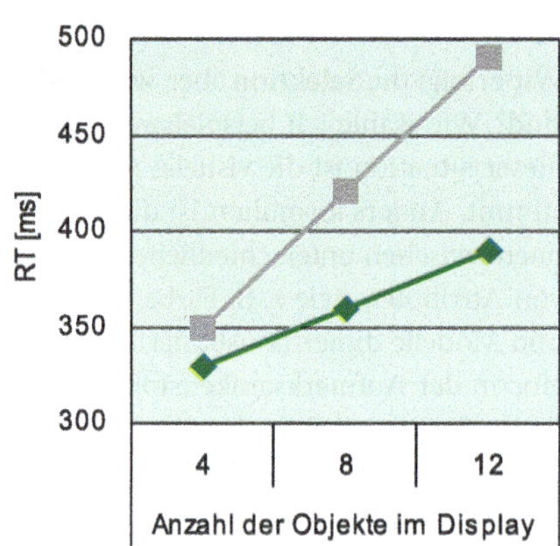

Abb. 15.4a, b Paradigma der visuellen Suche. **a** Suchdisplays mit einem anwesenden Zielreiz: einfache Merkmalssuche (*links*; leichte Suche) und Merkmalskonjunktionssuche (*rechts*; schwierige Suche). **b** Suchreaktionszeiten als Funktionen der Anzahl der Objekte im Display: flache Funktionen (*links*; parallele Suche) und linear ansteigende Funktionen (*rechts*; serielle Suche)

malsintegrationstheorie der Aufmerksamkeit von Treisman (»feature integration theory«; z. B. Treisman & Gelade, 1980).

15.3.2 Theorien der visuellen Suche

Merkmalsintegrationstheorie (MIT) der visuellen Aufmerksamkeit

Die Suche nach Zielreizen, die sich durch ein bestimmtes Merkmal von Distraktoritems unterscheiden, erfolgt parallel; Suche nach Merkmalskonjunktionen erfordert serielle Verarbeitung von Suchitems.

Treisman fand Hinweise auf parallele bzw. serielle visuelle Suchen in Experimenten, in denen sich der Zielreiz entweder durch ein einfaches Merkmal (»feature«) in einer gegebenen Merkmalsdimension von den Distraktoren unterschied (**Merkmalssuche**) oder durch eine Kombination von Merkmalen (**Merkmalskonjunktionssuche**).

Beispiel

Soll z. B. ein roter Apfel unter lauter grünen Äpfeln (Merkmal) gefunden werden, so kann dieser sehr schnell und leicht gefunden werden; muss jedoch ein roter kleiner Apfel (Merkmalskonjunktion) unter roten großen und grünen kleinen oder großen Äpfeln gefunden werden, so ist die Suche langsam und schwierig. Die Suche nach Merkmalszielreizen läuft dabei parallel ab, wohingegen die Suche nach Merkmalskonjunktionen in einer seriellen Weise erfolgt.

Die Merkmalsintegrationstheorie nimmt an, dass die Generierung einer Repräsentation von visuellen Objekten auf (modularen) **dimensionsspezifischen Repräsentationen von Merkmalen** basiert.

Um den **Unterschied zwischen den Suchmodi** nachvollziehen zu können, muss etwas weiter ausgeholt werden. Ein Ansatz, die unterschiedlichen Suchen zu erklären, basiert auf der Grundannahme, dass sich jeder **visuelle Stimulus als eine Kombination von basalen Merkmalen** beschreiben lässt, wobei »ähnliche« Merkmale Dimensionen bilden; z. B. sind rot, grün, blau etc. Merkmale der Dimension Farbe; andere Dimensionen sind Orientierung, Größe, Tiefe, Bewegung etc.

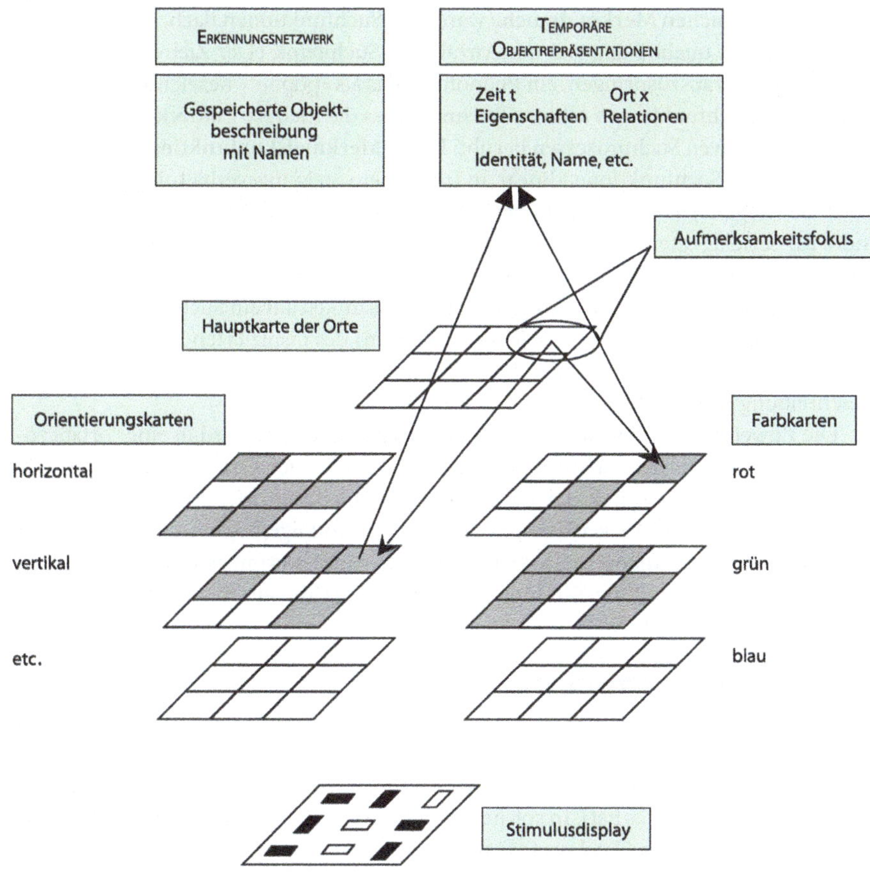

Abb. 15.5 Funktionale Architektur der Merkmalsintegrationstheorie der Aufmerksamkeit (nach Treisman & Gelade, 1980. Mit freundlicher Genehmigung von Elsevier.). Dargestellt ist eine Merkmalskonjunktionssuche mit einem Zielreiz in der rechten oberen Position im Such-Display (*vertikales rotes* Objekt). Durch Fokussierung der Aufmerksamkeit auf die entsprechende Position in der Hauptkarte der (Stimulus-) Orte werden die separat kodierten Merkmale des dort befindlichen Objektes an die höheren Objekterkennungs- und reaktionsvermittelnden Stufen weitergeleitet

Auch die MIT geht von der Annahme einer merkmalsbasierten Verarbeitung aus; es wird auch angenommen, dass Merkmalsdimensionen modulare Systeme sind, die aus **spezialisierten Merkmalsdetektoren** bestehen. Detektoren der Dimension Farbe kodieren beispielsweise bestimmte Farbwerte wie rot oder grün; Detektoren der Dimension Orientierung kodieren Linienorientierungen wie vertikal, horizontal oder geneigt.

Merkmale der Dimensionen Farbe, Orientierung, Größe etc. sind in sog. **Merkmalskarten** topografisch repräsentiert.
Korrespondierende Orte verschiedener Karten können einander zugeordnet werden.

Eine weitere Annahme ist, dass ähnliche Merkmalsdetektoren topografisch, d. h. in sog. **Merkmalskarten**, organisiert sind. Das bedeutet, dass bestimmte Orte in den Karten bestimmten Stimulusorten im visuellen Feld entsprechen. Daraus entsteht die Möglichkeit, korrespondierende Orte in den verschiedenen Karten einander zuzuordnen.

Das Konzept einer modularen Repräsentation zieht das sog. **Bindungsproblem** nach sich.

Wichtig ist, dass sich aus der Annahme einer modularen Repräsentation von Merkmalen ein Problem ergibt, das sog. **Bindungsproblem**: Wie werden die separat kodierten Objektmerkmale zu einer kohärenten Objektrepräsentation verbunden?

Die Merkmalsintegrationstheorie macht einen Vorschlag zur Lösung des Bindungsproblems: Aufmerksamkeit ist erforderlich, um Merkmale zu einheitlichen Objekten zu binden.

Die **MIT der visuellen Aufmerksamkeit** von Treisman (z. B. Treisman & Gelade, 1980; Treisman & Sato, 1990; Treisman, 1988; Abb. 15.5) stellt einen wichtigen Versuch dar, die Frage der Bindung zu beantworten. Die **Hauptevidenz** für diese Theorie stammt **aus visuellen Suchexperimenten**, in denen sich der Zielreiz von den Distraktoren entweder durch ein einfaches Merkmal unterschied (»simple feature search«; z. B. Suche nach einem roten Zielreizbuchstaben X unter mehreren blauen Distraktorbuchstaben X) oder durch eine Kombination von Merkmalen (»feature conjunction search«; z. B. Suche nach einem roten X unter mehreren blauen X und mehreren roten O; zur Illustration Abb. 15.6).

Bei **Konjunktionssuchen** müssen die einzelnen Display-Items sukzessive mit fokaler Aufmerksamkeit abgetastet werden. Dabei werden die separat kodierten Merkmale in eine kohärente Objektrepräsentation integriert.

Bei der **einfachen Merkmalssuche** waren die Suchfunktionen flach, d. h. die Suchreaktionszeit ist unabhängig von der Anzahl der Suchitems. (Der Zielreiz scheint aus dem Display herauszuspringen, ein Phänomen, das als »popout« bezeichnet wird.) Aus den flachen Suchfunktionen schloss Treisman, dass die Zielreiz-Entdeckung auf parallelen, präattentiven Suchprozessen beruht. In der **Merkmalskonjunktionssuche** dagegen stiegen die Suchfunktionen linear an (mit einem Steigungsverhältnis von 2 :1 zwischen den negativen und den positiven Funktionen). Diese beiden Befunde wurden als Indiz für serielle, attentionale Suche gewertet. Das heißt, bei der Konjunktionssuche müssen die einzelnen Display-Items sukzessive mit fokaler Aufmerksamkeit abgetastet werden. Im Rahmen der Zuweisung von Aufmerksamkeit auf ein Suchitem werden die separat kodierten Merkmale (z. B. Farbe und Form) des inspizierten Items in eine kohärente Objektrepräsentation integriert und können in der Folge mit einer Zielreiz-Beschreibung (im Objektgedächtnis) abgeglichen werden.

Die Kontrolle der fokalen Aufmerksamkeit wird von einer (angenommenen) Karte der Orte kontrolliert.

Die Zuweisung von fokaler Aufmerksamkeit an ein Objekt wird in einer ortsbezogenen Weise konzipiert: Die Aufmerksamkeit wird auf einen Ort der sog. Hauptkarte der Orte gerichtet, wodurch der Output der verschiedenen Merkmalsdetektoren an dem entsprechenden Ort verfügbar wird. Der MIT zufolge besteht der Engpass der Verarbeitung also in einer seriell arbeitenden, d. h. Aufmerksamkeit erfordernden Verarbeitungsstufe der Bindung: Bindung von Merkmalen kann nur für ein Objekt zu einer gegebenen Zeit erfolgen.

Theorie der gesteuerten Suche

Die **Theorie der gesteuerten Suche** bietet eine Erklärung dafür, wie nach **unbekannten Objekten gesucht** wird.
Visuelle Suchen werden durch zwei Prozesse – bottom-up bzw. stimulusgetrieben und top-down bzw. wissensmoduliert – kontrolliert.

In manchen Situationen des täglichen Lebens wissen wir nicht genau, wie das Objekt aussieht, nach dem wir suchen; ein Beispiel ist die Suche nach einem Buch in der Bibliothek, dessen Titel wir kennen, von dem wir aber nicht wissen, wie es aussieht (wie groß es ist und welche Farbe es hat). In solchen Situationen spielen sowohl Merkmale (Farbe, Größe) als auch Wissen (Titel, Autor) eine Rolle bei der Suche.

Eine **Hauptkarte der Aktivationen** steuert die Zuweisung fokaler Aufmerksamkeit auf Items in einem Suchdisplay.

Eine Theorie, die die Suche nach unbekannten Zielreizen modelliert, ist die **Theorie der gesteuerten Suche**. Wie die MIT (s. vorheriger Abschnitt) nimmt auch die Theorie der gesteuerten Suche (»guided search theory«, GST) von Wolfe und Mitarbeitern (z. B. Cave & Wolfe, 1990; Wolfe, 1994; ▣ Abb. 15.6) die Existenz einer ortsbasierten Hauptkarte an. Diese Repräsentation wird als die **Hauptkarte der Aktivationen** bezeichnet; sie steuert die Zuweisung der fokalen Aufmerksamkeit an einen bestimmten Ort. Die Aufmerksamkeit wird jeweils auf den Ort mit der höchsten Hauptkartenaktivation gerichtet. Ähnlich wie in der MIT vermittelt die fokale Aufmerksamkeit die Bindung der am höchstaktivierten Ort registrierten Objektmerkmale bzw. deren Durchleitung an ein Objekterkennungssystem. Im Wesentlichen ist die GST eine **Theorie der »Berechnung« der Hauptkartenaktivationen**. Diese Berechnung erfolgt durch zwei getrennte Mechanismen: einen Bottom-up- und einen Top-down-Mechanismus.

Die Hauptkarte der Aktivationen summiert die Aktivationen dimensionsspezifischer Merkmalskontrastaktivationen, die auch als Merkmalskontrast oder Salienz bezeichnet werden.
Bei **Suchen nach Merkmalszielreizen** (roter Apfel unter grünen Äpfeln) wird der Aufmerksamkeitsfokus schnell der einzigen Stelle mit einer hohen Salienzaktivierung zugewiesen – die Suche ist **schnell und effizient**.

Der parallel arbeitende **Bottom-up-Mechanismus** berechnet Karten von Merkmalsdifferenzen bzw. »Merkmalssalienzen«; dies geschieht gleichzeitig für jede Dimension. Je mehr sich ein Display-Item von den anderen Items in einer gegebenen Dimension unterscheidet, desto größer ist seine Salienz, d. h. seine Augenfälligkeit, innerhalb dieser Dimension. So erreicht z. B. der Zielreiz in der **einfachen Merkmalssuche** eine hohe Salienz in der kritischen Dimension (z. B. der Farbdimension, wenn der Zielreiz ein rotes X und die Distraktoren blaue X sind), weil sich der Zielreiz von *allen* Distraktoren unterscheidet, während sich Letztere *nur* vom Zielreiz, aber nicht voneinander unterscheiden. Die dimensionsspezifischen Salienzsignale werden dann von Einheiten der Hauptkarte der Aktivierungen über alle Dimensionen hinweg aufsummiert. Folglich erreicht bei der einfachen Merkmalssuche der Zielreiz eine höhere Aktivität als die Distraktoren, und die Aufmerksamkeit wird, nach einem parallelen Auswahlprozess, sofort der Position des Zielreizes zugewiesen – dadurch werden die **schnellen Reaktionszeiten in Merkmalssuchen** erklärt.

15

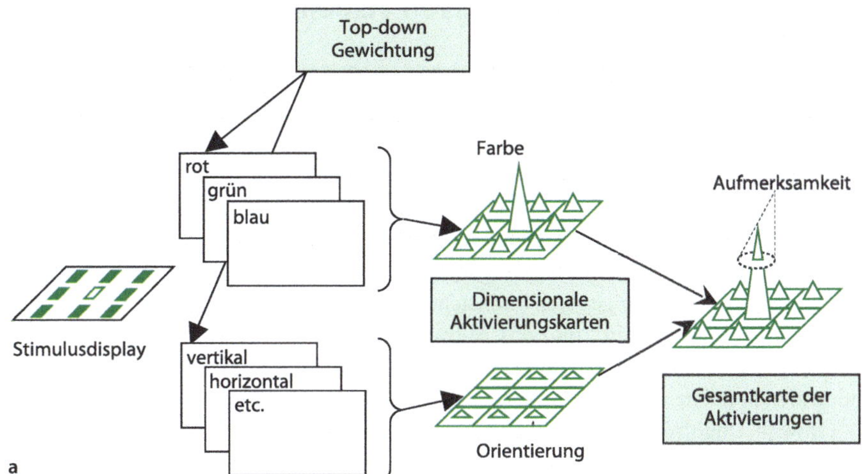

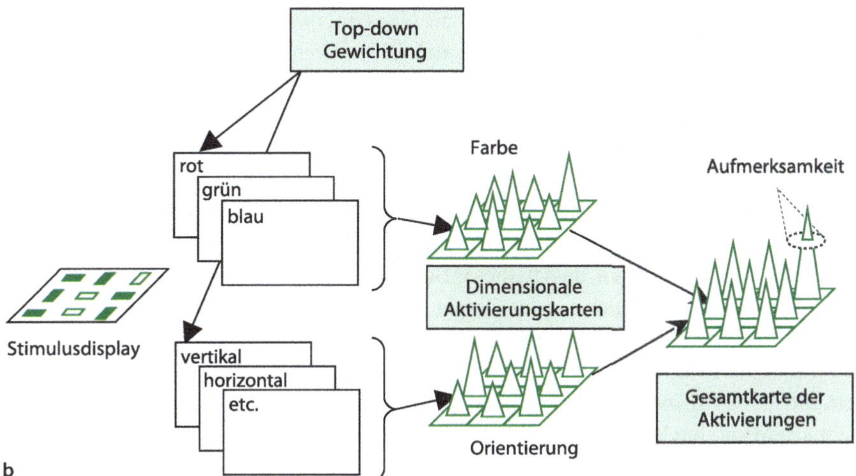

Abb. 15.6a, b Funktionale Architektur der Theorie der gesteuerten visuellen Suche (nach Cave & Wolfe, 1990. Mit freundlicher Genehmigung von Elsevier.). **a** *oben* Einfache Merkmalssuche nach einem roten vertikalen Zielreiz, die im Wesentlichen »bottom-up« gesteuert erfolgt. **b** *unten* Merkmalskonjunktionssuche nach einem roten vertikalen Zielreiz, die »top-down« gesteuert verläuft

Der **Top-down-Mechanismus** spielt bei **Konjunktionssuchen** eine entscheidende Rolle (bei denen die Bottom-up-Mechanismen der Salienzberechnung nicht in der Lage sind, zwischen dem Zielreiz und den Distraktoren zu unterscheiden). Der Top-down-Mechanismus involviert eine wissensbasierte Aktivation der bekannten Zielreizmerkmale, z. B. »rot« im Farbsystem und »X« im Formsystem bei der Suche nach einem roten X unter mehreren blauen X und roten O. Dadurch erreichen alle roten Items eine höhere Salienz im Farbsystem und alle X eine höhere Aktivation im Formsystem, wobei der Zielreiz das einzige Item ist, das eine höhere Aktivation in beiden Dimensionen erreicht. Wenn also die top down modulierten Salienzkarten von Einheiten der Hauptkarte aufsummiert werden, so erreicht der Zielreiz insgesamt die höchste Gesamtaktivation und müsste – wie in der einfachen Merkmalssuche – eigentlich immer zuerst die fokale Aufmerksamkeit auf sich ziehen. Die Aktivationsdifferenz des Zielreizes zu den Distraktoren in der Konjunktionssuche ist jedoch geringer als in der Merkmalssuche. Daher sind die Salienzberechnungsprozesse fehleranfällig (d. h. »verrauscht«), und es kann passieren, dass Distraktoren eine höhere Aktivation als der Zielreiz erreichen und somit vorher inspiziert und als Nichtzielreiz zurückgewiesen werden. Es kommt also zu einem **seriellen Suchprozess**, wobei sich die Suche aber auf wahrscheinliche »Zielreizkandidaten« beschränkt.

Bei **Merkmalskonjunktionssuchen** ergeben sich mehrere Stellen mit hoher Salienzaktivierung, was eine **serielle Verarbeitung** der Items an den relevanten Stellen erfordert, die durch Top-down-Prozesse moduliert wird – die Suche ist **zeitaufwändig und ineffizient**.

15.4 Limitationen der selektiven visuellen Aufmerksamkeit

Die Bedeutung von Selektionsprozessen zeigt sich in **Einschränkungen der Verarbeitung** bei Überlastung.

Die Bedeutung von Selektionsprozessen (auch und insbesondere in Situationen des alltäglichen Lebens) zeigt sich eindrücklich in Limitationen der Verarbeitung, die dann beobachtet werden, wenn Mechanismen der räumlichen oder zeitlichen selektiven Aufmerksamkeit überlastet sind. Eine solche Limitation wird als durch Unaufmerksamkeit verursachte Blindheit oder **Unaufmerksamkeitsblindheit** (»inattentional blindness«), bezeichnet. [Ähnliche Einschränkungen sind die Veränderungsblindheit (»change blindness«), bei der eine eigentlich offensichtliche Veränderung in einer visuellen Szene nicht wahrgenommen wird, und das Aufmerksamkeitsblinzeln (»attentional blink«), bei dem der zweite von zwei aufeinander folgenden Zielreizen in einer rasch sich verändernden Sequenz von Distraktorstimuli nicht wahrgenommen wird.]

Die Merkmale unerwarteter Objekte können nicht korrekt berichtet werden. Da in solchen Situation die Aufmerksamkeit nicht auf den unerwarteten Reiz ausgerichtet wird, spricht man von **Unaufmerksamkeitsblindheit**.

Obwohl Unaufmerksamkeit im täglichen Leben häufig vorkommt, kann sie am besten anhand einer **experimentellen Laboruntersuchung** beschrieben werden. Müssen Beobachter unter hohem Zeitdruck eine schwierige Diskriminationsaufgabe ausführen, für die räumliche Aufmerksamkeit erforderlich ist, wie z. B. die Angabe, welcher von zwei gering unterschiedlichen Armen eines Kreuzes der längere ist, so sind sie nicht in der Lage, (zusätzlich) alle Merkmale eines unerwartet auftauchenden zusätzlichen Objekts korrekt zu berichten (in einem Wiedererkennenstest). Da die Beobachter in dieser Bedingung das Auftauchen eines zusätzlichen Reizes nicht erwarten und folglich keine Aufmerksamkeit auf diesen Reiz ausrichten, wird von der »Unaufmerksamkeitsbedingung« gesprochen. Wird das Erscheinen eines zusätzlichen Objekts hingegen erwartet (Bedingung geteilter Aufmerksamkeit) bzw. liegt die primäre Aufgabe in der Verarbeitung eines plötzlich auftauchenden Objekts (volle Aufmerksamkeit), so steigt die Wiedererkennensleistung an und die Merkmale können korrekt berichtet werden. Es wird davon ausgegangen, dass in dieser Bedingung die selektive räumliche Aufmerksamkeit (fast) ausschließlich auf das Objekt ausgerichtet wird, das den Gegenstand der Diskriminationsaufgabe bildet. Nicht erwartete Objekte (in der Unaufmerksamkeitsbedingung) können dieser Interpretation zufolge nur durch Prozesse verarbeitet werden, die keine Aufmerksamkeit erfordern. Aus dem genannten Grund wird auch von einer **attentionalen Blindheit** für diese Objekte, oder verkürzend von **Unaufmerksamkeitsblindheit**, gesprochen (Mack & Rock, 1998).

Präsentationsort und Farbe eines unerwarteten Objekts können in Bedingungen von Unaufmerksamkeit und geteilter Aufmerksamkeit berichtet werden.

Interessant ist, dass verschiedene Objektmerkmale mit unterschiedlich hoher Wahrscheinlichkeit berichtet werden. Präsentationsort und Farbe eines unerwarteten Objekts werden sowohl in der inattentionalen als auch in der Bedingung mit geteilter Aufmerksamkeit mit relativ hoher Wahrscheinlichkeit (>70%) korrekt berichtet; Anzahl und Form zusätzlicher Objekte dagegen werden in der geteilten Aufmerksamkeitsbedingung nur mit einer Wahrscheinlichkeit von rund 50% (jedoch deutlich über dem Rateniveau der jeweiligen experimentellen Bedingung) erkannt (s. auch die ▶ Studie »Überdauernde Aufmerksamkeitsblindheit«).

Studie

Überdauernde Unaufmerksamkeitsblindheit

Ein beeindruckendes Beispiel für ein Phänomen, das als »überdauernde Unaufmerksamkeitsblindheit« (»sustained inattentional blindness«) in dynamischen Situationen bezeichnet wird, wurde von Simons und Chabris (1999) veröffentlicht (wobei die Autoren einen Ansatz verwenden, der auf Neisser zurückgeht; z. B. Neisser, 1979). Die Probanden bekommen eine kurze Filmsequenz zu sehen, in der zwei Teams von Basketballspielern, von denen das eine weiß und das andere schwarz gekleidet ist, sich je einen Ball zuspielen. Die Beobachter haben die Aufgabe, die Anzahl der Zuspiele der weißen Gruppe zu zählen und am Ende der Szene zu berichten (sie bekommen also eine Monitoring- oder Überwachungsaufgabe). Während der Szene wird ein unerwartetes Ereignis eingeblendet, das – bedingt durch die mittels der

▼

Monitoring-Aufgabe induzierte Selektion aufgabenrelevanter bzw. der Deselektion irrelevanter Information – von den Beobachtern ignoriert wird. (Machen Sie doch einfach einmal selbst den Versuch unter: *http://viscog.beckman.illinois.edu/flashmovie/15.php*)

Die Ergebnisse der Untersuchung von Simons und Chabris (1999) zeigen einige wichtige Charakteristika der Unaufmerksamkeitsblindheit auf. Zentral für das Auftreten von Unaufmerksamkeitsblindheit ist die Ähnlichkeit bzw. Unähnlichkeit der Merkmale der Objekte, die den Gegenstand der Monitoring-Aufgabe bilden zu den Merkmalen des unerwarteten Objekts sowie die Schwierigkeit der Monitoring-Aufgabe selber. Je unähnlicher die Merkmale und je schwieriger die Aufgabe, desto eher tritt Unaufmerksamkeitsblindheit auf. Interessant ist weiterhin, dass die räumliche Nähe zwischen relevanter und irrelevanter Information keine entscheidende Rolle spielt; dieser Befund wird von Simons und Chabris (1999) als Hinweis darauf interpretiert, dass die Selektion objektbasiert bzw., im Rahmen einer dynamischen Szene, ereignisbasiert ist.

15.5 Neurokognitive Mechanismen der selektiven visuellen Aufmerksamkeit

Die **Integrated-competition-Hypothese** ist ein Ansatz, der versucht, die verhaltensbezogene und die neuronale Erklärungsebene zu integrieren.

Das Ziel der bisher dargestellten experimentellen Vorgehensweisen und theoretischen Ansätze lag hauptsächlich in der Erklärung von Verhaltensdaten, die Theorien sagen somit nichts darüber aus, wie die in ihnen implementierten Prinzipien attentionaler Selektion neuronal, also im Gehirn, realisiert sind. Im Rahmen der immer stärkeren methodischen und theoretischen Integration und Überlappung von Psychologie und den Neurowissenschaften werden seit Kurzem Theorien vorgeschlagen, deren Bestreben es ist, die verhaltensbezogene und die neuronale Erklärungsebene zu integrieren. Einer der ersten dieser Ansätze ist die **Integrated-competition-Hypothese**. Der Ansatz der integrierten Kompetition stellt den Versuch einer Rahmentheorie dar, der die separate Betrachtung visueller Aufmerksamkeitsfunktionen beider Analyseebenen überbrückt. Der Ansatz wird nach einem Überblick über die neurokognitiven Mechanismen der selektiven visuellen Aufmerksamkeit behandelt.

Ein breites Spektrum von Methoden wird zur Untersuchung der neuronalen Korrelate der selektiven visuellen Aufmerksamkeit eingesetzt.

Vor etwa 20 Jahren wurde damit begonnen, die neuronalen Grundlagen der selektiven visuellen Aufmerksamkeit mit den **Methoden** der **Einzelzellableitung** am wachen Tier (in der Regel Affen), der nicht invasiven Messung **ereigniskorrelierter Potenziale** (EKP) an der Schädeloberfläche des Menschen sowie der Erfassung der **Folgen von lokalen Hirnschädigungen** zu untersuchen. Vor etwa 10 Jahren kam ein weiterer methodischer Ansatz hinzu, nämlich die Untersuchung von Aufmerksamkeitsprozessen mit **bildgebenden Verfahren** wie der funktionalen Kernspin- bzw. Magnetresonanztomografie (fMRT) und der Positronenemissionstomografie (PET). Die Kombination dieser verschiedenen Methoden mit geeigneten experimentellen Paradigmen (s. oben) hat neue Einsichten in die neurokognitiven Mechanismen der visuellen Aufmerksamkeit vermittelt.

15.5.1 Die funktionale Architektur des visuellen Systems

Zwei **Hauptcharakteristika** der Architektur des visuellen Systems sind die **Parallelität** und **quasi-hierarchische Organisation** von Verarbeitungsmechanismen.

Der Versuch, Prozesse der visuellen Aufmerksamkeit auf der Ebene neurokognitiver Mechanismen zu verstehen, setzt eine Modellvorstellung der funktionalen Architektur des visuellen Systems voraus, in der diese Prozesse implementiert sind. In diesem Kontext sind zwei **Charakteristika des visuellen Systems** von besonderer Bedeutung: die **Parallelität funktional spezialisierter Verarbeitungsmechanismen** sowie deren **quasi-hierarchische Organisation**.

Verschiedene Zellen im primären visuellen Kortex sind auf die Verarbeitung von Aspekten visueller Information spezialisiert.

Studien zur selektiven Aktivität der Neuronen im primären visuellen Kortex (V1), der ersten kortikalen Stufe der visuellen Informationsverarbeitung, sowie in nachfolgenden extrastriären Arealen haben gezeigt, dass verschiedene Zellen darauf spezialisiert sind, bestimmte Aspekte visueller Information wie Farbe, Form, Bewegung usw. zu »berechnen« (z. B. Livingstone & Hubel, 1988).

Verarbeitungspfade können separiert werden in einen ventralen »Was«- und einen dorsalen »Wo«- bzw. »Wie«-Pfad.

Ein anderer Aspekt der **parallelen Verarbeitung** elementarer visueller Information drückt sich im Vorschlag einer Unterteilung des visuellen Systems in einen ventralen »**Was**«-Pfad und einen dorsalen »**Wo**«- bzw. »**Wie**«-Pfad (Mishkin, Ungerleider & Macko, 1983; Milner & Goodale, 1995) aus.

Hierarchische organisierte Verarbeitung impliziert die Unterscheidung zwischen Eingangsstufe und höheren Stufen der Verarbeitung.

Neben der Parallelität der Verarbeitung besteht ein zweites Hauptcharakteristikum des visuellen Gehirns darin, dass Information in einer Reihe **hierarchisch organisierter Stufen** berechnet wird. Eine derartige Multischrittkonzeption ist impliziert in der Unterscheidung zwischen einer Eingangsstufe der Verarbeitung in V1/V2 und nachfolgenden höheren Stufen der Verarbeitung. In der Eingangsstufe werden elementare visuelle Merkmale berechnet, und in den höheren Pfaden des ventralen »Was«-Systems erfolgt die visuelle Objekterkennung während im dorsalen »Wo«- bzw. »Wie«-System die räumliche Information für Wahrnehmung und Handlung berechnet wird.

Elementare Information bildet die Grundlage für die Generierung komplexerer Repräsentationen auf höheren Stufen.
Je höher die Ebene, desto komplexer das repräsentierte Attribut.

Hierarchisch heißt, dass **elementare visuelle Information die Grundlage** bildet **für die Berechnung komplexerer Information** auf höheren Stufen. Zum Beispiel zeigt sich hinsichtlich der formbasierten Kategorisierung von Objekten im »Was«-Pfad, dass in V1 zuerst lokale Kanten von Objekten berechnet werden, bevor dann in höheren Arealen (z. B. V4) komplexere Bestandteile einer Form (Form-»Primitiva«) gebildet werden. Darauf aufbauend schließlich erfolgt die eigentliche Objekterkennung im Sinne der Objektkategorieberechnung (im inferior-temporalen Areal, IT; z. B. Oram & Perrett, 1994). Man kann also feststellen, dass mit zunehmender Ebene in der Hierarchie die Komplexität des berechneten Attributes zunimmt.

Rekurrente Verbindungen, d. h. Informationsfluss aus höheren zu elementaren Stufen, zeigen, dass die Informationsverarbeitung quasi-hierarchisch ist.

Genau genommen handelt es sich allerdings nur um eine **quasi-hierarchische Verarbeitung**, weil es **auch neuronalen Aktivitätsfluss in absteigender Richtung**, von höheren zu niedrigen Arealen, gibt und weil direkte Verbindungen von niedrigen Stufen zu höheren Stufen (z. B. von V1 direkt nach V4) bestehen (z. B. Felleman & Van Essen, 1991). Es existiert kein Areal, in dem alle parallel verteilt berechnete visuelle Information (Farbe, Form, Bewegung etc.) konvergiert. Die Bindung separat kodierter Attribute in kohärente Objekte kann deshalb nicht durch simple Konvergenz der verteilten Information in einem anatomisch hochrangigen Areal zustande kommen.

Die **Größe der rezeptiven Felder** nimmt mit zunehmender Hierarchieebene zu.

Ein wichtiger Befund aus Untersuchungen einzelner kortikaler Neurone besteht darin, dass die **Größe der rezeptiven Felder** (RF) mit zunehmender Hierarchieebene des visuellen Systems zunimmt. Das RF eines visuellen Neurons bezieht sich auf den Ausschnitt des visuellen Feldes bzw. der Retina, in dem ein Stimulus die Antwort des Neurons verändert. Zellen in V1 haben kleine RF, während Zellen in IT, der höchsten Stufe im ventralen Pfad, rezeptive Felder mit einem ganzen visuellen Halbfeld aufweisen können (z. B. Oram & Perrett, 1994).

Das **Gehirn arbeitet in einer parallelen und verteilten Weise**, und die Informationsverarbeitung erfolgt in quasi-hierarchischen Schritten.

Zusammenfassend lässt sich das **visuelle Gehirn** also **als ein parallel und verteilt arbeitendes System** beschreiben, in dem visuelle Information in einer Reihe quasi-hierarchisch arrangierter Schritte berechnet wird, die von niedrigen zu höheren Ebenen fortschreiten und die durch zunehmend größere rezeptive Felder der entsprechenden Neuronen gekennzeichnet sind.

15.5.2 Neurokognitive Mechanismen der selektiven visuellen Aufmerksamkeit

Im Folgenden wird eine Auswahl kognitiv-neurowissenschaftlicher Schlüsseluntersuchungen zur visuellen Aufmerksamkeit referiert. Die meisten der durchgeführten Studien befassen sich mit der ortsbezogenen Aufmerksamkeit, einige mit der objektbezogenen Aufmerksamkeit und nur wenige mit der dimensionsbasierten Aufmerksamkeit. Im Wesentlichen werden bei der Analyse der Mechanismen der visuellenAufmerksamkeit drei unterschiedliche Verfahren eingesetzt – ereigniskorrelierte Potenziale (EKP), bildgebenden Verfahren (PET oder fMRT) sowie neuropsychologische Läsionsstudien, die im Folgenden auch kurz erläutert werden sollen.

Ortsbezogene Aufmerksamkeit

EKP-Studien

In einem prototypischen Experiment, in dem sog. ereigniskorrelierte Potenziale (EKP; ▶ Exkurs) zur Messung der Effekte ortsbezogener Aufmerksamkeit analysiert wurden, boten Mangun, Hillyard und Luck (1993) den Probanden visuelle Reize in schneller und zufälliger Reihenfolge an vier Positionen im Gesichtsfeld dar. Die Probanden hatten die Aufgabe, ihre Aufmerksamkeit während eines gesamten experimentellen Blocks auf eine der vier Positionen zu richten (ohne die Augen zu bewegen) und bei Erscheinen eines Zielreizes an dieser Position so schnell wie möglich in vorgegebener Weise zu reagieren.

Mithilfe der Elektroenzephalografie (EEG) können Effekte der räumlichen Aufmerksamkeitszuweisung, die in behavioralen Experimenten nur erschlossen werden können, »sichtbar« gemacht werden.

Exkurs

Ereigniskorrelierte Potenziale (EKP)

Die Technik der EKP ist eine Möglichkeit, elektrische Gehirnpotenziale (oder Elektroenzephalogramme EEG) zur Untersuchung kognitiver Mechanismen der Informationsverarbeitung zu nutzen. Ein Stimulus, das Ereignis, zieht systematische Veränderungen des elektrokortikalen Potenzials nach sich, die in der grafischen Darstellung als Auslenkungen entweder in die positive oder negative Richtung sichtbar werden, und die mit den Abkürzungen P bzw. N gekennzeichnet werden. Der Zeitpunkt des Auftretens der Komponenten bezieht sich auf den Beginn der Stimulusdarbietung, wobei frühe Komponenten hauptsächlich Charakteristika visueller Information widerspiegeln; etwas spätere Auslenkungen bzw. Komponenten (rund 100–200 ms nach Stimulusbeginn und als P1/N1 bzw. P2/N2 bezeichnet) reflektieren Prozesse der attentionalen Selektion. Analysiert werden die maximale Auslenkung (Amplitude) sowie der Beginn (Latenz) von Komponenten. Relativ kleinere Amplituden bzw. längere Latenzen weisen auf eine reduzierte Antwort auf einen nicht attendierten im Vergleich zu einem attendierten Reiz hin.

In der Studie von Mangun et al. (1993) zeigte sich, dass Reize an beachteten Positionen stärkere P1- und N1-Komponenten auslösen als Reize an nicht beachteten Positionen. Reize an beachteten Positionen wiesen eine Gipfellatenz von 80–110 ms auf, Reize an nicht beachteten Positionen eine Latenz von 140–190 ms. Dabei treten die EKP-Effekte nicht nur bei aufgabenrelevanten Zielreizen auf, sondern auch bei irrelevanten (von den Zielreizen deutlich unterschiedlichen) Reizen, die an der beachteten Position erscheinen (Heinze, Luck, Mangun & Hillyard, 1990).

Reize an beachteten Stellen eines Displays lösen stärker ausgeprägte P1- und N1-Komponenten aus als Reize an nicht beachteten Positionen.

PET- und fMRT-Studien

Hopfinger, Buonocore und Mangun (2000) untersuchten in einer **fMRT-Studie** (▶ Exkurs), welche Gehirnregionen der **Ausrichtung der ortsbezogenen Aufmerksamkeit** (attentionale Kontrolle) zugrunde liegen und in welchen Regionen die nachfolgende **selektive Verarbeitung der Reize** (attentionale Modulation) stattfindet. Hierzu wurden in einem Cueing-Paradigma die Veränderungen der Gehirnaktivität infolge der Darbietung eines ortsbezogenen Hinweisreizes bzw. infolge der Präsentation des Zielreizes bestimmt. Der Hinweisreiz zeigte in jedem Durchgang an, welcher von zwei Reizen beachtet werden sollte. Zu den Gehirnregionen, die durch die Darbietung des Hinweisreizes aktiviert wurden, zählen insbesondere der superiore frontale Kortex, der inferiore parietale Kortex sowie der superiore temporale Kortex. Diese Gehirnregionen scheinen folglich Teil eines Netzwerkes zu sein, das an der Kontrolle der ortsbezogenen Aufmerksamkeit beteiligt ist.

Aufgrund von fMRT-Studien wird unterschieden zwischen Gehirnregionen, die die Ausrichtung spatialer Aufmerksamkeit kontrollieren, und Gehirnregionen, in denen anschließend eine attentionale Modulation erfolgt.

Exkurs

Bildgebende Verfahren (PET und fMRT)

In Untersuchungen mit bildgebenden Verfahren werden Gehirnareale, die bei der Ausführung kognitiver Prozesse aktiv sind, durch Messung der Veränderungen des Blutflusses identifiziert. Die Grundlage bildgebender Verfahren ist, dass der Blutfluss und der Sauerstoffgehalt im Blut mit neuronaler Aktivität verbunden sind; Neurone in aktiven Arealen haben einen erhöhten Sauerstoffverbrauch. Gemessen wird also eine Veränderung des Blutflusses bzw. der Blutsauerstoffgehalt, die sog. hämodynamische Reaktion. In der **Positronenemissionstomografie** (PET) wird die Verteilung eines ins Blut injizierten radioaktiven Markers gemessen. In der **Magnetresonanztomografie** (MRT) werden bestimmte Atomkerne (Wasserstoffatomkerne, Protonen) durch ein starkes Magnetfeld resonant angeregt, d. h., ihre Ausrichtung wird verändert. Normalerweise zufällig ausgerichtete Protonen richten sich abhängig vom Magnetfeld aus und die abgegebene Energie, die bei Beendigung der Magnetstimulation entsteht, kann gemessen werden. Je mehr Atome sich in einer Region befinden, desto höher ist diese Energie. PET und fMRT ermöglichen eine relative genaue räumliche Lokalisierung von kortikalen Arealen, wobei die zeitliche Auflösung gering ist.

Neuropsychologische Läsionsstudien

Exkurs

Neuropsychologische Läsionsstudien

Eine weitere Möglichkeit, Aufschlüsse über die an der Kontrolle von Aufmerksamkeit beteiligten Gehirnstrukturen zu gewinnen sind Untersuchungen an Probanden, deren Gehirn (aufgrund eines Unfalls oder eines Gehirnschlags) umschriebene Läsionen aufweist. Die Identifizierung sowohl von beeinträchtigten als auch unbeeinträchtigten kognitiven Funktionen und deren Modellierung erfordert die Entwicklung von Theorien, deren Annahmen sowohl das normale als auch das beeinträchtige Verhalten erklären müssen, und die dadurch präziser sein können als Modelle, die ausschließlich auf den Ergebnissen empirischer Untersuchungen an gesunden Probanden basieren.

Patienten mit **unilateralem Neglekt** vernachlässigen Reize auf der kontralateral zur Hirnschädigung liegenden Raumseite.

Zwei neuropsychologische Phänomene, die mit Defiziten der ortsbezogenen Aufmerksamkeit in Zusammenhang gebracht werden, sind der unilaterale Neglekt sowie das verwandte Phänomen der Extinktion (zum Überblick s. Driver & Mattingley, 1998; Vallar, 1998; ▶ Exkurs). Patienten mit **unilateralem Neglekt** haben Schwierigkeiten, Reize auf der kontralateral zur Hirnschädigung liegenden Raumseite zu explorieren und zu berichten. Meist handelt es sich um eine Hirnschädigung im rechten inferioren posterioren parietalen Kortex, die zu einer Vernachlässigung von Stimuli im linken visuellen Halbfeld führt. Dagegen werden Stimuli im intakten (ipsilateralen) visuellen Feld weitgehend unbeeinträchtigt verarbeitet.

Bei **Extinktion** tritt die Vernachlässigung im kontraläsionalen Feld nur auf, wenn je ein Objekt in beiden visuellen Halbfeldern präsentiert wird.

Bei **Extinktion** liegt ebenso eine Vernachlässigung auf der kontralateralen Seite vor, die allerdings nur auftritt, wenn sich neben einem Objekt im vernachlässigten Feld ein weiteres Objekt im intakten ipsilateralen visuellen Feld befindet. Ein einzelnes Objekt im »schlechten« visuellen Feld wird also durchaus gesehen, aber es verschwindet aus dem Bewusstsein, wenn ein weiteres Objekt im »guten« Feld erscheint.

Neglekt und Extinktion werden als **attentionale Defizite** interpretiert; es ist jedoch nicht klar, ob derselbe attentionale Mechanismus beeinträchtigt ist.

Ob Extinktion und Neglekt auf eine Störung der gleichen attentionalen Mechanismen zurückgehen oder ob es sich um zwei getrennte Störungen handelt, ist umstritten. **Beide Phänomene** lassen sich aber als **attentionale Defizite** interpretieren, die sich in der »Vernachlässigung« räumlicher Information manifestieren.

Bei Neglekt und Extinktion sind Beeinträchtigungen sensorischer bzw. motorischer Strukturen nicht Ursache.

Die attentionale Interpretation beider Phänomene stützt sich vor allem darauf, dass bei Patienten mit reinem Neglekt bzw. Extinktion primäre sensorische Strukturen (z. B. V1) oder motorische Strukturen (z. B. M1) intakt sind und somit keine sensorischen oder motorischen Defizite vorliegen. Es wird also Information im vernachlässigten Halbfeld in den Anfangs- und Endstufen des sensumotorischen Bogens verarbeitet, aber diese Verarbeitung ist nicht ausreichend, um einen »bewussten Eindruck« zu generieren, der intentionales Handeln ermöglichen würde. Schreibt man Aufmerksamkeit eine zentrale Rolle bei der Erzeugung bewusster, handlungsgenerierender Repräsentationen zu (z. B. James, 1890; Bundesen, 1998), so sind Neglekt und Extinktion als attentionale Phänomene einzuordnen.

Kurzzeitige Kompensation von Neglekt. Interessant ist, dass sich die Neglektsymptomatik durch Spatial Cueing der Aufmerksamkeit für kurze Zeit ganz oder zumindest teilweise kompensieren lässt (z. B. Karnath, 1988). So führt die Darbietung von zusätzlichen oder auffälligen Reizen auf der kontraläsionalen Seite zu einer deutlichen Verbesserung der Wahrnehmung (stimulusgetriebener Effekt). Auch die eindringliche und anhaltende verbale Instruktion, sich der zuvor vernachlässigten Seite zuzuwenden, kann als neglektreduzierender Hinweisreiz wirken (wissensbasierter Effekt).

Objektbezogene Aufmerksamkeit

Bildgebende Verfahren

In einer fMRT-Untersuchung von O'Craven, Downing und Kanwisher (1999) wurde die Hypothese überprüft, dass die attentionale Selektion eines bestimmten Merkmals eines Objekts automatisch zur Selektion der anderen Objektmerkmale führt. In der Untersuchung von O'Craven et al. betrachteten die Probanden Reize, die aus sich überlagernden, transparenten Bildern eines Gesichtes und eines Hauses bestanden, wobei sich entweder das Haus oder das Gesicht bewegte. Die Probanden sollten ihre Aufmerksamkeit entweder auf das Haus, das Gesicht oder auf die Bewegung richten. Mittels fMRT wurden Veränderungen der Aktivität in drei Gehirnregionen bestimmt, die bevorzugt auf die Darbietung von Gesichtern bzw. die Darbietung von Häusern oder Bewegung reagieren. Es zeigte sich, dass die Zuwendung der Aufmerksamkeit zu einem bestimmten Merkmal nicht nur zur Aktivierung der neuronalen Repräsentation dieses Merkmals führt, sondern zugleich auch zur Aktivierung der neuronalen Repräsentation des anderen Merkmals des gleichen Objekts. Die Ergebnisse unterstützen somit die Annahme, dass Objekte als »Gesamtheit« selektiert werden, selbst wenn nur ein einzelnes Merkmal des Objekts aufgabenrelevant ist.

fMRT-Untersuchung zeigen, dass Zuwendung der Aufmerksamkeit zu einem bestimmten Merkmal zur Aktivierung der neuronalen Repräsentation dieses Merkmals und zugleich auch zur Aktivierung der neuronalen Repräsentation weiterer Merkmale des gleichen Objekts führt.

Neuropsychologische Läsionsstudien

Neglekt wird in einer Reihe von Studien als Folge eines gestörten Wettbewerbs von »Objekten« im vernachlässigten Feld um Aufmerksamkeit interpretiert (Duncan, 1996; Duncan et al., 1999). Diese Interpretation stützt sich vor allem auf Studien zur visuellen Suche (z. B. Eglin et al., 1989). Wurden die Suchdisplays entweder im intakten oder im vernachlässigten Halbfeld dargeboten, so lagen die Suchleistungen auf ähnlichem Niveau. Wurde jedoch ein Suchdisplay dargeboten, das sich über das intakte und vernachlässigte visuelle Halbfeld erstreckte, so wurden Zielreize im vernachlässigten Feld deutlich langsamer entdeckt als Zielreize im intakten Feld. Dies spricht dafür, dass Objekte im vernachlässigten Feld benachteiligt sind im Wettbewerb um die Zuwendung von Aufmerksamkeit gegenüber Objekten im intakten Feld.

Eine objektbasierte Erklärung des Neglekts geht von einem Nachteil der Objekte im vernachlässigten Feld um Aufmerksamkeit aus.

Bei der objekt- und der raumzentrierten Vernachlässigung handelt es sich nicht um zwei unterschiedliche Störungen. Abhängig davon, ob sich ein Neglektpatient gerade auf den ihn umgebenden Raum oder auf ein einzelnes, dort lokalisiertes Objekt konzentriert, manifestiert sich die kontralaterale Vernachlässigung entweder als raum- oder als objektzentriert (Karnath & Niemeier, 2002).

Neglekt kann orts- oder objektbasiert sein.

Merkmals- und dimensionsbezogene Aufmerksamkeit

EKP-Studien

Sind Probanden instruiert, ihre Aufmerksamkeit auf Attribute von Reizen wie z. B. deren Farbe zu richten, so zeigen sich typischerweise relativ späte Effekte der Aufmerksamkeit. Eine stärkere Negativierung beginnt etwa nach 140–190 ms und hält bis etwa 300 ms nach Beginn der Reizdarbietung an (z. B. Harter & Previc, 1978; Previc & Har-

Visuelle Reize, die eine Zuweisung von Aufmerksamkeit auf Merkmale wie Farbe erfordern, nicht jedoch auf ihre räumliche Anordnung, lösen im EEG-Signal Negativierungen aus, die um 140 ms nach Stimulusonset beginnen und bis 300 ms anhalten.
Die Mechanismen der Selektion aufgrund räumlicher und nicht räumlicher Attribute unterscheiden sich.

ter, 1982; Wijers, Lamain, Slopsema & Mulder, 1989). Diese Negativierung unterscheidet sich deutlich von der P1- und N1-Modulation, die durch die Zuwendung der ortsbezogenen Aufmerksamkeit hervorgerufen wird und es wurde gefolgert, dass die Selektion visueller Reize aufgrund ihrer räumlichen Position bzw. aufgrund von Merkmalen auf qualitativ unterschiedlichen neuronalen Mechanismen beruht (z. B. Hillyard, Anllo-Vento, Clark, Heinze, Luck & Mangun, 1996; Hillyard & Anllo-Vento, 1998).

In PET-Studien zeigte sich, dass der Blutfluss zu aufgabenrelevanten kortikalen Arealen höher ist, wenn die Aufmerksamkeit ungeteilt einer Dimension zugewiesen werden kann; als Vergleich diente eine Bedingung mit geteilter Aufmerksamkeit.

Bildgebende Verfahren

Untersuchungen mit bildgebenden Verfahren haben gezeigt, dass die Aktivität umschriebener Regionen des visuellen Systems durch nicht räumliche – dimensionsbasierte – Einstellung der Aufmerksamkeit moduliert werden kann. In einer PET-Studie verwendeten Corbetta, Miezin, Dobmeyer, Shulman und Petersen (1991) in einer »Popout«-Suche zwei Suchbedingungen: »ungeteilte Aufmerksamkeit« und »geteilte Aufmerksamkeit«. Corbetta et al. fanden, dass der **Blutfluss zu den aufgabenrelevanten kortikalen Arealen** (z. B. V5 im Falle von Bewegung) im Vergleich zur Bedingung geteilter Aufmerksamkeit **erhöht** war, wenn die Probanden ihre Aufmerksamkeit konsistent einer einzelnen Dimension (ungeteilte Aufmerksamkeit) zuweisen konnten.

15.6 Duncans (1996) Hypothese der integrierten Kompetition

Die Hypothese der integrierten Kompetition stellt einen Ansatz einer objektbasierten Rahmentheorie zur Integration behavioraler und neuronaler Befunde dar.

Während es also bereits eine Fülle von Befunden zu neuronalen Mechanismen der visuellen Aufmerksamkeit gibt, so sind wir noch weit davon entfernt, eine detaillierte Korrespondenz zwischen den in behavioralen Studien dargestellten Prinzipien und den neuronalen Mechanismen herstellen zu können. In seiner Theorie der integrierten Kompetition (»integrated-competition hypothesis«) schlägt Duncan (1996; Desimone & Duncan, 1995) vor, den Versuch der theoretischen, neurokognitiven Integration durch ein Rahmenschema objektbasierter attentionaler Kompetition leiten zu lassen. Dieses Schema beruht auf **drei Grundannahmen**:

Die drei Grundannahmen der Hypothese sind Kompetition in verteilten Gehirnsystemen, kompetitiver Vorteil durch Präaktivation bzw. Bahnung und Integration über Gehirnsysteme hinweg.

- Die **Verarbeitung** erfolgt in vielen, vielleicht sogar den meisten, der weit verteilten visuellen Gehirnsystemen **in kompetitiver Weise**. Eine erhöhte neuronale Reaktion auf ein Objekt geht mit einer verminderten Antwort auf andere Objekte einher (vermutlich weil die Reaktionen auf unterschiedliche Objekte wechselseitiger Inhibition unterliegen). Eine derartige Kompetition ist das neuronale Äquivalent attentionaler Kompetition auf der behavioralen Ebene.
- Verhaltensrelevanten Objekten wird durch **Präaktivation bzw. Bahnung** (»priming«) **relevanter neuronaler Populationen** ein kompetitiver Vorteil verschafft. Erfordert die Aufgabe z. B. die Beachtung roter Items, so werden auf »rot« ansprechende Neuronen in farbselektiven Teilen des Netzwerks gebahnt. Diese Bahnung implementiert das Biasing attentionaler Kompetition im behavioralen Kontext.
- Die **Kompetition** verläuft **in integrierter Weise zwischen dem einen und dem anderen Gehirnsystem**. Gewinnt ein Objekt Dominanz in irgendeinem Teil des visuellen Netzwerkes, so tendiert es dazu, die Kontrolle über das restliche Netzwerk zu übernehmen. Insgesamt tendiert das Netzwerk dazu, sich in einen Zustand »einzufinden«, in dem dasselbe Objekt überall dominant ist, wodurch seine unterschiedlichen Eigenschaften gleichzeitig der Verhaltenssteuerung verfügbar gemacht werden.

Der Kompetitionsmechanismus erfordert Zeit, ist auf Objekte ausgerichtet und kann durch einen kontextsensitiven Bias moduliert werden.

Diese »Hypothese der integrierten Kompetition« ist direkt durch die Vorstellung einer sich zeitlich erstreckenden, objektbasierten Kompetition und der Erfordernis eines flexiblen, kontextsensitiven Selektionsbias motiviert. **Objektbasierte Kompetition** wird durch eine Modulation der Verarbeitungsrate und aufgabenabhängige Gewichtszuordnung erreicht. Grundsätzlich besteht dem Ansatz der integrierten Kompetition zufolge der Zusammenhang zwischen der behavioralen und der neuronalen Ebene nicht in einem lokalisierten Gehirnsystem, das für visuelle Aufmerksamkeit verantwortlich ist. Vielmehr wird **Aufmerksamkeit als ein *Zustand* des Netzwerks als Ganzes** konzipiert: Ein Objekt wird beachtet, wenn verteilte Gehirnsysteme auf die Verarbeitung seiner multiplen Eigenschaften und Verhaltensimplikationen konvergieren.

? Kontrollfragen

1. Wie kann überprüft werden, welche Verarbeitungsstufe die nicht beachtete Information im Paradigma des dichotischen Hörens erreicht hat?
2. Anhand welcher Beispiele kann erklärt werden, dass visuelle Aufmerksamkeit durch Dimensionen von Merkmalen determiniert ist?
3. Durch welche Eigenschaften zeichnet sich die visuelle Suche nach Merkmalszielreizen (Konjunktionszielreizen) aus?
4. Welche behavioralen und neurokognitiven Erklärungen existieren für Neglekt?
5. Auf welche Weise können die behaviorale und neurokognitive Analyseebenen integriert werden?

▶ Weiterführende Literatur

Müller, H. J. & Krummenacher, J. (2008) Aufmerksamkeit. In Müsseler, J.: *Allgemeine Psychologie*, 2. Aufl. Heidelberg: Spektrum Akademischer Verlag.
Styles, E. A. (2006). *The psychology of attention* (2nd edn.). Hove, UK: Psychology Press.
Wright, R. D. & Ward, L. M. (2008). *Orienting of attention*. Oxford, UK: Oxford University Press.
Pashler, H. E. (1998). *The psychology of attention*. Cambridge, MA: MIT Press.
Pashler, H. E. (Ed.) (1998). *Attention*. Hove, UK: Psychology Press.

16 Aufmerksamkeit und Handlung

Lernziele

- Welche Gesetzmäßigkeiten ergeben sich für das Verständnis der Aufmerksamkeit dadurch, dass Aufmerksamkeit im Kontext der Ausführung von Handlungen benötigt wird?
- Warum ist es so schwierig, sich auf mehrere Handlungen gleichzeitig zu konzentrieren? Was bestimmt, wie Personen in solchen und anderen schwierigen Situationen ihre Aufmerksamkeit verteilen?
- Wie funktioniert das Gehirn in Situationen, in denen erhöhte Anforderungen an die Verteilung der Aufmerksamkeit gestellt werden?
- Gibt es Gehirnareale, die besonders mit der Regulierung von Aufmerksamkeit bei der Handlungssteuerung verbunden sind?
- Welche Konsequenzen haben Erkrankungen oder Störungen des Frontalhirns für die Aufmerksamkeit und Handlungssteuerung?
- Benötigen »automatisierte« Handlungen keine Aufmerksamkeitskapazität?

Wenn im Zuge der Informationsaufnahme sensorische Stimuli für die weitere Verarbeitung selektiert wurden, erfolgt darauf häufig ein extern beobachtbares Verhalten, das zur Erreichung von bestimmten Zielen nötig ist. So nimmt man den Stimulus eines roten Ampellichts nicht »nur« einfach wahr, um ihn zu sehen, sondern man führt darauf eine Handlung aus; z. B. reagiert man darauf durch Betätigen des Bremspedals eines Autos. Im Zusammenhang mit der Ausführung derartiger zielgerichteter Handlungen werden besondere Gesetzmäßigkeiten der Aufmerksamkeit deutlich. Diese können gut in Situationen erforscht werden, in denen die Handlungsausführung erhöhte Anforderungen an die Verteilung der Aufmerksamkeit stellt.

Den Kontext der selektiven Aufmerksamkeit bilden in der Regel zielgerichtete Handlungen, die mit den durch die Wahrnehmung bereitgestellten sensorischen Stimuli verbunden sind. Schwierige Handlungssituationen sind gute Beispiele zur Erforschung der Aufmerksamkeit.

16.1 Aufmerksamkeit und multiple Handlungen

Multitasking stellt hohe Anforderungen an die Aufmerksamkeit, da sie auf mehrere Handlungen aufgeteilt werden muss.

Bei **Doppeltätigkeiten** müssen Personen ihre Aufmerksamkeit auf zwei unabhängige Handlungen aufteilen wie z. B. das Steuern eines Autos und die gleichzeitige Kommunikation mit dem Beifahrer. Unabhängig heißt dabei, dass die Zielerfüllung in der einen Aufgabe nicht von den Resultaten der Verarbeitung in der anderen Aufgabe abhängig ist.

Aus eigener Erfahrung wissen wir, dass das gleichzeitige Autofahren und Kommunizieren eine schwierige Situation ist, die zu Leistungseinbußen (erhöhter Zeitbedarf oder Anstieg der Fehler bei der Ausführung) führen kann. Strayer und Johnston (2001) haben unlängst in einer gut kontrollierten Laborsituation zeigen können, dass diese Erfahrung auch wissenschaftlich belegbar ist. In ihrem Experiment mussten die Personen in einer simulierten Autosteuerungsaufgabe ein Bremspedal so schnell wie möglich betätigen, sobald ein rotes Licht (Ampellicht) aufleuchtete. Diese Aufgabe sollte einmal allein (als **Einzelaufgabe**) und in einer anderen Situation zusammen mit einer zweiten Aufgabe (**Doppelaufgabe**), in der die Personen mit einem Handy mit einer anderen Person kommunizierten, ausgeführt werden. Die Ergebnisse zeigten deutliche Leistungseinbußen in der Doppelaufgaben- gegenüber der Einzelaufgabensituation. Die Probanden ließen viel häufiger das rote Licht in der Doppelaufgaben- (7%) gegenüber der Einzelaufgabenbedingung (3%) aus und außerdem erhöhte sich die Zeit beim Betätigen des Bremspedals um 50 ms (◘ Abb. 16.1).

Obwohl diese Zeit nicht sehr hoch aussieht, bedeutet sie aber bei einer Geschwindigkeit von 110 km/h einen um 1,5 m verzögerten Bremsweg (Sternberg, 2008). Diese Verzögerung könnte entscheidend sein für ein erfolgreiches Ausweichen oder das Anfahren einer Person im Straßenverkehr mit entsetzlichen Folgen.

Leistungsverschlechterungen bei Doppelaufgaben werden häufig dadurch erklärt, dass die **Aufmerksamkeitskapazität** einer Person **nicht ausreicht**, um beide Aufgaben gleichzeitig so auszuführen wie in Einzelsituationen; deshalb soll es zu einer Verschlechterung der Leistung kommt. Was sind aber die genauen Mechanismen, die die Leistungsverschlechterung bewirken? Wie erfolgt in solchen Situationen die Vertei-

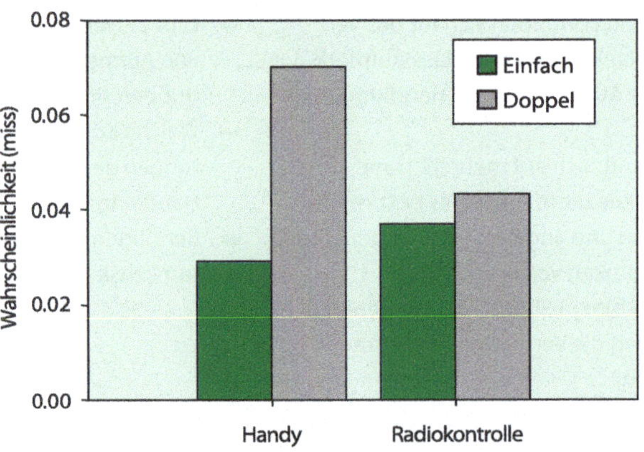

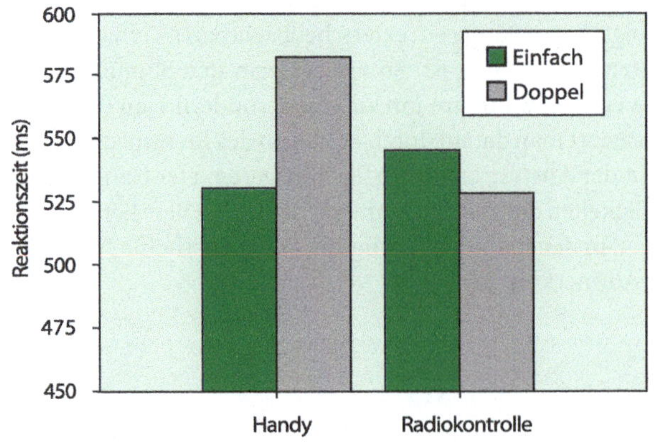

◘ **Abb. 16.1** Leistung von Probanden in einem Doppelaufgabenlaborexperiment. Die Leistung im Fahrsimulator (Reaktion auf ein rotes (Ampel)licht beim Steuern eines Autos fällt ab, wenn man per Handy mit einer anderen Person kommuniziert (Doppel) im Vergleich zur Situation ohne Handy (einfach). Zum Vergleich: Die Notwendigkeit der Radiokontrolle führt nicht zur Verringerung der Leistung bei der Reaktion auf das rote Licht. (Nach Strayer & Johnston, 2001. Mit freundlicher Genehmigung von Sage Publications.)

lung der Aufmerksamkeit auf die verschiedenen Aufgaben und die Prozesse bei ihrer Bearbeitung? Wo liegen die **Aufmerksamkeitsgrenzen** bei der Bearbeitung mehrerer gleichzeitiger Aufgaben? Aufbauend auf verschiedene Befunde zu diesen Fragen hat die Aufmerksamkeitsforschung unterschiedliche Hypothesen über die Architektur und die Funktionsweise von Aufmerksamkeit formuliert, die im Anschluss dargestellt werden.

Die Analyse der Leistungsverschlechterungen bei Doppelaufgaben lässt Schlussfolgerungen über die Architektur und Funktionsweise der Aufmerksamkeit zu.

16.1.1 Alles-oder-Nichts-Verteilung der Aufmerksamkeit

Verschiedene Autoren (Welford, 1952; Pashler, 1994) erklären das Entstehen von zusätzlicher Zeit oder Fehlern in Doppel- gegenüber Einzelaufgaben mit der Annahme einer **strukturellen Kapazitätsbegrenzung** der Aufmerksamkeit. Sie nehmen an, dass eine Verarbeitungsstruktur (Kanal mit begrenzter Aufmerksamkeitskapazität) im kognitiven System existiert, die jeweils nur einmal zu einem Zeitpunkt genutzt werden kann. Deshalb kann sie nur in einem **Alles-oder-Nichts-Verfahren** entweder der einen Aufgabe oder der anderen Aufgabe zugewiesen werden. Nutzen also Prozesse der Aufgabe A diese Struktur, dann können Prozesse der Aufgabe B sie nicht gleichzeitig nutzen. Es kommt während dieser Zeit zur Unterbrechung der Prozesse in der Aufgabe B und damit zur Verlängerung der Bearbeitungszeit (▣ Abb. 16.2a).

Strukturelle Aufmerksamkeitsbegrenzungen sind mit einer **Alles-oder-Nichts-Verteilung der Aufmerksamkeit** beim Multitasking verbunden.

Ein empirischer Befund, der mit dem Auftreten einer strukturellen Kapazitätsbegrenzung und der dadurch entstehenden Unterbrechung von Prozessen in Doppelaufgaben in Verbindung gebracht wird, ist das Phänomen der **psychologischen Refraktärperiode (PRP)**. Der PRP-Effekt tritt auf, wenn Probanden auf zwei Stimuli (S1 und S2) reagieren müssen, die kurz nacheinander dargeboten werden. Zum Beispiel kann in Aufgabe 1 ein hoher oder tiefer Ton (S1) dargeboten werden, auf den mit dem linken Mittel- oder Zeigerfinger reagiert werden muss. Als Aufgabe 2 wird nach S1 in einem kurzen, aber zeitlich veränderlichen Intervall ein großes oder kleines Quadrat (S2) dargeboten, auf das mit dem rechten Zeige- oder Mittelfinger so schnell wie möglich reagiert werden soll. Als Befund zeigt sich, dass die Bearbeitungszeit auf S2 bei einem kleinen zeitlichen Intervall sehr groß ist und mit zunehmendem Intervall dann abnimmt (▣ Abb. 16.3). Die Bearbeitungszeiten bei der Aufgabe 1 sind allgemein unabhängig vom Intervall zwischen den Aufgaben.

Die **psychologischen Refraktärperiode (PRP)** tritt auf, wenn Personen auf zwei Reize (zwei Aufgaben) schnell nacheinander mit unterschiedlichen Reaktionen reagieren müssen.

Warum ist nun die Bearbeitungszeit für S2 bei kurzem Intervall erhöht? Welford (1952) hat als einer der ersten dieses Phänomen durch einen strukturellen Engpass der Aufmerksamkeit erklärt (▶ Abschn. 16.2.1). Es kommt zur **Unterbrechung der S2-Be-**

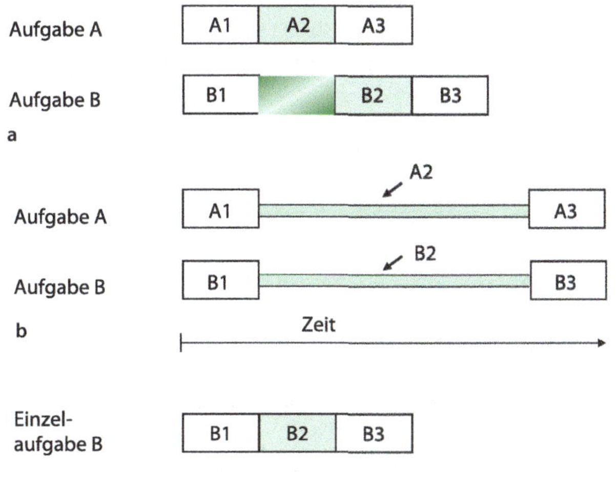

▣ **Abb. 16.2a–c** Grundannahmen über die Verteilung von Aufmerksamkeitskapazität bei Doppelaufgabensituationen. **a** Im Modell struktureller Kapazitätslimitationen wird die Verarbeitungskapazität im Alles-Oder-Nichts-Verfahren zwischen zwei kapazitätslimitierten Prozessen (A2 und B2) aufgeteilt (*schraffiert* Unterbrechung der Aufgabe B). **b** Die Aufmerksamkeit wird als Ressource graduell auf zwei gleichzeitige Prozesse aufgeteilt. Dadurch kommt es zur Unterversorgung von A2 und B2 mit Kapazität und zur Verlängerung der Bearbeitungszeit. **c** Ausführung der Aufgabe B in Einzelaufgabensituation

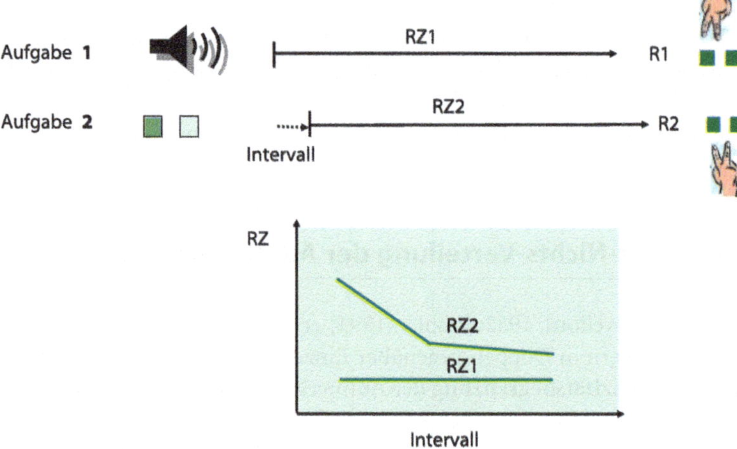

Abb. 16.3 Laborexperiment zur Doppeltätigkeit. Das Intervall zwischen den Stimuli S1 und S2 für die Aufgaben 1 und 2 wird normalerweise zwischen 50 ms und 1000 ms gewählt; *RZ* Reaktionszeit, *R* Reaktion

Das Phänomen der psychologischen Refraktärperiode wird mit einem **Aufmerksamkeitsengpass** erklärt. Durch diesen Engpass kommt es zur Unterbrechung in einer der beiden Aufgaben, während die Bearbeitung in der anderen Aufgabe andauert; je länger die Unterbrechung, desto stärker wird die Bearbeitungszeit in dieser Aufgabe verzögert.

arbeitung, wenn die Verarbeitung von S1 den Kanal mit begrenzter Aufmerksamkeit benutzt. Abb. 16.4 zeigt, dass die Unterbrechung umso länger dauert, je größer die zeitliche Überlappung bei beiden Aufgaben ist. Deshalb ist die Bearbeitungszeit bei Aufgabe 2 umso größer, je kleiner das Intervall zwischen beiden Aufgaben ist. Die S2-Verzögerung kann bis zu 350 ms und mehr dauern. Auch bei zeitlich länger ausgedehnten Aufgaben, wie z. B. dem visuellen Verfolgen eines sich unregelmäßig bewegenden Objektes am Bildschirm und der Reaktion auf einen unvorhersehbar erscheinenden Ton, kann es durch das Auftreten eines Engpasses zu Unterbrechungen während der Bearbeitung der Aufgaben kommen. Broadbent (1958) hat das ständige **Hin- und Herschalten der Aufmerksamkeit** bei solchen Aufgaben in Anlehnung an technische Systeme als »Multiplexing« bezeichnet.

Eine wichtige Frage der Aufmerksamkeitsforschung lautet, bei welchen Prozessen ein Engpass auftritt.

Welche Prozesse sind nun dem kapazitätsbegrenzten Kanal bei der Handlungsausführung unterworfen? Um diese Frage systematisch stellen zu können, geht man von einer Unterteilung der Prozesse bei der Aufgabenbearbeitung in Prozesse der Perzeption der Stimuli (P), Prozesse der Selektion der Antworten auf die Stimuli (Antwortselektion; AS) und in motorische Prozesse (M) aus (Abb. 16.4). Im Grunde könnte bei allen diesen Prozessen ein Engpass auftreten.

Viele Forscher glauben, dass zentrale Prozesse wie die Auswahl zwischen verschiedenen Handlungsalternativen seriell bei zwei Aufgaben erfolgen, weil sie einem **strukturellen Engpass** unterworfen sind.

Forscher wie Welford (1952) und Pashler (1994) postulieren jedoch ein **zentrales Engpassmodell** und behaupten, dass die zentral-kognitiven Prozesse der Antwortselektion dem Engpass durch den kapazitätsbegrenzten Kanal unterworfen sind. Mit anderen Worten, eine Kapazitätsbegrenzung bewirkt, dass nur eine Handlung zu einem Zeitpunkt ausgewählt (selektiert) werden kann. Für diese Annahme sprechen Befunde von Pashler (1990), der das Auftreten einer PRP in Situationen gezeigt hat, in denen die

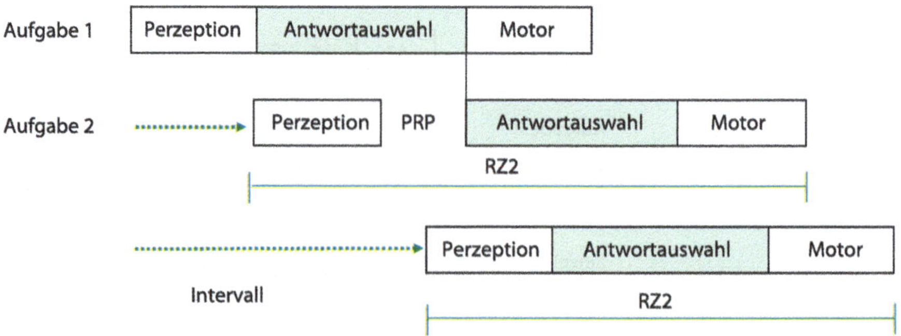

Abb. 16.4 Zentrales Engpassmodell. Die *grün markierten* Prozesse unterliegen einem Engpass; *PRP* psychologische Refraktorperiode, *RZ2* Reaktionszeit Aufgabe 2

16

Probanden in einer Aufgabe 1 eine Fingerreaktion (rechter Zeige-, Mittel- oder Ringfinger) auf einen visuellen Reiz (Buchstaben) und in Aufgabe 2 eine verbale Reaktion (Wort »hoch« oder »tief«) auf einen hohen oder tiefen Ton ausführten. Da die peripheren (d. h. die perzeptiven und motorischen) Systeme bei dieser Aufgabenkombination vollständig getrennt waren und somit hier kein Anlass zu Störungen zwischen den Aufgaben vorhanden war, schlussfolgerte Pashler, dass der PRP-Effekt aufgrund eines zentralen Engpasses bei der **Antwortselektion** zustande kommt.

Tatsache ist, dass der **PRP-Effekt ein sehr robustes Phänomen** bei der Bearbeitung von Doppelaufgaben ist, das unabhängig davon zu beobachten ist, ob die Aufgaben gleiche oder unterschiedliche Input- und Outputmodalitäten erfordern. Allerdings kann es **Ausnahmesituationen** geben, in denen der PRP-Effekt sehr klein ist oder sogar verschwindet. Übung kann z. B. dazu führen, dass der PRP-Effekt sehr stark verringert ist. Eine solche Situation wurde von Van Selst et al. (1999) beschrieben, die den PRP-Effekt in einer Doppelaufgabensituation mit Aufgaben untersuchten, die sich bezüglich der Input- und der Outputcharakteristika nicht überlappten. In dieser Situation war die Bearbeitungszeit bei Aufgabe 2 bei einem kurzen Intervall nur um minimale 50 ms erhöht, nachdem die Probanden die beiden Aufgaben **36 Tage intensiv trainiert** hatten (zu Beginn betrug die Erhöhung 352 ms). In einer Untersuchung von Schumacher et al. (2001) verschwand sogar jeglicher Hinweis auf eine PRP. Dabei trainierten die Probanden zwei einfache Aufgaben (sie sagten 1, 2 oder 3 auf einen hohen, tiefen oder mittleren Ton und drückten eine linke, mittlere oder rechte Taste auf einen linken, mittleren oder rechten Kreis) in Einzel- und Doppelaufgabensituationen. Die anfängliche Differenz zwischen den Reaktionszeiten und Fehlern in den Teilaufgaben der Doppelaufgabensituation und der Einzelaufgabensituation verschwand nach 5 Tagen intensiven Trainings.

Es gibt Ausnahmen von der Regel. Durch extensive Übung kann der PRP-Effekt verschwinden.

Verschiedene Ursachen werden für die Befunde in solchen Lernsituationen diskutiert. Am wahrscheinlichsten scheint die Annahme, dass in sehr spezifischen Aufgabensituationen (unterschiedliche perzeptive und motorische Input- und Outputsysteme) eine **Automatisierung** der Prozesse in zwei Aufgaben bei intensiver und extensiver Übung möglich ist, sodass keine zentrale Aufmerksamkeitskapazität mehr bei der Antwortselektion genutzt wird (▶ Abschn. 16.3.2). Alternativ kann es aber auch möglich sein, dass durch Übung die **kapazitätslimitierte Antwortselektion** so **stark verkürzt** wird, dass nur kleine Unterbrechungen notwendig sind, wenn die beiden Aufgaben gleichzeitig gemacht werden, die dann schwer zu messen sind (Ruthruff et al., 2001).

Übung macht den Meister.

16.1.2 Graduelle Kapazitätsverteilung

Im Gegensatz zu Modellen struktureller Limitationen gehen Modelle gradueller Kapazitätsbegrenzungen davon aus, dass Aufmerksamkeit graduell auf zwei gleichzeitige Prozesse bei zwei verschiedenen Aufgaben verteilt werden kann (Kahneman, 1973). Dadurch kommt es nicht zur Unterbrechung, sondern zum **parallelen Weiterführen der Prozesse der beiden Aufgaben**; allerdings bei einer verringerten Versorgung mit Kapazität, was zur Leistungsverschlechterung führt (◘ Abb. 16.2b).

Bei **gradueller Kapazitätsteilung** zwischen Aufgaben kommt es nicht zur Unterbrechung einer der beiden Aufgaben, sondern zur **parallelen Bearbeitung der Aufgaben**; allerdings bei verringerter Versorgung mit der Ressource Aufmerksamkeit.

Modelle gradueller Kapazitätsbegrenzungen gehen davon aus, dass für das Funktionieren kognitiver Prozesse eine **(Aufmerksamkeits-)Kapazität/Ressource** existieren muss, die als eine Art **Brennstoff** zum effizienten Ausführen des jeweiligen Prozesses notwendig ist. Wenn die Kapazitätsversorgung des Prozesses unterhalb eines kritischen Niveaus liegt, sinkt die Leistung, d. h. die Bearbeitungszeit und die Fehlerhaftigkeit nehmen zu. Man kann das mit einem Verbrennungsmotor vergleichen, der besser, d. h. schneller, arbeiten kann, wenn mehr Benzin zur Verfügung gestellt wird und der nur noch langsam arbeiten kann, wenn die Benzinvorräte zur Neige gehen.

Ähnlich wie bei einem Verbrennungsmotor soll das kognitive System besser arbeiten können, wenn mehr Ressourcen (Benzin) für eine Aufgabe zur Verfügung stehen.

Die **Schwierigkeit der einzelnen Aufgaben** bestimmt die Leistung in Doppelaufgabensituationen. Je schwieriger die Einzelaufgaben, desto schlechter die Leistung in der Doppelaufgabensituation, d. h., wenn die Aufmerksamkeit zwischen zwei Aufgaben geteilt wird.

Aus diesen Überlegungen lassen sich Annahmen ableiten, wie sich die **Schwierigkeit einer Aufgabe** auf die Leistung in Doppelaufgabensituationen auswirken sollte: **Je schwieriger** die einzelnen Aufgaben, **desto größer ihr Bedarf an Resourcen** bzw. Aufmerksamkeit. Wenn man jetzt noch zwei Aufgaben gleichzeitig durchführt, dann müsste die verfügbare Kapazität geteilt werden und die Leistungsverschlechterung sollte größer sein als in einer Aufgabensituation, in der zwei leichtere Aufgaben miteinander kombiniert werden. In der Tat gibt es Hinweise auf eine derartige Relation, die häufig aus Laborexperimenten stammen, in denen eine Gedächtnisaufgabe mit einer anderen zeitlich ausgedehnten Aufgabe kombiniert wurde (Baddeley, 1986). In einer Studie von Lansman und Hunt (1982) wurde z. B. die Leistung von Probanden bei der Detektion eines visuellen oder eines auditorischen Reizes während der Ausführung einer Gedächtnisaufgabe gemessen; die Gedächtnisaufgabe war dabei eine Paarassoziationsaufgabe bei der die Probanden zunächst Paarungen von Buchstaben und Zahlen lernten (A=3, B=7 etc.) und dann in der Abrufphase die Ziffer auf die Darbietung des Buchstaben erinnern mussten (A=?). Die Schwierigkeit der Gedächtnisaufgabe variierte durch die Anzahl der Paare, die erinnert werden mussten (2 bis 7). Als wichtiger Befund stiegen sowohl die Reaktionszeit bei der Detektionsaufgabe als auch die Anzahl der Fehler bei der Paarassoziationsaufgabe in Abhängigkeit von der Anzahl der zu memorierenden Gedächtnispaare (Schwierigkeit).

Bei kapazitätsbegrenzten Prozessen führt eine verstärkte Ressourcenzuweisung zu einer verbesserten Leistung; bei datenbegrenzten jedoch nicht.

Der Zusammenhang zwischen Leistung und Aufmerksamkeitsressourcen lässt sich nach Norman und Bobrow (1975) durch sog. **Leistungs-Ressourcen-Funktionen** (LRF) beschreiben. Dazu unterscheiden die Autoren **zwei Arten von Prozessen**: Als **kapazitätsbegrenzt** werden Prozesse dann bezeichnet, wenn die Leistung in diesem Prozess aufgrund einer vergrößerten Kapazitätszuweisung verbessert werden kann. Daneben gibt es **datenbegrenzte** Prozesse, bei denen eine verstärkte Kapazitätszuweisung nicht zur Verbesserung der Leistung führt, sondern nur dadurch eine Leistungsverbesserung erreicht werden kann, indem die Informationsqualität erhöht wird. Ein Beispiel für datenbegrenzte Prozesse ist die Detektion visueller Objekte mit sehr geringem Kontrast zum Hintergrund. Wenn man versucht, unter diesen Bedingungen ein Wort zu erkennen, dann wird die Leistung bei der Detektion nicht besser, je mehr man sich auch anstrengt. Eine Leistungserhöhung ist erst möglich, wenn die Datenqualität erhöht wird, d. h. wenn der Kontrast von Buchstabe zu Hintergrund verbessert wird.

Das Resultat eines graduellen Austausches der Kapazität zwischen Prozessen in gleichzeitig auszuführenden Aufgaben A und B kann durch sog. **Performance-Operating-Characteristics (POC)** beschrieben werden.

16

Was passiert nun, wenn die Aufmerksamkeitskapazität zwischen zwei Prozessen in Doppelaufgaben graduell aufgeteilt wird? Das Resultat eines graduellen Austausches der Kapazität zwischen Prozessen in gleichzeitig auszuführenden Aufgaben A und B kann durch sog. **Performance-Operating-Characteristics (POC)** beschrieben werden (Norman & Bobrow, 1975). In diesen POC wird das jeweilige Leistungsniveau einer Aufgabe A mit dem Leistungsniveau einer Aufgabe B in Verbindung gebracht (▪ Abb. 16.5). Wenn Aufgabe A Kapazität verbraucht, die gleichzeitig von B genutzt wird, *und* wenn beide Aufgaben sich im kapazitätsbegrenzten Bereich der LRF befinden, dann führt eine stärkere Nutzung von Kapazität in Aufgabe A zu einer Verringerung der Kapazität, die für Aufgabe B verfügbar ist. Als Resultat kommt es zu einer Leistungseinbuße bei B und umgekehrt.

In ▪ Abb. 16.5 stellt der Schnittpunkt der POC mit der Y-Achse den Punkt dar, der das gemeinsame Leistungsniveau in beiden Aufgaben charakterisiert, wenn Personen die verfügbare Kapazität in einem Verhältnis von 100 % (Aufgabe A) zu 0% (Aufgabe B) verteilen. Dagegen stellt der Schnittpunkt der POC mit der X-Achse die Verteilung von 0% Aufgabe A zu 100 % Aufgabe B dar.

Der **Nutzen von POC** besteht u. a. darin, dass die gegenseitige Abhängigkeit der Leistung in zwei verschiedenen Aufgaben durch ein Maß dargestellt werden kann.

Um POC empirisch zu erfassen, muss man zwei Aufgaben unter unterschiedlichen Verhältnissen der Verteilung der verfügbaren Ressourcen untersuchen. Dass das möglich ist und zur Darstellung von POC genutzt werden kann, haben u. a. Navon und Gopher (1979; s. auch Wickens, 1980) diskutiert. Der **Nutzen von POC** besteht vor allem darin, die **gegenseitige Abhängigkeit** der Leistungen in zwei Aufgaben A und B und die dabei entstehende gemeinsame Leistung durch **ein einheitliches empirisches Maß** zu charakterisieren. Das ist u. a. wichtig für Anwendungssituationen; z. B. in Arbeitsplatzsettings, bei denen Flugzeugpiloten mehrere Aufgaben zu erfüllen haben und eine Diagnose ihrer Leistung notwendig ist.

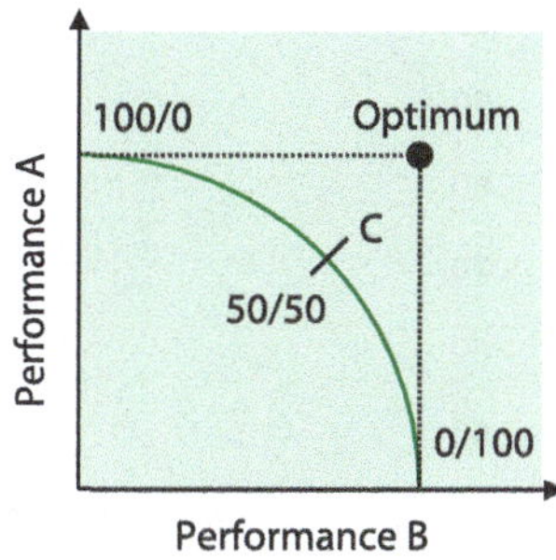

Abb. 16.5 Performance-Operating-Characteristic (POC). Y-, X- Achse: Leistungsniveau bei Aufgabe A und B. Die *durchgezogene Linie* ist ein Maß für die gemeinsame Leistung bei beiden Aufgaben, wenn beide sich im kapazitätsbegrenzten Bereich befinden und die Probanden die Kapazität in unterschiedlichem Ausmaß auf A und B verteilen. *Gestrichelte Linie*: Leistungsniveau, wenn A und B im datenbegrenzten Bereich sind. Hier beeinflusst eine Verschlechterung der Leistung in einer Aufgabe *nicht* das Leistungsniveau der anderen Aufgabe. Optimum: Beide Aufgaben werden mit höchster Leistung gleichzeitig durchgeführt, ohne dass sie sich stören

Modelle gradueller Kapazitätsbegrenzungen sind einerseits intuitiv einfach zu verstehende Metaphern für die Erklärung der Leistung bei Doppeltätigkeiten. Allerdings werden sie kritisch betrachtet. Ein **Kritikpunkt ist die empirische Aufwändigkeit** zur Erstellung von POC. Zum Beispiel muss ein bestimmtes Aufgabenpaar A und B in verschiedenen Leistungshöhen gemessen werden, um eine genaue Schätzung von POC zu ermöglichen. Außerdem kann nicht sicher gesagt werden, ob zwei kapazitätsbegrenzte Prozesse tatsächlich gleichzeitig ablaufen. Die Bestimmung von POC als Maß für die Kapazitätsteilung ist zu grob, um präzise Aussagen über die zeitliche Koordination von Prozessen bei multiplen Handlungen zu ermöglichen. Zum Beispiel könnte es zwar im Sekunden- oder Minutenbereich so aussehen, dass zwei Aufgaben tatsächlich bei Teilung der Aufmerksamkeitskapazität gleichzeitig ablaufen, im Millisekundenbereich könnten jedoch zeitlich begrenzte Unterbrechungen ähnlich einer PRP auftreten, die für strukturelle Kapazitätsbegrenzungen sprechen.

Es ist schwierig auszuschließen, dass es nicht doch zu Unterbrechungen im Millisekundenbereich kommt, wenn zwei Aufgaben im Sekundenbereich scheinbar gleichzeitig ablaufen (s. PRP-Effekt).

Das weitaus größte Problem besteht jedoch darin, dass es **keine von der Messung unabhängige Definition des Kapazitäts- oder Ressourcenbegriffes** gibt. Ein Prozess A ist kapazitätsbegrenzt, wenn er durch den Kapazitätsbedarf eines anderen Prozesses B in seiner Effizienz beeinflusst wird. Was bestimmt aber den Kapazitätsbedarf des anderen Prozesses B? Der Kapazitätsbedarf von A! Wenn der aber nur über den Kapazitätsbedarf von B gemessen werden kann, dann »beißt sich die Katze in den Schwanz«.

Die **Tautologiegefahr** bei der Verwendung des Ressourcenbegriffes kommt daher, dass es keine von der Leistung unabhängige Methode gibt, die Menge an Aufmerksamkeitsressourcen einer Person zu bestimmen.

16.1.3 Eine oder mehrere Verarbeitungskapazitäten/Ressourcen?

Einkapazitätsmodelle gehen von der Existenz einer begrenzten zentralen Kapazität aus, was sowohl für Modelle struktureller (Pashler, 1994; Welford, 1952) als auch gradueller Kapazitätsbegrenzungen (Kahneman, 1973) gilt. Ein problematischer Befund für Einkapazitätsmodelle ist aber, dass sich die Prozesse bei zwei gleichzeitig zu bearbeitenden Aufgaben häufig umso mehr stören, je ähnlicher sie sich sind, was man als **Ähnlichkeitseffekte bei Doppelaufgaben** bezeichnen kann. Deshalb nehmen verschiedene Autoren an, dass es **mehrere spezifische Verarbeitungskapazitäten oder -module** (strukturelle oder auch graduelle) gibt (Navon & Gopher, 1979; Wickens, 1980). Je nachdem ob Prozesse bei zwei Aufgaben auf die gleiche Kapazität oder gleiche Prozessstrukturen zurückgreifen oder nicht, stören sie sich mehr oder weniger stark.

Ähnlichkeitseffekte zeigen, dass die Annahme einer zentralen Kapazität nicht ausreichend ist. Interferenz zwischen Verarbeitungsprozessen kann an vielen Stellen bei der Bearbeitung zweier Aufgaben auftreten.

Belege für diese Aussage gibt es aus eigener Erfahrung: Zum Beispiel können wir uns mit derselben Hand nicht gleichzeitig am Apfelbaum festzuhalten und einen Apfel pflücken. Dieses (zugegebenermaßen) extreme Beispiel eines Ähnlichkeitseffektes weist darauf hin, dass sich **zwei Aufgaben sehr stark stören,** wenn man **dieselben Effektoren** (hier die Hand) für ihre Ausführung benutzen muss. Ebenso wissen wir auch (aus den schon zitierten Untersuchungen zum dichotischen Hören), dass es unmöglich ist, gleichzeitig zwei völlig unterschiedliche Texte, einen auf dem linken und einen auf dem rechten Ohr, sinnvoll zu verarbeiten. Gleiche sensorische Systeme bei der Infor-

Ob sich Prozesse bei zwei Aufgaben gegenseitig stören, hängt auch davon ab, ob gleiche sensorische oder motorische Komponenten verwendet werden.

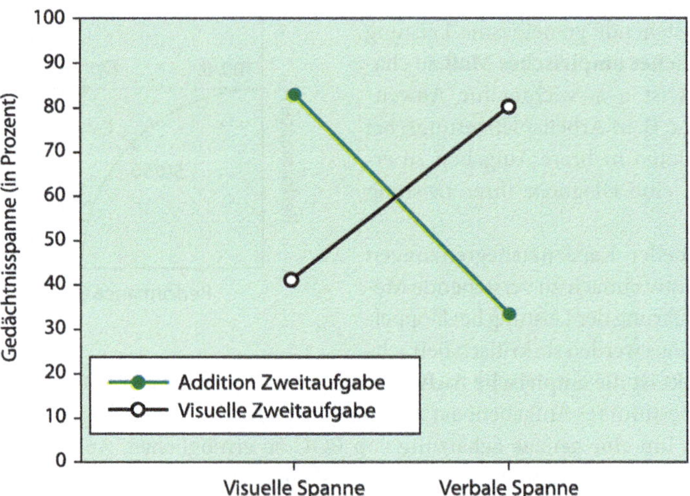

Abb. 16.6 Befund einer doppelten Dissoziation bei der Bearbeitung zweier Aufgaben: Die gleichzeitige Ausführung einer fortwährenden Additionsaufgabe (7+3–5+6 usw.) führt zur Verschlechterung der ermittelten verbalen Gedächtnisspanne (Darbietung von Buchstaben), aber kaum zur Verschlechterung der Leistung in der visuellen Gedächtnisspanne. Umgekehrt führt eine visuelle Zweitaufgabe (mentale Vorstellung eines Objektes in einem 3×5-Gitter) zur Verschlechterung der visuellen Gedächtnisspanne, aber nicht der verbalen Gedächtnisspanne. Y-Achse: Prozent der Leistung in Doppelaufgabensituation von der Leistung in Einfachaufgabensituation. (Nach Logie, Zucco & Baddeley, 1990. Mit freundlicher Genehmigung von Elsevier.)

mationsaufnahme (Input) scheinen also ebenso zu Ähnlichkeitseffekten bei Doppeltätigkeiten beitragen zu können. Allerdings ist eine bloße Aufzählung von Alltagsbeispielen oder Beispielen aus der Forschung über eventuell kombinierbare Aufgaben wenig aussagekräftig, um auf unterscheidbare spezifische Verarbeitungskapazitäten schließen zu können. Dazu sind Untersuchungen nötig, in denen neben der Ähnlichkeit zwischen den Aufgaben auch der Grad der Übung und der Schwierigkeit der Aufgaben kontrolliert wird.

Die Frage, ob **unterscheidbare Kapazitäten** existieren, macht exakte Laboruntersuchungen notwendig. Zum Beispiel kann man zwei Gedächtnisaufgaben durch Verwendung verschiedener Input- und Outputmodalitäten so miteinander kombinieren, dass die Merkleistung der Probanden mehr oder weniger durch die Doppelaufgabensituation gestört ist.

Einen **empirischen Laborbefund**, der auf tatsächlich **unterscheidbare Kapazitäten** bei der Nutzung visueller und verbaler Gedächtnisprozesse hinweist und der dieser Kritik standhält, haben Logie, Zucco und Baddeley (1990) beschrieben. Sie untersuchten die Höhe der visuellen-räumlichen und der verbalen Gedächtnisspanne in Abhängigkeit davon, ob die Versuchspersonen gleichzeitig eine visuell-räumliche oder eine arithmetische Zweitaufgabe machen mussten (Abb. 16.6). Bei den Spannenaufgaben mussten die Probanden so viele visuelle Symbole (visuelle Gedächtnisspanne) oder Buchstaben (verbale Gedächtnisspanne) wie möglich reproduzieren, nachdem diese ihnen als Abfolge dargeboten wurden. Bei der visuell-räumlichen Zweitaufgabe mussten sich die Probanden eine räumliche Figur in einem 3×5-Gitter mental vorstellen und bei der arithmetischen Aufgabe fortlaufende Additionsaufgaben im Kopf ausführen. Als Ergebnis zeigte sich einerseits, dass die visuelle Gedächtnisspanne bei der Ausführung der visuellen, aber nicht während der gleichzeitigen Ausführung der Additionsaufgaben verringert ist. Wichtig jedoch ist, dass die Leistung bei der verbalen Gedächtnisspannenaufgabe umgekehrt von der gleichzeitigen Ausführung der Additions-, aber nicht von der Ausführung der visuellen-räumlichen Zweitaufgabe beeinflusst war.

Die Befundlage einer **doppelten Dissoziation** der Störbarkeit zweier Aufgaben durch andere Aufgaben weist auf trennbare Verarbeitungskapazitäten hin.

Dieser Befund weist auf eine **doppelte Dissoziation der Störbarkeit von verschiedenen Aufgaben** hin; er kann nicht durch die Annahme einer einzigen Verarbeitungskapazität erklärt werden, die in unterschiedlichem Ausmaß auf die jeweils beiden Aufgaben in unterschiedlichem Ausmaß verteilt wird. Es müssen unterschiedliche Kapazitätsmodule, z. B. eines für visuelle und eines für verbale Gedächtnisprozesse, existieren.

Das Modell von Wickens

Ein bekanntes und beliebtes Mehrkapazitätsmodell stammt von Christopher Wickens.

Das zurzeit wohl elaborierteste Mehrkapazitätsmodell zur Systematisierung von Ähnlichkeitseffekten bei Doppeltätigkeiten stammt von **Wickens** (1984). Er **unterscheidet Kapazitätsmodule bezüglich folgender Dimensionen**: Verarbeitungsstadien der

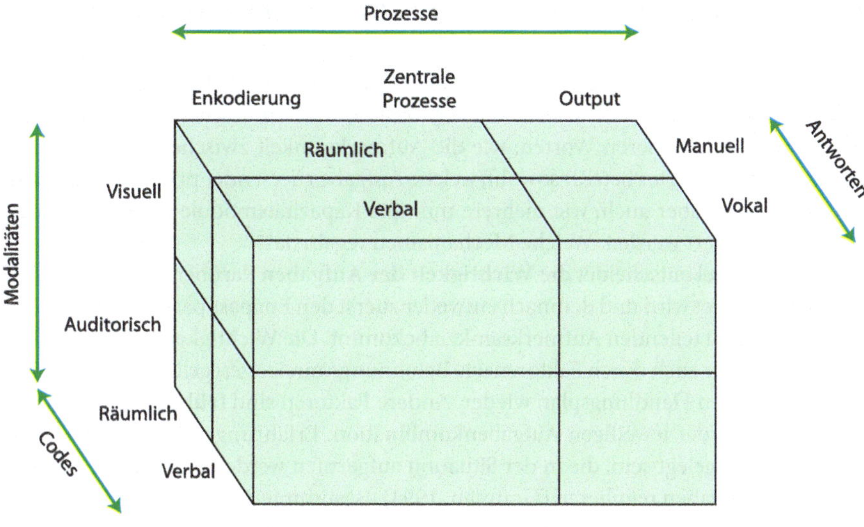

Abb. 16.7 Modell multipler Aufmerksamkeitsressourcen nach Wickens (1989)

Handlungen (Enkodierung, Zentral, Output), Modalität des Inputs sowie der Effektoren und die während der Kognition genutzten (Gedächtnis-)Codes (Abb. 16.7). Kapazität muss jeweils zwischen den Prozessen zweier Handlungen verteilt werden, wenn es Ähnlichkeiten auf diesen Dimensionen gibt. Wickens konnte zeigen, dass mit diesen Annahmen unterschiedlich starke Leistungseinbußen zwischen **unterschiedlich ähnlichen Aufgabenpaaren** gut beschrieben werden können.

Das Modell von Wickens wird aufgrund seiner relativ einfachen Systematik sehr gern genutzt, um Expressvorhersagen über potenziell auftretende Störungen in verschiedenen Situationen der industriellen Praxis vornehmen zu können. Zum Beispiel bei der Abschätzung von **Aufmerksamkeitsproblemen für Flugzeugpiloten** bei unterschiedlicher Cockpitgestaltung (► Für die Praxis).

Anhand des **Modells von Wickens** lassen sich schnelle Abschätzungen vornehmen, ob eine Cockpitgestaltung eines Flugzeuges optimal auf die Verarbeitungscharakteristika des kognitiven Systems angepasst ist oder nicht; z. B. ob Störungen bei Multitaskinganforderungen zu erwarten sind.

Für die Praxis

Ergonomie im Cockpit

In modernen (zivilen und militärischen) Flugzeugen werden mittlerweile mehr als 90% aller für den Piloten relevanten Information über visuelle Displays vermittelt (Draeger, 2009). Durch geeignete Cockpitgestaltung muss der mentale »Workload« des Piloten für eventuelle Gefahrensituationen möglichst gering gehalten werden. Aufgrund der hohen visuellen Belastung werden dem Piloten z. B. wichtige Informationen über Gefahrensituationen durch sog. auditorische »attention getter« angekündigt oder durch sprachliche Datenquellen vermittelt. Dadurch wird z. B. eine Interferenz zwischen visuellen und auditorischen Enkodierungssystemen (Abb. 16.7) vermieden und ein Umschalten der Aufmerksamkeit des Piloten von der visuellen Fluginformation auf die separate, auditorische Datenquelle über die Gefahreninformation ermöglicht (Birch, 2010).

Allerdings besteht ein **Problem des Modells** darin, dass es außer der Unterscheidung von visuell-manuellen und auditorisch-verbalen Systemen (Abb. 16.7) **keine weiteren Systeme** mit unterschiedlichen Verarbeitungskapazitäten annimmt. Man kann sich aber gut vorstellen, dass es neben den beschriebenen Systemen noch andere gibt, die sich z. B. durch Übung herausbilden lassen. Man denke an einen geübten Organisten, der in der Lage ist, gleichzeitig die Pedaltasten der Orgel virtuos mit den Füßen zu bedienen und dem Kapellmeister verbale Rückmeldungen über den Klang zu geben. Die Vorhersagekraft des Modells von Wickens zu weiteren Systemen mit unterschiedlichen Verarbeitungskapazitäten bleibt somit begrenzt.

Sehr ausdauernde Übung kann zur Herausbildung zusätzlicher zu den von Wickens angenommen visuell-manuellen und auditiv-verbalen Systemen führen.

16.1.4 Wie wird die Verteilung der Kapazität kontrolliert?

Wer oder was entscheidet, welcher Aufgabe Aufmerksamkeit zugewiesen wird?

Eine Frage, die gleichermaßen Ein- und Mehrkapazitätsmodelle betrifft, ist die, nach welchen Kriterien die Aufmerksamkeitskapazität auf die zu bearbeitenden Aufgaben verteilt wird (mit anderen Worten: wie die Aufmerksamkeit zwischen den Aufgaben ausgerichtet wird). Das betrifft sowohl, welche Aufgabe zuerst oder primär am Engpass bearbeitet wird, aber auch, wie mehrere multiple Kapazitätsmodule bei Doppeltätigkeiten koordiniert werden. Welche Mechanismen regeln das?

Eine Vielzahl innerer (z. B. individuelle Präferenzen) und externer Faktoren (Instruktion, Belohnungen, etc.) bestimmt die Ausrichtung der Aufmerksamkeit in Doppelaufgabensituation. Exekutive Prozesse ermöglichen eine zielgerichtete Ausrichtung der Aufmerksamkeit.

Zum Beispiel entscheidet die **Wichtigkeit der Aufgaben** darüber, welche Aufgabe primär bearbeitet wird und demnach entweder zuerst den Engpass passieren kann oder mehr von der zu teilenden Aufmerksamkeit bekommt. Die Wichtigkeit kann durch die Instruktion oder auch durch Faktoren wie Belohnungsanreize geregelt sein und spiegelt sich im aktuellen Handlungsplan wieder. Andere Faktoren sind **frühere Erfahrungen** der Person mit der jeweiligen Aufgabenkombination. Erfahrungen können in Handlungsplänen abgelegt sein, die in der Situation aufgerufen werden und die die Koordination der Aufgaben regulieren (Grafman, 1994). Bestimmte Aufgaben werden jedoch anderen Aufgaben vermutlich vorgezogen, weil die Darbietung der aufgabenrelevanten Stimuli **schnellen und automatischen Zugang zu den Effektoren** bekommt. Man denke an ein Gespräch beim Autofahren und das Aufblinken des roten Ampelsignals, das automatisch eine Bremsreaktion auslösen sollte. Die Aufgabenkontrolle bei Doppeltätigkeiten erfordert deshalb den Einsatz von **Kontrollprozessen**, die die Reihenfolge der Aufgabenbearbeitung, ihre Priorisierung, das Hin- und Herschalten des Engpasses regulieren und kontrollieren (Meyer & Kieras, 1997). Einige Vorstellungen über diese Mechanismen werden u. a. in den späteren Abschnitten (z. B. ► Abschn. 16.2.2) behandelt.

16.2 Aufmerksamkeit, Automatizität und exekutive Kontrolle

16.2.1 Automatizität und Aufmerksamkeit

Und noch mal: Übung macht den Meister. Das Phänomen einer durch **Übung** erworbenen Meisterschaft wird häufig durch **Automatizität** von Handlungen erklärt.

Aus eigener Erfahrung wissen wir, dass **Übung** zu einer erstaunlichen Verbesserung der Leistung bei Doppeltätigkeiten führen kann. Während es Anfängern beim Autofahren zu Beginn sehr schwer fällt, das Betätigen des Kupplungspedals mit dem des Bremspedals zu koordinieren, können erfahrene Taxifahrer neben dem sicheren Fahren auch Gespräche mit Fahrgästen durchführen. Eine Erklärung für diese und auch für die im Zusammenhang mit dem PRP Effekt beschriebenen erstaunlichen Übungseffekte (► Abschn. 16.1.1) besteht darin, dass einige Verarbeitungsvorgänge im Verlauf der Übung aufhören, Anforderungen an die Aufmerksamkeitskapazität zu stellen – vereinfacht kann man sagen, sie werden »**automatisiert**«. Was aber bedeutet es wenn ein Prozess automatisch abläuft?

Definierende **Kriterien für Automatizität** sind umstritten. Dennoch wird die Kategorie automatische oder automatisierte Prozesse verwendet, um Prozesse zu charakterisieren, die kapazitätsunabhängig, schnell, unvermeidbar und ohne Beteiligung bewusster Reflektion ablaufen sollen.

Als allgemeine **Kennzeichen automatischer Prozesse** gelten vor allem,

1. dass sie nicht die zur Erledigung anderer Aufgaben verfügbare Aufmerksamkeitskapazität reduzieren;
2. dass sie schnell ablaufen;
3. dass sie unvermeidbar sind, d. h. dass sie immer (unvermeidbar) ausgelöst werden, wenn ein geeigneter Stimulus erscheint, selbst wenn dieser Stimulus außerhalb des Bereichs der Aufmerksamkeit liegt (Unvermeidbarkeitskriterium) und
4. dass sie dem Bewusstsein nicht zugänglich sind.

Wenn man diese Kriterien einer sorgfältigen Prüfung unterzieht, dann wird allerdings schnell deutlich, dass ihr gemeinsames Auftreten nicht als hinreichendes Kriterium betrachtet werden kann, um einen Prozess als automatisch zu bezeichnen. Es ist extrem selten, dass ein Prozess alle diese Kriterien aufweist oder dass ein Kriterium überhaupt vollständig erfüllbar ist (Neumann, 1984). Deshalb ist es **besser von teilweise automatischen Prozessen zu sprechen**, die Prozessen auf einem Kontinuum gegenübergestellt sind, die (mehr oder weniger) Aufmerksamkeitskapazität benötigen und kontrolliert sind.

Die meisten als automatisch bezeichneten kognitiven Prozesse sind bestenfalls **partiell automatisch**. Automatische Verarbeitung kann nur im (konträren) Zusammenhang mit bewusst-intentionalen Prozessen beim Handeln verstanden werden.

So bemerkt Neumann (1984) z. B. zum **Kriterium 1, der Verarbeitung ohne Inanspruchnahme von Aufmerksamkeitskapazität**, dass es sich nur schwer nachweisen lässt, dass eine Aufgabe, die scheinbar »automatisch« erledigt wird, keine Kapazität einer anderen Aufgabe beansprucht. Übung führt zur Entwicklung einer Fertigkeit, die eine sensorische und, wenigstens während der Übung, auch eine motorische Reaktion umfasst. Nach der Übung kann die motorische Reaktion auch verdeckt (»covert«) erfolgen, allerdings handelt es sich dabei immer noch um eine Art Aufmerksamkeitsreaktion, die auf einen spezifischen sensorischen Stimulus erfolgt und somit (wenngleich minimale) Aufmerksamkeitskapazität erfordert. Selbst im Fall der vorhin zitierten Befunde von van Selst et al. (1999) war in einer Doppelaufgabensituation noch eine **minimale Interferenz** von 50 ms nach 36 Tagen Übung zu bemerken.

Meistens lassen sich bei Aufgaben, die als automatisch bezeichnet werden, doch Hinweise auf (wenngleich minimale) Kosten durch Ausführung einer anderen Aufgabe finden.

Betrachten wir das **Kriterium der Unvermeidbarkeit (Kriterium 3)**. Ein häufig zitiertes Beispiel für einen automatischen Prozess ist der **Stroop-Effekt** (Stroop, 1935).

Exkurs

Der Stroop-Test

Bei der klassischen Stroop-Aufgabe hat die Versuchsperson möglichst schnell die Farbe eines Farbwortes, z. B. des Wortes »grün«, zu nennen, das in einer farbigen Schrift (mit einer farbigen Tinte) gedruckt ist. Dabei gibt es eine inkongruente Bedingung, in der z. B. das Farbwort »grün« in roter Schrift gedruckt ist – die richtige Antwort wäre also »rot«. In einer kongruenten Bedingung ist das Farbwort »rot« in roter Schrift gedruckt. Der Stroop-Effekt besteht nun darin, dass in der inkongruenten Bedingung das Nennen der Farbe (»rot«) verzögert erfolgt (und als mühsam erlebt wird), während es in der kongruenten Bedingung unproblematisch ist. Die Verzögerung ist darauf zurückzuführen, dass die Wortinformation in der inkongruenten Bedingung nicht ignoriert werden kann, da das Lesen eines Wortes in einer literaten Gesellschaft sehr hoch geübt ist. Man spricht von einer automatischen Aktivierung der Wortinformation »grün«, die zur Interferenz mit der Benennung der Farbe (ROT) des Stroop-Stimulus führt. Posner und Snyder (1975) gehen davon aus, dass beide Aspekte des Stimulus automatisch und parallel bis kurz vor die offene Sprechreaktion verarbeitet werden.

Der im ▶ Exkurs dargestellt **Stroop-Test** hört sich nach einem guten **Beispiel für einen automatischen Prozess** an, da die Aussprechreaktion auf das Farbwort **scheinbar nicht vermieden** werden kann. Allerdings haben Kahneman und Henik (1981) gezeigt, dass sich beim Stroop-Effekt die Interferenz reduzieren lässt, wenn das Wort und die inkongruente Farbe örtlich separat dargeboten werden. Mit anderen Worten, der Stroop-Effekt ist nicht rein reizgesteuert und das dargebotene Wort generiert nicht unvermeidbar nur durch seine bloße Anwesenheit im Umfeld seine Aussprechreaktion; vielmehr ist es so, dass die Aussprechreaktion auf das Farbwort mit der intendierten Handlung verbunden ist. Beim Stroop-Effekt sind sowohl das Wort als auch die Farbe mit dem gegenwärtig aktiven Aufgabenset verbunden. Das heißt, es ist die strategische, kontrollierte Einstellung (»set«) des kognitiven Systems, »auf Farben zu reagieren«, die zu der Interferenz führt. Folglich sind die **Prozesse, die den Stroop-Effekt erzeugen**, auch **nicht völlig unvermeidbar** und somit nicht komplett automatisch. Ein tatsächlich unvermeidbarer Prozess wird direkt ausgelöst, (d.h. kann nicht unterdrückt werden) wenn die Stimulusbedingungen gegeben sind. Zum Beispiel im Fall eines unbedingten Reflexes, wenn die Darbietung eines Futterreizes (Stimulus) zum **Auslösen des Speichelreflexes** (Reaktion) nach Pawlow führt. Die meisten als automatisch bezeichneten kognitiven Prozesse sind jedoch nicht von dieser Art. Es muss zumindest die Intention vor-

Selbst beim **Stroop-Effekt** kann die störende Verarbeitung der Wortinformation durch geschickte Darbietung der Stimuli vermieden werden. Die Prozesse, die den Stroop-Effekt erzeugen werden demzufolge **nicht unvermeidbar** ausgelöst, wie es bei einem unbedingten Reflex der Fall wäre.

handen sein, damit ein Stimulus eine mit ihm durch Übung assoziierte Reaktion schnell auslöst.

Das **Bewusstseinskriterium** ist kein hinreichend definierendes Kriterium, um einen Prozess eindeutig als automatisch zu kennzeichnen.

Im Zusammenhang mit **Kriterium 4 (dem Bewusstsein nicht zugänglich)** kann man sich die Frage stellen, ob dieses Kriterium hinreichend ist, um einen automatischen Prozess von einem kontrollierten Prozess zu unterscheiden. Auch das muss verneint werden, da es mit der Ausführung einer Aufgabe zusammenhängende kontrollierte (d. h. nicht automatische) Prozesse gibt, die dem Bewusstsein nicht zugänglich sind. Das kann man z. B. beim »**Tip-of-the-tongue**«**-Phänomen** sehen, bei dem einem ein gesuchtes Wort »auf der Zunge liegt«, aber nicht einfällt; wenn einem in dieser Situation die gesuchte Antwort dann doch plötzlich einfällt, obwohl man schon fast die Gedächtnissuche aufgegeben hat, dann erfolgt das meist im Kontext einer (latent) fortlaufenden Tätigkeit (Suche), die allerdings mit wenig oder keinerlei Bewusstsein abläuft.

Shiffrin und Schneider untersuchten **Merkmale automatischer Prozesse beim Gedächtnisabruf** mit einer Aufgabe, bei der konsistente und variable Zuordnungen von Gedächtnis- und Distraktorelementen unterschieden wurden.

Eine bedeutsame **Studie zur Charakterisierung automatischer Prozesse** stammt von Shiffrin und Schneider (1977), die eine Gedächtnisaufgabe mit einer Suchanforderung kombinierten. Zu Beginn eines jeden Durchgangs hatten sich die Versuchspersonen 1, 2, 3 oder 4 potenzielle Zielbuchstaben zu merken (»memory set«); dann wurde ihnen für kurze Zeit ein Display mit 1, 2, 3 oder 4 Buchstaben präsentiert (»display set«). Die Probanden hatten so schnell wie möglich zu entscheiden, ob einer der gemerkten Buchstaben als Zielreiz im Display vorhanden war oder nicht (Ja-nein-Antwort). Die kritische Variable war die Art der Zuordnung der Ziel- bzw. Distraktorreize zur (positiven) Antwort: konsistent oder variabel. Bei konsistenter Zuordnung (»consistent mapping«) enthielt die Menge der Gedächtniselemente (d. h. der potenziellen Zielbuchstaben) z. B. *nur* Buchstaben und die Menge der Distraktoren *nur* Ziffern. Dagegen wurde bei variabler Zuordnung (»variable mapping«) die Menge der Gedächtniselemente aus einer Mischung von Buchstaben und Ziffern gebildet, ebenso wie die Menge der Distraktoren (d. h. ein Element konnte in einem Durchgang ein Zielreiz sein, in einem anderen aber ein Distraktor).

Konsistente Zuordnungen erlauben eine automatische, schnelle Unterscheidung von Zielreizen und Distraktoren und führen somit zu sehr kurzen Suchzeiten bei kleinen und bei großen Gedächtnismengen (4 Elemente).

Im Ergebnis zeigte sich, dass bei konsistenter Zuordnung die **Such-Reaktions-Zeiten** sehr gering und (fast) **unabhängig von der Größe der Gedächtnismenge** und der Display-Menge (d. h. 1, 2, 3 oder 4 Elemente) waren. Dagegen nahmen bei variabler Zuordnung die Reaktionszeiten sowohl mit der Größe der Gedächtnismenge als auch der Displaymenge stark zu. Nach Schneider und Shiffrin ist die Leistung der Probanden bei der konsistenten Bedingung so gut, weil sie automatische Prozesse nutzen, die gleichzeitig und parallel über das gesamte Display operieren, weil sie keine Aufmerksamkeitskapazität beanspruchen. Diese Prozesse haben sich durch die vielen Jahre des Übens beim Unterscheiden von Buchstaben und Ziffern herausgebildet und erlauben nun eine schnelle, d. h. automatische Entdeckung des jeweiligen Zielreizes. Bei variabler Zuordnung erfolgt die Suche jedoch durch einen kontrollierten Prozess serieller Vergleiche zwischen einem jeden Element der Gedächtnismenge und einem jeden Element der Display-Menge. Da der Vergleichsprozess Aufmerksamkeitskapazität benötigt, ist er zeitintensiv und deshalb steigt die Suchzeit mit jedem Suchschritt an. – In weiteren Experimenten konnten Shiffrin und Schneider (1977) Belege dafür finden, dass einmal erworbene automatische Entdeckungsreaktionen auch auf (erlernte) Reize außerhalb des Fokus der Aufmerksamkeit ansprechen, also nicht unterdrückbar sind, und dass sie nur durch ausgedehnte Übung wieder »verlernt« werden können.

Übung ist zwar eine Voraussetzung zur Herausbildung von Automatizität, aber es ist wichtig danach zu fragen, was dabei genau passiert.

Zur kritischen Bewertung der von Shiffrin und Schneider berichteten Befunde ist anzumerken, dass sich die als »automatisch« angenommene Prozesse bei genauer Betrachtung nicht als strikt automatisch erwiesen. Beispielsweise waren die **Such-Reaktions-Zeit-Funktionen** unter konsistenten Zuordnungsbedingungen nicht völlig unabhängig von der Größe der Gedächtnis- und der Display-Menge. Das weist darauf hin, dass der Suchprozess **nicht strikt parallel** verläuft und doch Aufmerksamkeitskapazität beansprucht. Weiterhin sagt der Vorschlag, dass bestimmte Prozesse durch Übung automatisiert werden, wenig darüber aus, was sich eigentlich im Verlauf der Übung verändert: Führt Übung einfach zu einem schnelleren Ablauf der an der Ausführung einer Aufgabe beteiligten Prozesse oder bewirkt sie eine Veränderung in der Natur (d. h. eine Restrukturierung) der beteiligten Prozesse selbst (Cheng, 1985; Logan, 1988)?

16.2.2 Aufmerksamkeit und exekutive Kontrolle

Unter dem Begriff exekutive Kontrolle subsumieren viele Forscher eine Menge an unterschiedlichen, kognitiven Mechanismen, deren Wirkung insbesondere dann gut zu beobachten ist, wenn die **Zielerreichung** während einer ablaufenden Handlung **schwierig** ist. Das können Situationen sein, in denen z. B.

1. der Kontext für die Handlungen neuartig ist,
2. besonders schwierige Handlungen auszuführen sind,
3. Fehler vermieden werden sollen,
4. eine Handlungsoption gegen eine andere automatisch aktivierte Handlung durchgesetzt werden muss oder
5. mehrere Handlungen (wie bei Doppeltätigkeiten) koordiniert werden müssen.

Der Einfluss exekutiver Kontrollprozesse auf die Handlungssteuerung ist in besonders schwierigen Situationen (charakterisiert durch Neuigkeit, besondere Gefährlichkeit oder unklare Handlungsoptionen) gut zu beobachten.

Kognitive Prozesse, die das bewerkstelligen, bezeichnet man als **exekutive Kontrollprozesse**. Sie werden den automatischen Prozessen gegenübergestellt und sollen langsam (bzw. langsamer als automatische Prozesse) ablaufen, flexibel einsetzbar sein, der intentionalen Kontrolle durch das handelnde Subjekt unterworfen sein und Aufmerksamkeitskapazität beanspruchen.

Exekutive Kontrollprozesse werden benötigt, um Handlungsresultate zu überwachen, sind flexibel einsetzbar und können andere Prozesse gegebenenfalls regulieren. Im Gegensatz zu automatischen Prozessen benötigen sie (mehr) Aufmerksamkeitskapazität.

Handlungssteuerung und exekutive Kontrolle

Ein Rahmenmodell zum Verständnis der Funktionen von Aufmerksamkeit und exekutiver Mechanismen bei der Handlungssteuerung wurde von Norman und Shallice (1986) beschrieben und als **Supervisory Attentional System (SAS)** bezeichnet; es ist in ◘ Abb. 16.8 dargestellt.

Das **Supervisory Attentional System (SAS)** ist ein Rahmenmodell zum Verständnis der Aufmerksamkeit im Kontext von Handlungssteuerung.

Nach diesem Modell werden **Verhaltensakte durch verschiedene Mechanismen** gesteuert, die Aufmerksamkeit in unterschiedlichem Ausmaß beanspruchen:

1. durch automatische Aktivierung gelernter Schemata,
2. durch teilweise automatische Kontrolle mehrerer konkurrierender Schemata,
3. durch Einsatz einer kontrollierenden übergeordneten Aufmerksamkeitskontrolle (SAS).

Verhaltensakte werden nach Norman und Shallice durch übergeordnete Aufmerksamkeitskontrolle (Supervisory Attentional System), teilweise automatische Handlungskontrolle (»contention scheduling«) und durch Aktivierung gelernter Handlungsschemata gesteuert.

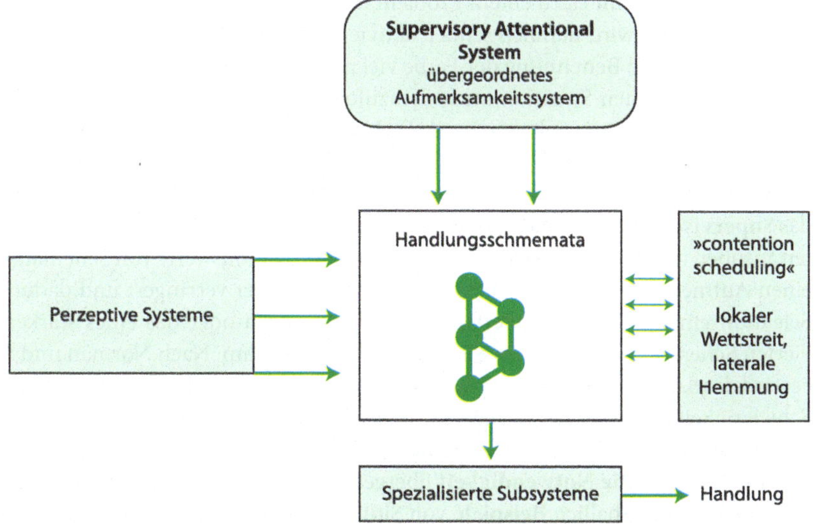

◘ **Abb. 16.8** Modell der Kontrolle von Handlungen. (Nach Norman & Shallice, 1986; adaptiert nach Goschke, 2002)

Schemata werden infolge von Lernen erworben; bei Norman und Shallice repräsentieren sie die Input- und Outputbedingungen und die Regeln für Handlungen und werden aktiviert, wenn ihre Aktivationsschwelle erreicht oder überschritten wurde.

Automatische Aktivierung erworbener Schemata. Schemata sind im Langzeitgedächtnis gespeicherte Strukturen, die die Input- und die Outputbedingungen einer Handlung und die jeweiligen Regeln, wie die Handlung auf den jeweiligen Input ausgeführt wird, enthalten. Sie wurden vor allem durch Lernprozesse erworben und werden dann automatisch aktiviert und ausgeführt, wenn eine bestimmte **Aktivationsschwelle**, die von der Gebrauchshäufigkeit des Schemas, der Salienz (Auffälligkeit) des Stimulus etc., abhängig ist, überschritten wird. Zum Beispiel kann das Schema »Bremsen eines Autos« beim Aufleuchten eines roten Ampelsignals automatisch aktiviert werden und dann die spezielle Bremshandlung beim Fahrer auslösen. Bei komplexen und hoch geübten Handlungen können gleich **komplexe Schemata** aufgerufen werden; dabei wird durch die Aktivierung eines hierarchisch hoch angeordneten Schemas (»Source Schema«), ein integriertes Ensemble von untergeordneten Schemata aktiviert. Zum Beispiel kann die Aktivierung des Schemas »Autostarten« auf unteren Ebenen gleichzeitig mehrere weitere Schemata aktivieren wie »Türöffnen«, »Autostarten«, »Gangeinlegen« und »Kupplungspedal betätigen« etc.

Die Koordination mehrerer komplexer Handlungsschemata wie »Gas geben« und »Gang einlegen« beim Autofahren kann durch gegenseitige Inhibition und Aktivierung der Schemata erfolgen: **Contention Scheduling**.

Automatische Kontrolle mehrerer konkurrierender Schemata. Die Koordination der jeweiligen Aktivierungen mehrerer Schemata kann dabei durch laterale Inhibition vorgenommen werden, was von Norman und Shallice unter dem Begriff »contention scheduling« zusammengefasst wird. **Contention Scheduling** ist ein Mechanismus der ohne zusätzliche zentrale Aufmerksamkeit bewirkt, dass potenziell konkurrierende Schemata nicht gleichzeitig ablaufen können; er verhindert z. B., dass nicht gleichzeitig Gas gegeben wird und der Gang eingelegt ist, wenn das Bremspedal betätigt ist. Im Rahmen des Modells von Norman und Shallice kann somit durch die Annahme von Schemata, Contention Scheduling und Aktivationswerten für die Aktivierung von Schemata ein Großteil des Verhaltens vor allem in **Routinesituationen** erklärt werden.

Das **SAS** ist **notwendig, um zielgerichtete Handlungen zu ermöglichen**; das gilt insbesondere für Situationen, in denen kein geeignetes Schema (Neuigkeit) vorliegt, die sich durch erhöhte Schwierigkeit oder Gefahr auszeichnen oder in denen ein aktiviertes Schema zu einer falschen Handlung führen würde.

Einsatz einer kontrollierenden übergeordneten Aufmerksamkeitskontrolle (SAS). Und wie kommt die Aufmerksamkeit ins Spiel? Ein System, das ausschließlich auf diesen Mechanismen beruhen würde, hätte jedoch keine Möglichkeit flexibel auf neuartige Situationen, d. h. auf Nicht-Routinesituationen, einzugehen; es würde z. B. immer wieder die gelernten Schemata aktivieren müssen, die in der jeweiligen Situation erworben wurden. Ein solches System könnte demzufolge nicht auf Aufgaben reagieren, in denen vom gelernten Verhaltensweg abgewichen werden muss. Eine solche Situation ist z. B. bei der schon beschriebenen Stroop-Aufgabe gegeben, in der auf die Farbe eines Farbwortes reagiert wird. Wenn die Farbe vom Farbwort abweicht, z. B. das Wort »rot« in grüner Farbe, kommt es zu einem Problem für das System; das Schema für die Wortbenennung »rot« wird nämlich schnell aktiviert, da es hoch geübt ist und die Aktivierungswerte für die Benennung der Farbe viel niedriger sind, da nicht häufig genug geübt. In einer solchen Situation muss demzufolge ein Mechanismus existieren, der es dem System erlaubt, das Schema für die Farbbenennung auszuführen und nicht das für die Wortbenennung. Norman und Shallice nehmen an, dass für die Ausübung dieser Kontrollfunktion ein hierarchisch übergeordnetes Aufmerksamkeitssystem existiert, das **Supervisory Attentional System (SAS)**. Dieses SAS kann Kontrolle auf das Verhalten ausüben und Verhalten steuern, indem es die Aktivationswerte von Schemata durch einen Aufmerksamkeitsmechanismus gezielt erhöht oder verringert und dadurch die Selektion eines weniger aktivierten Schemas befördern oder das eines stärker aktivierten Schemas in inadäquaten Situation verhindern kann. Nach Norman und Shallice wird das SAS insbesondere in Situationen benötigt, die sich durch Neuigkeit, erhöhte Schwierigkeit oder Gefahr bei Fehlern auszeichnen oder dadurch, dass ein aktiviertes Schema zu einer inadäquaten Handlung führen würde.

Als **Beleg für die Notwendigkeit** übergeordneter Aufmerksamkeitskontrolle führen Norman und Shallice **Beispiele** von Situationen oder von Verhalten an, in denen das SAS durch eine Aufgabe oder eine andere Tätigkeit anderweitig beschäftigt ist und dadurch nicht mehr in den normalen Gang der Dinge eingreifen kann. Aus den fehlerhaften Handlungsresultaten, die dann häufig ein der Situation nicht angepasstes oder angemessenes Verhalten darstellen, wird im Umkehrschluss auf die Notwendigkeit der Existenz eines SAS geschlossen.

Aus fehlerhaften Handlungen in bestimmten Situationen kann man die Notwendigkeit eines kontrollierenden Systems ableiten.

Als derartige Fälle führen Norman und Shallice (1986) z. B. **Situationen mit Handlungsfehlern** an, die daraus resultieren, dass Schemata durch eine gegebene externe Reizsituation aktiviert werden, die nicht adäquat zur Situation bzw. zur Handlungsintention passen (sog. »**capture errors**«). Zum Beispiel beschreiben Norman und Shallice den Bericht eines Mannes, der eines Tages abends und in ermüdetem Zustand in die Stadt fahren wollte und sich auf den Weg zu seiner Garage machte, die sich rückseitig am Haus in der Nähe des zum Garten gelegenen Hauseingangs befand. Dieser Mann beschrieb, wie er auf dem Weg zu seinem Auto durch den Hinterausgang Gummistiefel und Gartenjacke anziehen wollte; gerade so als würde er im Garten arbeiten und nicht in die Stadt fahren wollen.

Die **Notwendigkeit einer übergeordneten Aufmerksamkeitskontrolle** wird in Situationen mit »**capture errors**« deutlich, in denen ein nicht adäquates Schema auf eine Situation angewendet wird, weil eine Person in »Gedanken« mit anderen Dingen beschäftigt ist und deshalb nicht ausreichend kontrolliert.

Ein anderes Beispiel aus dem die Notwendigkeit eines SAS abgeleitet wird, sind Effekte bei **Doppeltätigkeiten**. Diese können im Rahmen des SAS-Modells mit der Annahme beschrieben werden, dass die Kapazität des SAS mit einer Aufgabe belegt wird und deshalb nicht ausreichend Kapazität für andere Aufgaben zur Verfügung steht, deren Kontrolle sich deshalb verschlechtert (s. aber die Diskussion zu Ein- und Mehrkapazitätsmodellen und Modellen geteilter Kapazität).

Auch bei **Doppeltätigkeiten** kann die Notwendigkeit einer kontrollierenden Instanz zum Ausdruck kommen.

Als weiterer Beleg für die Funktion eines SAS wird das Verhalten von Personen beschrieben, die Störungen in den neuronalen Strukturen aufweisen, die nach Norman und Shallice (1986) hauptsächlich mit dem SAS in Verbindung gebracht werden. Hierzu werden vor allem Personen mit **Läsionen im Frontalhirn** beschrieben (dazu ausführlich ▶ Abschn. 16.3.3).

Personen mit **Läsionen im Frontalhirn** zeigen Phänomene die auf gestörte Handlungskontrolle hinweisen.

Obwohl die SAS-Theorie eine allgemeine Rahmentheorie darstellt, die den Einfluss von Aufmerksamkeit auf den Mechanismus der Handlungssteuerung in sehr verschiedenen Situationen beschreiben kann, bleiben **verschiedene Fragen offen**. So sind z. B. wichtige Annahmen über die Teilmechanismen bei der Regulation des Verhaltens durch exekutive Funktionen nicht ausreichend spezifiziert, sodass weiter Interpretationsspielraum zugelassen wird; außerdem bleibt unklar, woher das SAS weiß, welches Schema aktiviert und welches Schema inhibiert werden soll (▶ Abschn. 16.3.1 und 16.3.2) und ob das SAS einen unteilbaren exekutiven Mechanismus darstellt oder ob es unterschiedliche Teilmechanismen bei der exekutiven Kontrolle von Handlungen gibt.

Obwohl die SAS-Theorie eine allgemeine Rahmentheorie darstellt, bleiben **verschiedene Fragen offen.**

Eine exekutive Instanz oder mehrere exekutive Teilfunktionen?

Eine Frage, die häufig im Zusammenhang mit den Annahmen zum SAS oder anderen exekutiven Mechanismen gestellt wird, ist, ob es eine exekutive Entität gibt, die alles kontrolliert und regelt, oder mehrere exekutive Teilfunktionen angenommen werden sollten (s. hierzu auch die ▶ Studie »Gemeinsamer Kern und spezialisierte Teilfunktionen«). Entsprechend der ersten Auffassung wäre das mit einer exekutiven Instanz zu verbinden, die zentral ist und deren Kapazität auf verschiedene andere Funktionen, Aufgaben oder Handlungen flexible aufteilbar wäre (Kahneman, 1973). Eine derartige Annahme wurde von Baddeley (1986) im Rahmen seines Modells zum Arbeitsgedächtnis beschrieben. Danach existiert eine Art »**zentrale Exekutive**«, die für die generelle Strategie des Verhaltens und seine Kontrolle zuständig ist. Sie entscheidet darüber, welche spezialisierten Verarbeitungssysteme zur Speicherung von visuell-räumlicher oder verbal-sprachlicher Information in welchen Situationen genutzt werden und wie gehandelt wird. Diese Idee einer zentralen Kontrolle war vor allem in den Anfangsjahren (1980er Jahre) der Erforschung exekutiver Funktionen vorherrschend. Heute ist man sich jedoch weitgehend einig, dass die Idee von exekutiver Kontrolle als undifferenzierte zentrale Instanz nicht ausreicht, um der Vielfalt der Erscheinungsformen exekutiver Kontrolle gerecht zu wer-

Verschiedene **exekutive Teilfunktionen** sind an der Aufmerksamkeitskontrolle beteiligt. Es ist nicht auszuschließen, dass eine Teilmenge dieser Teilfunktionen auf gemeinsame kognitive Mechanismen und/oder neuronale Strukturen zurückgreift.

den; aus diesem Grund versucht man die **speziellen Mechanismen** der Aufmerksamkeitskontrolle in verschiedenen Situationen näher zu verstehen (Neumann, 1987).

Dabei werden verschiedene **exekutive Teilfunktionen** von unterschiedlichen Autoren als relevant betrachtet. Smith und Jonides (1999) listen folgende auf:

1. Wechsel der Aufmerksamkeit zwischen verschiedenen Aufgaben,
2. Planung von Aufgaben zur Zielerreichung,
3. selektive Aufmerksamkeit und Inhibition von aufgabenirrelevanter Informationen und Reaktionen,
4. Aktualisierung und Überwachung des Arbeitsgedächtnisinhaltes,
5. Codierung von zeitlichen und räumlichen Repräsentationen im Arbeitsgedächtnis.

Studie

Gemeinsamer Kern und spezialisierte Teilfunktionen

Eine einflussreiche Studie zur Frage einer zentralen oder separierbaren Kontrolle wurde von Miyake et al. (2000) berichtet. Die Autoren gingen von folgender Überlegung aus: Wenn verschiedene exekutive Teilfunktionen auf ein gemeinsames zentrales exekutives Kontrollsystem zurückzuführen sind, dann sollte es sehr hohe Korrelationen zwischen den Leistungen von Personen in einer Reihe von unterschiedlichen Aufgaben geben, die diese Teilfunktionen beanspruchen.

In der Studie mussten die Probanden deshalb 9 Aufgaben mit unterschiedlichen exekutiven Funktionen bearbeiten. Danach wurde geprüft, ob und wie hoch die Leistungen in den einzelnen Aufgaben miteinander korrelierten und ob man einige wenige Funktionen definieren kann, mit denen die Leistung in den einzelnen Aufgaben sehr hoch korreliert.

Als Ergebnis zeigten sich drei exekutive Teilfunktionen die die Korrelationen zwischen den Leistungen in den einzelnen Aufgaben am besten abbildeten: 1. Wechsel der Aufmerksamkeit zwischen Aufgaben, 2. Aktualisierung und Überwachung von Information im Arbeitsgedächtnis, 3. Inhibition nicht adäquater Reaktionen. Diese drei Teilfunktionen waren tatsächlich untereinander korreliert. Allerdings waren die Korrelation zwischen den Teilfunktionen nur mäßig hoch ($r=0{,}42$ bis $r=0{,}62$), sodass sie nicht vollständig voneinander zu separieren waren.

Das lässt die Schlussfolgerung zu, dass verschiedene exekutive Funktionen sich zwar in Bezug auf die verschiedenen Mechanismen und Prozesse voneinander unterscheiden lassen, dass sie aber auch einen gemeinsamen Kern oder Prozess teilen (z. B. kontrollierte Aufmerksamkeit). Dieser Kern bewirkt vermutlich das Zustandekommen der Korrelation zwischen den Leistungen bei den drei Teilfunktionen.

Das Frontalhirn ist in die Ausführung verschiedener exekutiver Funktionen involviert.

Eine weitere Quelle für die Annahme, dass **exekutive Funktionen trotz funktionaler Spezialisierung Gemeinsamkeiten** teilen, stammt aus Untersuchungen zur neuronalen Implementierung exekutiver Kontrolle. Diverse Studien haben gezeigt, dass verschiedene exekutive Funktionen häufig mit einem gemeinsamen Teilbereich des Gehirns zusammenhängen, dem Frontalhirn. Auch wenn dieser Bereich einen großen Raum im Gehirn einnimmt und deshalb in verschiedene Regionen unterteilt wird, lässt sich aus den mittlerweile bekannt gewordenen Ergebnissen eine **besondere Rolle des Frontalhirns für verschiedene exekutive Funktionen** nicht verneinen. Diesem Zusammenhang ist der nachfolgende Abschnitt gewidmet.

16.3 Neuropsychologie der exekutiven Kontrolle

Die Prozesse und Verarbeitung im Frontalhirn spielen eine wichtige Rolle bei exekutiven Funktionen, obwohl exekutive Kontrolle immer auch ein Netzwerk an verschiedenen Hirnarealen erfordert.

Bezüglich ihrer neuronalen Implementierung werden exekutive Kontrollfunktionen vor allem mit Strukturen und Mechanismen des **Frontalhirns (FH)** in Verbindung gebracht. Dabei ist besonders der seitliche vordere Bereich des FH, der **laterale präfrontale Kortex (lPFC)**, interessant. Neben diesem Bereich sind auch andere Regionen wie z. B. der **anteriore cinguläre Kortex (ACC)** im mittleren, vorderen FH oder auch Bereiche außerhalb des FH, wie der parietale Kortex, wichtig für die exekutive Kontrolle (► Exkurs und ◘ Abb. 16.9). Man kann von einem Netzwerk von Regionen sprechen, in dem der lPFC eine besonders wichtige Rolle für die exekutive Kontrolle spielt.

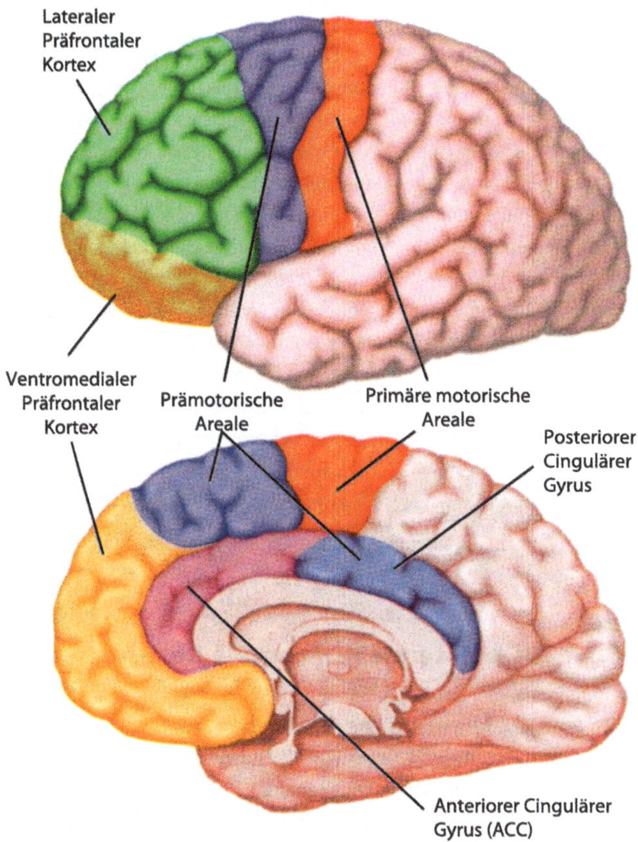

Abb. 16.9 Wichtige neuroanatomische Strukturen des Frontalhirns; *oben* seitliche Ansicht des Gehirns, *unten* mediale Ansicht. (Aus Gazzaniga et al., 2002)

Exkurs

Anatomie des Frontalhirns

Das Frontalhirn des Menschen wird posterior durch den **Sulcus centralis** begrenzt, vor dem sich die primären motorischen Areale befinden. Anterior zu den motorischen Arealen befinden sich die prämotorischen und die supplementärmotorischen Areale (in der medianen Ansicht). Als nächster wichtiger Sulcus begrenzt der **Sulcus präcentralis** den lateralen präfrontalen Kortex (lPFC), der den gesamten Rindenbereich anterior zu diesem Sulcus ausmacht und der bis zu 30% der gesamten Großhirnrinde beim Menschen umfasst. Er kann in folgende Bereiche unterteilt werden: den dorsalen lPFC (Brodmann Areale [BA] 9 und 46), den ventralen lPFC (BA 45/47 und auch 44), den orbitofrontalen Kortex (BA 11/12), den anterioren präfrontalen Kortex (BA 10). Wie in Abb. 16.10 gezeigt, kann die Lokalisation des dorsalen und ventralen lPFC vereinfacht daran festgemacht werden, dass sich der dorsale lPFC oberhalb (dorsal) und der ventrale lPFC unterhalb (ventral) des **Sulcus frontalis inferior** befinden. Bei der Beschreibung der Funktionen des lPFC im vorliegen-

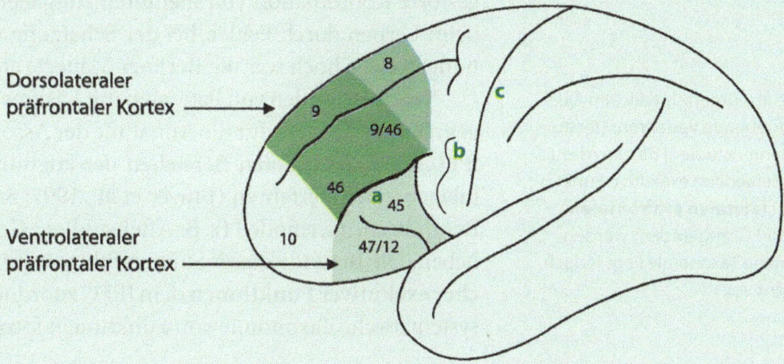

Abb. 16.10a–c Dorsolateraler und ventrolateraler präfrontaler Kortex (nach Petrides, 1995). **a** Sulcus frontalis inferior, **b** Sulcus präcentralis, **c** Sulcus centralis. Mit freundlicher Genehmigung der Society for Neuroscience

▼

den Kapitel ist hauptsächlich das neuronale Substrat gemeint, das den dorsalen und ventralen lPFC ausmacht.

Ein wichtige Eigenschaft des PFC besteht darin, dass er mit vielen anderen Regionen des Gehirns insbesondere mit perzeptuellen, motorischen (prämotorischen) und limibischen Regionen des Gehirns vernetzt ist. Der PFC erhält afferente Projektionen von den meisten parietalen und temporalen kortikalen Assoziationsfeldern, vom anterioren cingulären Kortex (ACC), von subkortikalen Strukturen wie dem Thalamus, der Amygdala, dem Cerebellum, den Basalganglien und dem Mittelhirn; bei Letzterem sind insbesondere die dopaminergen Projektionen aus dem ventralen Tegmentum wichtig. Zu den meisten Regionen, zu denen er afferente Beziehungen unterhält, hat der PFC auch efferente Projektionen, sodass er deren Zustand beeinflussen kann.

Diese zentrale Rolle im Gehirn prädestiniert den PFC dazu, Information über innere Zustände des Organismus und über externe Reizsituationen zu integrieren, Information an Areale weiterzuleiten, die die Motorik des Verhaltens steuern und den Zustand anderer Hirnareale zu modulieren.

Eine weitere Region des Frontalhirns, die für das Verständnis der neuronalen Mechanismen exekutiver Kontrollprozesse wichtig ist, ist der vordere Bereich in medianen Regionen des Frontalhirns. Er umfasst beim Menschen vor allem den ACC (BA 24, 32). Darüber hinaus zeigen weiteren Regionen in der Nähe, d. h. dorsal und anterior, des ACC ähnliche Verarbeitungscharakteristika wie der ACC. Als Gemeinsamkeit scheint sich für diese Regionen herauszuschälen, dass sie bei der Detektion handlungsrelevanter Konflikte und Diskrepanzen von aktuellen Handlungsergebnissen zu gewünschten Resultaten involviert sind.

16.3.1 Der laterale präfrontale Kortex

Störungen exekutiver Kontrolle werden in der Neuropsychologie unter dem Begriff des **dysexekutiven Syndroms** zusammengefasst; es beschreibt Störungen auf der Makro- und Mikroebene der Regulation von Verhalten.

Eine wichtige Quelle für die besondere Zuordnung von exekutiven Funktionen zum lateralen präfrontalen Kortex (lPFC) stammt aus Berichten über Patienten mit Frontalhirnläsionen. So werden vor allem für Patienten mit Läsionen im lPFC, die aufgrund eines Schlaganfalls, einer Gehirnoperation oder eines Unfalls entstehen können, Phänomene beschrieben, die auf Störungen bei der exekutiven Kontrolle von Handlungen hinweisen (Fuster, 1997; Stuss & Benson, 1986). Diese Störungen werden in der Neuropsychologie durch den Begriff des **dysexekutiven Syndroms** beschrieben. Patienten mit diesem Syndrom leiden unter Störungen bei der Planung, Organisation und Realisierung zielgerichteter Handlungen. Auf der **Makroebene des Verhaltens** kann man diese Schwierigkeit als Unfähigkeit bezeichnen, sinnvolle Verhaltenssequenzen zu erzeugen, zu planen und zu überwachen, die zur Erreichung von adäquaten Handlungszielen in Nichtroutinesituationen des alltäglichen Leben, im beruflichen Leben (z. B. Abarbeitung eines komplexen Arbeitsauftrages) oder in anderen Bereichen des Lebens notwendig sind. Auf der **Mikroebene** werden dann zahlreiche Symptome beschrieben, die man weitgehend mit der Unfähigkeit, sich auf eine Aufgabe zu konzentrieren, wenn gleichzeitig störende Stimuli dargeboten werden (erhöhte Distraktibilität) und als Unfähigkeit zur flexiblen Verhaltensänderung, wenn gezeigtes Verhalten nicht mehr adäquat ist (Perseveration), umschreiben kann. Darüber wurden auch Symptome wie die gestörte Koordination von mehreren Aufgabenströmen (Doppelaufgaben), Probleme beim Lernen durch Fehler, bei der Schätzung unbekannter Mengen und Größenordnungen (Wie hoch war die Berliner Mauer?) etc. beschrieben.

Befunde aus unterschiedlichen Quellen (bildgebende Verfahren, Tierstudie, Patientenstudien) führten dazu, dass verschiedene exekutive Funktionen dem **lateralen präfrontalen Kortex** (lPFC) zugeordnet werden. Eine genaue Taxonomie liegt jedoch noch nicht vor.

Neben Befunden von Patienten mit Läsionen oder anderen neurologischen Störungen, stammt Evidenz für die Annahme der Assoziation von exekutiven Funktionen zum lPFC auch aus anderen Bereichen der kognitiven Neurowissenschaften; Studien mit bildgebenden Verfahren (Braver et al., 1997; Smith & Jonides, 1999) und Studien, die Befunde am Tiermodell (z. B. Affenstudien; Goldman-Rakic, 1987; Petrides, 1995) erheben. Die Befunde dieser Studien führten dazu, dass man eine Menge **unterschiedlicher exekutiver Funktionen** dem lPFC zuordnet, ohne dass dazu allerdings bisher eine systematische Taxonomie von Funktionen formuliert wurde.

Solche Funktionen überlappen z. B. auch sehr eng mit den in ▶ Abschn. 16.2.2 beschriebenen exekutiven Funktionen:

1. flexibler Wechsel zwischen Handlungsalternativen und Reaktionen,
2. Unterdrückung von nicht-adäquaten Reaktionen,
3. Planung und Antizipation von Verhalten und Verhaltenszielen,
4. Koordination von multiplen Aufgaben und multiplen Handlungszielen,
5. Aufrechterhaltung von aufgabenrelevanten Repräsentationen.

Der präfrontale Kortex fungiert als Supervisory Attentional System (SAS).

Bei der folgenden Beschreibung dieser Funktionen greifen wir wieder auf das SAS-Modell von Norman und Shallice als psychologische Rahmentheorie zurück. Nach Norman und Shallice (1986) fungiert der **lPFC** bei der Aufmerksamkeitskontrolle **als Supervisory Attentional System** (SAS); d. h. als diejenige Gehirnstruktur, die das aktuelle Verhalten dadurch beeinflusst, dass sie die Auswahl von Handlungsschemata durch selektive Erhöhung oder Verringerung der Aktivationswerte beeinflusst.

Flexibler Wechsel von Handlungsalternativen und Reaktionen

Schwierigkeiten beim flexiblen Wechsel zwischen Handlungsalternativen entstehen nach **Läsionen im Frontalhirn**: Perseveration.

Das wohl am häufigsten genannte Problem von Patienten mit Läsionen im lateralen Frontalhirn (auch im lPFC) ist die Unfähigkeit, sich flexibel auf neue Situationen einzustellen. Dieses Problem wird auch mit dem Begriff der Perseveration umschrieben. Perseveration wird in Untersuchungen mit der **Wisconsin-Kartensortieraufgabe** (Wisconsin-Card-Sorting Test; ◘ Abb. 16.11) gezeigt.

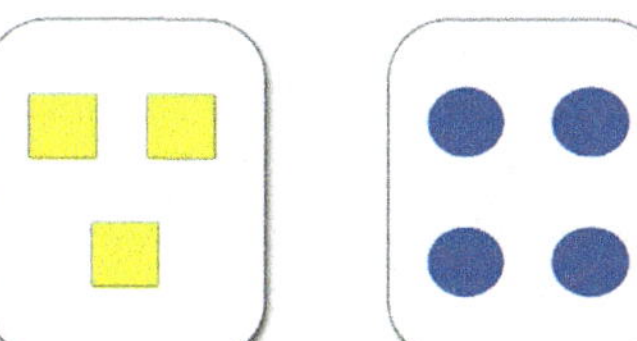
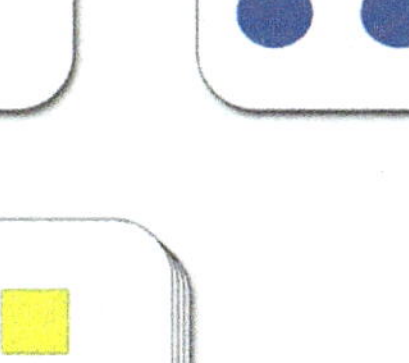

◘ Abb. 16.11 Versuchsmaterial bei der Wisconsin-Kartensortieraufgabe

Bei der **Wisconsin-Kartensortieraufgabe** muss der Proband »erraten«, nach welchem Kriterium der Versuchsleiter Karten mit verschiedenen Symbolen sortieren möchte. Eine Kriteriumsänderung muss durch Verarbeitung von Rückmeldungen erkannt werden.

Bei der **Wisconsin-Kartensortieraufgabe** werden den Patienten Karten mit Symbolen, die verschiedene Dimensionen haben (Objektform, Objektfarbe, Anzahl der Objekte) dargeboten. Zum Beispiel können das ein rotes Dreieck, zwei grüne Sterne, drei gelbe Kreuze oder vier blaue Punkte sein. Die Aufgabe der Patienten besteht darin, die Karten nach einem bestimmten Kriterium zu ordnen; dabei ist wichtig, dass das Kriterium dem Patienten nicht bekannt ist, sondern durch den Versuchsleiter ausgedacht ist. Das heißt, wenn der Patient annimmt, dass das Kriterium die Farbe ist, dann muss er jede Karte auf den Stapel legen, der der jeweiligen Farbe entspricht, unabhängig davon ob die Objektform oder die Anzahl der Objekte auf der Karte mit denen der zu ordnenden Kategorien übereinstimmen. Nach jeder zugeordneten Karte erhält der Patient vom Versuchsleiter eine Rückmeldung, ob die Antwort richtig oder falsch war. Der entscheidende Moment in dieser Anforderung entsteht dann, wenn der Versuchsleiter nach einigen erfolgreichen Zuordnungen durch den Patienten, das Kriterium der Zuordnung ändert. Die einzige Information über diese **Kriteriumsänderung** ist durch die Rückmeldung des Versuchsleiters gegeben, wenn der Patient eine Karte nach dem nun neuen Kriterium »falsch« zuordnet; in diesem Fall muss der Patient sein **Zuordnungsverhalten ändern**.

Patienten mit Läsionen im lateralen präfrontalen Kortex neigen zu Perseverationen; sie zeigen altes Verhalten weiter, auch wenn es sich als nicht richtig erwiesen hat.

Perseverationen können nach Norman und Shallice dadurch entstehen, dass ein veraltetes, d. h. nicht adäquates Schemas nicht durch ein anderes besser geeignetes Schema ersetzt wird.

Utilisationsverhalten zeigt sich als Unfähigkeit der Unterdrückung einer nicht adäquaten Reaktion bei Frontalhirnpatienten.

Verschiedene **Untersuchungen mit neuropsychologischen Patienten** haben gezeigt, dass vor allem Patienten mit Läsionen im lPFC in solchen Situationen ihr Verhalten kaum ändern und zu **Perseverationen** neigen. Das heißt, sie führen altes Verhalten weiter aus, indem sie die Karten entsprechend der alten Kategorie weiter zuordnen, auch wenn sich das jetzt durch die Rückmeldung des Versuchsleiters als falsch erwiesen hat (Milner, 1963).

Im Rahmen der Annahmen von Norman und Shallice würde das heißen, dass das alte Schema der Einordnung einer Karte aktiv bleibt und die Handlung steuert. Die neurologische Störung des lPFC bewirkt, dass das »geschädigte« SAS nicht die Aktivationswerte der verfügbaren Schemata ändern kann und es demzufolge zur fortdauernden Nutzung des alten Schemas kommt.

Unterdrückung von nicht adäquaten Reaktionen

In einer beeindruckenden Untersuchung hat Lhermitte (1983) die **Rolle des Frontalhirns** (FH) bei der Unterdrückung von nicht adäquaten Reaktion an Patienten mit Läsionen im FH illustriert. In dieser Untersuchung saßen die Patienten am Untersuchungstisch vor dem Versuchsleiter und es wurden ihnen Alltagsgegenstände wie eine Brille, eine Schachtel Streichhölzer oder ein Glas Wasser dargeboten. Ohne dass die Patienten verbal aufgefordert waren, etwas mit diesen Dingen zu tun, starteten Patienten mit Läsionen im lPFC sofort die Routinehandlungen, die mit diesen Objekten assoziiert sind; das heißt, sie setzten sich die Brille auf, zündeten ein Streichholz an etc. Lhermitte (1983) umschrieb dieses Verhalten mit dem Begriff des **Utilisationsverhaltens**: Ein Gegenstand führt durch seine Darbietung direkt zur Aktivierung des Verhalten, das mit seiner Nutzung normalerweise verbunden ist, (automatische Aktivierung des entsprechenden Schemas) und Patienten mit Läsionen im FH können dieses Verhalten nicht unterdrücken. An der Untersuchung von Lhermitte (1983) wurde kritisiert, dass der Versuchsleiter im experimentellen Setting die sich auf dem Tisch befindenden Hände des Patienten mit dem jeweiligen Gegenstand kurz berührte. Allerdings zeigten spätere Untersuchungen, dass Utilisationsverhalten tatsächlich schon durch die bloße visuelle Verfügbarkeit des Gegenstandes hervorgerufen werden kann (Shallice, Burgess, Baxter & Schon, 1989).

Planung und Antizipation von Verhalten und Verhaltenszielen

Planungsprozesse sind bei Patienten mit Läsionen im Frontalhirn gestört.

Um potenzielle Störungen von FH-Patienten beim Planungsverhalten darzustellen, konstruierten Shallice und Burgess (1991a) die sog. **Mehrfachbesorgungsaufgabe** (»Multiple Errands Test«). Dabei müssen die Patienten mehrere Aufgaben, die mit normalem Alltagsverhalten in Verbindung stehen, nach bestimmten Regeln in einem größeren Zeitintervall erledigen. Während 6 Aufgaben relativ einfach sind, wie z. B. einen Laib Brot kaufen, eine Packung Halstabletten kaufen etc., muss sich der Patient bei einer schwierigeren Aufgabe etwa nach 15 Minuten an einen bestimmten Ort innerhalb des Krankenhausgeländes begeben und in einer weiteren Aufgabe müssen 4 Informationen eingeholt werden (wie den kältesten Ort am Vortag bestimmen, den Namen eines Geschäftes mit dem teuersten Produkt bestimmen etc.). **Patienten mit Läsionen im FH** zeigten dabei überzufällig häufig **Fehler im Ausführen** der Handlungen, **bei der Sequenzierung** der Handlungen in der richtigen Abfolge oder sie **missachteten die spezifischen Regeln**, die für die Aufgaben aufgestellt waren (z. B. »Verlasse nie ein Geschäft ohne zu bezahlen!«).

Frontalhirnpatienten zeigen gestörte Problemlösungsprozesse bei der Aufgabe **Turm von London**.

Planungsprobleme von Patienten mit Läsionen im FH lassen sich auch beim Lösen der Aufgabe **Turm von London** zeigen, die in modifizierter Form früher im Forschungsbereich der künstlichen Intelligenz als Turm von Hanoi bekannt war und mit der man menschliches Problemlöseverhalten untersucht (Klix, 1971). Bei dieser Aufgabe geht es darum, drei unterschiedliche farbige Kugeln auf drei dafür vorgesehene vertikale Stäbe unterschiedlicher Länge in einer möglichst geringen Zahl von Zügen

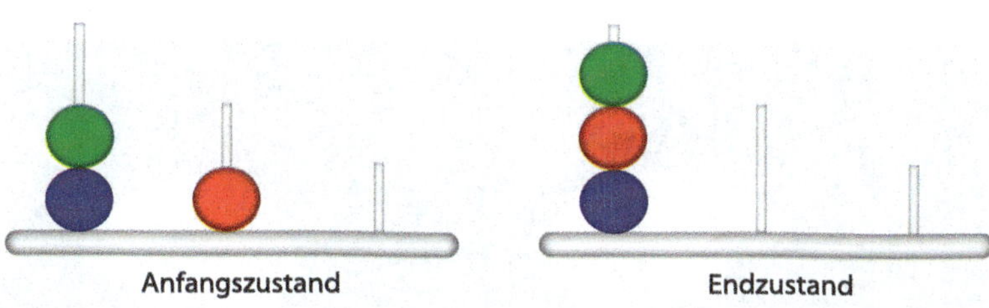

Abb. 16.12 Turm-von-London-Aufgabe

zu verteilen (Abb. 16.12). Bei jedem Zug darf immer nur eine Kugel bewegt werden. Es gibt unterschiedliche Ausgangsformationen und unterschiedliche Endformationen. Um die Endformationen in einer möglichst kleinen Anzahl von Zügen zu erreichen, müssen die Patienten die Züge »im Geist« vorplanen und antizipieren, was passieren würde, wenn sie eine Kugel auf eine andere gelegt haben. Als Resultat zeigten Owen et al. (1999), dass Patienten mit Läsionen im FH diese Aufgabe schlechter ausführten als Normalpersonen. Sie benötigen signifikant mehr Lösungszüge und schaffen weniger Problemstellungen innerhalb einer vorgegebenen Zeit.

Gestörter Einsatz und Modulation von Problemlöseschemata ist ebenfalls bei Personen mit Frontalhirnläsionen nachzuweisen.

Wie kann man nun gestörtes Problemlöse- und Planungsverhalten bei FH-Patienten mit dem SAS Modells erklären? Nach Shallice und Burgess (1991b) tragen Läsionen im FH dazu bei, dass die **Modulation der Aktivierungswerte** von (abstrakten) Problemlöseschemata erschwert wird. Solche abstrakten Problemlöseschemata (z. B. Strategie der Teilzielbildung oder Strategie der Unterschiedsunterschiedsreduktion) wurden in den 1970er Jahren von Newell und Simon (1972) für das Problemlöseverhalten von gesunden Personen beim Lösen des Turm von Hanoi beschrieben. Man nimmt an, dass derartige Strategien von gesunden Personen im Laufe der Ontogenese als Handlungsschemata erworben und in Problemsituationen flexibel abgerufen werden können, nicht aber von FH-Patienten.

Koordination multipler Aufgaben und Handlungsziele

Die Koordination multipler Aufgaben und Handlungsziele führt zu Hirnaktivität im lateralen präfrontalen Kortex, die zusätzlich zur Hirnaktivität der Einzelaufgaben ist.

Neben Befunden aus neuropsychologischen Studien, die Verhaltensdefizite bei Patienten mit FH-Läsionen bei multiplen Aufgaben feststellen (Burgess, 2000), weisen vor allem aktuelle Befunde aus Studien mit bildgebenden Verfahren und an gesunden Probanden auf die Rolle des lPFC bei der **Koordination multipler Aufgaben** hin. In einer fMRT-Studie von Schubert und Szameitat (2003) mussten die Probanden eine visuell-manuelle und eine auditiv-manuelle Wahlreaktion in Einzelaufgabensituationen und in Doppelaufgabensituationen durchführen. Um die Regionen im Gehirn herauszufinden, die mit dem Mechanismus der Aufmerksamkeitskontrolle von zwei Aufgaben assoziiert sind, verwendeten Schubert und Szameitat eine **Subtraktionslogik**. Sie erfassten zunächst die Aktivationsmuster, die in der Doppelaufgabensituation entstanden und subtrahierten davon die summierte Aktivation in der auditiven und visuellen Einzelaufgabensituation. Da die Einzelaufgaben wenig komplex waren, sollte ein solcher Vergleich dazu führen, dass nur die Aktivationsmuster übrig bleiben, die speziell mit der gemeinsamen Koordination zweier Aufgaben verbunden sind. Wie in Abb. 16.13 dargestellt, fanden Schubert und Szameitat (2003) ausgeprägte Aktivationen im Bereich des lPFC, die sie mit der Funktion der Aufgabenkoordination im lPFC in Verbindung brachten. Der Umstand, dass sich in dieser Region bei der Ausführung der Einzelaufgaben keine signifikanten Aktivationsänderungen gegenüber einer gegebenen Grundaktivation ergaben, lässt darauf schließen, dass die beobachtbaren Aktivationen tatsächlich Prozesse reflektieren, die zusätzlich als Anforderung hinzukommen, wenn Personen zwei im Vergleich zu einer Aufgabe ausführen.

Befunde mit bildgebenden Verfahren zeigen, dass der laterale präfrontale Kortex bei Doppeltätigkeiten u. a. die zeitliche Reihenfolge der Bearbeitung zweier Aufgaben kontrolliert.

Nach Schubert und Szameitat besteht eine Funktion des lPFC u. a. in der **Planung und Koordination der sequenziellen Abarbeitung von Aufgabenprozessen**, die beim Auftreten eines strukturellen Engpasses bei Doppelaufgaben erforderlich wird. Die

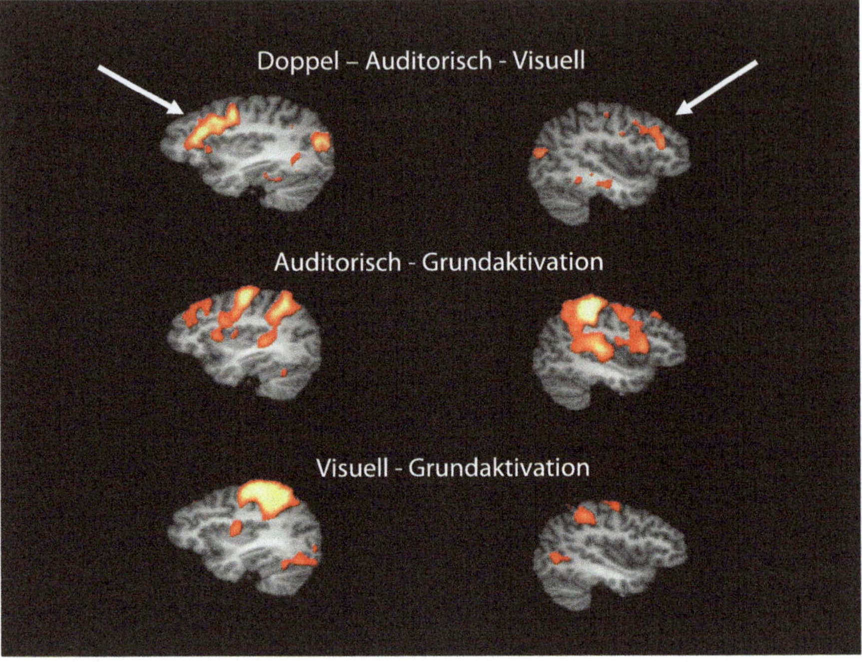

Abb. 16.13 Gehirnaktivierung beim Lösen einer Doppelaufgabe in einem Experiment mit Kernspintomographie von Schubert und Szameitat (2003). Die Probanden mussten eine visuell-manuelle Wahlreaktion (Quadrat, links, mittig oder rechts → Reaktion Finger rechte Hand) und eine auditorische Wahlreaktion (tiefer, mittlerer, hoher Ton → Reaktion Finger linke Hand) gleichzeitig (*Doppel*) oder einzeln (*Visuell, Auditorisch*) ausführen. *Obere Zeile* Aktivation, die bei der Koordination der Aufgaben in der Doppelaufgabensituation entsteht (Aktivation Doppel minus Aktivation auditorische Aufgabe minus Aktivation visuelle Aufgabe). Mit freundlicher Genehmigung von Elsevier

Befunde mit bildgebenden Verfahren zeigen eindrucksvoll zusätzliche Hirnaktivität die mit diesen exekutiven Prozessen bei Doppeltätigkeiten assoziiert ist.

Aufrechterhaltung von Information im Arbeitsgedächtnis

Der laterale präfrontale Kortex ist wichtig für die Aufrechterhaltung, Überwachung und Aktualisierung von Arbeitsgedächtnisinformation.

Unter dem **Arbeitsgedächtnis** versteht man eine Gedächtnisstruktur, die **Information bei der Online-Kontrolle** von Handlungen in einem **aktiven Zustand** hält, sodass sie aktuell während der Handlungsausführung verfügbar bleibt. Auch hier stammt wesentliche Evidenz aus Patientenstudien. Patienten mit Läsionen im dorsalen lPFC (Abb. 16.14) sind häufig zwar bei elementaren Prozessen des Kurzzeitgedächtnisses, wie dem Aufrechterhalten einer Liste von Items innerhalb der Gedächtnisspanne (7+-2), gegenüber Normalpersonen nicht verschlechtert (Stuss & Benson, 1986); allerdings treten Störungen dann auf, wenn das elementare Aufrechterhalten der Gedächtnisitems mit zusätzlichen Anforderungen kombiniert wird, die von Baddeley (1986) einer zentralen Exekutive zugeschrieben werden. Das sind Anforderungen, in denen die Personen die **Gedächtnisinhalte aktualisieren** müssen, dabei eine Art Überwachung der Gedächtnisinhalte ausführen und ständig »online« die Inhalte vor Interferenz durch andere Inhalte schützen müssen. Petrides und Milner (1982) zeigten dieses Phänomen bei einer Aufgabe (»self-ordered task«), in der den Patienten verschiedene Bilder dargeboten werden. Die Patienten mussten die Bilder eins nach dem anderen in einer zufälligen Reihenfolge auswählen, wobei kein Bild wiederholt werden durfte. Patienten mit Läsionen im linken lPFC können die Reihenfolge schon ausgewählter Bilder nur schlecht im Arbeitsgedächtnis erinnern; sie neigen deshalb zu häufigeren Wiederholungsfehlern als Gesunde.

Laboruntersuchungen nutzen häufig die **N-zurück-Aufgabe**, um das Speichern, Manipulieren und Überwachen von Information im Arbeitsgedächtnis zu untersuchen.

Die Involvierung von Bereichen des lPFC in Arbeitsgedächtnisprozesse, die sowohl ein **Aufrechterhalten, Aktualisieren und Überwachen der verarbeiteten Information** fordern, wird auch häufig in Untersuchungen mit bildgebenden Verfahren berichtet (z. B. Braver, et al., 1997). In Untersuchungen mit der sog. **N-zurück-Aufgabe** lässt sich die Gehirnaktivität, die mit der reinen Aufrechterhaltung von Gedächtnisinhalten, und derjenigen, die mit der Aktualisierung der Gedächtnisinhalte verbunden ist, gut unterscheiden. Bei N-zurück-Aufgaben wird den Probanden eine Reihe von Gedächtnis-

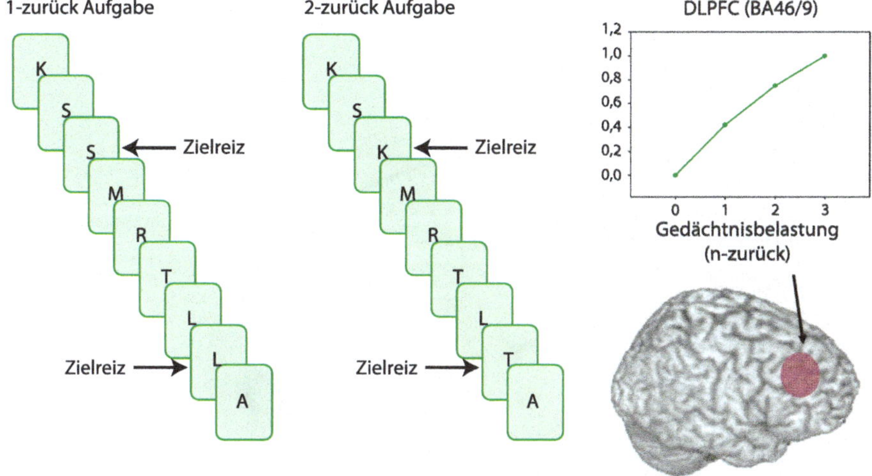

Abb. 16.14 N-zurück-Aufgaben und der lateral präfrontale Kortex. In einer N- zurück-Aufgabe muss der Proband dann reagieren, wenn der jeweils dargebotene Reiz identisch ist mit dem Reiz, der in N Durchgängen zuvor dargeboten wurde. *Links und Mitte:* Dargestellt sind jeweils die Situationen für eine 1- und eine 2-zurück-Aufgabe. *Rechts:* Die Gehirnaktivität (in % gegenüber 0 Bedingung) im Bereich des oberen Teils des lateralen präfrontalen Kortex (PFK; dorsolateraler PFK) korreliert in vielen Untersuchungen mit der Belastung des Arbeitsgedächtnisses in N-zurück-Aufgaben. (Nach Braver et al., 1997. Mit freundlicher Genehmigung von Elsevier.)

items (z. B. Buchstaben, Ziffern etc.) eines nach dem anderen für eine begrenzte Zeit dargeboten (z. B. 500 ms) dargeboten (Abb. 16.14). Wichtig ist, dass sich die Items nach einer gewissen Zeit wiederholen können. In einer sog. 2(N)-zurück-Aufgabe muss dann der Proband durch Tastendruck angeben, ob das aktuell dargebotene Gedächtnisitem identisch ist mit jenem Item, das in N–2 Durchgängen vorher dargeboten wurde. Die Belastung des Arbeitsgedächtnis ist in einer 2-zurück-Aufgabe dann höher als in einer ein 1-zurück-Aufgabe oder in einer 0-zurück-Aufgabe; in Letzterer müssen die Probanden nur dann die Taste drücken, wenn ein vorher definiertes Item dargeboten wird, z. B. ein X oder eine 8.

FMRT-Untersuchungen ergaben, dass Anforderungen wie die **2-zurück-Aufgabe** zu signifikanten **Aktivationen im Bereich des dorsalen lPFC** führen. Interessanterweise steigt die **Höhe der Aktivation** des lPFC an je weiter N-zurück die Probanden verarbeiten müssen (0-zurück → 3-zurück). Diese Befunde weisen auf eine enge Beziehung zwischen der neuronalen Aktivität im lPFC und dem Aufrechterhalten, Aktualisieren und Überwachen von Informationen im Arbeitsgedächtnis hin.

Befunde mit bildgebenden Verfahren zeigen eine umso stärkere Hirnaktivität im präfrontalen Kortex, je mehr Items im Arbeitsgedächtnis verarbeitet werden.

16.3.2 Dynamische Kontrolle und lateraler präfrontaler Kortex

Wie kann nun aber exekutive Aufmerksamkeitskontrolle durch den lPFC genau erfolgen? In der zurückliegenden Darstellung wurden ja lediglich auf den ersten Blick wenig zusammenhängende Funktionen des lPFC beschrieben. Wie kann es sein, dass Funktionen wie die Aufrechterhaltung von Information im Arbeitsgedächtnis oder die flexible Änderung von Verhaltensmustern und das Utilisationsverhalten von Patienten in einen **gemeinsamen Kontext der Aufmerksamkeitskontrolle** kommen? Gibt es eine innere Logik, die eine integrierte Sichtweise der Funktion des lPFC bei der exekutiven Kontrolle von Handlungen zulässt?

Wissenschaftler fragen sich, welcher **gemeinsame Nenner** solchen Funktionen wie der Aufrechterhaltung von Information im Arbeitsgedächtnis und der flexiblen Änderung von Verhältnismustern zu Grunde gelegt werden kann.

Funktion und Inhalt bei der exekutiven Kontrolle: Die Theorie flexibler Repräsentationen im lateralen präfrontalen Kortex

Zum Verständnis der Rolle des lPFC bei der exekutiven Kontrolle müssen sowohl die spezielle **Funktionsfähigkeit** des neuronalen Substrats im als auch die **spezifischen Inhalte** der vom lPFC repräsentierten Information betrachtet werden. In einer einflussreichen Theorie gehen Miller und Cohen (2001) davon aus, dass von den Neuronen im **präfrontalen Arbeitsgedächtnis** eine Repräsentation der aktuellen Verhaltensaufgabe(n) einer Person und der Kontextinformationen für die Aufgabenerfüllung

Die Funktion des lateralen präfrontalen Kortex einerseits und der Inhalt der verarbeiteten Information andererseits bestimmen gemeinsam die Rolle dieses Kortex bei der **exekutiven Kontrolle**: Von den Neuronen im präfrontalen Arbeitsgedächtnis wird eine Repräsentation der aktuellen Verhaltensaufgabe einer Person aufrechterhalten. Diese ist handlungsleitend bei der Aufgabenerfüllung.

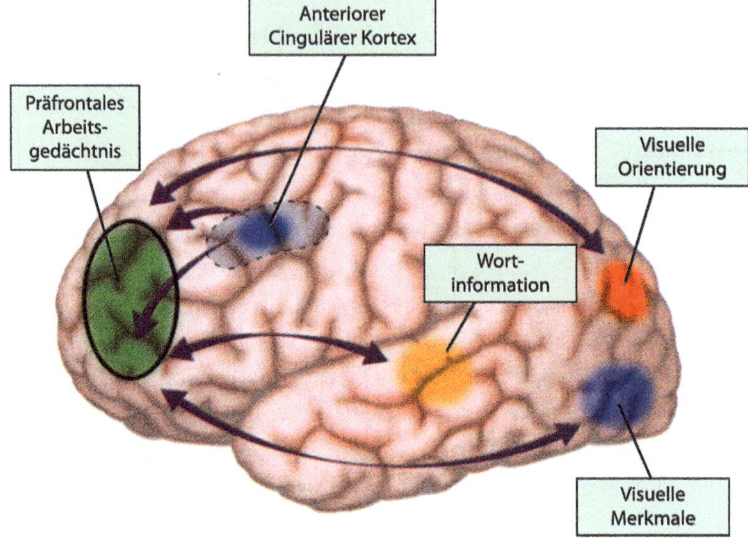

Abb. 16.15 Funktionen verschiedener Gehirnregionen bei der adaptiven Kontrolle von Handlungen. (Nach Gazzaniga et al., 2002)

online aufrechterhalten wird; diese Repräsentation steuert dann in einem Top-down-Prozess (Bias-Signale) die Prozesse in anderen Arealen des Gehirns während des Ablaufs einer Handlung (Abb. 16.15). Dadurch kann die Ausrichtung der Aufmerksamkeit auf aufgabenrelevante Informationen beeinflusst werden. Die Repräsentation im lPFC stellt somit eine Art übergeordnete Wissensrepräsentation dar, die die aktuelle Verhaltensaufgabe der Person reflektiert, z. B. Zubereitung eines Essens, Verfassen eines Textes, Lösen einer Denkaufgabe, Lösen einer Stroop-Aufgabe, etc. Als Beispiel wie eine derartige Aufgabenrepräsentation z. B. beim Stroop-Test aussehen kann, kann man sich eine Kurzbeschreibung der Aufgabenstellung bzw. Instruktionen für die Probanden vorstellen; diese beinhaltet sowohl die aufgabenrelevanten Information über Farbwörter und Farben als auch die motorischen Antworten (Lesen) und die Regeln der Aufgabe (Miller & Cohen, 2001).

Repräsentationen im präfrontalen Arbeitsgedächtnis können die Verarbeitung in anderen Arealen beeinflussen und können somit **handlungsleitend** für die aktuelle Aufgabenbearbeitung sein.

Durch neuronale Verbindungen in andere Areale sendet der lPFC dann Signale aus, die die Informationsverarbeitung in diesen Arealen dann jeweils beeinflussen und somit eine Aufgabenbearbeitung entsprechend der Aufgabenrepräsentation ermöglichen. Dass derartige Modulationen der Aktivität in posterioren aufgabenrelevanten Hirnarealen möglich sind, wurde schon im ▶ Abschn. 15.5.2 (unter »Merkmals- und dimensionsbezogene Aufmerksamkeit«) im Zusammenhang mit der Studie von Corbetta et al. (1991) berichtet, in der der Einfluss der selektiven Aufmerksamkeit bei der visuellen Suche auf die Aktivität im visuellen Kortex mit PET untersucht wurde. Das reflektiert den **Top-down-Anteil** der exekutiven Kontrolle durch den lPFC, der mit den Kenntnissen über die Neuroanatomie und Funktionsfähigkeit des lPFC übereinstimmt (Goldman-Rakic, 1987; Petrides, 1995).

Der präfrontale Kortex erhält **Signale von anderen Hirnregionen** über Einzelheiten der Verarbeitung von Information in der jeweiligen Situation. Das ist eine **Voraussetzung für adaptive Kontrolle** des Verhaltens.

Gleichzeitig ist zu beachten, dass der lPFC auch Signale von anderen Hirnregionen erhält, die mit der Verarbeitung der Information in der jeweiligen Situation verbunden sind. Das können Signale über den Zustand der motorischen Areale die das konkrete motorische Verhalten steuern, Signale aus sensorischen Arealen über externe Reize und vom limibischen System über interne Zustände der Person sein. Diese Areale wirken somit im Sinne eines **Bottom-up-Mechanismus** auf den Zustand der Informationsverarbeitung im lPFC zurück und erlauben eine adaptive Kontrolle des Verhaltens.

Persistenz versus Flexibilität des Verhaltens

Es ist gut nachzuvollziehen, dass kognitive Repräsentationen, die im **präfrontalen Arbeitsgedächtnis** aktiviert sind, im Wechselspiel von Top-down- und Bottom-up-Prozessen **handlungsleitend** für aktuelle Aufgabenerfüllungen sein können. Miller und Cohen (2001) gehen dabei davon aus, dass Eigenschaften wie die Persistenz (Festigkeit) dieser Repräsentationen im lPFC darüber entscheiden, ob Personen durch zusätzliche oder neue Stimuli ablenkbar sind oder nicht; z. B. durch den ablenkenden Gedanken an ein spannendes Computerspiel beim Lernen des Prüfungsstoffes. Patienten mit Läsionen im Frontalhirn, die z. B. besonders beim Aufrechterhalten von Informationen im Arbeitsgedächtnis gestört sind, oder auch Patienten mit dem **Aufmerksamkeitsdefizitsyndrom** leiden nach dieser Vorstellung deshalb an erhöhter Ablenkbarkeit durch neue plötzliche Reize, weil sie die aktuelle Aufgabenrepräsentation nicht genügend vor Interferenz beim Auftreten des Ablenkreizes schützen können. Die Repräsentation der aktuellen Aufgabe wird durch den neuen Reiz gestört, sodass keine adäquate handlungsleitende Repräsentation gegeben ist und es zu erhöhten Kosten in Situationen mit widersprüchlichen Informationen oder Verhaltenstendenzen kommen kann.

Die **Persistenz** (Festigkeit) einer Repräsentation im präfrontalen Arbeitsgedächtnis entscheidet mit darüber, ob eine Personen durch andere Stimuli abgelenkt wird oder nicht.

Zusätzlich (und nicht weniger wichtig als die Persistenz der Repräsentation) muss die **neuronale Repräsentation** im präfrontalen Arbeitsgedächtnis auch ausreichend **flexibel** und **aktualisierbar** sein, damit Personen adäquat auf Änderungen in der Umwelt eingehen können. Dazu ist es notwendig, dass andere Hirnareale durch Modulationen den Inhalt und den Zustand der präfrontalen Arbeitsgedächtnisinhalte beeinflussen können, sodass Verhalten adäquat an sich ändernde Umweltbedingungen angepasst wird.

Handlungsleitende Repräsentationen im Arbeitsgedächtnis müssen ausreichend flexibel und aktualisierbar sein, um Verhalten an sich ändernde Bedingungen anzupassen.

Ist die aktuelle **Repräsentation** im Arbeitsgedächtnis **nicht ausreichend persistent**, kann es zu einer erhöhten **Distraktibilität** der Person kommen (Utilisationsverhalten); ist die Repräsentation im Gegensatz dazu **zu wenig flexibel**, kann es zur **Perseveration** im Verhalten kommen.

Das **Persistenz-Flexibilitäts-Problem**: Neben dem richtigen Ausmaß an Persistenz benötigen handlungsleitende Repräsentationen im Arbeitsgedächtnis eine ausreichende Flexibilität, um adäquates Verhalten zu ermöglichen.

16.3.3 Der anteriore cinguläre Kortex

Wie kommt es nun aber dazu, dass die Aufgabenrepräsentationen im **lPFC moduliert** werden, wenn es die Situation erfordert? Fehlerhaftes oder **falsches Verhalten muss** zunächst **erkannt werden**, damit entsprechende Veränderungen eingeleitet werden können. Solch eine Situation entsteht z. B. bei der Wisconsin-Kartensortieraufgabe dann, wenn der Versuchsleiter durch seine Rückmeldung anzeigt, dass die vorgenommene Zuordnung einer Karte zu einer Kategorie falsch ist.

Das Auftreten von Fehlern oder Handlungskonflikten kann als Information genutzt werden, um aktuelle Aufgabenrepräsentation zu modulieren.

Eine neuronale Struktur, die mit Mechanismen der **Konflikterkennung** und dem Überwachen von Konflikten im Verhalten oder von falschem Verhalten per se (z. B. Fehler) in Verbindung steht, ist der **anteriore cinguläre Kortex** (ACC). So kommt es in diesem Bereich des Gehirns zu einer Reaktion im EEG schon 100 ms nachdem Probanden bei Reaktionszeitaufgaben einen Fehler machen (Gehring, Coles, Meyer, & Donchin, 1990; Falkenstein, Hohnsbein, & Hoorman, 1995).

Eine Hirnregion, die signalisieren kann, wenn Verhaltensänderungen (z. B. durch fehlerhaftes Verhalten) notwendig sind, ist der **anteriore cinguläre Kortex**. Diese Struktur wird von Forschern mit der **Regulation exekutiver Aufmerksamkeit** in Verbindung gebracht. Die Aktivität des anterioren cingulären Kortex steht im engen Zusammenhang mit der im präfrontalen Kortex.

Die Involvierung des ACC in Mechanismen der **Konflikterkennung** wurde auch mit bildgebenden Verfahren gezeigt. In einer Untersuchung von Kerns und Kollegen (2004) wurde die fMRT-Methode so eingesetzt, dass die neuronale Aktivität auf jeden einzelnen Durchgang beim Lösen einer Stroop-Aufgabe gemessen werden konnte. Dadurch war es möglich, die fMRT-Aktivität zu Durchgängen mit Fehlern und zu Durchgängen mit auftretenen Konflikten (d. h. inkongruente Durchgänge) zuzuordnen. Die Autoren fanden eine erhöhte neuronale Aktivation im ACC wenn die Probanden einen inkongruenten Durchgang bearbeiten; d. h., wenn das Wort »rot« in grüner Farbe geschrieben ist und die Farbe (grün) benannt werden muss. Mittlerweile geht man davon aus, dass der ACC nicht nur in kognitive Konflikte wie beim Stroop-Effekt involviert ist, sondern generell in Situationen, in denen Hinweise darauf vorliegen, dass ein vorhandenes Handlungsergebnis nicht dem gewünschten Ziel entspricht; z. B. das Auftreten von Fehlern.

Moderne Untersuchungen mit bildgebenden Verfahren zeigen **erhöhte Hirnaktivität im anterioren cingulären Kortex**, wenn **mehrdeutige Informationen** verarbeitet werden, die zu einem Konflikt bei der Aufgabenbearbeitung führen. Auch das Auftreten von **Fehlern** oder anderer unerwünschter Handlungsresultate ist mit erhöhter Aktivität im anterioren cingulären Kortex verbunden.

Viele Forscher gehen heute davon aus, dass derartige Informationen ein **Signal für Änderungen** an der Ausrichtung der **exekutiven Aufmerksamkeit** sind und u. a. zu einer Modulation der Repräsentationen im lPFC führen. Der ACC spielt dabei eine Rolle, wobei andere Hirnregionen (z. B. das limbische System zur Emotionsverarbeitung) ebenfalls relevant sind.

Kontrollfragen

1. Welche Faktoren bestimmen die Leistung von Personen in Situationen, in denen mehrere Aufgaben gleichzeitig ausgeführt werden sollen?
2. Welche Arten der Aufteilung von Aufmerksamkeit zwischen kognitiven Prozessen kennen Sie?
3. Unter welchen Verhaltensbedingungen sind das Wirksamwerden und die Funktionsweise exekutiver Kontrolle besonders gut zu beobachten?
4. Welche exekutiven Funktionen sind mit dem Funktionieren des lateralen präfrontalen Kortex verbunden?
5. Auf welche Befunde stützen sich die jeweiligen Annahmen zu den jeweiligen Funktionen?
6. Warum kommt es bei Patienten mit Läsionen des Frontalhirns häufig zur Perseveration und zum Utilisationsverhalten?

▶ Weiterführende Literatur

Eysenck, M. W. & Keane, M. T. (2010). *Cognitive psychology. A student's handbook* (6th ed.). London: Psychology Press.

Gazzaniga, M. S., Ivry, R .B. & Mangun, G. R. (2002). *Cognitive neuroscience* (chapter 7, 8 and 11). New York, NA: W.W. Norton. Kapitel.

Roberts, A. C., Robbins, T. W. & Weiskrantz, L (1998). *The prefrontal cortex*. New York: Oxford University Press. Kapitel 7.

16

Anhang

Literatur

Ackerman, D. (1991). *Die schöne Macht der Sinne. Eine Kulturgeschichte*. München: Kindler.

Ahissar, M (2001). Perceptual training: A tool for both modifying the brain and exploring it. *Proceedings of the National Academy of Sciences, 98*, 11842–11843.

Ahissar, M. & Hochstein, S. (1997). Task difficulty and learning specificity: Reverse hierarchies in sensory processing and perceptual learning. *Nature*, 387, 401–406.

Aristoteles – *De Anima*. Hrsg.: Seidl, H. (1995). Hamburg: Meiner Verlag.

Bach M. & Poloschek C. M. (2006) Optical Illusions. *Advances in Clinical Neuroscience and Rehabilitation (ACNR), 6*, 20–21 (auch http://www.michaelbach.de/ot/).

Baddeley, A. D. (1986). *Working Memory*. Oxford, UK: Oxford University Press.

Barlow, H. B. & Hill, R. M. (1963). Evidence for a physiological explanation of the waterfall illusion and figural after-effects. *Nature*, 200, 1345–1347.

Barlow, H. B. (1972). Single units and sensation: A neuron doctrine for perceptual psychology. *Perception*, 1, 371–394.

Bartoshuk, L. (2000). Comparing sensory experiences across individuals: Recent psychophysical advances illuminate genetic variations in taste perception. *Chemical Senses*, 25, 447–460.

Bavelier, D. & Neville, H. J. (2002). Cross-modal plasticity: Where and how? *Nature Review Neuroscience, 3*, 4443–4452.

Bertelson, P. (1999). Ventriloquism: A case of crossmodal perceptual grouping. In G. Aschersleben, T. Bachmann & J. Müsseler (Eds), *Cognitive contributions to the perception of spatial and temporal events* (pp. 347–363). Amsterdam: Elsevier.

Bertelson, P., Vroomen, J., De Gelder, B. & Driver, J. (2000). The ventriloquist effect does not depend on the direction of deliberate visual attention. *Perception & Psychophysics, 62*, 321–332.

Biederman, I. (1981). On the semantics of a glance at a scene. In M. Kubovy & J. Pomerantz (Eds.), *Percpetual organization*. Hillsdale, NJ: Erlbaum

Biederman, I. (1987). Recognition-by-components: A theory of human image understanding. *Psychological Review*, 94, 115–147

Biederman, I., Cooper, E. E., Hummel, J. E. & Fiser, J. (1993). Geon theory as an account of shape recognition in mind, brain, and machine. In J. Illingworth (Ed.), *Proceedings of the Fourth British Machine Vision Conference*. Guilford, Surrey: BMVA Press.

Birbaumer, N. & Schmidt, R. F. (2006). *Biologische Psychologie*. Berlin: Springer.

Birch, S. (2010). *Eurofighter ergonomics*. SAE International. http://www.sae.org/aeromag/features/eurofighter/.

Blakemore, C. & Cooper, C. G. (1970). Development of the brain depends on the visual environment. *Nature, 228*, 477–478–

Boring, E. (1950). *A history of experimental psychology*. Englewood Cliffs, NJ: Prentice Hall.

Bradley, O. & Petry, H. M: (1977). Organizational determinants of subjective contour: The subjective Necker cube. *American Journal of Psychology, 90*, 253–262

Braver, T. S., Cohen, J. D., Nystrom, L. E., Jonides, J., Smith, E. E. & Noll, D.C. (1997). A parametric study of prefrontal cortex involvement in human working memory. *Neuroimage, 5*, 49–62.

Bregman, A.S. (1990). *Auditory scene analysis*. Cambridge: MIT Press.

Broadbent, D. (1954). The role of auditory localization in attention and memory span. *Journal of Experimental Psychology, 47*, 191–196.

Broadbent, D. E. (1958). *Perception and communication*. London: Pergamon Press.

Bruner, J. S. & Goodman, C. C. (1947). Value and need as organizing factors in perception. *Journal of Abnormal and Social Psychology, 42*, 33–44.

Bülthoff, H. H.(1998). Wahrnehmen und Handeln in realen und virtuellen Umgebungen. In *Jahrbuch der Max-Planck-Gesellschaft 1998* (S. 222–228). Göttingen: Vandenhoeck & Rupprecht.

Bülthoff, H. H. & Ruppertsberg, A. I. (2002). Funktionelle Prinzipien der Objekt- und Gesichtserkennung. In H.O. Karnath & P. Trier (Hrsg.). *Neuropsychologie*. Berlin: Springer.

Bundesen, C. (1998). Visual selective attention: Outlines of a choice model, a race model, and a computational theory. *Visual Cognition, 5*, 287–309.

Burgess, P. W. (2000). Strategy application disorder: The role of the frontal lobes in human multitasking. *Psychological Research*, 63, 279–288.

Cain, W. (1982). Odor identification by males and females: Predictions versus performance. *Chemical Senses, 7*, 129–142.

Campenhausen, C. (1993). *Die Sinne des Menschen*. Stuttgart: Thieme Verlag.

Carlson, P. S. (2004). *Physiologische Psychologie*. München: Pearson Studium.

Cave, K. R. & Wolfe, J. M. (1990). Modeling the role of parallel processing in visual search. *Cognitive Psychology, 22*, 225–271.

Chaudari, N., Landin, A. M. & Roper, S. D. (2000). A metabotropic glutamat receptor variant functions as a taste receptor. *Nature Neuroscience, 3,* 113–119.

Cheng, P.W. (1985). Restructuring versus automaticity: Alternative accounts of skill acquisition. *Psychological Review, 92,* 414–423.

Cherry, E. C. (1953). Some experiments on the recognition of speech with one and two ears. *Journal of the Acoustical Society of America, 25,* 975–979.

Clark, W. C. & Clark, S. B. (1980). *Pain responses in Nepalese porter.* Science, *209,* 410–412.

Cole, J. (1995). *Pride and a daily marathon.* Cambridge: MIT Press

Corbetta, M., Miezin, F. M., Dobmeyer, G., Shulman, G. L. & Petersen, S.E. (1991). Selective and divided attention during visual discrimination of shape, color and speed: Functional anatomy by positron emission tomography. *The Journal of Neuroscience, 11,* 2383–2402.

Coren, S., Ward, L .M. & Enns, J. T. (1999). *Sensation and perception* (5th ed.). Orlando, FL: Harcourt, Inc.

Cowart, B. J. & Rawson, N. E. (2001). Olfaction. In E. B. Goldstein (Ed.), *Blackwell handbook of perception.* Malden, MA: Blackwell Publishers.

Cutting, E. & Vishton, P. M. (1995). Perceiving layout and knowing distances: The interaction of relative potency, and contextual use of different information about depth. In W. Epstein & S. Rogers (Eds.), *Perception of space and motion.* San Diego: Academic Press.

Cytowic, R.E. (1989). *Synesthesia. A union of the senses.* Berlin: Springer.

De Lange, H. (1958). Research in the dynamic nature of the human fovea-cortex systems with intermittent and modulated light. I. Attenuation characteristics with white and colored light. *Journal of the Optical Society of America, 48,* 777–784.

Desimone, R. & Duncan, J. (1995). Neural mechanisms of selective visual attention. *Annual Review of Neuroscience, 18,* 193–222.

Deutsch, J. A. & Deutsch, D. (1963). Attention: Some theoretical considerations. *Psychological Review, 70,* 80–90.

Dieroff, H.G. (1975). Lärmschwerhörigkeit. Leitfaden der Lärmhörschadenverhütung in der Industrie. München: Urban & Schwarzenberg.

Ditzinger, T. (2006). *Illusionen des Sehens.* Heidelberg: Spektrum.

Dowling, W. J. (2001). Perception of music. In E. B. Goldstein (Ed.), *Blackwell handbook of perception.* Malden, MA: Blackwell Publishers.

Downing, C. J. (1988). Expectancy and visual-spatial attention: Effects on perceptual quality. *Journal of Experimental Psychology: Human Perception and Performance, 14,* 188–202.

Draeger, J. (2009). Visuelle Ergonomie im Cockpit. Die Bedeutung der Instrumenteerkennung für die Flugsicherheit. *Der Ophtalmologe, 4,* 370–374.

Driver, J. & Mattingley, J. B. (1998). Parietal neglect and visual awareness. *Nature Neuroscience, 1,* 17–22.

Duffy, V. B., Lucchina, L. A. & Bartoshuk, L.M. (2004). Genetic variation in taste: Potential biomarker for cardiovascular disease risk? In J. Prescott & B. J. Trepper (Eds.), *Genetic variations in taste sensitivity: Measurement, significance, and implications.* New York: Dekker.

Duncan, J. (1984). Selective attention and the organization of visual information. *Journal of Experimental Psychology: General, 113,* 501–517.

Duncan, J. (1996). Cooperating brain systems in selective perception and action. In T. Inui & J. L. McClelland (Eds.), *Attention and performance XVI: Information integration in perception and communication* (pp. 549–578). Cambridge, MA: MIT Press.

Duncan, J., Bundesen, C., Olson, A., Humphreys, G., Chavda, S. & Shibuya, H. (1999). Systematic analysis of deficits in visual attention. *Journal of Experimental Psychology: General, 128,* 450–478.

Edwards, J., Ross, L. A., Wadley, V. G., Clay, O. J., Crowe, M., Roenker, D. L. & Ball, K.K (2006). The useful field of view tet: Normative data for older adults. *Archives for Clinical Neuropsychology,* 4, 275–286.

Eglin, M., Robertson, L. C. & Knight, R. T. (1989). Visual search performance in neglect syndrome. *Journal of Cognitive Neuroscience, 1,* 372–385.

Eimas, P. D. & Corbitt, J. D. (1973). Selective adaptation of lingustic feature detectors. *Cognitive Psychology, 65,* 903–917.

Ekman,G., Berglund, B., Berglund, U. & Lindvall T. (1967). Perceived intensity of odor as a function of time of adaptation. *Scandinavian Journal of Psychology, 8,* 177–186.

Emerich, H.K., Schneider, U. & Zedler, M. *Welche Farbe hat der Montag? Synästhesie: das Leben mit verknüpften Sinnen.* Leipzig: Hirzel.

Engen, T. (1982). *The perception of odors.* New York: Academic Press.

Enroth-Cugell, C. & Robson, J. G. (1966). The contrast sensitivity of retinal ganglion cells of the cat. *Journal of Physiology, 187,* 517–552.

Erickson, R. P. (1963). Sensory neural patterns and gustation. In Y. Zotterman (Ed.), *Olfaction and taste.* Oxford: Pergamon.

Eriksen, B. A. & Eriksen, C. W. (1974). Effects of noise letters upon the identification of a target letter in a nonsearch task. *Perception & Psychophysics, 16,* 143–149.

Eriksen, C. W. & St. James, J. D. (1986). Visual attention within and around the field of focal attention: A zoom lens model. *Perception & Psychophysics, 40*, 225–240.

Eriksen, C. W. & Yeh, Y. Y. (1985). Allocation of attention in the visual field. *Journal of Experimental Psychology: Human Perception and Performance, 11*, 583–587.

Ernst, M. O. & Banks, M. S. (2002). Humans integrate visual and haptic information in a statistically optimal fashion. *Nature, 415*, 227–240.

Exner, S. (1875a). Experimentelle Untersuchungen der einfachsten psychischen Prozesse. *Pflügers Archiv für die gesamte Physiologie, 11*, 403–422.

Exner, S. (1875b). Über das Sehen von Bewegungen und die Theorie des zusammengesetzten Auges. *Sitzungsbericht Akademie der Wissenschaften Wien, 72*, 156–190.

Fahle, M. (2003a). Visuelle Täuschungen. In H. O. Karnath & P. Thier (Hrsg.), *Neuropsychologie*. Berlin: Springer.

Fahle, M. (2003b). Perzeptuelles Lernen. In H. O. Karnath & P. Thier (Hrsg.), *Neuropsychologie*. Berlin: Springer.

Falkenstein, M., Hohnsbein, J. & Hoormann, J. (1995). Analysis of mental workload with ERP indicators of processing stages. *Electroencephalography and Clinical Neurophysiology. Supplement, 44*, 280–286.

Fechner, G.T. (1860). *Elemente der Psychophysik*. Leipzig: Breitkopf & Härtel.

Fei-Fei, L., van Rullen, R., Koch, C. & Perona, P. (2002). Rapid natural scene categorization in the near absence of attention. *Proceedings of the National Academy of Science of USA*, 99, 9596–9601.

Felleman, D. J. & Van Essen, D. (1991). Distributed hierarchical processing in the primate cerebral cortex. *Cerebral Cortex, 1*, 1–47.

Fine, I. & Jacobs, R. (2002). Perceptual learning across tasks: A review. *Journal of Vision*, 2, 190–202.

Fine, I., Wade, A. R., Brewer, A. A., May, M. G., Goodman, D. F., Boynton, G. M., Wandell, B. A. & MacLeod, D. A. (2002). Long-term deprivation affects visual perception and cortex. *Nature Neuroscience, 6*, 913–914.

Fischer, B. (2007) Studien zur sprachfreien auditiven Differenzierung bei Legasthenie. *Logopädie, 3*, 30–35.

Fischer, B. & Hartnig, K. (2008). Saccade control in dyslexia: Development, deficits, training and transfer to reading. *Visual Development, 39*, 181–190.

Flor, H.(2000). Die funktionelle Bedeutung der kortikalen Reorganisation. *Neuroforum, 3*, 235–239.

Flor, H. (2002). Phantom limb pain: characteristics, causes and treatment. *The Lancet Neurology, 1*, 182–189.

Flor, H., Denke C., M. & Grusser M. (2001) Sensory discrimination training alters both cortical reorganisation and phantom limb pain. *Lancet, 357*, 1763–1764.

Fodor, G. (1983). *Modularity of the mind*. Cambridge; AM: MIT Press

Folk, C. L., Remington, R. W. & Johnston, J. C. (1992). Involuntary covert orienting is dependent on attentional control settings. *Journal of Experimental Psychology: Human Perception and Performance, 18*, 1030–1044.

Fox, A.L. (1931). Six in ten „tasteblind" to bitter chemical. *Science News Letter*, 9, 249.

Fuster, J. (1997). *The prefrontal cortex: Anatomy, physiology, and neuropsychology of the frontal lobe*. Lippincott Raven, Philadelphia New York.

Gauthier, I., Williams, P., Tarr, M. J., & Tanaka, J. (1998). Training "Greeble" experts: A framework for studying expert object recognition processes. *Vision Research, 38*, 2401–2428.

Gazzaniga, M. A., Ivry, R. B. & Mangun, G.R. (2002). *Cognitive neuroscience. The biology of the mind* (2nd ed.). New York: Norton.

Gegenfurtner, K. R. (2003). Color vision. *Annual Review of Neuroscience, 26*, 181–206.

Gegenfurtner, K. R. (2003). *Gehirn und Wahrnehmung*. Frankfurt a.M.: Fischer

Gehring, W. J., Coles, M. G. H., Meyer, D. E. & Donchin, E. (1990). The error-related negativity: An event-related brain potential accompanying errors. *Psychophysiology*, 27, S34, (Abstract).

Gibson, J. J. (1966). *The senses considered as perceptual systems*. Boston: Mifflin.

Gibson, J. J. (1979). *The Ecological approach to visual perception*. Boston: Houghton-Miffin.

Goethe, J. W. von – *Farbenlehre*. Hrsg.: Ott, G. & Proskauer H. O. (1988). Stuttgart: Verlag Freies Geistesleben.

Goldenberg, G. (2002). Visuelle Objektagnosie und Prosopagnosie. In H. O. Karnath & P. Thier (Hrsg.), *Neuropsychologie*. Berlin: Springer.

Goldmann-Rakic, P. S. (1987). Circuitry of primate prefrontal cortex and regulation of behavior by representational memory. In F. Plum (Ed.), *Handbook of physiology – The nervous system*, (pp. 373–417), Bethesda, MD: American Physiological Association.

Goldstein, E. B. (2002). *Wahrnehmungspsychologie* (6. Aufl.). Heidelberg: Spektrum.

Goodale, M. A. & Milner, A. D. (2004). *Sight unseen. An exploration of conscious and unconscious vision*. New York: Oxford University Press.

Gordon, I. E. (2004). *Theories of visual perception*. Hove and New York: Psychology Press.

Goschke, T. (2002). Volition und kognitive Kontrolle. In Müsseler, J. & Prinz, W. (Hrsg.), *Allgemeine Psychologie*. Heidelberg: Spektrum Akademischer Verlag.

Gottschaldt, K. (1929). Über den Einfluß der Erfahrung auf die Wahrnehmung von Figuren. *Psychologische Forschung, 12,* 1–87.

Grafman, J. (1994). Neuropsychology of the prefrontal cortex. In D. W. Zaidel (Ed.), *Neuropsychology* (pp. 159–181). Academic Press, San Diego.

Gregory, R. L. (2001). *Auge und Gehirn. Psychologie des Sehens*. Reinbek: Rowohlt Verlag.

Grill-Spector, K. & Kanwisher, N. (2005). Visual recognition: As soon as you know it is there, you know what it is. *Psychological Science, 16 (2),* 152–160.

Grunwald, M. & Beyer, L. (2004). *Der bewegte Sinn*. Basel: Birkhäuser.

Grunwald, M., Ettrich, C., Krause, W., Assmann, B., Dähne, A., Weiss, T. & Gertz, H. J. (2001). Haptic perception in anorexia nervosa before and after weight gain. *Journal of Clinical and Experimental Neuropsychology, 23,* 520–529.

Guski, R. (1987). *Lärm. Wirkungen unerwünschter Geräusche*. Bern: Huber.

Guski, R. (1996). *Wahrnehmen. Ein Lehrbuch*. Stuttgart: Kohlhammer.

Haarmeier, T. (2002). Bewegungssehen, Stereopsis und ihre Störungen. In H. O. Karnath & P. Thier (Hrsg.). *Neuropsychologie*. Berlin: Springer.

Harlow, H. F. (1958). The nature of love. *American Psychologist, 13,* 673–685.

Harter, M. R. & Previc, F. H. (1978). Size-specific information channels and selective attention: Visual evoked potential and behavioral measures. *Electroencephalography and Clinical Neurophysiology, 45,* 628–640.

Hartline, H. K., Wagner, H. G., & Ratcliff, F. (1956). Inhibition in the eye of limulus. *Journal of General Physiology*, 39, 651–673.

Heinze, H. J., Luck, S. J., Mangun, G. R. & Hillyard, S. A. (1990). Visual event-related potentials index focused attention within bilateral stimulus arrays. I Evidence for early selection. *Electroencephalography and Clinical Neurophysiology, 75,* 511–527.

Hellbrück, J. (1993). *Hören. Physiologie, Psychologie und Pathologie*. Göttingen: Hogrefe.

Helmholtz, H. von (1855). Über das Sehen des Menschen. In H. von Helmholtz, *Vorträge und Reden. Bd. 1* (5. Aufl., 1903, S. 85–118). Braunschweig: Vieweg.

Helmholtz, H. von (1878/1971). Über die Tatsachen der Wahrnehmung. In H. Hörz & S. Wollgast (Hrsg.), *Hermann von Helmholtz. Philosophische Vorträge und Aufsätze*. Berlin: Akademie-Verlag.

Helmholtz, H. von (1896). *Handbuch der Physiologischen Optik*. Hamburg: Voss.

Helmholtz, H. von (1913). *Die Lehre von den Tonempfindungen als physiologische Grundlage für die Theorie der Musik* (6. Aufl.; 1. Aufl. 1862). Braunschweig: Friedrich Vieweg & Sohn.

Henning, H. (1915). Der Geruch. *Zeitschrift für Psychologie, 73,* 161–257.

Hernandez, T. M., Aldridge, M. A. & Bower, T. G. R. (2001). Structural and experiential factors in newborns' preference for speech sounds. *Developmental Science*, 3, 46–49.

Herz, R. S. (1997). Emotion experienced during encoding enhances odor retrieval cue effectiveness. Am. J. Psychol., 110, 489–505.

Herz, R. S. (2001). Ah, sweet skunk: Why we like or dislike what we smell. *Cerebrum*, 3, 31-47.

Hillyard, S. A. & Anllo-Vento, L. (1998). Event-related brain potentials in the study of visual selective attention. *Proceedings of the National Academy of Sciences (USA), 95,* 781–787.

Hillyard, S. A., Anllo-Vento, L., Clark, V. P., Heinze, H. J., Luck, S. J. & Mangun, G. R. (1996). Neuroimaging approaches to the study of visual attention: A tutorial. In A. F. Kramer, M. G. H. Coles & G. D. Logan (Eds), *Converging operations in the study of visual selective attention* (pp. 107–138). Washington, DC: American Psychological Association.

Hoffman, D. D. (2003). *Visuelle Intelligenz. Wie die Welt im Kopf entsteht*. München: dtv.

Holway, A. H. & Boring, E. G. (1941). Determinants of apparent size with distance variants. *American Journal of Psychology, 54,* 21–37.

Hopfinger, J. B., Buonocore, M. H. & Mangun, G. R. (2000). The neual mechanisms of top-down attentional control. *Nature Neuroscience, 3,* 284–291.

Hubel, D. (1989). *Auge und Gehirn. Neurobiologie des Sehens*. Heidelberg: Spektrum.

Hubel, D. H. & Wiesel, T. N. (1962). Receptive fields, binocular interaction and functional architecture in the cat's visual cortex. *Journal of Physiology, 160,* 106–154.

Hummel, T, Delwiche, J. F., Schmidt, C. & Hüttenbrink, K. B. (2003). Effects of the form of glasses on the perception of wines: A blinded study in untrained subjects. *Appetite, 41,* 197–202.

Hummel, T. & Welge-Lüssel, A. (2008). *Riech- und Schmeckstörungen: Physiologie, Pathophysiologie und therapeutische Ansätze*. Stuttgart: Thieme

Hurvich, L. M. & Jameson, D. (1957). An opponent-process theory of color vision. *Psychological Review, 64,* 384–390.

Ibn al-Haytham (lat. Alhazen) (1989) *The optics of Ibn al-Haytham*: Books I-III. Abdelhamid I. Sabra (Hrsg.). London: London University Press.

Jacob, P. & Jeannerod, M. (2003). *Ways of seeing*. Oxford: Oxford University Press.

Jacobsen, T. & Kaernbach, C. (2006). Psychophysik. In J. Funke & P. Frensch (Hrsg.), *Handbuch der Allgemeinen Psychologie – Kognition*. Göttingen: Hogrefe.

James, W. (1890). *The principles of psychology*. New York: Holt.

Johansson, G. (1973). Visual percpetion of biological motion and a model for its analysis. *Perception & Psychophysics, 14*, 201–211.

Jonides, J. (1980). Voluntary versus automatic control over the mind's eye's movement. In J. B. Long & A. D. Baddeley (Eds.), *Attention & performance IX* (pp. 187–203). Hillsdale, NJ: Lawrence Erlbaum Associates.

Julesz, B. (1971). *Foundations of cyclopean perception*. Chicago: University of Chicago Press.

Kahneman, D. & Henik, A. (1981). Perceptual organization and attention. In M. Kubovy & J. R. Pomerantz (Eds), *Perceptual organization* (pp. 181–211). Hillsdale, NJ: Lawrence Erlbaum Associates.

Kahneman, D. (1973). *Attention and effort*. Englewood Cliffs, NJ: Prentice-Hall.

Kanisza, G. (1976). Subjective contours. *Scientific American, 234*, 48–52.

Kanwisher, N. (2001) Faces and places: of central (and peripheral) interest. *Nature Neuroscience, 4*, 455–456.

Karnath, H. O. (1988). Deficits of attention in acute and recovered visual hemi-neglect. *Neuropsychologia, 26*, 27–43.

Karnath, H. O. & Niemeier, M. (2002). Task-dependent differences in the exploratory behaviour of patients with spatial neglect. *Neuropsychologia, 40*, 1577–1585.

Karnath, H. O. & Thier, P. (2003). *Neuropsychologie*. Berlin: Springer.

Kerkhoff, G., Oppenländer, K., Finke, K. & Bublak, P. (2007). Therapie zerebraler Wahrnehmungsstörungen. *Nervenarzt, 78*, 457–470.

Kerns, J. G., Cohen, J. D., MacDonald, A. W., Cho, R. Y., Stenger, V. A. & Carter, C. S. (2004). Anterior Cingulate conflict monitoring and adjustments in control. *Science, 303*, 1023–1026.

Kersten, B. & Groner, M. T. (2005*). Praxisfelder der Wahrnehmungspsychologie*. Bern: Huber.

Kim, D., Seitz, A. & Watanabe, T. (2009). Effects of reward on perceptual learning. *Journal of Vision, 7*, 85.

Klatzky, R. L., & Lederman, S. J. (2002). Touch. In A. F. Healy & R. W. Proctor (Eds.), *Experimental Psychology*. (*Handbook of psychology*, vol. 4, pp. 147–176). New York: Wiley.

Klix, F. (1971). *Information und Verhalten*. Bern: Huber.

Koch, C. (2005). *Bewusstsein – ein neurobiologisches Rätsel*. Heidelberg: Spektrum

Koffka, K. (1935). *Principles of Gestalt Psychology*. London: Rotledge & Kegan

Kohler, I. (1962). Experiments with goggles. *Scientific American, 206*, 62–86.

Köhler, W. (1933). *Psychologische Probleme*. Berlin: Springer.

Köhler, W. (1947). *Gestalt psychology*. New York: Liveright Publishing Company.

Kosslyn, S. M. (1980). *Image and mind*. Cambridge, MA: Harvard University Press.

Kraft, J. M. & Brainerd, D. H. (1999). Mechanisms of color constancy under nearly natural viewing. *Proceedings of the National Academy of Sciences USA, 96*, 307–312.

Kuffler, S. W. (1953). Discharge patterns and functional organization of mammalian retina. *Journal of Neurophysiology, 16*, 37–68.

Kuhl, P., Stevens, E., Hayashi, A., Deguchi, T., Kiritani, S. & Iverson, P. (2006). Infants show facilitation for native language phonetic perception between 6 and 12 months. *Developmental Science, 9*, 13–21.

Kuhl, P. K., Williams, K. A., Cacerda, F., Stevens, K. N., & Lindblom, B. (1992). Linguistic experience alters phonetic perception in infants six month of age. *Science*, 255, 606–608.

Külpe, O. (1904). Versuche über Abstraktion. *Berlin International Congress of Experimental Psychology*, 56–68.

LaBerge, D. & Brown, V. (1989). Theory of attentional operations in shape identification. *Psychological Review, 96*, 101–124.

Laing, D. G. & Glemarec, A. (1992). Selective attention and the perceptual analysis of odor mixtures. *Physiological Behavior, 33*, 309–319.

Lansman, M. & Hunt, E. (1982). Individual differences in secondary task performance. *Memory & Cognition, 10*, 10–24.

Lawless, H. T. (2001). Taste. In E. B. Goldstein (Ed.), *Blackwell handbook of perception*. Malden, MA: Blackwell Publishers.

Lederman, S. J. & Klatzky, R. L. (1987). Hand movements: A window into haptic object perception. *Cognitive Psychology, 19*, 342–368.

Lee, D.N. (1976). A theory of visual control braking based on information about time to solution. *Perception*, 5, 437–469.

Lhermitte, F. (1983). »Utilization behavior« and its relation to lesions of the frontal lobes. *Brain, 106*, 237–255.

Lindenberger, U. & Baltes, P. B. (1994). Sensory functioning and intelligence in old age: A strong connection. *Psychology and Aging, 9*, 339–355

Livingstone, M. & Hubel, D. (1988). Segregation of form, color, movement, and depth: Anatomy, physiology, and perception. *Science, 240*, 740–749

Logan, G. D. (1988). Towards an instance theory of automatization. *Psychological Review, 95*, 492–527.

Logie, R. H., Zucco, G. M. & Baddeley, A. D. (1990). Interference with visual short-term memory. *Acta Psychologica, 75,* 55–74.

Logothetis N. K., Pauls J. & Poggio T. (1995) Shape representation in the inferior temporal cortex of monkeys. *Current Biology, 5,* 552–563.

Logothetis, N. K., Leopold, D. A., Sheinberg, D. L. (1996). What is rivalling during binocular rivalry? *Nature, 380,* 621–24.

Lovelac, C. L., Stein, B. E. & Wallace, M. T. (2003). An irrelevant light enhances auditory detection in humans: A psychophysical analysis of multisensory integration in stimulus detection. *Cognitive Brain Research, 17,* 447–453.

Lukas, J. (2006). Signalentdeckungstheorie. In J. Funke & P. Frensch (Hrsg.), *Handbuch der Allgemeinen Psychologie – Kognition*. Göttingen: Hogrefe.

Mack, A. & Rock, I. (1998). *Inattentional blindness*. Cambridge, MA: MIT Press.

MacLeod, C. M. (1991). Half a century of research on the Stroop effect: An integrative review. *Psychological Bulletin, 109,* 163–203.

MacMillan, N. A. (2001). Psychometric functions and adaptive methods. *Perception & Psychophysics, 63* (special issue).

MacMillan, N. A. & Creelman, C. (1991). *Detection theory: a user's guide*. Cambridge: Cambridge University Press.

Maisch, A. (2007). Mit Ruhe fährt man besser. *Tagesspiegel* vom 24.5.2007.

Mangun, G. R., Hillyard, S. A. & Luck, S. J. (1993). Electrocortical substrates of visual selective attention. In D. Meyer & S. Kornblum (Eds), *Attention and Performance XIV* (pp. 219–243). Cambridge (MA): MIT Press.

Marr, D. (1982). *Vision*. San Francisco: Freeman.

Mather, G. (2006). *Foundations of perception*. Hove and New York: Psychology Press.

Mausfeld, R. (1994). Hermann v. Helmholtz. Die Untersuchung der Funktionsweise des Geistes als Gegenstand einer wissenschaftlichen Psychologie. *Psychologische Rundschau, 45,* 133–147.

Mausfeld, R. (2005) Wahrnehmungspsychologie. In A. Schütz; H. Selg & S. Lauterbach. (Hrsg.), *Einführung in die Psychologie*. Stuttgart: Kohlhammer.

McGurk, H. & MacDonald, J. (1976). Hearing lips and seeing voices. *Nature, 264,* 746–748.

Meltzoff, A. N. & Borton, R. W. (1979). Intermodal matching by human neonates. *Nature, 282,* 403–404.

Merzenich, M. M., Recanzone, G., Jenkins, W. M., Allard, T. T. & Nudo, R. J. (1988). Cortical representational plasticity. In P. Rakic & W. Singer (Hrsg.). *Neurobiology of neocortex*. Berlin: Wiley.

Meyer, D. E., & Kieras, D. E. (1997). A computational theory of executive cognitive processes and multiple-task performance: Part 1. Basic mechanisms. *Psychological Review, 104,* 3–65.

Michotte, A. (1966). Die Kausalitätswahrnehmung. In W. Metzger & H. Erke (Hrsg.), *Handbuch der Psychologie. 1. Bd. Die Allgemeine Psychologie/Wahrnehmung und Bewusstsein*. Göttingen: Hogrefe.

Miller, E. K. & Cohen, J. D. (2001). An integrative theory of prefrontal cortex function. *Annual Review of Neuroscience*, 24, 167–202.

Milner, A. D. & Goodale, M. A. (1995). *The visual brain in action*. New York: Oxford University Press.

Milner, B. (1963). Effects of different brain lesions on card-sorting. *Archives of Neurology, 9,* 90–100.

Mishkin, M., Ungerleider, L. G. & Macko, K. A. (1983). Object vision and spatial vision: Two cortical pathways. *Trends in Neuroscience, 6,* 414–417.

Miyake, A., Friedman, N. P., Emerson, M. J., Witzki, A. H., Howerter, A. & Wager, T. A. (2000). The unity and diversity of executive functions and their contributions to complex "frontal lobe" tasks: A latent variable analysis. *Cognitive Psychology, 41,* 49–100.

Moray, N. (1959). Attention in dichotic listening: Affective cues and the influence of instructions. *The Quarterly Journal of Experimental Psychology, 11,* 56–60.

Mozell, M. M., Smith, B. P., Smith, P. E., Sullivan, R. L. & Swender, P. (1969). Nasal chemoreception in flavor identification. *Archives of Otolaryngology, 90,* 131–137.

Müller, H. J. & Rabbitt, P. M. A. (1989). Reflexive and voluntary orienting of visual attention: Time course of activation and resistance to interruption. *Journal of Experimental Psychology: Human Perception and Performance, 15,* 315–330.

Müller, J. (1840). *Handbuch der Physiologie des Menschen für Vorlesungen*. Coblenz: Verlag von J. Hölscher.

Myers, D. (2008). *Psychologie*. Berlin: Springer.

Nakayama, K. (2003). Modularity in perception, its relation to cognition and knowledge. In E. B. Goldstein (Ed.), *Blackwell handbook of perception*. Oxford: Blackwell Publishers

Navon, D. & Gopher, D. (1979). On the economy of the human processing system. *Psychological Review, 86,* 214–255.

Neisser, U. (1979). The control of information pickup in selective looking. In A. D. Pick (Ed.), *Perception and its Development. A Tribute to Eleanor J Gibson* (pp. 201–219). Hillsdale, NJ: Lawrence Erlbaum Associates.

Neumann, O (1984). Automatic processing: A review of recent findings and a plea for an old theory. In W. Prinz & A. F. Sanders (Eds.), *Cognition and motor processes* (pp. 255–293). Berlin: Springer.

Neumann, O. (1987). Beyond capacity: A functional view of attention. In H. Heuer & A.F. Sanders (Eds.), *Perspectives on perception and action* (pp. 361–394). Hillsdale, NJ: Erlbaum.

Neville, H. J. & Lawson, D. S. (1987). Attention to central and peripheral visual space in a movement detection task. III. Separate effects of auditory deprivation and acquisition of a visual language. *Brain Research, 405,* 284–294.

Neville, H. J. & Lawson, D. S. (1987). Attention to central and peripheral visual space in a movement detection task: An event related potential and behavioral study. II Congenitally deaf adults. *Brain Research, 405,* 268–283.

Newell, A. & Simon, H. A. (1972). *Human problem solving.* Engelwood Cliffs, NJ: Prentice Hall.

Newsome, W. P. & Pare, E. B. (1988). A selective impairement of motion perception following lesions of the middle temporal visual area (MT). *Journal of Neuroscience*, 8, 2201–2211.

Nisbett, R. E. & Miyamoto, Y. (2005). The influence of culture on holistic versus analytic perception. *Trends in Cognitive Science, 10,* 467–473.

Norman, D. A. & Bobrow, D. G. (1975). On data-limited and resource-limited processes. *Cognitive Psychology, 7,* 44–64.

Norman, D. A. & Shallice, T. (1986). Attention to action: willed and automatic control of behaviour. In R. J. Davidson, G. E. Schwartz & D. Shapiro (Eds.), *Consciousness and self- regulation: Advances in research* (Vol. 4, S. 1–18). New York: Plenum Press.

Norman, D. A. (2007). *The design of future things.* New York: Basic Books.

O'Craven, K. M., Downing, P. E. & Kanwisher, N. (1999). fMRI evidence for objects as the units of attentional selection. *Nature, 401*, 584–587.

Oliva, A. & Torralba, A. (2006). Building the gist of a scene: The role of global image features in recognition. *Progress in Brain Research: Visual Perception, 155,* 23–36.

Oram, M. W. & Perrett, D. I. (1994). Modeling visual recognition from neurobiological constraints. *Neural Networks, 7*, 945–972.

Osherson, P. N., Kosslyn, S. M. & Hollerbach, J. M. (1990). Visual cognition and action. Cambridge, MA: The MIT Press.

Owen, A. M., Herrod, N. J., Menon, D. K. et al. (1999). Redefining the functional organization of working memory processes within human lateral prefrontal cortex. *European Journal of Neuroscience, 11,* 567–574.

Palmer, S. E. (1999). *Vision science: From photons to phenomenology*. Cambridge, MA: MIT Press.

Palmer, S. & Kimchi, R. (1984). The information processing approach to cognition. In T. J. Knapp & L. C. Robertson (Eds.), *Approaches to cognition: contrasts and controversies.* Hillsdale, NJ: Erlbaum.

Pantev, C., Engelien, A., Candia, V. & Elbert, T. (2001). Representational cortex in musicians. *Annals of the New York Academy of Sciences*, 930, 300-331.

Parkin, A. J. (1996*). Explorations in cognitive neuropsychology*. Oxford: Blackwell Publishers.

Pashler, H. (1990). Do response modality effects support multiprocessor models of divided attention? *Journal of Experimental Psychology: Human Perception and Performance*, 16, 826–842.

Pashler, H. (1994). Dual-task interference in simple tasks: Data and theory. *Psychological Bulletin, 116,* 220–244.

Penfield, W. & Rasmussen, T. (1950). The cerebral cortex of man. New York: Macmillan.

Petrides, M. (1995). Impairments on nonspatial self-ordered and externally ordered working memory tasks after lesions of the mid-dorsal part of the lateral frontal cortex in the monkey. *Journal of Neuroscience, 15,* 359–375.

Petrides, M. & Milner, B. (1982). Deficits on subject-ordered tasks after frontal- and temporal-lobe lesions in man. *Neuropsychologia, 20,* 249–262.

Pinker, S. (1998*). Wie das Denken im Kopf entsteht*. München: Kindler.

Planck, M. (1941). *Sinn und Grenzen der Exakten Naturwissenschaften.* Vortrag 1941. Leipzig: Ambrosius Barth

Pomerantz, J. R. (1981). Perceptual organization in information processing. In M. Kubovy & J. Pomerantz (Eds.), *Perceptual organization*. Hillsdale, NJ: Erlbaum.

Posner, M. I. & Snyder, C. R. R: (1975). Attention and cognitive control. In R. L. Solso (Ed.), *Information processing and cognition. The Loyola Symposium* (pp. 55–85). Hillsdale, NJ: Lawrence Earlbaum Ass.

Posner, M. I. (1978). *Chronometric explorations of mind.* Hillsdale, NJ: Lawrence Erlbaum Associates.

Posner, M. I. (1980). Orienting of attention. *The Quarterly Journal of Experimental Psychology, 32*, 3–25.

Posner, M. I. (1988). Structures and functions of selective attention. In T. Boll & B. Bryant (Eds), *Master lectures in clinical neuropsychology and brain function: Research, measurement, and practice* (pp. 171–202). Washington, DC: American Psychological Association.

Posner, M. I., Snyder, C. R. R. & Davidson, B. J. (1980). Attention and the detection of signals. *Journal of Experimental Psychology: General, 109,* 160–174.

Potter, M. C. (1975). Short term conceptual memory for pictures. *Journal of Experimental Psychology: Human Learning and Memory, 2,* 509–522.

Previc, F. H. & Harter, M. R. (1982). Electrophysiological and behavioral indicants of selective attention to multifeature gratings. *Perception & Psychophysics, 32*, 465–472.

Proffitt, D. R. , Bhall, M., Gossweiler, R. & Midgett, J. (1995). Perceiving geographical slant. *Psychonomic Bulletin and Review, 2,* 409–428.

Pylyshyn, Z. (2003). *Seeing and visualizing: It's not what you think*. Cambridge, MA: MIT Press.

Rabin, M. D. (1988). Experience facilitates olfactory quality discrimination. *Perception and Psychophysics, 44*, 532–540.

Ramachandran, V. S. & Anstis, S. M. (1986). Das Wahrnehmen von Scheinbewegungen. *Spektrum der Wissenschaft, 8,* 104–115.

Ramachandran, V. S. & Hirstein, W. (1999). The science of art. *Journal of Conscious Studies,* 6, 15–51.

Reichardt, W. (1961). Autocorrelation, a principle for the evaluation of sensory information by the central nervous system. In W. A. Rosenblith (Ed.). *Sensory communication*. New York: Wiley.

Rensink, R. A., O'Reagan, J. K., & Clark, J. J. (1997). To see or not to see: The need for attention to perceice changes in scenes. *Psychological Science, 8,* 368–373.

Rock, I. (1998) *Wahrnehmung. Vom visuellen Reiz zum Sehen und Erkennen*. Heidelberg: Spektrum.

Röder, B. & Neville, H. J. (2003). Developmental plasticity. In F. Boller & J. Grafman (Eds.), *Plasticity and rehabilitation. Handbook of neuropsychology* (vol. 9, pp 231–270). Amsterdam: Elsevier

Röder, B., Rösler, F. (2004).Kompensatorische Plastizität bei blinden Menschen: Was Blinde über die Adaptivität des Gehirns verraten. *Zeitschrift für Neuropsychologie, 15*(4), 243–264.

Ruthruff, E., Johnston, J. C. & van Selst, M. (2001). Why practice reduces dual-task interference. *Journal of Experimental Psychology: Human perception and performance, 27,* 3–21.

Sacks, O. (1987). *Der Mann, der seine Frau mit dem Hut verwechselte*. Hamburg: Rowohlt.

Schaeffler, T., Sonntag, J., Hartnegg, K. & Fischer, B. (2004). The effect of practice on low-level discrimination, phonolgical skills, and spelling in dyslexia. *Dyslexia*, 10, 119–130.

Schleufe, M. (2010). Auf der Suche nach dem „Wouuffff". ZeitOnline 16.2.2010.

Schneider, W. & Shiffrin, R. M. (1977). Controlled and automatic information processing: I Detection, search, and attention. *Psychological Review, 84*, 1–66.

Schubert, T. & Szameitat, A. J. (2003). Functional neuroanatomy of interference in overlapping dual tasks: an fMRI study. *Cognitive Brain Research, 17,* 733–746.

Schumacher, E. H., Seymour, T. L., Glass, J. M., Lauber, E. J., Kieras, D. E. & Meyer, D. E. (2001). Virtually perfect time sharing in dual-task performance: Uncorking the central cognitive bottleneck. *Psychological Science, 12,* 101–108.

Shallice, T. & Burgess, P. (1991a). Deficits in strategy application following frontal lobe damage in man. *Brain, 114,* 727–741.

Shallice, T. & Burgess, P. W. (1991b) Higher-order cognitive impairments and frontal lobe lesions in man. In H. S. Levin, H. M. Eisenberg & A. L. Benton (Eds.), *Frontal Lobe Function and Dysfunction* (pp. 125–138). New York: Oxford University Press.

Shallice, T., Burgess, P., Baxter, D. M. & Schon, F. (1989). The origins of utilisation behaviour. *Brain, 112,* 1587–1598.

Shams L., Kamitani Y. & Shimojo S. (2000). What you see is what you hear. *Nature, 408,* 788.

Shepard, R. N. (1990). *Einsichten & Anblicke. Illusion und Wahrnehmungskonflikte in Zeichnungen*. Heidelberg: Spektrum

Shepard, R.N. (1967). Recognition memory for words, sentences, and pictures. *Journal of Verbal Learning and Verbal Behavior*, 6, 156–163.

Shiffrin, R. M. & Schneider, W. (1977). Controlled and automatic information processing: II Perceptual learning, automatic attending, and a general theory. *Psychological Review, 84*, 127–190.

Shimojo, S. & Shams, L. (2001). Sensory modalities are not separate modalities: plasticity and interactions. *Current Opinion in Neurobiology*, 11, 305–309.

Simons, D. J. & Chabris, C. F. (1999). Gorillas in our midst: sustained inattentional blindness for dynamic events. *Perception*, *28*, 1059–1074.

Smith, E. E. & Jonides, J. (1999). Storage and executive processes in the frontal lobes. *Science,* 283, 1657–1661.

Solso, R. L.(2005). *Kognitive Psychologie*. Heidelberg: Springer.

Spelke, E. S. & Kinzer, K. D. (2007). Core knowledge. *Developmental Science, 10,* 89–96.

Spelke, E. S. (1990). Origins of visual knowledge. In S. M. Kosslyn, D. N. Osherson & J. M. Hollerbach (Eds.), *Visual cognition and action* (vol. 2). Cambridge, MA: MIT Press.

Spence, C. & Driver, J. (1994). Covert spatial orienting in audition: Exogenous and endogenous mechanisms facilitate sound localization. *Journal of Experimental Psychology: Human Perception & Performance, 20,* 555–574.

Spence, C. & Driver, J. (1996). Audiovisual links in endogenous covert spatial attention. *Journal of Experimental Psychology: Human Perception & Performance, 22,* 1005–1030.

Spence, C. & Driver, J. (1997). Audiovisual links in exogenous covert spatial orienting. *Perception & Psychophysics, 59,* 1–22.

Spence, C., Pavani, F. & Driver, J. (2000). Crossmodal links between vision and touch in covert endogenous spatial attention. *Journal of Experimental Psychology: Human Perception & Performance, 26*, 1298–1319.

Sternberg, R. (2008). *Cognitive Psychology*. International Edition, Cengage Learning Service; Wadsworth.

Stevens, S. S. (1961). The psychophysics of sensory functions. In W. A. Rosenblith (Ed.), *Sensory Communications*. New York: Wiley.

Stevens, S. S. (1962). The surprising simplicity of sensory metrics. *American Psychology, 17*, 29–39.

Strayer, D. L. & Johnston, W. A. (2001). Driven to distraction: dual-task studies of simulated driving and conversing on a cellular telephone. *Psychological Science*, 12, 462–466.

Stroop, J. R (1935). Studies of interference in serial verbal reaction. *Journal of Experimental Psychology, 18*, 643–662.

Stuss, D. T. & Benson, D. F. (1986). *The frontal lobes*. New York: Raven Press.

Styles, E. A. (1997). The psychology of attention. Hove, UK: Psychology Press.

Tarr, M. J. & Bülthoff, H. H. (1995). Is human object recognition better described by geon structural descriptions or by multiple views? Comment on Biederman and Gerhardstein (1993). *Journal of Experimental Psychology: Human Percpetion and Performance, 2*, 1494–1505.

Teuber, H. L. (1960). Perception. In J. Field, H. W. Magoun & V.E. Hall (Eds.), *Handbook of physiology*. Washington, DC: APS.

Teucher, B., Skinner, J., Skidmore, P. M. L., Cassidy, A., Fairweather, S. S., Hooper, L., Roe, M. A., Foxall, R., Oyston, S. L., Cherkas, L. F., Perks, U. C., Spector, T. D. & MacGregor, A. J. (2007). Dietary patterns and heritability of food choice in UK females. *Twin research human genetics*, 10, 734–748.

Thouless, R. (1932). Individual differences in phenomenal regression. *British Journal of Psychology*, 22, 216–241.

Titchener, E.B: (1902). *An outline of psychology*. London: Macmillan.

Treisman, A. M. & Sato, S. (1990). Conjunction search revisited. *Journal of Experimental Psychology: Human Perception and Performance, 16*, 459–478.

Treisman, A. M. (1964). Selective attention in man. *British Medical Bulletin, 20*, 12–16.

Treisman, A. M. (1993). The percepetion of features and objects. In A. Baddely & L. Weiskrantz (Eds.), *Attention: Selection , awareness, and control (pp. 5–35)*. Oxford: Clarendon.

Treisman, A. M. & Gelade, G. (1980). A feature-integration theory of attention. *Cognitive Psychology, 12*, 97–136.

Treisman, A. M. (1988). Features and objects: The fourteenth Bartlett memorial lecture. *Quarterly Journal of Experimental Psychology, 40A*, 201–237.

Underwood G. (1974). Moray vs. the rest: The effects of extended shadowing practice. *Quarterly Journal of Experimental Psychology, 26*, 368–372.

Vallar, G. (1998). Spatial hemineglect in humans. *Trends in Cognitive Sciences, 2*, 87–97.

Van Selst, M., Ruthruff, E. & Johnston, J. C. (1999). Can practice eliminate the psychological refractory period? *Journal of Experimental Psychology: Human perception and performance, 25*, 1268–1283.

Vermeij, G. (1996). *Privileged hands. A scientific life*. New York: Freeman

Von Wright, J. M., Anderson, K. & Stenman, U. (1975). Generalisation of conditioned GSR's in dichotic listening. In P. M. A. Rabbitt & S. Dornic (Eds), Attention and Performance V (pp. 194–204). London: Academic Press.

Ward, L. M. (1994). Supramodal and modality-specific mechanisms for stimulus-driven shifts of auditory and visual attention. *Canadian Journal of Experimental Psychology, 48*, 242–259.

Warren, R. M. (1970). Perceptual restoration of missing speech sound. *Science, 167*, 392–393.

Weisenberger, J. M. (2001). Cutaneous perception. In E. B. Goldstein (Eds.), *Blackwell handbook of perception*. Malden, MA: Blackwell Publishers.

Welch, R. B. & Warren, D. H. (1986). Intersensory interactions. In K. R. Boff, L. Kaufman & J.P. Thomas (Eds.), *Handbook of perception and performance. Vol. 1: Sensory processes and perception*. New York: Wiley.

Welford, A. T. (1952). The 'psychological refractory period' and the timing of high speed performance. *British Journal of Psychology, 43*, 2–19.

Werker, J. F. & Tees, R. C. (1984). Cross-language speech perception: Evidence for perceptual reorganization during the first year of life. *Infant Behavior and Development, 7*, 49–63

Werner, H. (1935). Studies on contour: I. Qualitative analysis. *American Journal of Psychology, 47*, 40–64.

Werner, H. (1966). Intermodale Qualitäten (Synästhesien). In W. Metzger (Hrsg.), *Handbuch der Psychologie* (Bd. I, 1). Göttingen: Hogrefe.

Wertheimer, M. (1912). Experimentelle Studien über das Sehen von Bewegungen. *Zeitschrift für Psychologie, 61*, 161–265.

Wickens, C. D. (1980). The structure of attentional resources. In R. S. Nickerson (Ed.), *Attention and Performance* VIII (pp. 239 – 257). Hillsdale, NJ: Erlbaum.

Wickens, C. D. (1984). Processing resources in attention, dual task performance, and work load assessment. In R. Parasuraman & D. R. Davies (Eds.), *Varieties of Attention* (pp. 63–102). New York: Academic Press.

Wickens, C.D. (1989). Attention and Skilled Performance. In Holding, D.H. (Hrsg.), *Human Skills*. New York: John Wiley, 77 - 105.

Wijers, A. A., Lamain, W., Slopsema, J., Mulder, G. & Mulder, L. J. M. (1989). An electrophysiological investigation of the spatial distribution of attention to colored stimuli in focused and divided attention conditions. *Biological Psychology, 29*, 213–245.

Wolfe, J. M. (1994). Guided search 2.0: A revised model of visual search. *Psychonomic Bulletin & Review, 1*, 202–238.

Wolfe, J. M., Kluender, K. R., Levi, D. M., Bartoshuk, L. M., Herz, R. S., Klatzky, R. L. & Lederman, S. J. (2006). *Sensation & perception*. Sunderland: Sinauer Ass.

Wundt, W. (1874). *Grundzüge der Physiologischen Psychologie*. Leipzig: Engelmann.

Wysocki, C. J. & Beauchamp, G. K. (1988). Individual differences in human olfaction. In C. J. Wysocki & M. R. Kare (Eds.), *Chemical Senses* (Vol. 3, Genetics of Perception and Communications, pp. 353–373). New York: Dekker.

Yantis, S. (2001). *Visual perception: Essential readings*. Hove and New York: Psychology Press

Yantis, S. & Jonides, J. (1990). Abrupt visual onsets and selective attention: Voluntary versus automatic allocation. *Journal of Experimental Psychology: Human Perception and Performance, 16*, 121–134.

Yarbus, D. L. (1967). *Eye movements and vision*. New York: Plenum.

Zihl, J. (2006). Wahrnehmungsstörungen. In J. Funke & Frensch, P. (Hrsg.), *Handbuch der Allgemeinen Psychologie* – Kognition. Göttingen: Hogrefe.

Zihl, J., von Crammon, D., & Mai, N. (1983). Selective disturbance of movement vision after bilateral brain damage. *Brain, 106*, 313–340.

Zimmer, H. D. (2006). Repräsentation und Repräsentationssysteme. In J. Funke & P. A. Frensch (Hrsg.), *Handbuch der Allgemeinen Psychologie – Kognition*. Göttingen: Hogrefe.

Zöllner, F. (1861). Über die Abhängigkeit der pseudokopischen Ablenkung paralleler Linien von dem Neigungswinkel der sie durchhschneidenden Querlinien. Poggendorfs Ann. Phys., 114, 587–591.

Zou, Z., Li, F. & Buck, L.B. (2005). Odor maps in the olfactory cortex. *Proceedings of the National Academy of Sciences USA, 102*, 7724–7729.

Zubieta, J. K., Bueller, J. A., Jackson, L. R., Scott, D. J., Xu, Y., Koeppe, R. A., Nichols, T. E. & Stohler, C. S. (2005). Placebo effects mediated by enogeneous opoid activity on µ-receptors. *Journal of Neuroscience*, 24, 7754–7776.

Quellenverzeichnis

Seite	Abb.-Nr.	Quellenverzeichnis
4	001.01	Aus Ditzinger, T. (2006). Illusionen des Sehens, Abb. 7.20. Heidelberg: Spektrum. Mit freundlicher Genehmigung von Akioshi Kitaoka.
6	001.02	Aus Karnath, H.-O. & Thier, P. (2003). Neuropsychologie (1. Aufl.), S. 35, Abb. 2.11. Heidelberg: Springer.
14	002.01	From *Psychology*, 8e by David Myers. © 2007 by Worth Publishers. Used with permission.
16	002.02	Aus Ditzinger, T. (2006). Illusionen des Sehens (1. Aufl.). München: Spektrum Akademischer Verlag.
19	002.03	Zöllner, F. (1861). Über die Abhängigkeit der pseudokopischen Ablenkung paralleler Linien von dem Neigungswinkel der sie durchhschneidenden Querlinien. Poggendorfs Ann. Phys., 114, 587–591.
19	002.04	Aus Bradley, D. R., Dumais, S. T., & Petry, H. M. (1976). Reply to Cavonius. Nature, 261, 78. Mit freundlicher Genehmigung von Nature.
33	003.01	Aus Solso, R. L. (2001). Cognitive Psychology, p. 38, fig. 2.2. Needham, MA: Allyn & Bacon, Inc. Reproduced by permission of Pearson Education, Inc.
35	003.03	Aus Solso, R. L. (2001). Cognitive Psychology, p. 44, fig. 2.6. Needham, MA: Allyn & Bacon, Inc. Reproduced by permission of Pearson Education, Inc.
37	003.04	Aus Birbaumer, N. & Schmidt, R. F. (2006). Biologische Psychologie, S. 301, Abb. 14.02. Heidelberg: Springer.
38	003.05	Aus Birbaumer, N. & Schmidt, R. F. (2006). Biologische Psychologie, S. 319, Abb. 14.16. Heidelberg: Springer.
49	004.03	Nach Daten aus Clark, W. C. & Clark, S.B. (1980). Pain responses in Nepalese porter. Science, 209, 410–412.
51	004.04	Aus Stevens, S. S. (1962). The surprising simplicity of sensory metrics. American Psychologist, 17, 29–39. Mit freundlicher Genehmigung der American Psychological Association, APA.
54	005.01	From *Psychology*, 8e by David Myers. © 2007 by Worth Publishers. Used with permission.
56	005.02	From *Psychology*, 8e by David Myers. © 2007 by Worth Publishers. Used with permission.
57	005.03	Aus Birbaumer, N. & Schmidt, R. F. (2006). Biologische Psychologie, S. 377, Abb. 17.01d. Heidelberg: Springer.
60	005.05	Aus Birbaumer, N. & Schmidt, R. F. (2006). Biologische Psychologie, S. 378, Abb. 17.02. Heidelberg: Springer.
69	006.01	Aus Ditzinger, T. (2006). Illusionen des Sehens (1. Aufl.), S. 54, Abb. 3.15. München: Spektrum Akademischer Verlag.
71	006.03	Aus Ditzinger, T. (2006). Illusionen des Sehens (1. Aufl.), S. 65, Abb. 3.28. München: Spektrum Akademischer Verlag.
77	006.08	Aus Ditzinger, T. (2006). Illusionen des Sehens (1. Aufl.), S. 111, Abb. 5.10. München: Spektrum Akademischer Verlag.
94	007.04	Aus Birbaumer, N. & Schmidt, R. F. (2006). Biologische Psychologie, S. 404, Abb. 17.25. Heidelberg: Springer.

Seite	Abb.-Nr.	Quellenverzeichnis
96	007.05	Aus Teuber, H. L. (1960). Perception. In J. Field, H. W. Magoun & V. E. Hall (Eds.). Handbook of physiology. Washington, DC: American Physiological Society. Mit freundlicher Genehmigung der American Physiological Society.
99	008.01	Foto: M. Barton
100	008.02	Aus Birbaumer, N. & Schmidt, R. F. (2006). Biologische Psychologie, S. 383, Abb. 17.4. Heidelberg: Springer.
100	008.03	Aus Wolfe, J. M., Kluender, K.R., Levi, D. M., Bartoshuk, L.M., Herz, R. S., Klatzky, R.L., & Lederman, S.J. (2006). Sensation & Perception. Sunderland: Sinauer Ass.
105	008.06	Nach Wolfe, J. M., Kluender, K. R., Levi, D. M., Bartoshuk, L. M., Herz, R. S., Klatzky, R. L., & Lederman, S. J. (2006). Sensation & Perception. Sunderland: Sinauer Ass.
111	009.01	This image was published in Sensation and Perception, Fifth Edition, Coren, S. Ward, L.M., & Enns, J.T., Title of article, Orlando, FL: Harcourt, Inc. © Elsevier (1999). Verwendung mit freundlicher Genehmigung von Elsevier.
111	009.02	Aus Karnath, H.-O. & Thier, P. (2003). Neuropsychologie. Heidelberg: Springer.
112	009.03	Aus Ditzinger, T. (2006). Illusionen des Sehens (1. Aufl.), Abb. 4.2. München: Spektrum Akademischer Verlag.
118	009.07	Aus Karnath, H.-O. & Thier, P. (2003). Neuropsychologie. Heidelberg: Springer.
119	009.08	Aus Osherson, Daniel N., Stephen M. Kosslyn, and John Hollerbach, eds., An Invitation to Cognitive Science, Volume 2: Visual Cognition and Action, figure of Geons and Objects, from pp. 41–72, © 1990 Massachusetts Institute of Technology, by permission of The MIT Press.
127	010.03	From *Psychology*, 8e by David Myers. © 2007 by Worth Publishers. Used with permission.
129	010.04	Aus Birbaumer, N. & Schmidt, R. F. (2006). Biologische Psychologie. Heidelberg: Springer.
130	010.05	From *Psychology*, 8e by David Myers. © 2007 by Worth Publishers. Used with permission.
144	011.02	Aus Birbaumer, N. & Schmidt, R. F. (2006). Biologische Psychologie, S. 323, Abb. 15.02. Heidelberg: Springer.
150	012.01	Aus Birbaumer, N. & Schmidt, R. F. (2006). Biologische Psychologie, S. 446, Abb. 19.03. Heidelberg: Springer.
155	012.02	From *Psychology*, 8e by David Myers. © 2007 by Worth Publishers. Used with permission.
182	015.01a	Aus Broadbent, D. E. (1958). Perception and Communication. London: Pergamon Press. Mit freundlicher Genehmigung der American Psychological Association, APA.
182	015.01b	Aus Treisman, A. (1964). Selective attention in man. British Medical Bulletin, 20, 12–16. Mit freundlicher Genehmigung der Oxford University Press.
182	015.01c	Aus Deutsch, J. A. & Deutsch, D. (1963). Attention: Some theoretical considerations. Psychological Review, 70, 80–90. Mit freundlicher Genehmigung der American Psychological Association, APA.

Seite	Abb.-Nr.	Quellenverzeichnis
185	015.02	Aus Posner, M. I., Snyder, C. R. R. & Davidson, B. J. (1980). Attention and the detection of signals. Journal of Experimental Psychology: General, 109, 160–174. Mit freundlicher Genehmigung der American Psychological Association, APA.
188	015.03	Aus Duncan, J. (1984). Selective attention and the organization of visual information. Journal of Experimental Psychology: General, 114, 501–517. Mit freundlicher Genehmigung der American Psychological Association APA.
191	015.05	Nach Treisman, A. M. & Gelade, G. (1980). A feature-integration theory of attention. Cognitive Psychology, 12, 97–126. Mit freundlicher Genehmigung von Elsevier.
193	015.06	Nach Cave, K. R. & Wolfe, J. M. (1990). Modeling the role of parallel processing in visual search. Cognitive Psychology, 22, 225–271. Mit freundlicher Genehmigung von Elsevier.
204	016.01	Nach Strayer, D. L. & Johnston, W. A. (2001). Driven to distraction: dual-task studies of simulated driving and conversing on a cellular telephone. Psychological Science, 12, 462–466. Mit freundlicher Genehmigung von Sage Publications.
210	016.06	Nach Logie, R. H., Zucco, G. M. & Baddeley, A. D. (1990). Interference with visual short-term memory. Acta Psychologica, 75, 55–74. Mit freundlicher Genehmigung von Elsevier.
211	016.07	Nach Wickens, C. D. (1980). The structure of attentional resources. In R. S. Nickerson (Ed.), Attention and Performance VIII (pp. 239–257). Hillsdale, NJ: Erlbaum.
215	016.08	Nach Norman, D. A. & Shallice, T. (1986). Attention to action: willed and automatic control of behaviour. In R. J. Davidson, G. E. Schwartz & D. Shapiro (Eds.), Consciousness and self- regulation: Advances in research (Vol. 4, S. 1–18). New York: Plenum Press.
219	016.09	Aus Gazzaniga, M. A., Ivry, R. B. & Mangun, G.R. (2002). Cognitive neuroscience. The biology of the mind (2nd ed.). New York: Norton.
219	016.10	Nach Petrides, M. (1995). Impairments on nonspatial self-ordered and externally ordered working memory tasks after lesions of the mid-dorsal part of the lateral frontal cortex in the monkey. Journal of Neuroscience, 15, 359–375. Mit freundlicher Genehmigung der Society for Neuroscience.
224	016.13	Aus Schubert, T. & Szameitat, A. J. (2003). Functional neuroanatomy of interference in overlapping dual tasks: an fMRI study. Cognitive Brain Research, 17, 733–746. Mit freundlicher Genehmigung von Elsevier.
225	016.14	Nach Braver, T. S., Cohen, J. D., Nystrom, L. E., Jonides, J., Smith, E. E. & Noll, D.C. (1996). A parametric study of prefrontal cortex involvement in human working memory. Neuroimage, 3 (1), 532. Mit freundlicher Genehmigung von Elsevier.
226	016.15	Nach Gazzaniga, M. A., Ivry, R. B. & Mangun, G.R. (2002). Cognitive neuroscience. The biology of the mind (2nd ed.). New York: Norton.

Stichwortverzeichnis

A

B

C

D

E

F

G

H

I

K

L

M

N

O

P

Q

R

S

T

The manufacturer's authorised representative in the EU is Springer Nature Customer Service Centre GmbH, Europaplatz 3, 69115 Heidelberg, Germany. If you have any concerns regarding our products, please contact ProductSafety@springernature.com

Printed and bound by CPI Group (UK) Ltd, Croydon, CR0 4YY

28/04/2026

02098525-0001